D1869926

Perfekt renovieren im Handumdrehen

Perfekt renovieren im Handumdrehen

Schritt für Schritt zur Traumwohnung

David Holloway Mike Lawrence John McGowan

Beratung
Tony Wilkins

Bechtermünz Verlag

Zuerst veröffentlicht in Großbritannien durch
Marshall Publishing Ltd
Originaltitel: THE ESSENTIAL BOOK OF
HOME IMPROVEMENT TECHNIQUES

Deutsche Erstausgabe

Copyright © by Marshall Editions Developments Ltd,
London 1999
Copyright © für die deutsche Übersetzung und Ausgabe by
Weltbild Verlag GmbH, Augsburg 1999
Bearbeitung und Koordination der deutschen Ausgabe:
akapit Verlagsservice, Berlin – Saarbrücken
Übersetzung: akapit Verlagsservice, Berlin – Saarbrücken
Art editor: Amzie Viladot Lorente
Design-Assistenz: Karen Kloot, Philip Letsu
Bildrecherche: Zilda Tandy, Elaine Willis
Umschlaggestaltung: Studio Höpfner-Thoma, München
Gesamtherstellung: Druckerei Appl, Wemding
Printed in Germany
ISBN 3-8289-2340-2

Alle Rechte vorbehalten. Kein Teil dieser Veröffentlichung darf reproduziert, mit einem elektronischen Bearbeitungssystem gespeichert oder sonstwie übertragen werden, ob auf elektronische, mechanische Weise oder als Fotokopie, ohne die vorherige Einwilligung des Verlages.

Der Verlag hat größte Mühe darauf verwandt, daß alle Angaben in diesem Buch richtig sind. Jedoch kann der Verlag keinerlei Haftung für Verletzungen, Verluste oder andere Schäden übernehmen, die aufgrund abweichender Ausgangssituationen, durch das Werkzeug oder aufgrund individuellen Verhaltens aus den Informationen dieses Buches entstanden sind.

Vorwort

Jedes Zimmer im Haus oder in der Wohnung benötigt von Zeit zu Zeit Verschönerungsmaßnahmen. Das könnte z.B. ein frischer Anstrich sein, oder auch eine Generalüberholung von der Decke bis zum Fußboden. Was auch Ihr Vorhaben sein mag, dieses Buch zeigt alle einschlägigen Techniken für die besten Ergebnisse und versorgt Sie mit allen notwendigen Details über die Materialien, die Sie zur Renovierung Ihrer Wohnung brauchen. Wenn Sie die Anweisungen genau befolgen – und die Arbeiten gut vorbereiten – können sie Ihre Wohnung ganz professionell renovieren. Letztendlich wird es für Sie am schwierigsten sein, die Farben, Muster und Maserungen für jeden Raum auszusuchen.

Über dieses Buch

Am Anfang jedes Kapitels bietet ein „Leitfaden" eine kurze Zusammenfassung der Informationen, die Sie auf den folgenden Seiten finden werden, einen Anhaltspunkt, wie lange die ganze Arbeit dauern wird und die erforderliche Sachkenntnis. In jedem Kapitel finden Sie Vorschläge, die bei der Auswahl der richtigen Materialien helfen und Ideen geben. Fotos illustrieren jeden Schritt, und es werden die Materialien und Werkzeuge aufgelistet, die Sie für Ihre Arbeit benötigen. Sie erhalten hilfreiche Profitips sowie alternative Vorschläge. Querverweise zu anderen Seiten werden Sie zu den passenden Anweisungen für die Vorbereitung führen oder Ihnen helfen, eine Aufgabezu erledigen. Egal ob Sie nur eine einzelne Renovierungsarbeit erledigen wollen, oder ob Sie verschiedene Techniken kombinieren, um Ihre eigenen Ideen zu verwirklichen, jeder Rat und jede Hilfe, die Sie benötigen, stehen zu Ihrer Verfügung.

Stewart Walton

Inhalt

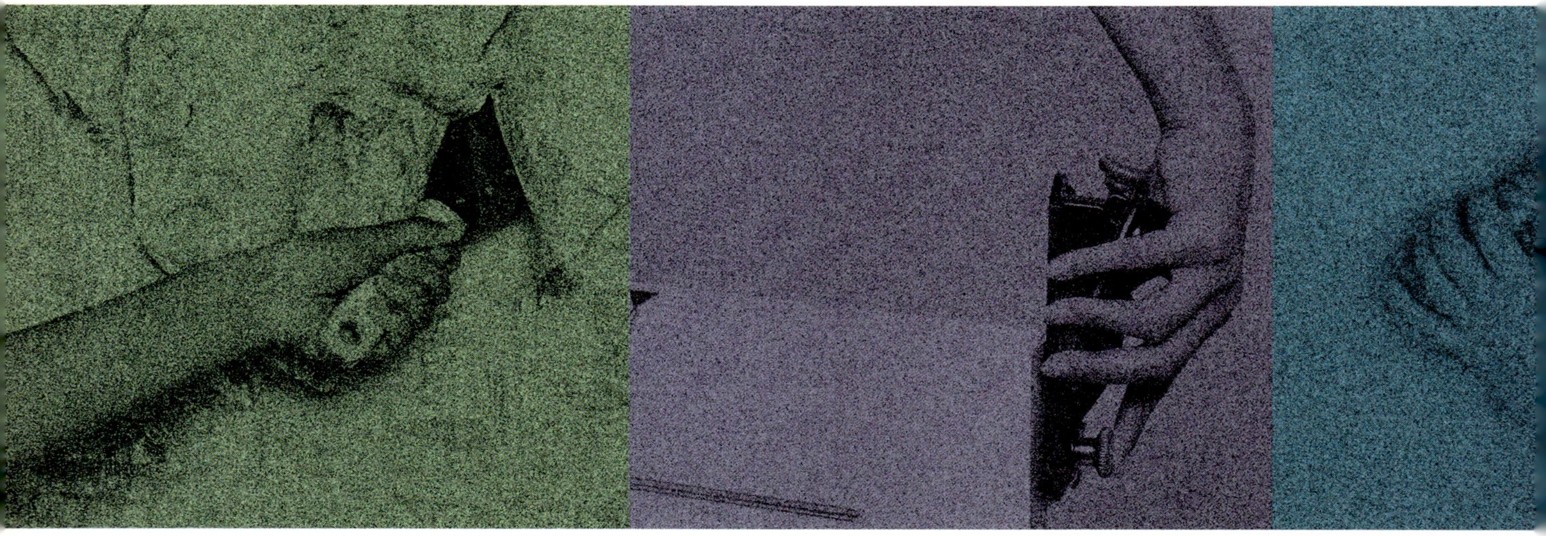

Kapitel 4

Kapitel 5

BESTANDSAUFNAHME

Es gibt keine allgemeingültige Antwort darauf, wieviel Zeit und Anstrengung notwendig sind, um einen Raum von der Decke bis zum Boden zu renovieren. Es sind zahlreiche Faktoren zu berücksichtigen: der Zustand des Raumes, Ihre Erfahrung und Fähigkeiten im Umgang mit Werkzeugen und die Zeit, die Sie zur Verfügung haben.

Ein Raum in einem neueren Haus, der in gutem Zustand ist, braucht wahrscheinlich nur gestrichen zu werden – das ist möglicherweise eine Arbeit für zwei oder drei Tage, wenn die Wände nur abgewaschen und die alte Farbe vor dem Auftragen der neuen aufgerauht werden muß. Sogar ein unerfahrener Heimwerker würde dadurch nicht den Mut verlieren. In einem alten Haus dagegen, in dem der Raum schon oft renoviert wurde, oder in dem es feucht ist, und morsches Holz oder viele Risse in den Decken und Wänden vorhanden sind (vgl. S. 12–13), sehen Sie sich dem schlimmstmöglichen Szenario gegenüber. Hier kann es Monate dauern, bis der Raum komplett renoviert ist.

DIE ARBEIT RICHTIG MACHEN

Gute Vorbereitung (Reinigen, Glätten, Ebnen, Reparaturen) ist der Schlüssel zu einer erfolgreichen Renovierung. Deshalb muß sie mit Sorgfalt und einem manchmal hohen Zeitaufwand durchgeführt werden. Die Zeit ist am schwierigsten abzuschätzen. Sie können zwar schätzen, wie lange es dauert, die offensichtlichen Probleme zu lösen, aber Sie wissen nicht, was hinter der Tapete, abblätternder Wandfarbe oder einem feuchten Fleck auf Sie wartet. Eine Vertäfelung wurde möglicherweise angebracht, um unebene Wände zu verdecken, und eine Wandbekleidung mag als schnelle, kostengünstige Lösung verwendet worden sein, um zahlreiche Risse zu verstecken.

Hebt man einen alten Belag an oder entfernt ihn, können beschädigte Holzdielen zum Vorschein kommen. Sie müssen evtl. Bretter reparieren oder ersetzen, bevor Sie den neuen Belag verlegen.

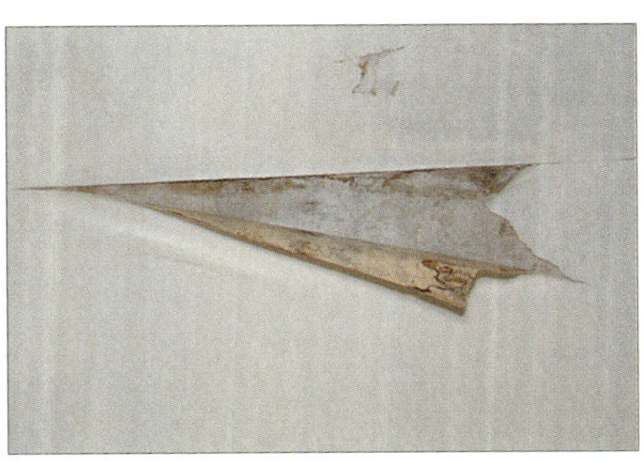

Feuchtigkeit hat die Tapete verschmutzt und abgelöst – die Feuchtigkeit muß beseitigt werden, bevor mit der Renovierung begonnen wird.

Von dieser Wand hatte sich die Tapete schon abgelöst. Bevor die Wand neu gestrichen wird, muß sie vorbehandelt werden. Auch in den Kaminsims muß man noch viel Arbeit investieren.

Oft kann man den Zustand von Wänden, Dekken und Böden nicht erkennen, bevor nicht alle alten Beläge entfernt wurden. Es gibt jedoch einige Hinweise: So ist z.B. ein nasser Fleck auf der Tapete einer Schornsteinwand ein Zeichen für Feuchtigkeit im Rauchfang, verursacht durch mangelnde Durchlüftung oder Eintreten von Regenwasser. Untersuchen Sie die Umgebung von Fenstern und Außentüren, die Nässe ausgesetzt sind. Sie könnten von Fäulnis befallen sein – Hinweise darauf sind u.a. rissige Farbe und verfärbtes Holz (vgl. S. 60-61). Wenn Sie einen Bodenbelag hochheben (vgl. S. 40-41), müssen Sie die Bodendielen auf Anzeichen von Fäulnis oder Holzwürmern untersuchen. Alle auftretenden Probleme müssen beseitigt werden, bevor Sie renovieren.

Tief eingedrückte, abgeblätterte Farbe auf Holzflächen ist ein Anzeichen dafür, daß im Laufe der Jahre viele Farbschichten aufgetragen wurden. Möglicherweise ist es jetzt Zeit, bis auf das nackte Holz abzuschleifen. Wenn es jedoch nur die blätternde Schicht gibt, und der Rest der Oberflächen ist gesund, ist es sinnvoller, die Farbe so zu belassen, weil sie eine gesunde, flache Oberfläche zum Überstreichen bietet. Dasselbe gilt für Deckentapeten. Es kann besser sein, sie zu belassen, weil sie kosmetische Reparaturen gut verbergen.

Dunkles, schwammig weiches Holz ist ein Zeichen von Fäulnis. Sie können dies prüfen, indem sie einen Schraubenzieher oder ein scharfes Messer in das Holz stechen.

Weil es in dieser Küche so viele Ecken gibt, wurde zusätzliche Zeit für das Schneiden der Wandfliesen veranschlagt. Die maßgefertigte Arbeitsplatte dauerte ebenfalls etwas länger.

ANDERE ÜBERLEGUNGEN

Abgesehen von der Renovierung können Sie den Raum noch weiter verändern, indem Sie z.B. einen alten Kamin entfernen oder einen neuen einbauen . Schränke oder Regale müssen evtl. abgebaut, ersetzt oder eingebaut werden, oder vielleicht tauschen Sie eine Tür aus. Auch alte Installationen können ein Problem darstellen.

Auch die Größe und Form des Raums müssen berücksichtigt werden. Je größer der Raum, desto länger dauert das Tapezieren. Wenn der Raum Nischen, Bögen, Fenster und Türen hat, tapezieren Sie länger als in einem rechteckigen Raum.

Rechnen Sie besser mit dem Schlimmsten, dann werden Sie auch nicht durch unerwartete Verzögerungen frustriert. Es ist ärgerlich, wenn man einen Raum an einem Wochenende renovieren möchte, nur um dann Sonntag abends immer noch an den Vorbereitungen zu arbeiten. Nehmen Sie besser keine Abkürzungen, sonst könnten Sie in der Zukunft noch viel mehr Arbeit haben.

Die Renovierung planen

Selbst wenn man nur einen Raum renoviert, könnten auch andere Zimmer in Mitleidenschaft gezogen werden, weil sie zum Zwischenlager für Möbel werden. Nur wenige Menschen leben gern im Chaos, deshalb sollten Sie versuchen, die anstehenden Arbeiten in einem Rutsch durchzuführen. Wenn Sie nur ein Wochenende erübrigen können, sollten Sie evtl. warten, bis Sie sich etwas länger freinehmen können.

Der Sommer ist die beste Zeit für Renovierungen: die Tage sind wärmer und länger, und die Räume kühlen nicht aus, was das Streichergebnis negativ beeinflussen kann. Bei künstlichem Licht ist es oft schwierig zu erkennen, wo man schon gestrichen hat, oder ob die Farbe tropft, insbesondere dann, wenn man weiße Farbe verwendet. Wenn Sie im Winter streichen, planen Sie so, daß Sie alle Arbeiten bei Tageslicht erledigen können.

Vor der Renovierung

Wenn Sie größere Renovierungen durchführen, die zu einer veränderten Raumnutzung führen, ist evtl. eine entsprechende Baugenehmigung einzuholen. So muß ein Badezimmer beispielsweise über eine Belüftungsmöglichkeit verfügen.

Möchten Sie neue Steckdosen, Schalter oder Lampenfassungen anbringen, erledigen Sie dies am besten vor der Renovierung. Planen Sie diese Installationen sorgfältig – ihre Position später zu verändern kann bedeuten, daß man eine ganze Wand von vorne renovieren muß. Das gleiche gilt für Klempnerarbeiten und Gas- und Wasserinstallationen. Wenn Sie Profis mit der Arbeit beauftragen, sollten Sie darauf achten, daß die Arbeiten beendet sind, bevor Sie sich zum Renovieren freinehmen. Es kann frustrierend sein, in Urlaub zu gehen, wenn Handwerker immer

Die Vorbereitungen zur Renovierung dieses Raumes beinhalteten das Abreißen der Tapete unterhalb der Tapetenleisten und das Entfernen des Bodenbelags. Eine Gipsplatte wurde an der Wand befestigt, um eine glatte Oberfläche zu erhalten, und eine neue Fußleiste wurde angebracht.

Hier ersetzte man beschädigte Bodendielen. Die Decken und Wände werden vor der Verlegung des neuen Bodenbelags noch renoviert.

Die Küche oben wurde sorgfältig geplant (siehe Bild rechts). Ein Elektriker erneuerte die Beleuchtung, und ein Klempner baute vor der Renovierung eine neue Spüle und einen Herd ein. Die Renovierung beinhaltete u. a. neue Arbeitsplatten sowie das Streichen von Decke und Wänden.

noch im Haus arbeiten. Sie sollten daran denken, daß auch der beste Handwerker sich verschätzen kann, vor allem wenn unerwartete Probleme auftauchen. Machen Sie sich eine Checkliste mit allen Werkzeugen und Materialien, die Sie brauchen und vergewissern Sie sich, daß Sie alles haben, bevor Sie anfangen. Wenn Sie beginnen, sollten Sie alles zur Hand haben, Leitern und Plastiksäcke zum Entsorgen von Abfall eingeschlossen.

Die Reihenfolge der Arbeiten

Wenn Sie gleich ein ganzes Haus renovieren, arbeiten Sie am besten von oben nach unten, denn der unvermeidliche Staub und Dreck bewegt sich von oben nach unten. Sie aber die Räume im Erd- oder Untergeschoß zuerst verschönern wollen, müssen Sie darauf achten, daß jeder noch zu renovierende Raum im Obergeschoß so staubfrei wie möglich bleibt.

Sobald Sie wissen, wo Sie beginnen wollen, müssen Sie aus dem betreffenden Raum möglichst alle Möbel entfernen. Was zu groß und zu sperrig zum Transport ist, sollte in der Mitte des Raumes aufgestapelt und dann abgedeckt werden – Farbspritzer landen für gewöhnlich an den unmöglichsten Stellen.

Im ersten Schritt erledigen Sie oberflächliche Arbeiten oder größere Reparaturen. Wenn man es mit Fäulnis oder Holzwurmbefall zu tun hat (vgl. S. 12–13), kann das bedeuten, daß man viele Bodendielen erneuern muß. Regale und Schränke einzubauen kann man sich bis zum Schluß aufheben, wenn nicht die Gefahr besteht, daß man neue Dekorationen wieder beschädigt.

Allgemein kann man sagen, daß ein Raum von der Decke abwärts renoviert werden sollte. Natürlich würden Sie nie eine Wand tapezieren, bevor Sie die Decke streichen, weil sonst die Farbflecke auf die Tapete kämen. Deshalb lautet die Reihenfolge: Decke, Wände, Holzarbeiten (Türen, Tragbalken und Fußleisten) und Metallarbeiten (wie Heizungen) – außer wenn Sie tapezieren, dann sollten Sie die Holz- und Metallteile vorher anstreichen.

Aufwendige Arbeiten

Die Lösung mancher Probleme im Haus sollte man am besten Fachleuten überlassen, dazu gehört die Beseitigung von Fäulnis.

Aufsteigende Feuchtigkeit

Nässe aus dem Boden kann aufsteigende Feuchtigkeit verursachen, die an einer Wand schon einmal 1 m hoch steigen kann. Deshalb hat ein Haus eine Feuchtigkeitssperrschicht, die ca. 30 cm über Bodenhöhe eingefügt wird. Betonböden haben eine feuchtigkeitsundurchlässige Membran. Diese Schichten halten das Haus trocken. Wenn ein Teil der Schichten beschädigt ist, kann sich aufsteigende Feuchtigkeit jedoch entwickeln. Man erkennt sie an feuchten Flecken unten an der Wand, die oft von einer „Flutmarke" begleitet werden, welche anzeigt, bis zu welcher Höhe die Feuchtigkeit aufgestiegen ist.

Wenn Sie glauben, daß aufsteigende Feuchtigkeit vorliegt, überprüfen Sie zuerst, ob die Sperrschicht durch an der Wand aufgehäufte Erde oder einen hochgebauten Bürgersteig überstiegen wurde. Oft muß man eine neue Sperrschicht einfügen lassen. Aufsteigende Feuchtigkeit kann durch Neuverlegen des Bodens und durch eine Plastikmembran beseitigt werden. Mehrere Schichten einer flüssigen Membran sind die einfachere Lösung.

Die Feuchtigkeit in dieser Ecke kann durch eindringende Nässe oder durch Kondensation bedingt sein. Vor der Renovierung müssen unbedingt die Ursachen beseitigt und der Moder entfernt werden.

Unter den Keramikfliesen, die von der Badezimmerwand entfernt wurden, kamen die verräterischen großen Risse zum Vorschein, die durch Senkungen verursacht wurden. Dieses Problem sollte ausschließlich von Fachleuten behandelt werden.

Eindringende Feuchtigkeit

Wasser, das sich von außen nach innen durchdrückt, nennt man eindringende Feuchtigkeit. Nasse Flecken an den Wänden, Decken oder an einem Fensterrahmen sind Anzeichen dafür. Sie können aber weit von der Stelle entfernt sein, an der die Feuchtigkeit tatsächlich eindringt. Hohlwände in Häusern sind umgeben von zwei Schichten aus Back- oder Blocksteinen, zwischen denen sich ein Luftraum befindet. Wenn z.B. Mörtel beim Bau der Wände hineingefallen ist, wird dieser zu einer Brücke, auf der die Feuchtigkeit den Spalt überqueren kann. Bei älteren Häusern mit massiven Wänden vertraut man darauf, daß die Dicke der Mauern die Feuchtigkeit abhält, aber das funktioniert nicht immer. Die Zeichen für eindringende Feuchtigkeit sind oft deutlicher, nachdem es geregnet hat. Man kann diese Feuchtigkeit beseitigen, indem man den außen liegenden Defekt beseitigt – z.B. indem man fehlende Dachziegel oder eine lecke Regenrinne ersetzt oder die Außenwände mit hochwertiger Farbe streicht.

Kondensation

Kondensation wird oftmals zu unrecht als äußere Feuchtigkeit diagnostiziert. Sie tritt auf, wenn warme, feuchte Luft auf eine kalte Oberfläche trifft,

Die Unterseite der Bodendiele ist von trockener Fäulnis befallen. Die rostbraunen Sporen können sich schnell verbreiten.

Das Hauptanzeichen für einen Wurmbefall sind die Wurmlöcher. Auf der dunkleren Seite sieht man die Tunnel im Holz.

wie z.B. an einer Außenwand oder einem Fensterbrett, und dann abkühlt.

Kalte Luft hält weniger Wasserdampf als warme, und das übrige Wasser wird auf der kalten Oberfläche als Wassertropfen abgelagert. Kondensation erkennt man an feuchten Flecken an Wänden, die bei kaltem Wetter schlimmer werden, sowie an schwarzem Schimmel. Trocknen Sie die feuchte Stelle mit einem Haarfön, legen Sie ein Stück Glas darauf, dessen Ränder auf Kitt aufliegen. Nach ein paar Tagen bildet sich auf dem Glas Feuchtigkeit. Wenn dies auf der Zimmerseite geschieht, handelt es sich um Kondensation, auf der Wandseite um eindringende Nässe.

Bei Kondensation reicht es oft aus, wenn man den Raum heizt, Bad oder Küche lüftet bzw. einen Speicher oder kalte Wasserleitungen isoliert.

Plagen

Der Holzwurm greift Holzteile im Haus an, z.B. Dachsparren, Bodenbalken und Bodendielen. Die Wurmlöcher sind leicht zu erkennen, und wenn man sie früh genug bemerkt, ist die Behandlung mit chemischen Mitteln recht einfach.

Holz kann von nasser und trockener Fäule angegriffen werden (vgl. S. 8–9), bei der es sich um Pilzarten handelt. Nasse Fäulnis kommt nur in feuchtem Holz vor und findet sich in Fensterrahmen und im Holz an der Außenseite. Wenn Sie die Ursache beseitigt haben, entfernen Sie das beschädigte Holz und ersetzen Sie es (vgl. S. 60–61).

Trockene Fäulnis ist weitaus ernster. Wenn sie sich eingenistet hat, kann sie sich von feuchtem Holz auf trockenes übertragen. Sie ruft ernstliche Schäden hervor und sollte von einem Fachmann behandelt werden. Anzeichen dafür sind Risse entlang des Holzkerns, ein muffiger Geruch und pilzähnliche Gewächse auf dem Holz. Sie tritt oft an schlecht gelüfteten Orten auf, wie in Kellern und unter Bodendielen.

Senkungen

Ursachen für Senkungen können ausgetrockneter Boden unter dem Haus, die Wurzeln eines nahegelegenen Baumes, der dem Boden Wasser entzieht, oder sog. Grubensenkungen sein. Die Anzeichen sind breite Risse in den Wänden, insbesondere neben Fenstern und Türen und zerbrechende Backsteine. Sie brauchen hier professionelle Hilfe. Zwei Stücke Glas oder Plastik werden über einem Riß befestigt, um die Bewegungen zu überwachen. Oft muß das Fundament zusätzlich abgestützt werden.

1 VORBEREITUNG

LEITFADEN FÜR DIE VORBEREITUNG

RÄUME VORBEREITEN

SACHKENNTNIS: niedrig
ZEITRAHMEN: ½ Tag
WERKZEUGE: Strompüfer
SEITEN: 18–19

Entfernen Sie alle Gegenstände von Wänden und Decke sowie Regale und Gardinenhalterungen. Steckdosen und Schalter können vorgezogen werden, wenn der Strom abgeschaltet ist.

RISSE, DELLEN UND FLECKEN

SACHKENNTNIS: niedrig
ZEITRAHMEN: max. 2 Stunden
WERKZEUGE: Spachtel, Messer, Kartuschenpistole
SEITEN: 20–21

Reparieren Sie kleine Risse und Dellen mit Spachtelmasse. Verwenden Sie für Risse in Fußleisten oder Tür- und Fensterrahmen Mastixzement.

LÖCHER IN WÄNDEN REPARIEREN

SACHKENNTNIS: mittel
ZEITRAHMEN: max. 2 Stunden
WERKZEUGE: Gipsplatte, Mörtelbrett, Messer, Maurerkelle
SEITEN: 22–23

Reparieren Sie kleine Löcher in der Gipsplatte mit etwas Gips, ein größeres Loch mit einem Stück Gipsplatte. Löcher in einer Gipswand werden mit Gips ausgefüllt.

DECKENSCHÄDEN REPARIEREN

SACHKENNTNIS: mittel
ZEITRAHMEN: unter 2 Stunden
WERKZEUGE: Spachtel, Kartuschenpistole
SEITEN: 24–25

Es ist Teil der Reparaturen, einen lockerem Nagel wieder einzuschlagen und Löcher auszubessern. Größere Löcher in Gipsdecken müssen mit Draht verstärkt werden.

ALTE TAPETE ABLÖSEN

SACHKENNTNIS: niedrig
ZEITRAHMEN: 2 Std. bis ½ Tag
WERKZEUGE: Drahtbürste, Tapetenablöser
SEITEN: 26–27

Bevor Sie eine neue Tapete anbringen, wird die alte entfernt. Einige Tapeten lösen sich relativ leicht von der Wand ab, andere müssen abgekratzt, durchnäßt, abgerissen, bzw. mit Dampf entfernt werden.

ANDERE WANDDEKORATIONEN ENTFERNEN

SACHKENNTNIS: niedrig bis mittel
ZEITRAHMEN: ½ bis 1 Tag
WERKZEUGE: Vorschlaghammer, Meißel, Heißluftpistole, Stemmeisen
SEITEN: 28–29

Möglicherweise müssen Sie Keramikfliesen abklopfen oder Verkleidungen entfernen. Verwenden Sie bei strukturierten Oberflächen speziellen Entferner für Strukturfarbe.

OBERFLÄCHEN ABWASCHEN UND VORBEREITEN

SACHKENNTNIS: niedrig
ZEITRAHMEN: max. 2 Stunden
WERKZEUGE: keine
SEITEN: 30–31

Bei Streicharbeiten muß man z.B. abblätternde Farbe entfernen, Ausbesserungen vornehmen und schmirgeln. Reinigen Sie die Wände mit Kernseife. Wenn Sie tapezieren, muß die Wand ganz glatt sein. Beseitigen Sie Schimmel mit einem Fungizid.

FARBE VON HOLZ ABLÖSEN

SACHKENNTNIS: niedrig
ZEITRAHMEN: 2 Stunden bis ein Tag
WERKZEUGE: Schabeisen, schmaler Schaber, Heißluftpistole
SEITEN: 32–33

Alte Anstriche müssen mit einer Heißluftpistole oder mit einem Lösemittel abgekratzt werden. Lösemittel sind dort vorzuziehen, wo die Hitze die Oberfläche ansengen kann sowie bei Fenstern, damit die Heißluft nicht das Glas zerspringen läßt.

METALL VORBEREITEN

SACHKENNTNIS: niedrig
ZEITRAHMEN: unter 2 Stunden
WERKZEUGE: Drahtbürste, Bohrmaschine mit Bürstenaufsatz, Sicherheitsbrille, Staubmaske
SEITEN: 34–35

Reinigen Sie einen rostigen Kamin oder ein Geländer aus Schmiedeeisen mit Schmirgelpapier oder einer Drahtbürste. Löcher sollten mit Epoxidkleber ausgefüllt werden.

FUSSLEISTEN UND PRESSTEILE ENTFERNEN

SACHKENNTNIS: mittel
ZEITRAHMEN: ½ Tag
WERKZEUGE: Meißel, Vorschlaghammer, Stemmeisen
SEITEN: 36–37

Reparieren Sie alte Fußleisten. Um sie zu entfernen, müssen sie von der Wand gestemmt werden. Dabei besteht die Gefahr, daß alte Leisten zerbrechen. Es kann auch sein, daß Sie auch noch andere Preßteile, wie Bilder- oder Zierleisten entfernen müssen.

FUSSLEISTEN ERSETZEN

SACHKENNTNIS: mittel
ZEITRAHMEN: ½ bis 1 Tag
WERKZEUGE: Laubsäge, Gehrungsrahmen und -säge (oder Gehrungslade und eine Handsäge), Hobel
SEITEN: 38–39

Befestigen Sie neue oder die alten Fußleisten nach dem Streichen mit Kleber oder Schrauben. Wenn Sie Leisten auf einer Gipswand anbringen möchten, kaufen Sie am besten neue Leisten in derselben Höhe wie die alten oder höher (wegen der Abdrücke).

BODENBELÄGE ENTFERNEN

SACHKENNTNIS: niedrig bis mittel
ZEITRAHMEN: 2 Stunden bis 1 Tag
WERKZEUGE: Schlitzschraubenzieher, Stemmeisen, Meißel, Heißluftpistole, Vorschlaghammer
SEITEN: 40–41

Heben Sie den verlegten Teppich von den Nagelleisten ab. Ziehen Sie bei Teppichen mit Schaumstoffrücken die doppelseitigen Klebebänder ab. Entfernen Sie PVC-Fliesen mit einer Heißluftpistole. Keramikfliesen und Holzböden müssen aufgestemmt werden

KLEINERE REPARATUREN AN HOLZBÖDEN

SACHKENNTNIS: niedrig bis hoch
ZEITRAHMEN: 2 Stunden bis 2 Tage
WERKZEUGE: Leitungssuchgerät, Holzhammer, Blockhobel
SEITEN: 42–43

Wenn Dielen locker sind, sichern Sie diese mit Schrauben. Reparieren Sie gesplitterte Bretter und füllen Sie große Lücken mit einem Stück Holz aus. Suchen Sie nach Leitungen oder Kabeln unter den Dielen, bevor Sie Nägel oder Schrauben verwenden.

EINE BESCHÄDIGTE DIELE ERSETZEN

SACHKENNTNIS: mittel
ZEITRAHMEN: 2 Stunden bis 1 Tag
WERKZEUGE: Meißel, Kreissäge, Stichsäge
SEITEN: 44–45

Bevor Sie einen neuen Bodenbelag verlegen, sollten Sie zerbrochene Bodendielen ersetzen. Bauen Sie eine neue Diele in derselben Dicke ein.

EINEN UNTERBODEN AUS HARTFASERPLATTEN VERLEGEN

SACHKENNTNIS: mittel
ZEITRAHMEN: ½ Tag
WERKZEUGE: keine
SEITEN: 46–47

Hartfaserplatten sind eine gute Unterlage für viele Bodenbeläge, z.B. für Teppichböden oder PVC. Beginnen Sie in einer Ecke des Raumes mit dem Verlegen. Legen Sie die Platten möglichst ohne sichtbare Nahtstellen.

KLEINERE SCHÄDEN AN BETONBÖDEN

SACHKENNTNIS: niedrig bis mittel
ZEITRAHMEN: 2 Stunden bis ½ Tag
WERKZEUGE: Meißel, Vorschlaghammer, Maurerkelle
SEITEN: 48–49

Tiefe Risse sollten von einem Fachmann untersucht und repariert werden. Behandeln Sie kleinere Risse mit verdünntem Klebstoff vor, bevor Sie sie mit Mörtel auffüllen. Wenn ein Betonboden staubig ist, tragen Sie Bodenversiegelung auf. Feuchtigkeit kann in einem neuen Haus beseitigt werden, indem wasserabweisende Lösung aufgetragen wird.

EINEN BETONBODEN EBNEN

SACHKENNTNIS: mittel
ZEITRAHMEN: ½ bis 1 Tag
WERKZEUGE: Zahnspachtel, Reibebrett
SEITEN: 50–51

Reinigen Sie zuerst den Boden und bessern Sie Risse aus. Füllen Sie Hohlräume mit flüssigem, stützendem Verbundstoff und lassen Sie diesen trocknen.

HANDSCHUHE

REIBEBRETT
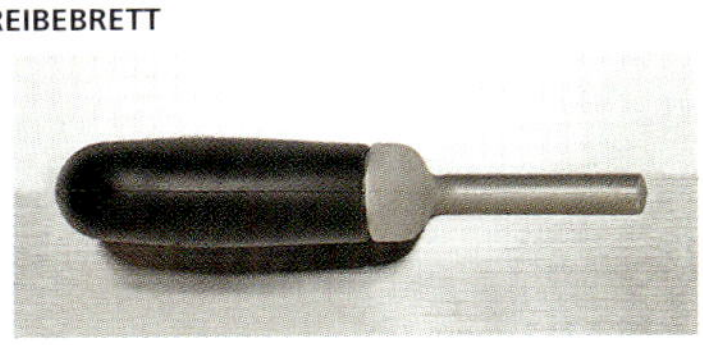

ZANGE
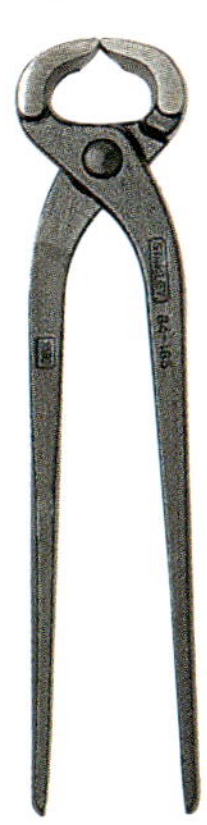

HAMMER

NAGELZIEHER

SOLIER-SCHRAUBEN-DREHER

HEISSLUFTPISTOLE

TAPETENABLÖSER

EINEN RAUM VORBEREITEN

SIE BRAUCHEN

Steckdosen entfernen
Leitungssuchgerät
Schraubenzieher
Abdeckband

Deckenstrahler entfernen
Plastiktüte
Klebeband

Deckenlampen entfernen
Stromprüfer
Abdeckband
Kugelschreiber
Schraubenzieher
Isolierband

Wandhalterungen entfernen
Schraubenzieher
Plastiktüte
Klebeband
Streichhölzer **oder** Zahnstocher

VERWEISE

Bestandsaufnahme, S. 8–9
Die Renovierung, S. 10–11

Sie sollten nie um Festinstallationen herumrenovieren, wozu Regale, Lichtschalter und Lampenfassungen gehören. Dies führt nur zu unbefriedigenden Ergebnissen und kostet zudem unnötig Zeit. Die Ausnahme bilden Elektroinstallationen wie Steckdosen, Schalter und Deckenleuchten. Bei ihnen ist es normalerweise möglich, die Abdeckung herauszuziehen, dahinter zu streichen, und die Abdeckungen dann wieder in die Wand zu drücken.

Wenn man einen Raum vorbereitet, geht man am besten durch das Zimmer und entfernt systematisch alles, was beim Renovieren im Weg sein könnte. Heben Sie jede entfernte Installation und die entsprechenden Schrauben in einer separaten Plastiktüte auf, damit man sie wiederfindet. Drehen Sie immer die Sicherungen heraus, bevor Sie mit der Arbeit beginnen (vgl. Nützliche Hinweise auf der gegenüberliegenden Seite).

LAMPENFASSUNGEN

Nachdem der Strom ausgeschaltet ist (vgl. Nützliche Hinweise), sollten Sie alle Halterungen von Wandlampen, Deckenlampen, Strahlern usw. entfernen. Sie können eine Halterung normalerweise lockern, indem Sie die Glühbirne herausdrehen und die Halterung etwas vorziehen, um die Kabel freizulegen. Das Abklemmen ist der einfachere Teil, sie wieder anzuklemmen ist schwieriger. Bevor Sie irgendetwas lockern, sollten Sie die Kabel und ihre Anschlüsse beschriften oder eine Skizze anfertigen. Stattdessen können Sie einen Elektriker beauftragen, der sich um die Anschlüsse kümmert.

Alle blanken Kabel müssen mit Isolierband umwickelt werden. Vielleicht müssen Sie die Sicherungen während der Renovierung wieder hineindrehen, wenn andere Geräte dieses Stromkreises benötigt werden. Sorgen Sie für zusätzliche Beleuchtung während der Renovierung.

STECKDOSEN

Sobald die Sicherungen herausgedreht sind, lösen Sie die Schrauben und ziehen die Abdeckung ab. Sie können den Schalter oder die Steckdose so lassen, bis die Renovierung beendet ist. Als zusätzlichen Schutz sollten Sie Klebeband auf die Ränder des Schalters kleben.

STRAHLER

Diese Halterung hängt aus einem Loch in der Decke. Wenn sie nicht schwer ist, können Sie eine Plastiktüte darüberstülpen, während Sie die Decke streichen. Wenn Sie die Decke tapezieren, sollten Sie die Fassung von den Kabeln lösen (vgl. nächste Seite.)

DECKENLEUCHTEN ENTFERNEN

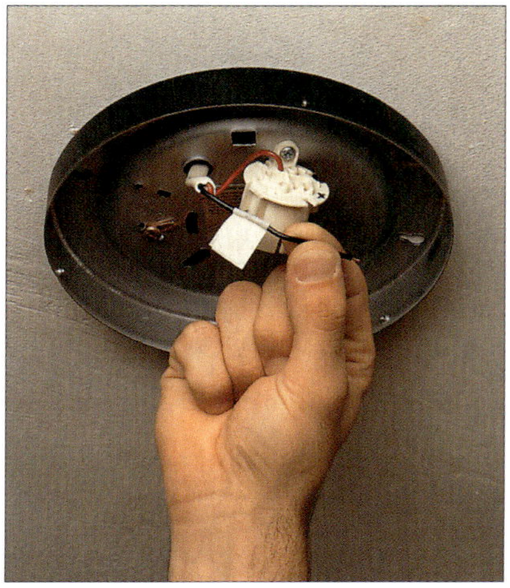

1 Hier müssen Sie die Blende oder Abdeckung und die Glühbirnen entfernen. Kennzeichnen Sie die zusammengehörenden Kabel und Anschlüsse mit Klebeband und beschriften sie. Bei dieser einfachen Verkabelung mußte nur ein Kabel gekennzeichnet weden.

2 Lösen Sie jedes Kabel aus seiner Lüsterklemme, indem Sie die kleine versenkte Schraube lösen. Entfernen Sie die sichtbaren Schrauben, um den Deckel und die Fassung abzunehmen. Umwickeln Sie die blanken Kabelenden mit Isolierband.

WANDHALTERUNGEN

1 Eventuell müssen Sie Regale, Spiegel, Gardinenstangen etc. abmontieren. Dabei muß man lediglich die Halterungen abschrauben. Wahrscheinlich benötigen Sie Hilfe bei großen, sperrigen Gegenständen.

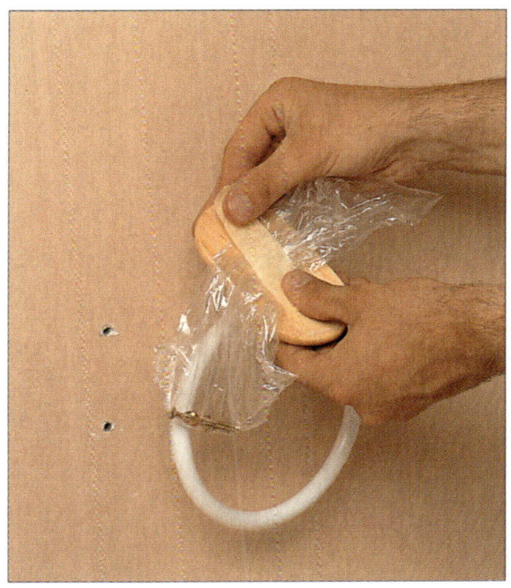

2 Damit man die jeweils passenden Schrauben nicht verliert, sollte man sie in einer Plastiktüte aufbewahren. Kleben Sie die Tüte direkt an die abmontierte Halterung.

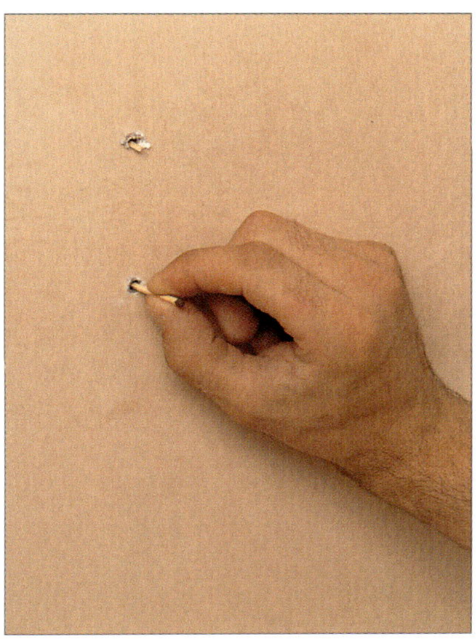

3 Damit Kabel und Leitungen nicht in der Wand verschwinden (vgl. S. 228-229), sollten Sie versuchen, die Halterungen wieder in den alten Löchern festzuschrauben. Weil die Tapete die Löcher verdecken wird, stecken Sie Streichhölzer oder Zahnstocher hinein, die ein wenig aus der Wand hervorstehen

Nützliche Hinweise

Die wichtigste Regel beim Umgang mit Elektrizität ist die Wahrung der Sicherheit. Es mag verführerisch sein, um einen Schalter herum zu tapezieren, indem man ihn einfach etwas nach vorne zieht. Man kann dabei aber hervorstehende Kabel berühren – mit unangenehmen Konsequenzen. Man sollte ein paar Sekunden investieren und die Sicherungen herausdrehen. Desweiteren sollte man den Schalter, die Steckdose oder die Lampenfassung isolieren, indem man einen Unterbrecher für den betreffenden Stromkreis einsetzt. Testen Sie in jedem Fall den Stromfluß mit einem Spannungsprüfer.

RISSE, DELLEN UND FLECKEN

SIE BRAUCHEN

Risse
Kittmesser
alter Pinsel
Eimer **oder** Gefäß
Spachtel
Schleifblock
feines Schmirgelpapier

Silikondichtung
Röhrchen

Wasserflecken
kleiner Pinsel

Stuck ausbessern
kleiner Pinsel
Werkzeug zum Modellieren von Ton

MATERIALIEN

Risse
Füll- **oder** Acrylspachtel

Silikondichtung
Silikonmasse

Wasserflecken
Aluminiumgrundierung

Stuck ausbessern
Füllspachtel mit Zellulose

VERWEISE

Kranzleisten, S. 148
Tapete ablösen, S. 26–27
Farbe von Holz ablösen, S. 32–33

Oberflächliche Risse und kleine Dellen können mit Füllspachtel aus Zellulose oder Acryl schnell ausgebessert werden. Wenn viele kleine Haarrisse vorliegen, bedeckt man den Putz mit Untertapete.

Füllspachtel gibt es in Form von Pulver, das mit Wasser angerührt werden muß, oder gebrauchsfertig in Tuben und Töpfen. Befolgen Sie die Anweisungen auf der Verpackung und achten Sie darauf, wie schnell die Masse aufgetragen werden muß, damit sie nicht zu schnell hart wird.

TIEFE RISSE

Nicht alle Risse sollten mit normalem Füllspachtel ausgebessert werden. Die jahreszeitenabhängige Bewegung des Hauses kann an Gelenkstellen Risse versursachen. Wenn sie sich dort befinden, wo Wände und Decke aufeinandertreffen, versteckt man sie durch Kranzleisten (vgl. S. 148). Mit Rissen oberhalb von Fußleisten und an Tür- und Fensterrahmen muß man anders umgehen. Sie können Füllspachtel aus Zellulose verwenden, wenn Sie vorher feuchtes Zeitungspapier als Grundlage in die Lücken stecken, aber die beste Lösung ist Silikon. Es bleibt flexibel und hält die Lücke trotz der Hausbewegungen geschlossen.

Kleine Schäden an Kehlleisten oder an Deckenrosen können repariert werden. Dennoch sollte besser nur ein Fachmann Ornamente renovieren.

FLECKEN

Die meisten Flecken entstehen durch Wasserschäden (Feuchtigkeit, lecke Leitungen) oder Tabakrauch. Flecken dringen durch Farbe hindurch, aber einen reinen Wasserfleck kann man überstreichen. Bei Nikotinflecken sollte man es auf gestrichenen Flächen mit einer starken Kernseifenlösung versuchen. Wenn das nicht funktioniert, müssen Sie die Farbe und ggf. die Tapete entfernen (vgl. S. 28–29).

RISSE

1 Unterhöhlen Sie den Riß mit einem spitzen Kittmesser, um ihn unterhalb der Oberfläche zu vergrößern. Schaben Sie so einen v-förmigen Hohlraum aus. Dabei soll die Spitze des V zur Oberfläche hin zeigen, damit die Füllmasse an ihrem Platz bleibt.

2 Entfernen Sie losen Staub mit einer alten Bürste und drücken Sie die Füllmasse mit einem Spachtel in den Riß und in den Hohlraum.

3 Halten Sie den Spachtel senkrecht zur Arbeitsfläche und streichen Sie überschüssige Füllmasse weg, aber glätten Sie die Masse noch nicht sofort, wenn Sie kein erfahrener Heimwerker sind. Man sollte die Spachtelmasse zuerst trocknen lassen.

4 Ein Schleifblock aus Holz oder Kork hilft Ihnen beim Glätten. Wickeln Sie ein Stück Schmirgelpapier um den Klotz und schmirgeln Sie die Füllmasse ab, bis sie eben ist.

Silikondichtung

Bei einem Riß an einer Fußleiste, einem Fenster oder einer Tür sollten sie Silikondichtungsmasse auftragen. Achten Sie dabei darauf, daß die Masse Kontakt zu beiden Oberflächen hat. Um die Dichtungsmasse zu glätten, kann man eine feuchte Fingerspitze verwenden.

Wasserflecken

Auf einen Wasserfleck kann man eine Schicht Aluminiumgrundierung auftragen. Die Grundierung versiegelt die Oberfläche und bildet eine gute Grundlage für die Farbe.

Stuck ausbessern

1 Wenn der Schaden an einem Stuckfries klein ist, können Sie ihn selbst beheben. Entfernen Sie vorsichtig lockere Stellen mit einem weichen Pinsel.

2 Bessern Sie den Schaden mit Füllspachtel aus und verwenden Sie dabei ein kleines Werkzeug, wie man es zum Tonmodellieren benutzt. Versuchen Sie, das Muster des Stucks nachzuahmen.

LÖCHER IN WÄNDEN AUSBESSERN

SIE BRAUCHEN

Gipsplatten
Handsäge **oder**
Gipsschneidemesser
Wasserwaage
Bleistift
Hammer
Säge mit kleinen Zähnen
Durchschläger
Spachtel
Schleifblock
feines Schmirgelpapier

Putz ausbessern
Haken
Maurerkelle
Holzlineal
feines Schmirgelpapier

MATERIALIEN

Ein Loch im Putz ausbessern
Holzleiste, etwa 50mm x 25mm groß
Nägel mit ovalem Kopf
verzinkte Gipsplattennägel
Kelle

Putz ausbessern
Putz

VERWEISE

Risse, Dellen und Flecken, S. 20–21
Deckenschäden reparieren, S. 24–25

Löcher in Gipsplatten sind oft die Folge von Stößen. Wenn das Loch mehr als ca. 90 cm breit ist, muß man es mit einer Gipsplatte ausbessern. Vor der Reparatur müssen Sie die Holzstützen auf jeder Seite des Schadens suchen. Dazu können Sie entweder die Gipsplatte abklopfen, bis Sie einen dumpfen Klang hören (im Gegensatz zu einem hohlen Klang), oder ein Stützensuchgerät verwenden (vgl. S. 199).

PUTZWÄNDE

Löcher im Putz entstehen aus denselben Gründen wie bei Gipsplatten sowie durch Feuchtigkeit. In letzterem Fall beseitigen Sie die Ursache für die Feuchtigkeit. Es gibt verschiedene Sorten Putz. Für Heimwerker ist die Sorte am besten geeignet, die in einer Schicht aufgetragen wird.
Von aufgeblähtem Putz spricht man, wenn der Putz sich von den Steinen löst und ausbeult. Sie sollten die Beule mit einem Meißel und einem Vorschlaghammer anstechen, um den losen Putz zu entfernen. Arbeiten Sie sich bis zu einer gesunden Stelle in der Nähe des Schadens vor.

VERPUTZTE HOLZWÄNDE

Reparieren Sie das Loch genauso wie eines in einer Gipsplatte. Wenn sie keine Gipsplatte in derselben Dicke des Putzes finden, sollten Sie auf die Stützen neue, dickere Latten nageln, so daß Sie keine Nahtstellen zwischen Gipsplatte und restlicher Wand erhalten.

Nützliche Hinweise

Putzwände sind oft an äußeren Ecken beschädigt. Füllen und glätten Sie den Putz mit Spachtelmasse. Wenn der Putz fest wird, fahren Sie mit einer feuchten Fingerspitze an der Ecke entlang, um die Masse zu glätten, denn eine spitze Ecke wird leichter beschädigt.
Um ein kleines Loch in einer Gipsplatte zu füllen, müssen SIe den Putz mit Spachtelmasse auffüllen. Bei kleinen Dellen sollte man Zellulosespachtelmasse verwenden.

GIPSPLATTEN

1 Schneiden Sie die beschädigte Stelle mit einer Handsäge oder einem Gipsschneidemesser aus. Dann schneiden Sie weitere 2,5 cm zur Mitte der Stütze hin weg. Schneiden Sie eine vertikale Hilfslinie und wiederholen Sie den Vorgang auf der anderen Seite der beschädigten Stelle.

2 An der Reparaturstelle muß ein rechteckiges Loch ausgeschnitten werden. Benutzen sie eine Wasserwaage, um horizontale Hilfslinien zu ziehen, und achten Sie darauf, daß die Linien sich über den Schaden hinaus erstrecken.

3 Um Fixierpunkte für die oberen und unteren Ränder der Gipsplatte zu erhalten, sollten Sie Nägel mit ovalen Köpfen verwenden, mit denen Sie 5 cm x 2,5 cm große Holzleisten sichern. Schlagen Sie die Nägel im Winkel von 45° durch die Leisten und die Stützen (sog. Schrägnageln).

4 Schneiden Sie mit einer feinen Säge ein Stück Gipsplatte zu. Die graue Seite des Flickens zeigt nach außen, dann wird der Flicken mit Gipsplattennägeln gesichert. Dies geschieht etwa 1 cm vom Rand entfernt, so daß die Nägel in die dahinterliegenden Stützen eindringen. Verwenden Sie dazu einen Durchschläger.

5 Schmirgeln Sie die Fläche glatt und verfüllen Sie die Nahtstellen mit Zellulosespachtel. Streichen Sie überschüssige Spachtelmasse mit einem Spachtel weg. Wenn die Masse trocken ist, sollten Sie sie wieder glattschmirgeln. (vgl. S. 20–21)

PUTZ AUSBESSERN

1 Halten Sie ein Mörtelbrett mit Putz in einem Winkel von 45° dicht an die Wand. Fangen Sie etwas Putz mit einer Kelle auf und streichen Sie ihn in den unteren Teil des Lochs. Pressen Sie die Kelle nicht flach gegen die Wand, sonst fällt der Putz herunter. Füllen Sie das Loch ganz auf.

2 Um den Putz zu glätten, verwenden Sie ein Stück Holz mit geraden Kanten, das größer ist als die reparierte Stelle. Sie müssen das Holz an die Wand halten und mit einer Zickzackbewegung nach oben schieben.

3 Um eine schöne Oberfläche zum Streichen zu erhalten, sollten Sie den Putz trocknen lassen und ihn anschließend mit Schmirgelpapier, das um die Holzleiste gewickelt wurde, glattschmirgeln.

DECKENSCHÄDEN REPARIEREN

SIE BRAUCHEN

Lockere Nägel befestigen
Durchschläger
Hammer
Spachtel

Gipsdecken reparieren
Gipsplattenmesser
Bohrer mit Spiralaufsatz
Schnur mit Nagel
Spachtel

Lattendecken reparieren
Schutzbrille
Staubmaske
alter Pinsel
Blechschere
Polstermeißel
Vorschlaghammer
Pflasterkelle

MATERIALIEN

Lockere Nägel befestigen
Gipsplattenschrauben
Füllspachtel

Gipsdecken reparieren
Gipsplatte
Füllspachtel

Lattendecken reparieren
Maschendraht
Kunststoffkleber
Füllspachtel

VERWEISE

Risse, Dellen, und Flecken, S. 20–21

Eine Decke kann die gleichen Schäden aufweisen wie eine Wand, aber auch durch lecke Stellen beschädigt werden. Sie sollten die Ursache des Lecks beheben und die Decke vor der Reparatur trocknen lassen.

GIPSDECKEN

Ein recht häufiger, kleinerer Defekt in einer Gipsplattendecke ist ein lockerer Nagel. Die Gipsplatten sind an den Deckenbalken über ihnen angenagelt, und manchmal kann sich einer dieser Nägel lockern. Dies ist einfach zu beheben. Gehen Sie dabei genauso vor wie bei einem gelockerten Nagel in einer Wand.

Ein kleines Loch kann mit Glasfiberband abgedeckt werden, aber ein Loch, das größer als 9 cm im Durchmesser ist, benötigt eine Stütze, die als Untergrund für die Spachtelmasse dienen soll. Sie benötigen dazu ein Stück Gipsplatte, das etwas länger und breiter ist als das Loch.

VERPUTZTE HOLZDECKEN

Die meisten älteren Häuser haben mit Decken aus Holzlatten und Putz. Hierbei wurden dünne Holzleisten an die Deckenbalken genagelt und dann verputzt. Der Putz wurde durch die schmale Lücken zwischen den Latten gedrückt. Dort trocknete er, und die Decke wurde so stabil.

Wie ein Loch repariert werden kann, hängt von seiner Größe und dem Zustand der Latten ab. Wenn die Latten nicht zerbrochen sind, sollte man sie mit verdünnten Klebstoff bestreichen, um sie weniger saugfähig zu machen, bevor man die Reparaturmasse einfüllt. Wenn die Latten zerbrochen sind und das Loch kleiner als 7,5 cm ist, sollten Sie zerrissenes Zeitungspapier hineinstopfen, das dann als Stütze dienen kann, bevor das Loch verputzt wird. Wenn ein Loch mehr als 7,5 cm groß ist, müssen Sie dünnen Maschendraht als Stütze für den Putz verwenden.

LOSE NÄGEL ERSETZEN

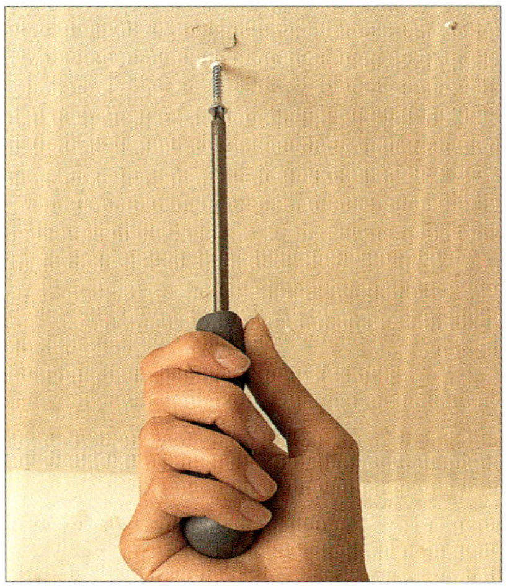

Schrauben Sie eine Gipsplattenschraube 5 cm von dem Nagel entfernt in den darüberliegenden Balken. Treiben Sie den Nagel dann mit einem Durchschläger und einem Hammer unter die Oberfläche. Bedecken Sie das Loch mit Spachtelmasse. (vgl. S. 20–21)

GIPSPLATTEN REPARIEREN

1 Schneiden Sie ein Stück Gipsplatte aus, das 2,5 cm grösser ist als die beschädigte Stelle. Bohren Sie ein Loch in die Mitte. Ziehen Sie ein 15 cm langes Stück Schnur hindurch und binden Sie auf der Holzseite einen Nagel daran fest, dadurch rutscht der Faden nicht aus dem Loch.

2 Tragen Sie auf die Ränder der grauen Seite Spachtelmasse auf, schieben Sie das Stück durch das Loch (mit der grauen Seite nach außen). Ziehen Sie die Platte mit dem Faden gegen das Loch und ziehen Sie den Faden stramm. Lassen Sie die Spachtelmasse antrocknen.

3 Tragen Sie Füllspachtel auf und glätten Sie die Oberfläche. Wenn Sie die Oberfläche nicht ganz glätten können, lassen Sie den Füllspachtel trocknen und schmirgeln die Stelle später glatt. (vgl. S. 20–21).

Verputzte Holzdecken

1 Bürsten Sie mit einem alten Pinsel Staub und kleine Bröckchen von den Reparaturstellen. Tragen Sie dabei eine Schutzbrille und eine Staubmaske.

2 Wenn die Latten beschädigt sind, verwenden Sie eine kleine Metallschere, um den Maschendraht zuzuschneiden. Passen Sie ihn dann an, indem Sie seine Enden um die Rückseite der Latten klappen.

3 Benutzen Sie einen Meißel und einen Vorschlaghammer, um die Ränder des Lochs etwas anzuheben, so daß der Putz besseren Halt hat. Seien Sie dabei vorsichtig, damit Sie weitere Schäden vermeiden. Benutzen Sie den Pinsel erneut, um die Stelle zu säubern.

4 Geben Sie ausreichend Füllspachtel auf eine Kelle und drücken Sie diese auf die Reparaturstelle, bis die Oberfläche glatt ist. Drücken Sie so die Spachtelmasse durch die Löcher des Maschendrahts. Lassen Sie die Kelle über die reparierte Stelle gleiten und schmirgeln Sie die Spachtelmasse ab, wenn sie trocken ist (vgl. S. 20–21).

ALTE TAPETE ABLÖSEN

SIE BRAUCHEN

Tapete mit Wasser ablösen
kräftige Drahtbürste **oder** gezackten Schaber
Eimer und Wasser
Kleister
Schwamm
Tapetenkratzer
Tapetenlöser

Tapete mit Dampf ablösen
Dampfablöser
Wasser
Tapetenkratzer
Tapetenlöser

Vinyltapeten
Messer
ansonsten siehe Tapete mit Wasser ablösen

VERWEISE

Risse, Dellen und Flecken, S. 20–21

Es gibt viele verschiedene Wandbekleidungen. Außer Papiertapeten gibt es unter anderem auch noch abwaschbare Tapeten, Vinyltapeten und Holzplatten. Vor dem Anbringen neuer Wanddekorationen sollte man die alten ablösen. Neue Bekleidungen auf eine alte zu kleben, kann dazu führen, daß beide Schichten Blasen werfen.

DIE WAND ABKRATZEN

Wie schwierig es ist, eine Wand abzukratzen, hängt von dem Material der Wandbedeckung und vom verwendeten Kleister ab. Ein zu stark verdünnter Kleister hält die Tapete zwar an der Wand, kann aber nicht verhindern, daß sie sich mit Wasser vollsaugt, was Ihnen das Abkratzen zwar erleichtert, aber keine gute Grundlage für eine neue Tapete ist.

Wasser ist eine unerläßliches Hilfsmittel beim Abkratzen von Tapeten. Vinyltapeten und abwaschbare Bedeckungen sind wasserabweisend; deshalb müssen sie eingeritzt werden, damit sie durchweichen (es sei denn es handelt sich um abziehbares Vinyl).

Wenn die Tapete nach einem ersten Durchweichen noch nicht lose ist, versuchen Sie es ein zweites Mal oder fügen Sie flüssigen Tapetenlöser und zusätzlich Zellulosepaste hinzu.

Sie können auch einen elektrischen Dampfablöser verwenden, der gekauft oder geliehen werden kann. Er hat einen Tank für das Wasser, das sich in 30 Sekunden bis zehn Minuten aufheizt, und dann modellabhängig längere Zeit Dampf abgibt. Lassen Sie ihn nie auf dem bloßen Fußboden stehen.

Nützliche Hinweise

Vermeiden Sie es, Wandbeläge in der Nähe von Schaltern und Steckdosen durchweichen zu lassen. Wenn Sie den Belag in trockenem Zustand nicht abziehen können, drehen Sie die Sicherung heraus, schrauben Sie die Vorderabdeckung ab und lockern Sie diese. Verwenden Sie so wenig Wasser wie möglich.

WASSER

1 Verwenden Sie eine Drahtbürste oder einen Schaber, um die Oberfläche von abwaschbaren Wandbelägen aufzurauhen. So kann das Wasser in den Belag eindringen. Achten Sie darauf, daß die Drahtborsten den Putz nicht aufrauhen, sonst könnten Rostflecken entstehen.

2 Zuerst gibt man etwas Kleister in einen Eimer mit warmem Wasser. Beginnen Sie dann in einer Ecke des Raumes und durchnässen Sie alle Wände mit dem Schwamm. Sobald Sie zum Ausgangspunkt zurückkommen, sollte das Wasser schon eingezogen sein.

3 Lockern Sie den Wandbelag vorsichtig mit einem Schaber. Die Tapete sollte sich wölben und sich leicht ablösen. Wenn dies nicht der Fall ist, müsen Sie mehr Wasser auftragen. Wenn Sie eine Gipsplatte abkratzen, denken Sie daran, daß diese eine Oberfläche aus Papier hat.

4 Wenn Sie den Großteil des Wandbelags entfernt haben, durchnässen Sie kleine Fetzen oder hartnäckige Stellen erneut und entfernen den Belag. Sobald die ganze Tapete abgelöst ist, waschen Sie die Wände mit einer Mischung aus wenig Tapetenlöser und warmem Wasser ab.

DAMPFABLÖSER

1 Rauhen Sie abwaschbare Beläge auf (vgl. Schritt 1, gegenüberliegende Seite). Drücken Sie den Ablöser gegen die Wand, halten Sie ihn für einige Sekunden oder auch Minuten je nach Modell und Dicke der Tapete an diese Stelle.

2 Setzen sie den Dampfablöser auf die nächste Stelle. Kratzen Sie gleichzeitig die bereits gelöste Tapete ab. Fahren Sie fort, bis das Papier entfernt ist, und waschen Sie die Wände wie in Schritt 4 ab.

VINYLTAPETEN

1 Einige moderne Vinyltapeten können einfach von der Wand abgezogen werden. Probieren Sie es aus, indem Sie versuchen, mit einem Fingernagel oder einem Messer eine Ecke anzuheben. Wenn sie sich ablöst, ziehen Sie den Belag einfach weiter ab.

2 Wenn Sie eine abziehbare Vinyltapete haben, ist auf der Rückseite Papier. Weichen Sie es einfach auf und ziehen Sie es ab wie eine normale Papiertapete. Das Papier wird sich leicht ablösen lassen. Wenn nicht, kann es auch an der Wand bleiben und als Untergrund dienen.

ANDERE WANDBELÄGE ENTFERNEN

SIE BRAUCHEN

Strukturfarbe
Arbeitsanzug
Arbeitshandschuhe
Schutzbrille
harter Pinsel
chemisches Lösemittel
Schaber
feste Bürste
Eimer
Kernseife **oder** Tapetenlöser
Schwamm

Wandfliesen
Meißel
Vorschlaghammer
Schutzbrille
Arbeitshandschuhe
Heißluftpistole
Schaber

Holzvertäfelung
Meißel
Vorschlaghammer

Feder- und Nut-Verkleidungen
Meißel
Vorschlaghammer
Stemmeisen

VERWEISE

Risse, Dellen und Flecken, S. 20–21
Löcher in Wänden reparieren, S. 22–23

Außer Tapeten gibt es noch andere Wandbeläge (vgl. S. 26–27). Alle können wieder entfernt werden, bei manchen ist dies aber mühsam. Hin und wieder müssen die Wände anschließend repariert werden.

STRUKTURFARBEN

Es gibt zwei Arten von Strukturfarben: Emulsionsstrukturfarben und Latexfarben. Emulsionsfarben können mit Sprühentferner abgelöst werden. Für Latexfarben weicht man die Farbe mit einem Dampfablöser (vgl. S. 26–27) auf und kratzt sie dann ab. Man sollte eine Farbschicht nie abschmirgeln, denn ältere Farben enthalten Asbest, der nicht eingeatmet werden sollte.

WANDFLIESEN

Das Entfernen von Keramikfliesen ist mühsam und macht viel Arbeit, vor allem wenn man eine glatte Oberfläche braucht, wie sie zum Fliesen u.ä. notwendig ist. Vorausgesetzt, daß die alten Fliesen eben und fest sind, kann man sie an der Wand lassen und darüberfliesen. Ob sie eben sind, prüfen Sie mit einer Wasserwaage. Eine einzelne lockere Fliese kann mit Fliesenkleber befestigt werden. Alte Fliesen mit Zementmörtel lassen sich schwieriger entfernen. Da dabei überall kleine Teile herumfliegen, sollten Sie Schutzbrille und Schutzmaske tragen.

Das Ablösen von Kork- und Styroporfliesen ist einfach, aber abhängig davon, wie der Kleber aufgetragen wurde: auf kleinen Flecken, meistens bei alten Fliesen, oder über die ganze Fliese, wie es bei neueren der Fall ist.

VERTÄFELUNGEN

Bohlen sind auf Latten festgenagelt, festgeschraubt, oder mit Klammern befestigt. Vertäfelungen werden genauso entfernt wie Bohlen. Wenn sie beim Klopftest massiv klingen, sind sie mit einem Klebstoff an der Wand festgeklebt und man muß sie wegstemmen.

STRUKTURFARBE

1 Wenn man chemische Lösemittel verwendet, um Farbe zu entfernen, sollte man Schutzkleidung tragen. Beginnen Sie oben, indem Sie eine dicke Schicht auftragen und auf der Oberfläche verteilen. Lassen Sie das Mittel drei bis acht Stunden einziehen.

2 Kratzen Sie die Farbe ab, sobald sie weich ist. Wenn Sie damit fertig sind, sollten Sie den Staub abbürsten. Waschen Sie die Wand mit Kernseife oder warmem Wasser mit Tapetenlöser ab, spülen Sie anschließend mit klarem Wasser.

Wandfliesen

1 Wenn Sie eine Fliese entfernen wollen, setzen Sie den Meißel in der Mitte der Fliese an und schlagen mit einem Vorschlaghammer drauf. Stecken Sie den Meißel zwischen die Scherben und heben Sie diese an.

2 Um zusätzliche Fliesen zu entfernen, schieben Sie den Meißel unter den Rand einer angrenzenden Fliese und heben sie ab. Manche werden im Ganzen abfallen, andere in Scherben. Entfernen Sie die übrigen Fliesen auf dieselbe Art.

3 Um den Fliesenkleber zu entfernen, der immer noch an der Wand klebt, müssen Sie eine Heißluftpistole etwa 5 cm von der Wand entfernt halten. Die Heißluftpistole weicht den Kleber auf, kratzen Sie ihn dann mit einem Schaber ab.

Paneele

Um eine Holzvertäfelung zu entfernen, setzen Sie den Meißel in eine der vertikalen Nuten und heben das Brett an. Die Bretter werden splittern und in Stücken abfallen. Eventuell müssen Sie den Klebstoff abschmirgeln, aber versuchen Sie es zuerst mit einer Heißluftpistole (s. ganz links).

Feder- und Nut-Verbindungen

1 Beginnen Sie damit, die Zierleiste sowie alle Seitenleisten zu entfernen. Setzen Sie den Meißel hinter die Zierleiste und schlagen Sie mit einem Vorschlaghammer darauf. Wenn er erst einmal hinter der Leiste ist, können Sie damit die Verkleidung ablösen.

2 Verwenden Sie den Haken des Stemmeisens, um jedes einzelne Brett zu entfernen. Schieben Sie es zwischen das Brett und die Leiste, vermeiden Sie es dabei, die Wand zu beschädigen. Schrauben Sie die Leisten ab oder Sie entfernen sie mit dem Stemmeisen.

OBERFLÄCHEN WASCHEN UND VORBEREITEN

SIE BRAUCHEN

Schleifklotz
Schmirgelpapier (grob, mittel und fein)
Kernseife oder Reinigungsmittel und warmes Wasser
Eimer
Schwamm
fusselfreies Tuch
spitzer Stab
Spiritus
Schaber (falls nötig)
Kittmesser (falls nötig)
Antistatiktuch (falls nötig)

MATERIALIEN

Füllspachtel für Holz, Acryl **oder** Zellulose (falls nötig)

VERWEISE

Risse, Dellen und Flecken, S. 20–21

Egal ob eine Oberfläche abgeschliffen oder neu gestrichen wird, man muß sie vorher abwaschen. Eine verschmutzte Oberfläche kann dazu führen, daß Tapete sich wölbt oder Farbe blättert. Wenn Sie alte Farbe überstreichen wollen, sollten Sie die Wände von unten nach oben abwaschen, so daß das Schmutzwasser die nasse Wand hinunterläuft und keine Schmierspuren hinterläßt. Auch Flecken wären zu sehen und müssen behandelt werden. (vgl. S. 20–21) Lassen Sie eine Wand vor der Renovierung immer trocknen.

Tempra (eine früher verwendete Farbe, die man in alten Häusern noch findet) entfernt man mit einem rauhen Lappen und Wasser. Gehen Sie dann mit einer Schicht Fixiermittel darüber, um übriggebliebene Farbe zu binden.

SCHMIRGELN UND AUSFÜLLEN

Glanzfarbe enthält Glanzstoffe, die verhindern, daß neue Farbe darauf haften kann. Wenn man sie abschmirgelt, entfernt man diese Stoffe, und der neue Anstrich wird auf der aufgerauhten Oberfläche gut halten. Das Schmirgeln kann man von Hand oder mit einer Schleifmaschine erledigen. Egal ob Sie von Hand oder mit einer Maschine schmirgeln, sollten Sie immer eine Staubmaske und eine Schutzbrille tragen. Nach dem Schmirgeln sollten Sie alle Oberflächen gründlich reinigen. Wenn Schmutz im Pinsel oder an der Rolle hängenbleibt, kann die Oberfläche blasig oder unregelmäßig werden, sobald die neue Farbe getrocknet ist.

Als letztes müssen gesplitterter Lack entfernt und kleinere Mängel ausgeglichen werden. Verwenden Sie Füllspachtel aus Zellulose oder Acryl, die man in einer Tube oder einem Becher fertig kaufen bzw. in Pulverform mit Wasser anrühren kann. Wo Holz durchscheint, sollten Sie Holzspachtel verwenden.

1 Um den Glanzlack abzuschmirgeln, müssen Sie die Fläche in kreisenden Bewegungen abschmirgeln, um sie aufzurauhen. Arbeiten Sie von oben nach unten, damit die ganze Fläche geschmirgelt wird. Bei einer unregelmäßigen Oberfläche sollten Sie zuerst rauhes und dann feines Papier verwenden.

2 Waschen Sie die Oberfläche in jedem Fall mit Kernseife oder Reinigungsmittel und warmem Wasser ab. Wenn Sie die Oberfläche neu überstreichen wollen, sollten Sie von unten nach oben waschen, sonst können Sie oben anfangen, vorausgesetzt, daß die Oberfläche nicht allzu dreckig ist.

3 Um die Winkel und Fugen zu reinigen, sollten Sie ein Stück fusselfreien Stoff um einen spitzen Stock wickeln, diesen in Spiritus tränken und den Dreck aus diesen Ecken entfernen, damit der Dreck nicht von einem Pinsel aufgenommen wird.

4 Wenn ein alter Anstrich Blasen geworfen hat oder abblättert, schieben Sie den Schaber unter die lose Farbe und kratzen sie ab.

5 Rühren Sie nur soviel Füllspachtel an, wie Sie gerade brauchen. Nehmen Sie den Füllspachtel mit dem Kittmesser auf und drücken Sie ihn in die schadhafte Stelle. Pressen Sie die Spachtelmasse an und ziehen Sie das Messer über die reparierte Stelle.

6 Lassen Sie die Spachtelmasse erst durchtrocknen. Schmirgeln Sie sie anschließend mit Schmirgelpapier glatt

7 Verwenden Sie zum Schluß einen fusselfreien, in Spiritus getränkten Lappen, um die überflüssige Masse von der Reparaturstelle zu entfernen.

Nützliche Hinweise

Auf feuchten Oberflächen bildet sich leicht Schimmel, erkennbar an dunklen Flecken. Beseitigen Sie zuerst die Ursache für die Feuchtigkeit (vgl. S. 12–13), bevor Sie den Schimmel bekämpfen. Desinfinzieren Sie die Oberfläche mit einem Fungizid. Lassen Sie es sechs Stunden einwirken, bevor Sie den Schimmel abreiben. Behandeln Sie die Stelle nochmals und lassen Sie sie einige Tage lang ruhen. Vor der Renovierung grundieren Sie die Wand. Wenn Sie tapezieren, verwenden Sie einen Kleister mit einem Fungizid.

FARBE VON HOLZ ABLÖSEN

SIE BRAUCHEN

Lösungsmittel verwenden
Arbeitsanzug mit langen Armen
dicke Gummihandschuhe
Sicherheitsbrille
Staubmaske
Sperrholz, Massivholz oder Zeitungen
chemischer Farblöser
alter Pinsel
Glaskrug
breiter Schaber
Schabeisen
Plastikfolie
Schwamm
Eimer und Wasser, **oder** Spiritus
Drahtwolle
mittelfeines Schmirgelpapier

Heißluftpistole verwenden
Arbeitsanzug mit langen Armen
Sperrholz, Massivholz
Eimer mit Wasser
Heißluftpistole
Schabeisen
mittleres Schmirgelpapier

VERWEISE

Andere Wanddekorationen entfernen, S. 28–29
Oberflächen abwaschen und vorbereiten, S. 30–31

Wenn Farbe oder Lack auf Holzoberflächen in schlechtem Zustand sind – z.B. abgeblättert, zerbröckelt oder eingerissen – oder wenn sie so dick aufgetragen wurden, daß eine Tür oder ein Fenster nicht mehr richtig schließen, sollte man die Farbschichten bis aufs Holz ablösen. Sie können kleinere Flächen abschmirgeln, aber es ist praktischer, Farbablöser oder Hitze zu verwenden. Tragen Sie immer Schutzkleidung – Handschuhe, lange Arme, Sicherheitsbrille und eine Staubmaske. Öffnen Sie die Fenster oder belüften Sie den Raum mit einem Ventilator.

CHEMISCHE LÖSEMITTEL

Obwohl sie sehr wirksam sind, sind chemische Lösemittel bei größeren Flächen nicht wirtschaftlich. Sie sollten daher nur an schwierigen Stellen verwendet werden. Die Lösemittel werden auch um Glas herum verwendet, weil es bei Hitze sonst bersten könnte.

Wieviele Farb- und Lackschichten auf einmal entfernt werden können, hängt vom Produkt ab. Bei manchen ist eine mehrmalige Anwendung notwendig. Lesen Sie auf jeden Fall vorher die Gebrauchsanleitung genau durch.

HITZE

Mit einer Heißluftpistole entfernt man Farbe am einfachsten und kostengünstigsten. Sie ähnelt einem Haartrockner, wird aber viel heißer, und ist nur für die empfohlene Nutzung geeignet. Halten Sie die Hand nie in den Luftstrom und schalten Sie das Gerät aus, wenn Sie es nicht nutzen.

Nützliche Hinweise

Verwenden Sie eine Heißluftpistole an windigen Tagen nicht in der Nähe von offenen Fenstern – sonst zerstreut der Wind den Hitzestrom, bevor die Farbe weich ist.

Wegen der Hitze kann die Farbe zu brennen beginnen, weshalb man einen Eimer mit Wasser unterhalb der Arbeitsfläche haben und die abgelösten Farbstücke dort auffangen sollte.

LÖSEMITTEL

1 Da das Lösemittel den Boden angreifen kann, sollten Sie ihn gut schützen. Sie können dazu ein Stück Holz oder Zeitungen verwenden. Stellen Sie den Schaber in einem Glasbecher ab und tragen Sie eine dicke Schicht Lösemittel von oben nach unten auf.

2 Lassen Sie das Mittel nach Herstelleranweisung einwirken. Wenn die Farbe aufgeweicht ist, verwenden Sie auf den glatten Flächen einen breiten Schaber, um die Farbe zu entfernen. Achten Sie darauf, das Holz nicht zu zerkratzen.

3 Um die Farbe aus Vertiefungen, Ecken und anderen schwierigen Stellen zu kratzen, ist ein Schabmesser am besten geeignet, das die Arbeitsfläche entlanggezogen wird, um die Farbe zu entfernen.

4 Decken Sie den Boden mit Plastikfolie ab und wischen Sie überschüssiges Lösemittel mit einem Schwamm und Wasser oder Spiritus ab. Mit Drahtwolle gelangen Sie in die Winkel und Vertiefungen. Restliche Farbe in einem Winkel entfernen Sie mit einem Stück Schmirgelpapier, das Sie falten.

HEISSLUFTPISTOLE

1 Schützen Sie den Boden mit einem Stück Holz. Die Pistole erzeugt schnell einen sehr heißen Luftstrom, höchste Vorsicht ist geboten. Um die Farbe zu entfernen, halten Sie die Pistole 5 cm von der Arbeitsfläche entfernt, bis die Farbe anfängt, Blasen zu werfen.

2 Weiche Farbe kratzt man mit einem Schabeisen ab. Halten Sie die Heißluftpistole weiter über die Arbeitsfläche, aber konzentrieren Sie die Hitze nicht auf einen Punkt, da sonst der Untergrund versengt werden kann. Bewegen Sie die Pistole lieber hin und her.

3 Einige Heißluftpistolen haben einen integrierten Schaber, damit man die Farbe gleichzeitig erhitzen und abkratzen kann. Einige sind auch mit einer Vorrichtung ausgestattet, welche die Hitze von empfindlichen Oberflächen wie Fensterscheiben abhält.

4 Welche Methode auch angewendet wird, es werden Farbreste zurückbleiben. Entfernen Sie diese am besten mit mittelfeinem Schmirgelpapier. Falten Sie das Papier, drücken Sie eine Kante in die Vertiefung und schmirgeln Sie dann hin und her.

METALL ABSCHMIRGELN UND VORBEREITEN

SIE BRAUCHEN

Schutzbrille
Staubmaske
Schmirgelpapier
Drahtbürste
Bohrmaschine mit Drahtbürstenaufsatz
Schleifblock aus Kork **oder** Holz
Kittmesser
Schleifpapier
alter kleiner Pinsel
dicke Gummihandschuhe
Eimer und Wasser
Seifenreiniger
Stahlwolle

MATERIALIEN

Epoxidspachtel
Farblösegel
rostabweisende Grundierung

VERWEISE

Fenster streichen, S. 66–67

Anstriche auf Metall, die sich in gutem Zustand befinden – egal ob auf einer gußeisernen Kaminumrandung, einem Fensterrahmen aus Metall oder einem Heizkörper – müssen eventuell nur mit einer Kernseifenlösung oder einem Reinigungsmittel abgewaschen und abgeschmirgelt werden, um Ruß zu entfernen und einen Untergrund für die neue Farbe abzugeben. Sind Farbspritzer auf der Oberfläche, schmirgelt man lediglich die Flecken ab. Größere Farbflecken entfernt man besser ganz.

ROST BEHANDELN

Leider werden gußeiserne Kaminumrandungen und Metallrahmen oft vernachlässigt. Rost kann sich auf Eisen und Stahl an den Stellen bilden, an denen die Farbe abgeblättert ist und sich in das Metall fressen

Das Metall muß nicht glänzen, sondern sollte nur frei von Rost sein. Ein kleiner Rostfleck kann mit Schmirgelpapier entfernt werden, für größere Stellen braucht man eine Bohrmaschine mit Drahtbürstenaufsatz.

Um Rost an schwierigen Stellen zu entfernen, sollte man ein chemisches Lösegel verwenden (eine Heißluftpistole ist für Metall eher ungeeignet). Wenn man das Gel nach einigen Stunden abzieht, geht die Farbe mit ab.

Wenn Rost sich in das Metall gefressen hat, füllt man Spachtelmasse in die Löcher. Nach der Rostentfernung sollte man direkt eine rostabweisende Grundierung auftragen, sonst kann der Rost nach einem Tag wieder da sein.

Nützliche Hinweise

Aluminium wird nicht von Rost befallen, aber es kann sich eine blaßgraue Schicht auf der Oberfläche bilden. Um die Oberfläche wieder zum Glänzen zu bringen, verwendet man Schmirgelpapier, das mit Spiritus besprüht wurde. Reiben Sie das Metall dann mit einem Tuch und Spiritus ab. Wenn das Metall trocken ist, kann man eine Zinkphosphatgrundierung auftragen

1 Um einen kleinen oberflächlichen Rostfleck oder Rost an einer Vertiefung zu entfernen, faltet man ein Stück Schmirgelpapier und reibt den Rost weg.

2 Bei einem großen Rostfleck oder einer größeren Fläche alter Farbe ist eine Drahtbürste viel wirksamer.

3 Bei großen Rostflecken kann man eine Bohrmaschine verwenden, die mit einem Drahtbürstenaufsatz versehen ist. Eine schalenförmige Bürste ist am besten geeignet für kleine, tieferliegende Stellen, mit einer radförmigen kann man die Bohrmaschine im Winkel ansetzen.

4 Um Farbflecken abzuschmirgeln, wickelt man Schmirgelpapier um einen Schleifblock aus Holz oder Kork und schmirgelt die Oberfläche glatt.

5 Füllen Sie alle löchrigen Stellen mit Spachtelmasse. Tragen Sie sie einfach mit einem Kittmesser auf, mit der Klinge schaben Sie dann alle überstehenden Stellen ab, bis die Oberfläche glatt ist. Oder Sie warten, bis die Spachtelmasse trocken ist und schleifen sie dann mit Schmirgelpapier ab.

6 Um Farbe an schwierigen Stellen zu entfernen, verwendet man eine alte Bürste, mit der man eine dicke Schicht Lösemittel aufträgt und diese gemäß den Herstellerangaben einwirken läßt.

7 Wenn die Farbe weich wird, kann man sie entfernen. Verwenden Sie eine kleine Bürste (am besten eine alte Zahnbürste) um die Farbe aus Winkeln und Fugen zu kratzen.

8 Zum Schluß sollten Sie das Metall mit Wasser oder Spiritus reinigen (abhängig von dem verwendeten Lösemittel), um alle Restspuren der Chemikalie zu neutralisieren. Verwenden Sie an schwierigen Stellen Stahlwolle.

FUSSLEISTEN UND PRESSTEILE ENTFERNEN

SIE BRAUCHEN

Fußleisten entfernen
Messer
Meißel
Vorschlaghammer
Holzstücke
Stemmeisen
Holz- **oder** Fuchsschwanzsäge
Arbeitsoberfläche
Zange

Dellen oder Löcher
Spachtel
Schleifblock
Schmirgelpapier

Schäden beseitigen
Meißel
Vorschlaghammer
Holzstücke
Fuchsschwanzsäge
Holzmeißel
Holzhammer
Hobel

MATERIALIEN

Dellen und Löcher
Acrylspachtel

Schäden
Holz

VERWEISE

Fußleisten ersetzen, S. 38–39

In älteren Häusern können Fußleisten kunstvoll gestaltet und bis zu 30 cm hoch sein, glatte, bis zu 10 cm hohe Preßteile findet man eher in neuen Häusern. Fußleisten sind entweder an Holzklötzen, die im Mauerwerk sitzen, festgenagelt, oder sie hängen an Stützen hinter dem Putz. Neuere Leisten können festgeklebt sein.

Wenn man einen neuen Bodenbelag, wie zum Beispiel Laminat, verlegt, muß man u.a. die Fußleisten entfernen und sie nach dem Verlegen wieder anbringen. Vermeiden Sie dies insbesondere bei alten Leisten, denn diese werden leicht beschädigt. Wenn Sie Fußleisten mit der Absicht entfernen, sie später wieder anzubringen, sollten Sie diese numerieren, um später wieder die richtige Stelle zu finden. Wenn sie bereits beschädigt sind, lohnt es sich eventuell, eine Reparatur zu versuchen (bei schönen, alten Fußleisten) oder einen schadhaften Teil zu entfernen und Ersatz zu suchen.

ANDERE PRESSTEILE

Mit Kranzleisten verdeckt man einen Riß an der Nahtstelle zwischen Decke und Wänden. Da dies die einzige Möglichkeit ist, den Riß zu verbergen, müssen Sie sich gründlich überlegen, ob Sie die Leisten entfernen wollen. Wie Sie dies tun, hängt von der Befestigungsart ab. Klopfen Sie Gipsleisten mit einem Meißel und einem Vorschlaghammer ab. Heben Sie Kunststoffleisten mit einem biegsamen Schaber ab und weichen Sie den alten Klebstoff mit einer Heißluftpistole auf, um ihn dann abzukratzen.

Bild- und Stuhlleisten wurden früher an die Wand genagelt. Verwenden Sie einen Hammer und einen Meißel, um die Preßteile zu entfernen. Ziehen Sie alte Nägel mit einer Zange hinaus, sonst rosten diese durch. Neuere Preßteile werden mit Schrauben befestigt, die in Füllmaterial stecken und erst entfernt werden müssen. Andere Leisten werden mit Klammern befestigt.

FUSSLEISTEN

1 Gehen Sie mit einem Teppichmesser an der Nahtstelle zwischen Wand und Fußleiste entlang. An einer Ecke sollten Sie einen Meißel hinter die Leiste stecken und mit einem Hammer daraufschlagen. Schieben Sie ein Stück Holz in die Lücke und nehmen Sie den Meißel weg.

2 Stecken Sie ein Stemmeisen in die Lücke. Ziehen Sie das Stemmeisen langsam heraus, sobald sich die Leiste ablöst. Wiederholen Sie diesen Arbeitsschritt im Abstand von jeweils etwa einem Meter, bis sich die Leiste von der Wand ablöst.

3 Wenn sich die Fußleiste nur schwer ablösen läßt, schlagen Sie mit dem Hammer ein Stück Holz zwischen Leiste und Wand und lösen sie mit dem Haken des Stemmeisens.

4 Um eine angerissene Fußleiste, zu lockern, löst man sie mit Meißel und Hammer von der Wand und steckt ein Stück Holz in die Lücke. Legen Sie das Stemmeisen auf einem Stück Holz und hebeln Sie es unter die Leiste, um die Leiste aus der Ecke zu lösen.

5 Bei verdeckten Leistenenden öffnet man die Lücke zwischen Wand und Leiste. Stecken Sie zwei Keile zwischen Holz und Wand. Sägen Sie die Leiste im Winkel von 45° durch. Wenn Sie keine Übung im Sägen besitzen, verwenden Sie am besten einen Fuchsschwanz mit feinen Zähnen.

6 Wenn Sie vorhaben, die Fußleiste wieder anzubringen, ziehen Sie die Nägel heraus. Klemmen Sie die Fußleiste dazu an einer Arbeitsplatte fest. Greifen Sie den Nagel mit einer Zange und ziehen Sie ihn heraus.

Dellen und Löcher

Um eine Delle oder ein Loch in einer Fußleiste auszubessern, rühren Sie etwas Spachtelmasse an, geben etwas davon auf einen Spachtel und drücken sie in die Öffnung. Drücken Sie die Masse fest und schmirgeln Sie diese nach dem Trocknen glatt.

Schäden

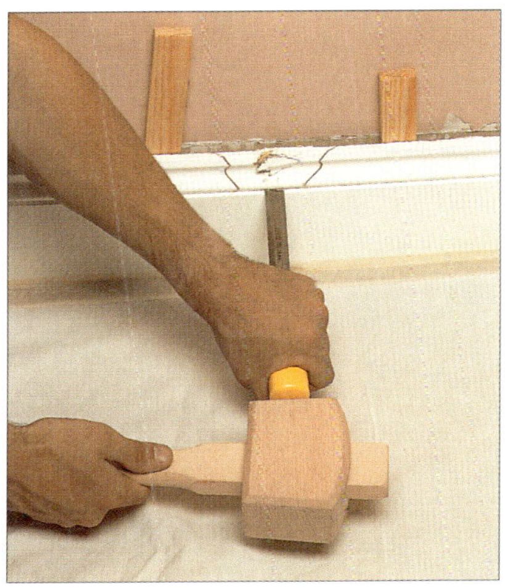

Wenn Sie die Fußleiste von der Wand gelöst haben, müssen Sie die Leiste an der Schadstelle diagonal einschneiden. Hebeln Sie die Leiste mit Meißel und Holzhammer ab und schneiden Sie das kaputte Stück heraus. Kleben Sie ein Stück Holz an die Stelle und passen Sie es mit Hobel und Meißel an.

FUSSLEISTEN ERSETZEN

SIE BRAUCHEN

Fuchsschwanz
Hammer
Arbeitsplatte
Laubsäge
Gehrungslade und Säge **oder** Gehrungskasten und Feinsäge
Blockhobel
Stützensuchgerät
Duchschläger
Spachtel
Bleistift

MATERIALIEN

Fußleiste
6,5 cm lange Ovalnägel
Kantholz **oder** Scheuerleiste
Holznägel
Holzspachtel

VERWEISE

Fußleisten und Preßteile entfernen, S. 36–37

Fußleisten schützen Wände gegen Stöße von Füßen, Staubsaugern u.ä. Wenn Sie alte Fußleisten wieder anbringen, müssen Sie diese einfach wieder an der alten Stelle befestigen (vgl. S. 36–37).

Vielleicht wollen Sie die Fußleisten auch austauschen, weil die alten beschädigt sind oder weil sie schönere gefunden haben. Wenn Sie ältere Leisten an verputzten Wänden ersetzen, achten Sie darauf, daß sie die neuen in etwa der gleichen Höhe kaufen. Der Wandverputz wird wahrscheinlich nur bis zur Oberkante der alten Fußleisten reichen.

VORAUSPLANEN

Bevor Sie neue Fußleisten anbringen, fertigen Sie eine Skizze des Raums an und planen den Zuschnitt und die Reihenfolge. Schieben Sie die Enden gegen eine Türzarge. Vermeiden Sie, Leisten an beiden Enden anreißen zu müssen (vgl. Schritt 2, unten). Wenn eine Leiste an zwei Innenecken endet, müssen Sie ein Ende gegen die Wand schieben und das andere anreißen oder formen. Ein Brett mit zwei Gehrungen erfordert Geduld und Geschick, weil jede Nahtstelle angepaßt werden muß, daher sollten Sie diese Leiste erst nach den beiden Seitenleisten anbringen.

Die Leisten können mit Nägeln befestigt werden. Bei gemauerten Wänden bohren Sie Löcher mit einem Spiralbohrer, falls Sie neue Leisten anbringen wollen. Verwenden Sie Dübel und schrauben Sie die Leisten dann fest. Eine andere Möglichkeit ist Holzkleber.

Nützliche Hinweise

Fußleisten gibt es in unterschiedlichen Profilen. Wenn Sie jedoch keine finden, die Ihnen gefallen, können Sie verschiedene Preßteile miteinander kombinieren, um Ihren eigenen Stil zu kreieren. Verwenden Sie glatte Leisten als Grundlage; befestigen Sie darauf eine halbrunde Leiste und schließen Sie mit quadratischen Leisten ab, wenn Sie möchten.

1 Bei einer langen Wand fügen Sie zwei oder mehr Leisten zusammen. Die beste Lösung ist eine Blattfuge. Schneiden Sie jedes Ende im Winkel von 45° ab. Legen Sie die Fuge so, daß Sie diese an einer Stütze in einer Gipsplattenwand oder einen Holzblock bei einer Ziegelwand befestigen können.

2 Bei einer Innenecke können Sie die erste Leiste so anbringen, daß sie an die angrenzende Wand stößt. Die zweite Leiste müssen Sie jedoch anreißen. Schneiden Sie zuerst eine Gehrung (siehe Schritt 3) im Winkel von 90° ab. Folgen Sie dabei dem Profil des abgeschnittenen Endes.

3 Damit die Kanthölzer an eine Außenecke passen, müssen Sie mit einem Gehrungsrahmen eine Gehrung im Winkel von 45° schneiden. Denken Sie daran, daß die Bretter über die Ecke hinausragen müssen, berücksichtigen Sie dies beim Schneiden und Markieren des Holzes.

4 Viele Ecken sind nicht gerade, deshalb kann es sein, daß Gehrungen nicht richtig passen. Überprüfen Sie dies, bevor Sie die Leisten anbringen. Es kann sein, daß Sie ein Ende abhobeln müssen. Es ist besser, zu wenig abzuhobeln als zuviel – abschneiden können Sie immer noch.

5 Nageln Sie die Leisten an die Wände, nicht an den Boden. Bei Gipsplattenwänden müssen Sie die Nägel in die Stützen schlagen (vgl. S. 299). An Ziegelwänden müssen Sie die Position der Holzblöcke in der Wand auf den Hölzern nach dem Zuschnitt markieren.

6 Drücken Sie die Nägel mit einem Durchschläger unter die Oberfläche der Leiste. Wenn alle Leisten befestigt sind, füllen Sie die Nagellöcher mit Spachtelmasse auf.

7 Sie können die Fußleiste mit einem Kantholz abschließen, das alle Lücken zwischen den Fußleisten und unebenen Bodendielen verdeckt. Befestigen Sie das Preßteil mit Nägeln im Abstand von ca. 5 cm an den Leisten. Drücken Sie die Nägel unter die Oberfläche und bedecken Sie die Nagelköpfe mit Holzspachtel.

8 Stattdessen können Sie die Leiste auch abschneiden. Nachdem Sie die Leiste zugeschnitten haben, aber noch vor der Befestigung an der Wand, zeichnen Sie die Kontur der Bodendielen mit einem Bleistift nach. Hobeln Sie die Leiste entsprechend ab.

Bodenbeläge entfernen

SIE BRAUCHEN

Teppich entfernen
Schraubendreher **oder** Zange und Meißel
Hammer
Stemmeisen

Bodenfliesen PVC
Heißluftpistole
Biegsamer Schaber

Dielenboden
Hammer
Stemmeisen **oder** Meißel

Parkettboden
Bohrmaschine
Klebeband
Holzmeißel und Holzhammer

Keramik- und Steinfliesen
Schutzbrille
Staubmaske
Arbeitshandschuhe
Meißel
Vorschlaghammer

VERWEIS

Aufwendige Arbeiten, S. 12–13
Holzböden reparieren, S. 42–43
Eine beschädigte Diele ersetzen, S 44–45
Schäden an Betonböden beheben, S. 48–49
Einen Betonboden nivellieren, S. 50–51

Jeder Bodenbelag nutzt sich vorzeitig ab, wenn der Untergrund nicht in Ordnung ist. Wenn der alte Belag jedoch aus PVC, Holz, Kork, Keramik oder Stein und noch in gutem Zustand ist, d.h. wenn er noch eben und gut befestigt ist, kann man den neuen Belag darauf verlegen. Auf alten Teppichböden und PVC-Fliesen hält der Kleber für den neuen Belag jedoch nicht.

Wenn Sie befürchten, daß der Boden darunter von Holzwurm, Feuchtigkeit oder Fäulnis befallen ist, müssen der Belag herausgerissen und die Probleme darunter beseitigt werden. Dasselbe gilt, wenn die Böden in anderen Räumen von Holzwurm befallen sind oder wenn Feuchtigkeit in einem angrenzenden Raum entdeckt wird.

Befestigung

Die Verlegemethode des alten Bodenbelags, wirkt sich darauf aus, wie gut er sich entfernen läßt. Teppiche werden an den Rändern festgenagelt, mit Haftbändern befestigt oder lose verlegt. Wenn Haftbänder auf Betonböden geklebt werden, löst man sie mit einer Heißluftpistole ab.

PVC-Belag kann lose verlegt und an den Rändern, Türschwellen und Verbindungstellen festgeklebt werden. Wenn der Belag sich an den Rändern nicht leicht lösen läßt, schneidet man ihn im Abstand von ca. 7 cm von der Wand mit einem Messer ab. Lösen Sie den verbleibenden Streifen mit einer Heißluftpistole und einem Schaber.

Wenn der Belag fest verklebt wurde, sollten Sie sich ein entsprechendes Gerät zum Ablösen leihen. Das gilt auch bei einem alten Holzboden. Bei neuen Holzböden sind die Dielen durch Nuten und Federn miteinander verbunden und können leicht entfernt werden.

Alte Fliesen aus Hartplastik können Asbest enthalten. Wenden Sie sich daher an eine Beratungsstelle (über die Handwerkskammern), bevor Sie sich an diesen Belag machen.

Teppich

1 Alte Teppiche können entlang der Türschwellen und der Fußleisten festgenagelt sein. Einige Nägel werden schon beim Anheben des Teppichs entfernt, aber andere bleiben im Boden. Entfernen Sie diese mit einem Schraubenzieher oder einer Zange .

2 Um eine Nagelleiste zu entfernen, solltenSie einen Meißel und einen Hammer verwenden. Heben Sie die Leiste so lange an, bis sie locker ist. Wenn Sie einen neuen Belag auf den alten Leisten befestigen wollen, sollten Sie diese nicht lockern.

PVC-Fliesen

Halten Sie eine Heißluftpistole 5 cm von einer Ecke entfernt an. Sobald sich der Kleber darunter löst, schieben Sie einen Schaber darunter und heben die Fliese an. Halten Sie die Heißluftpistole gleichzeitig über einen anderen Teil der Fliese. Leihen Sie sich bei einer großen Fläche ein Profi-Gerät.

Holzboden

Um einen Holzboden zu entfernen, sollten Sie an der Türschwelle anfangen. Hebeln Sie einen Meißel oder ein Stemmeisen unter einen Teil des Bodens. Wenn es fest unter der Diele steckt, heben Sie es an und hebeln die Diele heraus.

Parkett

1 Wickeln Sie ein Stück Abdeckband um einen Bohrer, um die Tiefe des Holzblocks zu markieren. Bohren Sie an jedem Ende des Holzblocks ein Loch, und zwar auf denselben Streifen. Bohren Sie nur bis zur Tiefe des Holzblocks, damit Sie den Untergrund nicht beschädigen.

2 Schlagen Sie mit einem Meißel und einem Holzhammer eine Kerbe, um die beiden Löcher zu verbinden. Stecken Sie den Meißel in diese Kerbe und heben Sie den Holzstreifen hoch. Sie können dann den ganzen Block herausheben.

Fliesen

1 Schlagen Sie einen Meißel in eine Fuge und hämmern Sie fest darauf. Verändern Sie den Winkel des Meißels und schlagen Sie weiter, bis der Meißel unter die Fliese rutscht und sie wegbricht. Klopfen Sie auch die übrigen Fliesen weg.

2 Es ist ein schwieriges Unterfangen, den gesamten Klebstoff von einem Betonboden zu entfernen. Entfernen Sie die dickeren Stellen mit Hammer und Meißel. Wenn die Ränder abgeschlagen wurden, können Sie den Boden nivellieren.

KLEINERE REPARATUREN AN HOLZBÖDEN

SIE BRAUCHEN

Lose Dielen befestigen
Leitungssuchgerät
Schrauben
Schraubendreher
Durchschläger
Hammer
Biegsamer Spachtel

Gesplitterte Dielen
Hammer
Nägel

Lücken schließen
Fuchsschwanz-Säge
Stirnhobel
Holzhammer

MATERIALIEN

Lose Dielen befestigen
Acryl- **oder** Holzspachtel

Gesplitterte Dielen
Acryl- **oder** Holzspachtel

Lücken schließen
Weichholzstreifen
Holzkleber
Beize (wenn nötig)

VERWEISE

Eine beschädigte Diele ersetzen, S. 44–45
Unterboden aus Hartfaserplatten verlegen, S. 46–47
Dielen abschleifen, S. 180–181
Neue Dielen verlegen, S. 186–187

Wie ein neuer Bodenbelag wirkt, hängt auch vom Zustand des Untergrundes ab. Die beste Gelegenheit, den Untergrund zu untersuchen, bietet sich bei einem Austausch des Bodenbelages.

DIELEN UNTERSUCHEN

Untersuchen Sie die Bodendielen nach hervorstehenden Teppichnägeln und anderen Spuren des alten Belags (vgl. S. 40–41). Sehen Sie sich auch nach weiteren hervorstehenden Nägeln um, die Sie mit einem Hammer in die darunterliegenden Fugen schlagen, denn ein Nagel könnte den neuen Belag beschädigen oder beim Abschleifen das Schmirgelpapier der Schleifmaschine zerreißen. Im Obergeschoß eines alten Hauses, das eine Decke aus Latten und Putz hat, sollte man einen lockeren Nagel mit einer Zange entfernen und durch eine Schraube ersetzen, weil Hammerschläge den darunterliegenden Putz beschädigen könnten.

Ein hervorstehender oder lockerer Nagel kann auch die Ursache für eine schwankende Bodendiele sein, was zudem oft von einem irritierenden Quietschen begleitet wird. Bei der Inspektion sollten Sie auf Geräusche und Bewegungen achten. Eine lockere Diele sichert man am besten mit einer Schraube. Ein Nagel kann später herausgedrückt werden, eine Schraube sitzt fest. Wenn eine Diele ohne erkennbare Bewegung quietscht, reibt sie an einer anderen Diele. Sie können Talkumpuder zwischen die Bretter blasen, aber am besten nehmen Sie die Diele heraus (vgl. S.44–45), hobeln ein Stück ab und setzen sie wieder ein.

Lücken können mit einem Hartfaserbelag verdeckt werden oder bei einem Teppich mit einer Unterlage. Wenn der Boden aber abgeschmirgelt und lackiert werden muß, füllen Sie die Lücken mit Spachtelmasse. Bei zu vielen Lücken sollten Sie alle Dielen anheben und neu verlegen.

LOCKERE DIELEN

1 Bevor Sie ein lockeres Brett befestigen, sollten Sie mit einem Leitungssuchgerät nach Elektrokabeln und Leitungen suchen. Wenn Sie keines zur Hand haben, heben Sie das Brett an (vgl. S. 44–45).

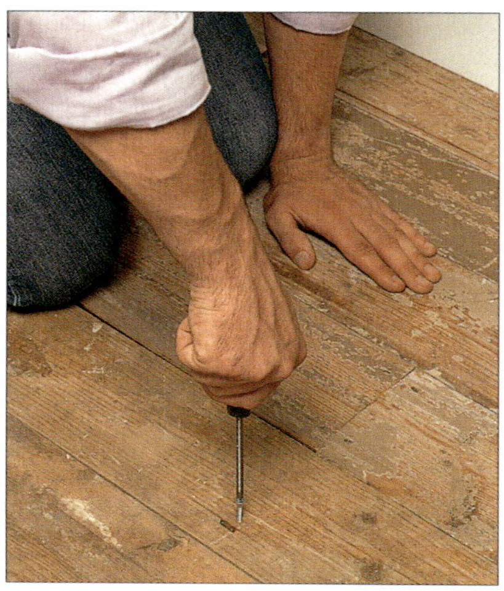

2 Wenn ein Nagel hervorsteht, versenken Sie daneben eine Schraube in der Diele. Drehen Sie die Schraube komplett hinein, daß sie nicht mehr vorsteht.

3 Verwenden Sie einen Durchschläger und einen Hammer, um hervorstehende Nägel unter die Oberfläche zu treiben.

4 Bedecken Sie die Schraubenköpfe Nägel mit Holzspachtel. Wenn Sie die Bodendielen mit einem Bodenbelag abdecken möchten, sollten Sie Acrylspachtelmasse benutzen. Holzspachtel sollten Sie jedoch bei allen Böden verwenden, die abgeschmirgelt und lackiert werden sollen.

Gesplitterte Diele

Wenn eine Diele entlang des Holzkerns gesplittert ist, schlagen Sie auf jeder Seite des Risses einen Nagel ein. Biegen Sie die Nägel zum Riß hin. Wenn dann immer noch ein Riß bleibt, sollten Sie ihn mit Holzspachtelmasse ausfüllen (vgl. Schritt 4, oben).

2 Tragen Sie an den Rändern Holzkleber auf und setzen Sie das Stück in die Lücke. Klopfen Sie es mit einem Holzhammer fest und lassen Sie es etwas herausstehen. Wischen Sie herausquellenden Kleber mit einem feuchten Tuch ab.

Grosse Lücken

1 Um eine große Lücke zu schliessen, schneiden Sie ein Stück Weichholz, das etwas breiter ist als die Lücke, zu. Hobeln Sie es dann an den Seiten solange zurecht, bis es in die Lücke paßt. Passen Sie das Holzstück genau an die Lücke an..

3 Wenn der Leim trocken ist, hobelt man die Oberseite des Holzes mit einem Hobel glatt. Wenn der Boden lackiert werden soll, müssen Sie den Streifen evtl. einfärben, damit er zum Boden paßt.

Eine beschädigte Diele ersetzen

SIE BRAUCHEN

Meißel
Hammer
Stemmeisen
Kreissäge **oder** Feinsäge
Bohrmaschine (wenn nötig)
Stich- **oder** Feinsäge
Schraubendreher
Holzmeißel
Durchschläger (wenn nötig)
Spachtel

MATERIALIEN

Diele
Fußbodennägel 50 mm **oder** Schrauben
Acryl- **oder** Holzspachtelmasse

VERWEIS

Reparaturen an Holzböden, S. 42–43

Es gibt Bodendielen mit glatten Rändern oder mit Feder und Nut. Dielen mit glatten Rändern liegen nur nebeneinander. Feder- und Nut-Dielen haben an einem Ende einen Zapfen und am anderen eine Rille, wobei der Zapfen der einen Diele in die Rille der danebenliegenden gesteckt wird.

Bevor Sie eine Bodendiele entfernen, müssen Sie wissen, um welchen Fußboden es sich handelt. Wenn Sie es nicht wissen, schieben Sie ein Messer zwischen die langen Seite der Dielen schieben. Wenn das Messer gerade nach unten durchgeht, haben sie glatte Ränder; wenn es sich um eine Diele mit Feder und Nut handelt, ist dies nicht der Fall.

Dielen sind auf die darunterliegenden Balken genagelt oder geschraubt. Eine Diele mit glatten Rändern kann einfach angehoben werden. Bei Feder- und Nut-Dielen muß der Zapfen der ersten Diele abgeschnitten werden. Danach kann man diese und die anderen Dielen leicht herausnehmen. Wenn sie festgeschraubt sind, entfernen Sie zuerst die Schrauben.

Nägel in Dielenbrettern sind wahrscheinlich rostig. Entfernen Sie die Nägel sofort aus dem kaputten Brett und werfen sie weg. Wenn die Diele nicht direkt ersetzt wird, decken Sie die Lücke mit Hartfaserplatten ab, damit niemand hineintritt.

Eine neue Diele

Wenn Sie keine Dielen in der richtigen Dicke finden können, kaufen Sie eben dünnere und befestigen Sperrholzfüllungen mit Fußbodennägeln darunter. Sie können Nägel oder Schrauben für die Dielen verwenden. Wenn sie aber später wieder herausgehoben werden müssen, um an Kabel und Leitungen zu gelangen, sollte man Schrauben vorziehen. Das gilt auch für Räume in den oberen Etagen, wo die Hammerschläge die darunterliegende Zimmerdecke beschädigen könnten.

1 Um eine Diele mit glatten Rändern anzuheben, stecken Sie einen Meißel an eine Seitenkante der Diele und klopfen ihn bei Bedarf vorsichtig hinein. Heben Sie das Brett hoch, bis die Nägel sich gelockert haben. Schieben Sie ein Stemmeisen darunter und gehen Sie dann zur nächsten Diele.

2 Sobald Sie genügend Nägel gelockert haben, um die Diele mit dem Stemmeisen anzuheben, treten Sie auf das bereits gelöste Ende der Diele, um durch die Hebelwirkung die nächsten Nägel zu heben. Schieben Sie das Stemmeisen dabei weiter, bis die Diele gelockert ist.

3 Um eine Diele mit Feder und Nut zu lockern, sägen Sie mit einer Kreissäge 1 cm tief an der Diele entlang, um den Zapfen durchzuschneiden. Achten Sie aber auf Leitungen, die unter dem Boden liegen könnten. Sie heben diese und die folgenden Dielen nun genauso hoch wie eine mit glatten Rändern.

4 Sie können den Zapfen aber auch mit einer speziellen Bodensäge durchtrennen. Diese Säge hat eine Spitze, mit der man von oben schneiden kann. Sie können auch eine Handsäge verwenden, aber dann bohren Sie zuerst ein passendes Loch.

5 Um ein Stück Diele zu ersetzen, schneiden Sie das Brett durch, bevor sie es anheben. Suchen Sie nach dem nächstgelegenen Balken und bohren Sie in seiner Nähe ein Loch von 10 mm Durchmesser. Schneiden Sie die Diele durch. Wiederholen Sie den Vorgang am anderen Ende.

6 Da die beschädigte Diele entlang des Balkens abgesägt wird, müssen Sie eine neue Halterung für das neue Brett machen. Schneiden Sie ein 40 mm langes Stück Holz ab und schrauben Sie es an dem Balken fest. Achten Sie darauf, daß das Holzstück auf gleicher Ebene mit dem Balken ist.

7 Während eine Diele mit glatten Rändern einfach in die Öffnung gleiten wird, ist dies bei einer mit Feder und Nut nicht der Fall. Mit einem Blockhobel oder Meißel entfernt man den Zapfen.

8 Legen Sie die Diele auf den Balken. Befestigen Sie sie dann mit 5 cm langen Nägeln oder mit Schrauben entlang der Balken (Achten Sie auf Nagelreihen in den anderen Brettern). Drücken Sie die Nagelköpfe mit dem Durchschläger nach unten oder versenken Sie die Schraubenköpfe.

UNTERBODEN AUS HARTFASERPLATTEN VERLEGEN

SIE BRAUCHEN

Eimer
Pinsel
Hammer
Holzblock
Teppichmesser
Metallineal
Kammlere **oder** Zirkel (bei Bedarf)
Bleistift
Fuchsschwanz **oder** Kreissäge (bei Bedarf)

MATERIALIEN

Wasser
Hartfaserplatten
Fußbodennägel **oder** Heftklammern

Außer bei Keramik- und Teppichfliesen, die eine dicke Sperrholzunterlage benötigen, verbessert eine Unterlage aus Hartfaserplatten bei allen Bodenbelägen die Beständigkeit und das Erscheinungsbild. Sie bietet eine ebene Unterlage, wenn Bodendielen sich an den Enden nach oben biegen oder wenn zwischen kaputten Dielen Lücken entstanden sind. Zudem sind Hartfaserplatten kostengünstig und einfach zu verlegen.

Hartfaserplatten sind normalerweise 3 mm dick und für die meisten Räume geeignet. Verwenden Sie auf Kellerböden geölte Bretter wegen der Feuchtigkeit von unten. Wenn ein Boden sehr uneben ist, sollte man 6 mm-Platten verwenden. Hartfaserplatten gibt es in verschiedenen Größen.

Ungeölte Hartfaserplatten müssen vor dem Verlegen an die Feuchtigkeit im Raum gewöhnt werden, sonst wölben sie sich später. Um eine perfekte Oberfläche für den Bodenbelag zu erhalten, müssen die Platten sorgfältig nebeneinander gelegt werden, bevor man sie befestigt. Normalerweise verlegt man sie mit der rauhen Seite nach oben, um eine griffige Oberfläche für den Kleber des Bodenbelags zu haben. Um einen Streifen am Rand des Raumes zu vermeiden, sollte man die Bretter probeweise zwischen zwei angrenzenden Wänden verlegen und den Anfang der ersten Platte befestigen. Sie befestigen die Platten mit 2 cm langen Ringnägeln, Fußbodennägeln oder Heftklammern. Nehmen Sie möglichst keine längeren Nägel, denn diese könnten Leitungen oder Kabel unter den Bodendielen beschädigen.

Nützliche Hinweise

Um sicherzustellen, daß eine Hartfaserplatte vollkommen flach auf den darunterliegenden Bodendielen aufliegt, knien Sie sich darauf, bevor Sie die Nägel einschlagen. Sie sollten mit dem Befestigen an der Innenkante der Platte beginnen und sich pyramidenförmig zu den übrigen Kanten durcharbeiten.

1 Um die Platten an die Gegebenheiten im Raum anzupassen, tragen Sie einfach nur Wasser mit einem breiten Pinsel auf die rauhe Seite auf. Verwenden Sie pro Quadratmeter Holz einen Liter Wasser.

2 Stapeln Sie die Platten im Raum und zwar so, daß die rauhen Seiten jeweils aufeinanderliegen. Lassen Sie sie 48 Stunden lang in dem Raum lagern, in dem sie verlegt werden sollen. So passen sich die Platten am besten an das Raumklima an.

3 Befestigen Sie die erste Platte in der Ecke mit Nägeln. Schieben Sie die zweite Platte direkt an die erste und befestigen Sie sie ebenfalls. Bringen Sie alle weiteren Platten an, bis Sie die letzte vollständige in der Reihe erreichen. Nageln Sie diese nicht eher fest, bis das Endstück zurechtgeschnitten ist.

4 Bei einer Randplatte reißen Sie zuerst eine Linie an der Wandplatte an. Wenn die Wand nicht gerade ist, schneidet man die Platte zu. Legen Sie die zweite Platte auf die erste, damit sie als Anhaltspunkt dienen kann. Schneiden Sie die unten liegende Platte mit einem Teppichmesser zu.

5 Je nachdem wie dick die Platte ist, sollten Sie mehrere Schnitte machen. Stellen Sie sich dann auf die eine Hälfte und reißen Sie die andere Hälfte schwungvoll nach oben, um die Platte an der gekerbten Linie durchzubrechen. Befestigen Sie die vorletzte und die letzte Platte.

6 Befestigen Sie dann die nachfolgenden Reihen, aber ordnen Sie sie versetzt an, damit Nahtstellen nicht direkt nebeneinanderliegen. Verwenden Sie das Reststück des Randstücks aus der vorhergehenden Reihe am Anfang der nächsten, das verrringert auch den Abfall.

7 Wenn Sie an einer Leitung eine Aussparung lassen, sollten Sie zuerst mit einem Teppichmesser Einschnitte machen. Bei größeren Aussparungen, z.B. bei einem Waschbeckenfuß, sägen Sie die Aussparung vor dem Verlegen aus. Verwenden Sie hierzu eine Schablone aus Papier.

8 An einer Türschwelle müssen Sie das Brett in Form der Zarge ausschneiden. Sie können dafür eine Kammlehre oder einen Zirkel verwenden, um die Form auf das Brett zu übertragen. Die Form schneiden Sie mit einem Teppichmesser oder einer Säge aus der Platte.

SCHÄDEN AN BETONBÖDEN

SIE BRAUCHEN

Einen Riß reparieren
Handfeger und -bürste
Arbeitshandschuhe
Schutzbrille
Vorschlaghammer
Meißel
kleiner Pinsel
Eimer
Maurerkelle
Holzleiste (bei Bedarf)

Staubschicht versiegeln
Farbroller

Feuchtigkeit behandeln
Eimer
große Bürste

MATERIALIEN

Einen Riß reparieren
Zement oder Sand
Trockenmörtel

Staubschicht versiegeln
Betonversiegeler

Feuchtigkeit behandeln
Wasserfeste Farbe

VERWEIS

Aufwendige Arbeiten, S. 12–13
Betonboden nivellieren, S. 50–51

Risse in einem Betonboden sind normalerweise nur oberflächlich, meistens in der obersten Schicht. Wenn Sie jedoch herausfinden, daß ein tiefer Riß quer durch den ganzen Raum läuft, sollten Sie einen Fachmann zu Rate ziehen.

Wenn Sie noch Sand und Zement in ausreichender Menge und von guter Qualität übrig haben, können Sie daraus selbst Mörtel mischen. Ansonsten kaufen Sie fertig gemischten Trockenmörtel, der nur mit Wasser angerührt werden muß.

STAUBIGE OBERFLÄCHEN

Ein Betonboden staubt immer wieder, egal wie oft man ihn fegt oder feucht wischt. Dieses Problem wird oft durch die Schicht an der Oberfläche verursacht, wenn diese mit zuviel Wasser angerührt wurde und deshalb nicht stabil ist. Der Staub muß versiegelt werden, oder kein Kleber wird darauf halten.

FEUCHTIGKEIT

Ein nasser Fleck auf einem Betonboden kann durch Kondensation oder vom Boden aufsteigende Feuchtigkeit verursacht werden. Diese beiden Ursachen werden unterschiedlich behoben. Um Kondensation festzustellen und zu beseitigen, vgl. S. 12–13.

Wenn aufsteigende Feuchtigkeit in einem alten Haus auftaucht, dann möglicherweise, weil die Mauern direkt auf dem Untergrund gebaut sind. In diesem Fall muß man den Boden aufgraben und einen Betonboden mit einer wasserdichten Membran auftragen. Außerdem wird die Membran mit dem wasserdichten Ring in der Mauer verbunden.

Wenn in einem modernen Haus aufsteigende Feuchtigkeit vorliegt, wurde die Schutzmembran verletzt, und man hat den Riß beim Verlegen nicht bemerkt. Behandeln Sie den Boden dann mit einem wasserabweisenden, chemischen Mittel.

KLEINERE RISSE

1 Kehren Sie zuerst allen Staub und Dreck weg, um den Schaden zu beurteilen. Um eine erfolgreiche Reparatur durchführen zu können, müssen Sie auch neuen Staub wegkehren, der durch Schritt 2 auftritt.

2 Tragen Sie - Schutzkleidung, wenn Sie mit einem Meißel und einem Hammer ein umgedrehtes V in die Leiste schlagen, wobei die Spitze des V an der Oberfläche des Risses liegt. So erhält man eine bessere Grundlage für den Mörtel.

3 Grundieren Sie den Riß zunächst mit Kunststoffkleber. Befolgen Sie dabei die Anweisungen des Herstellers zum Verdünnen des Klebers und verwenden Sie einen alten Pinsel zum Auftragen. Der Kleber hält den Mörtel an der Oberfläche des Risses.

4 Verwenden Sie eine Kelle, um einen Teil Zement mit drei Teilen Sand, der mit Kleber verrührt ist, zu vermischen. Die Mischung sollte recht fest sein, nicht zu dünn. Sie sollte eher etwas zu trocken als zu flüssig sein.

5 Drücken Sie den Mörtel mit der Kelle in den Riß. Glätten Sie die Oberfläche und entfernen Sie überschüssigen Mörtel, bevor er trocknet. Lassen Sie ihn über Nacht trocknen und bürsten Sie dann den Staub weg.

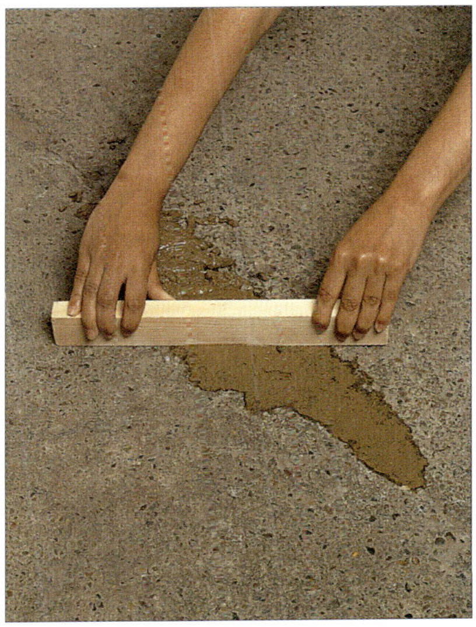

6 Um einen breiten Riß zu reparieren, sollten Sie ein Stück Holzleiste statt einer Kelle verwenden. Bewegen Sie die Kelle oder Leiste hin und her, während Sie sie zu sich heranziehen.

Staub versiegeln

Um die Staubschicht zu binden und zu versiegeln, sollte man Kleber oder Betonbodenversiegelung aufpinseln oder aufrollen. Halten Sie sich an die Empfehlungen des Herstellers bezüglich der Trockenzeit, bevor Sie einen neuen Bodenbelag auftragen.

Feuchtigkeit

Wenn die wasserdichte Membran durchbrochen wurde, können Sie den Boden versiegeln, indem Sie den Boden mit einer wasserabweisenden Flüssigkeit behandeln. Da die Feuchtigkeit sich über den nassen Bereich hinweg ausbreiten kann, sollte man den ganzen Boden behandeln.

EINEN BETONBODEN NIVELLIEREN

SIE BRAUCHEN

Pinsel
Eimer
Farbroller mit Verlängerung
Maurerkelle (bei Bedarf)
Reibebrett
Gießkanne (bei Bedarf)
Hammer (bei Bedarf)

MATERIALIEN

Wasser
Kernseife
selbstverlaufende Ausgleichsmasse
Abschlußleiste (bei Bedarf)
Nägel (bei Bedarf)

VERWEISE

Kleinere Schäden an Betonböden, S. 48–49

Eine Betonschicht macht den Hauptteil des Bodens aus. Wenn sie mit einer ausreichend dicken Gehschicht bedeckt ist, sollte der Boden eben bleiben. Vertiefungen in einem Betonboden haben meist eine besonders schwache Gehschicht als Ursache. Es kommt zu Unebenheiten, wenn die Schicht in Etappen angerührt und dadurch immer flüssiger wurde. Die dadurch hervorgerufenen Vertiefungen können in der Mitte bis zu 1 cm tief sein.

DIE GEHSCHICHT

Das beste Material, um den Boden zu nivellieren ist eine sich selbst verteilende Masse. Da sie einfach anzurühren und aufzutragen ist, kann sie auch von Laien verwendet werden. Die Masse wird auf dem Boden gekippt und zuerst leicht mit einer Maurerkelle verteilt, dann breitet sie sich von alleine aus. Die Spuren der Kelle verschwinden, sobald die Masse trocken ist.

Kleine Löcher, Risse und Furchen können also durch schlechte Verarbeitung entstehen, aber ebenso durch Bodenbewegungen. Alle Löcher oder Risse, die tiefer als 6 mm sind, sollten mit Mörtel gefüllt werden (S. 48–49), kleinere Dellen können mit der selbstverteilenden Ausgleichsmasse behandelt werden.

Es kann sein, daß Sie die Masse nur auf einem Teil des Bodens auftragen müssen. Wenn Sie den ganzen Boden damit bedecken wollen, müssen Sie gegenüber der Tür beginnen, durch die Sie den Raum verlassen wollen, um zu verhindern, daß Sie auf einmal von nasser Ausgleichsmasse eingeschlossen sind. Wenn es keine hohe Türschwelle gibt und die Masse auch vor der Tür verteilt wird, sollten Sie eine Abschlußleiste einbauen.

Ein Bodenbelag kann normalerweise nach 12 Stunden verlegt werden. Beachten Sie hierzu die Gebrauchsanleitung des Herstellers.

1 Kehren oder staubsaugen Sie zuerst den Boden und schrubben Sie ihn dann mit Kernseife. Waschen Sie ihn mit viel Wasser ab und lassen Sie ihn einige Tage lang trocknen. Wenn der Raum kalt ist, sollten Sie ihn heizen, damit er vollkommen durchtrocknet.

2 Kleinere Dellen füllt man am besten zunächst mit etwas Masse auf. Diese muß 12 Stunden lang trocknen, bevor Sie den ganzen Boden damit nivellieren können.

3 Rühren Sie die Masse mit Wasser an, am besten mit einer Kelle. Da die Ausgleichsmasse schon nach 10 Minuten trocknet, sollten Sie für jede Etappe nur einen durchschnittlich großen Eimer anrühren. Wenn Sie schneller arbeiten, können Sie größere Mengen vorbereiten.

4 Direkt vor dem Auftragen der Masse feuchten Sie den Boden mit Wasser an. Das verhindert, daß die Masse zu schnell austrocknet und später bricht.

5 Schütten Sie die Mischung auf den Boden, den ganzen Eimer auf einmal. Die Masse verteilt sich nun in einer Pfütze, halten Sie deshalb einen ausreichenden Abstand zu den Wänden ein.

6 Sie können mit einer Glättekelle beim Verteilen nachhelfen. Halten Sie diese parallel zum Boden und machen Sie halbkreisförmige Bewegungen. Sobald die Masse trocknet, können Sie beobachten, wie die Spuren der Kelle verschwinden.

7 Wenn der erste Nivellierungsversuch nicht erfolgreich war, sollten Sie Wasser auf die Masse gießen, damit sie nicht trocknet, und es erneut versuchen.

TÜRSCHWELLEN

Die Ausgleichsmasse benötigt eine leicht erhöhte Türschwelle, damit sie sich nicht in den angrenzenden Raum ausbreiten kann. Wenn dies nicht ohnehin der Fall ist, bringen Sie eine Holzabschlußleiste an. Es kann sein, daß die Tür anschließend abgeschliffen werden muß (vgl. S 76–77).

2

FENSTER, TÜREN UND TREPPEN

Leitfaden für Fenster, Türen und Treppen

Holzfenster

VGL. S. 56–57

Hier werden doppelt verglaste Holzfenster und Schwingfenster vorgestellt.

Metall- und Kunststoffenster

VGL. S. 58–59

Metall (Aluminium und Stahl) und Plastik sind Alternativen zu den älteren Holzfenstern, denn sie brauchen nur wenig Pflege, und haben oft eingebaute Schlösser als Einbruchsschutz.

Schadhafte Fenster reparieren

ZEITRAHMEN: 1 bis 2 Tage
SACHKENNTNIS: niedrig bis mittel
WERKZEUGE: Meißel, Oberfräse, Rahmenspanner
SEITEN: 60–61

Wie man Holz, das durch Fäulnis beschädigt wurde, ersetzt und wie man lockere Eckverbindungen in alten Fenstern repariert.

Eine Fensterscheibe ersetzen

ZEITRAHMEN: ½ Tag
SACHKENNTNIS: mittel
WERKZEUGE: Haumesser oder Meißel und Spitzhammer
SEITEN: 64–65

Glas ist eines der empfindlichsten Materialien am Haus und sollte bei Bruch direkt ersetzt werden.

Fenster streichen

ZEITRAHMEN: 1 Tag pro Fenster
SACHKENNTNIS: mittel
WERKZEUGE: Pinsel
SEITEN: 66–67

Alte Stahl und Holzfenster müssen regelmäßig neu gestrichen oder mit Konservierungsbeize behandelt werden.

Fensterbeschläge ersetzen

ZEITRAHMEN: ½ bis 1 Tag
SACHKENNTNIS: niedrig bis mittel
WERKZEUGE: Holzmeißel
SEITEN: 68–69

Neue Griffe und Haken lassen ein Fenster besser aussehen

Fenstersicherungen anbringen

ZEITRAHMEN: unter 2 Stunden
SACHKENNTNIS: niedrig
WERKZEUGE: keine
SEITEN: 70–71

Einbrecher gelangen oft ins Haus, indem sie Fensterscheiben einschlagen und so das Fenster öffnen können. Dies wird durch Fenstersicherungen verhindert.

Innentüren

VGL. S. 72–73

Hier geht es um verschieden Türarten und übliche Standardgrößen.

Aussentüren

VGL. S. 74–75

Außentüren sind dicker als Innentüren und meistens verkleidet oder verglast.

Türen reparieren

ZEITRAHMEN: weniger als 2 Stunden bis 1 Tag
SACHKENNTNIS: niedrig bis mittel
WERKZEUGE: Türsäge Hobel, Holzmeißel, große Zwinge
SEITEN: 76–77

Wie man eine klemmende Tür, eine lockere Eckverbindung und kaputtes Holz repariert und wie man eine Tür abhobelt.

Türrahmen reparieren

ZEITRAHMEN: 1 Tag
SACHKENNTNIS: mittel
WERKZEUGE: Gehrungssäge
SEITEN: 78–79

Möglicherweise hat sich ein Türrahmen gelockert oder Scharniere müssen repariert werden. Vielleicht möchten Sie auch den Türbalken erneuern.

Türen streichen

ZEITRAHMEN: 1 bis 2 Tage
SACHKENNTNIS: mittel
WERKZEUGE: Pinsel
SEITEN: 80–81

Wie auch beim Fensterstreichen ist hier die Reihenfolge der Arbeiten wichtig.

Türen ausmessen und Scharniere anbringen

ZEITRAHMEN: ein Tag
SACHKENNTNIS: mittel
WERKZEUGE: Kreissäge, Hobel, Meißel
SEITEN: 82–83

Wie man eine Drehtür ausmißt und an die Öffnung anpaßt. Wie man Aussparungen für Scharniere aussägt.

Türen einhängen und Griffe anbringen

ZEITRAHMEN: 1 Tag
SACHKENNTNIS: mittel
WERKZEUGE: Bügelsäge, Bohrmaschine
SEITEN: 84–85

Wie man die Tür richtig einhängt und die Türschnapper und -griffe befestigt.

Eine Türaufhängung ändern

ZEITRAHMEN: 1 Tag
SACHKENNTNIS: mittel
WERKZEUGE: Fuchsschwanz, Bohrmaschine, Meißel
SEITEN: 86–87

Wie man eine Tür so verändert, daß sie sich zu einer anderen Seite des Raums hin öffnet, d.h. wie man Scharniere auf der anderen Türseite anbringt.

Eine Tür in eine Schiebetür verwandeln

ZEITRAHMEN: 2 Tage
SACHKENNTNIS: mittel
WERKZEUGE: Wasserwaage
SEITEN: 88–89

Eine Schiebetür schafft Platz in einem Raum, der Lichtschalter muß jeodch versetzt werden, was man am besten einem Fachmann überläßt.

Eine Doppelfalttür einhängen

ZEITRAHMEN: ½ bis 1 Tag
SACHKENNTNIS: mittel
WERKZEUGE: Bohrmaschine, Klemme
SEITEN: 90–91

Eine Falttür wird in der Mitte eingehängt, wodurch sie nur halb soviel Platz wie eine normale Tür in dem Raum beansprucht, wenn man sie öffnet.

Schiebetüren einhängen (Schrank, Garberobe)

ZEITRAHMEN: 1 bis 2 Tage
SACHKENNTNIS: mittel bis hoch
WERKZEUGE: Stichsäge
SEITEN 92–93

Bauen Sie sich Ihren Einbauschrank, indem Sie vor einer Wand eine Schiebetür anbringen; entweder von Wand zu Wand oder mit einer Verkleidung.

Ein Zylinderschloss einbauen

ZEITRAHMEN: unter 2 Stunden
SACHKENNTNIS: niedrig bis mittel
WERKZEUGE: Bohrmaschine mit flachen Bohrern, Meißel und Bügelsäge
SEITEN: 94–95

Um ein Zylinderschloß einzubauen, muß man die Tür vollständig durchbohren.

Ein Steckschloss einbauen

ZEITRAHMEN: ½ Tag
SACHKENNTNIS: mittel
WERKZEUGE: Stechbeitel, Kurbel
SEITEN: 96–97

Ein Steckschloß ist das sicherste Schloß für eine Haustür.

Weitere Türbeschläge

ZEITRAHMEN: weniger als 2 Stunden bis ½ Tag
SACHKENNTNIS: mittel
WERKZEUGE: Stichsäge, Bohrmaschine, Bügelsäge
SEITEN: 98–99

Wie man zusätzliche Schlösser und Ketten, Türspione und Briefkästen einbaut.

Stufen und Geländer reparieren

ZEITRAHMEN: unter 2 Stunden bis 1 Tag
SACHKENNTNIS: niedrig bis mittel
WERKZEUGE: Fuchsschwanz, Bohrmaschine, Schmiege
SEITEN: 100–101

Wie man quietschende Stufen, Geländer und Überstände bei Treppen repariert.

Holztreppen reparieren

ZEITRAHMEN: 1 bis 2 Tage
SACHKENNTNIS: niedrig bis mittel
WERKZEUGE: Pinsel, Schlitzschraubenzieher
SEITEN: 102–103

Treppenholz kann durch Abnutzung beschädigt werden. Hier erfahren Sie, wie man Treppen streicht oder lackiert.

HOLZFENSTER

Holz ist ein guter Wärmedämmer, weshalb bei einem Holzrahmen nur wenig Wärme aus dem Haus entweicht. Es ist außerdem ein gebräuchliches Baumaterial und paßt gut zu anderen, im Haus verwendeten Materialien. Es gibt zwei Grundtypen von Fenstern: Flügel- und Schiebefenster. Beide sind in Hart- und Weichholz erhältlich. Hartholz ist besser gegen Fäulnis und Insekten geschützt als Weichholz. Hartholzfenster sind von Natur aus schön und werden normalerweise durch Lack oder Beize geschützt. Weichholzfenster werden mit speziellen Außenfarben gestrichen. Dazu gehören auch Anstriche, die zwar wasserabweisend sind, aber Feuchtigkeit nach außen dringen lassen.

FLÜGELFENSTER

Ein Holzrahmen, der Glas trägt, wird an einer Seite befestigt oder eingehängt, so daß das Fenster geöffnet werden kann. Es wird durch eine Halterung arretiert, damit gelüftet werden kann, oder es hat einen Griff zum Schließen. Typisch sind ein großer, festsitzender Flügel und einer, der mit Scharnieren eingehängt ist. Sehr große Fenstern haben oft einen festen und zwei schwenkbare Flügel.

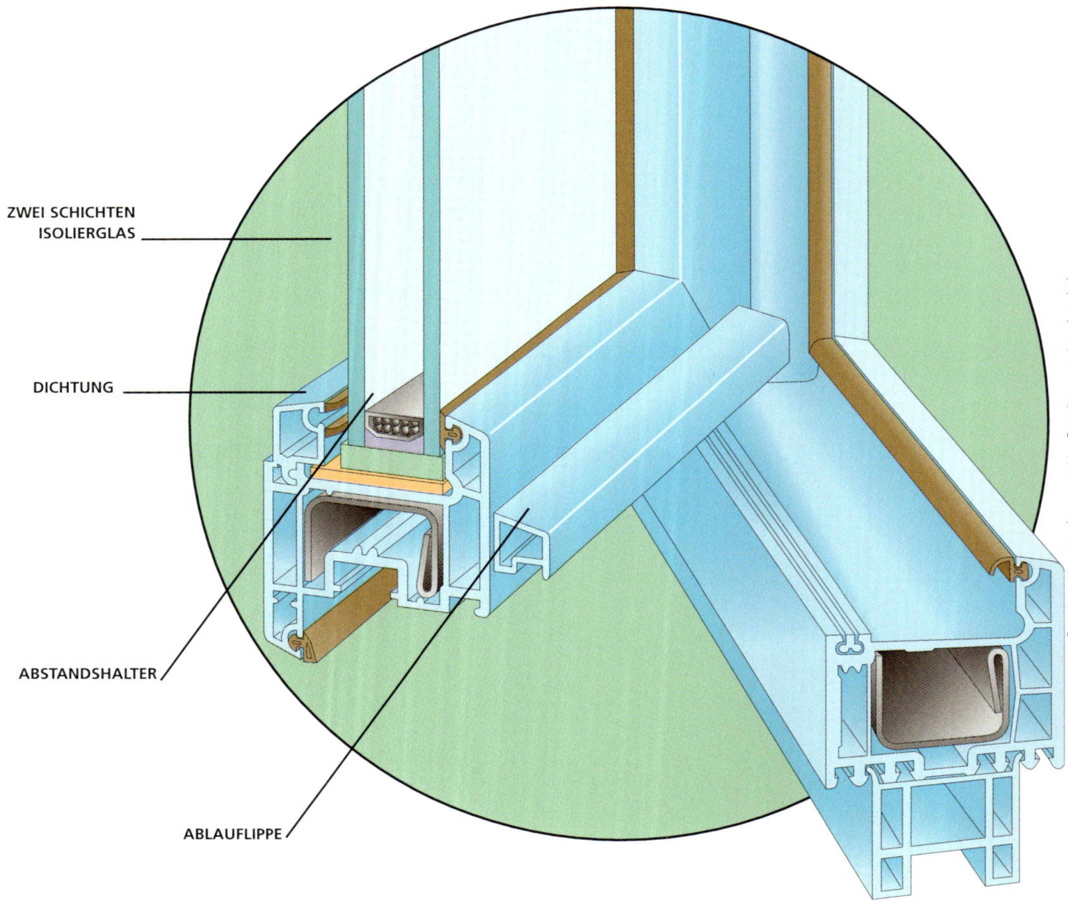

DOPPELT VERGLASTES FENSTER

Zwei Glasscheiben mit einer Lücke dazwischen reduzieren den Wärmeverlust. Ersatzfenster haben doppelt verglaste Teile (vgl. S. 59). Um ein Fenster doppelt zu verglasen, muß man ein gerilltes Teil anbringen, das halb in die Aussparung und halb in den Rahmen paßt, oder eine Zweitverglasung mit einer Glas- oder Plastikscheibe vornehmen, die am Fenster angebracht wird.

SCHWINGFENSTER
Schwingfenster haben einen einzigen Fensterrahmen. Wenn man das Fenster öffnet, schwingt der obere Teil des Rahmens zurück, während der untere Teil nach unten und vorne schwingt. Das Scharnier bewegt sich in seinem Kanal innerhalb des Rahmens nach unten und ermöglicht es, den Rahmen vollständig umzudrehen. So kann man sowohl die Innen- als auch die Außenseite leicht und gefahrlos reinigen. Oft wird ein Sicherheitsriegel angebracht, der das Fenster etwa 10 cm weit offen hält.

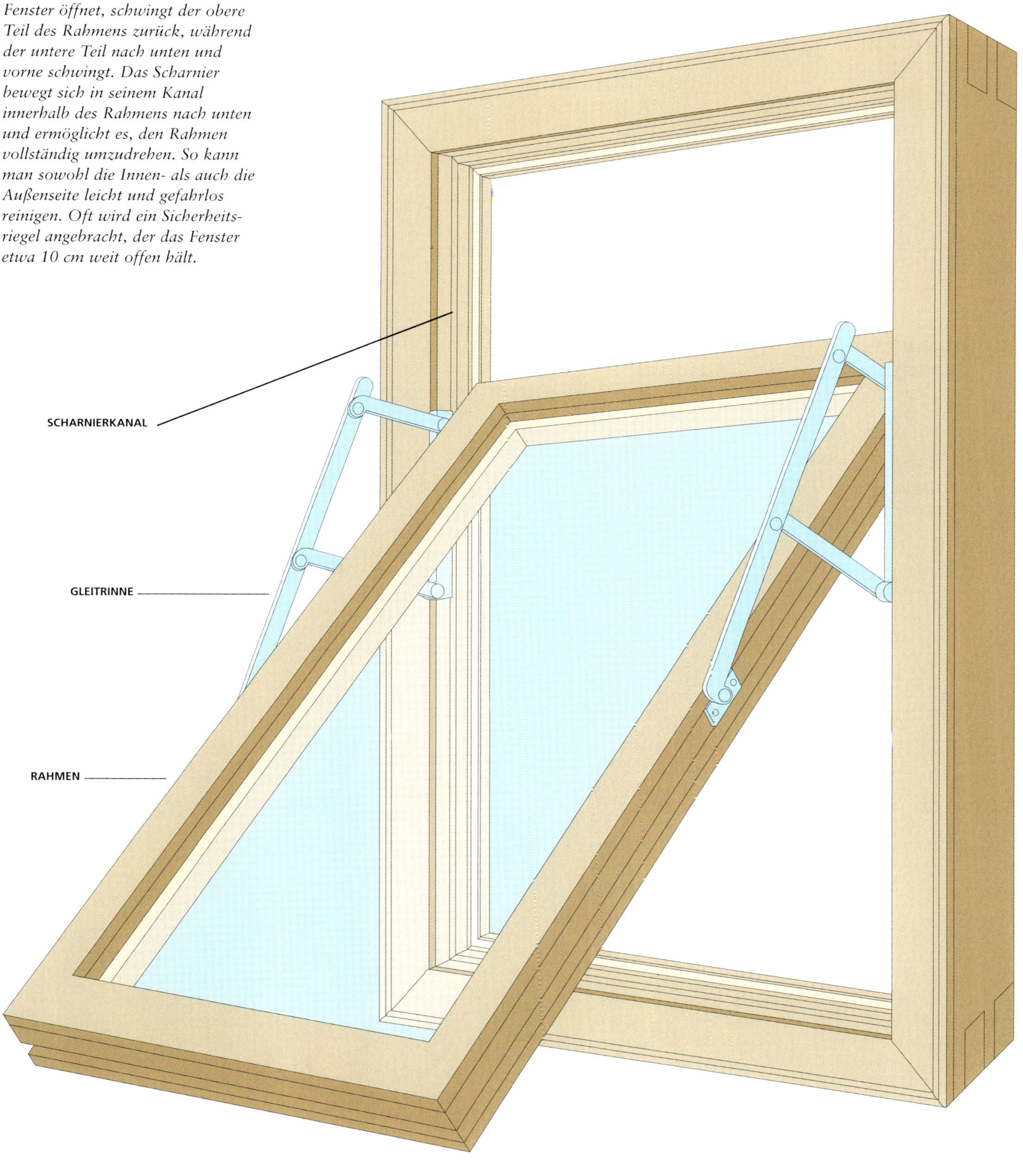

Metall- und Kunststoffenster

Moderne Metall- und Kunststoffenster sind ausnahmslos doppelt verglast und brauchen fast keine Pflege. In den 30er Jahren waren Stahlfenster sehr beliebt, weil sie vergleichsweise kostengünstig und leicht einzubauen waren. Sie hatten ein schmales Profil und ließen deshalb viel Licht hindurchscheinen. Ein großer Vorteil von Aluminium ist, daß man es in fast jede Form oder Größe bringen kann. Daher lassen sich Ersatzfenster leicht herstellen.

Das modernste Material für Fenster ist PVC. Es ist ideal, um ältere Holzfenster zu ersetzen, weil der Rahmen fast genauso dick und vollkommen pflegeleicht ist.

Aluminiumfenster
Das schmale Profil von Aluminiumfenstern kann vielfältig geformt werden. Ältere Ersatzfenster hatten eine glatte, eloxierte Oberfläche, weshalb sie nicht nur langweilig dunkelgrau waren, sondern auch schnell porös wurden. Moderne Fenster werden mit bunten Oberflächen ausgeliefert und sind isoliert. Wie viele andere Metallfenster werden auch sie in Holzrahmen eingepaßt.

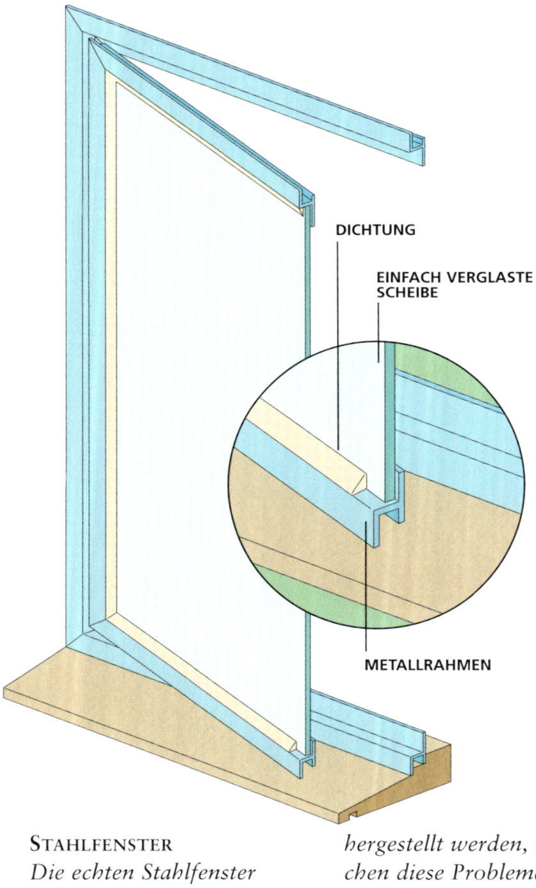

Stahlfenster
Die echten Stahlfenster haben einige Nachteile: Sie können rosten, sind schlecht isoliert (wodurch oft Wasser an der Innenseite kondensiert), und es ist schwierig, sie mit zusätzlichen Schlössern versehen. Moderne Ersatz-Stahlfenster, die in denselben Standardgrößen hergestellt werden, verursachen diese Probleme größtenteils nicht mehr. Sie kommen fertig gestrichen aus der Fabrik, sind isoliert und wartungsfrei und zumeist bereits mit Schlössern ausgestattet.

Kunststoffenster
Weißes oder braunes PVC wird für Plastikfenster verwendet. Diese gibt es in vielen Ausführungen. Meistens sind sie mit einer Kippvorrichtung ausgestattet, wodurch das Fenster einfach nach innen gekippt und gereinigt werden kann. Wenn sie einmal eingesetzt sind, brauchen sie keine Pflege mehr. Ihre Farbe kann sich allerdings verändern, wenn das Material keinen UV-Filter enthält.

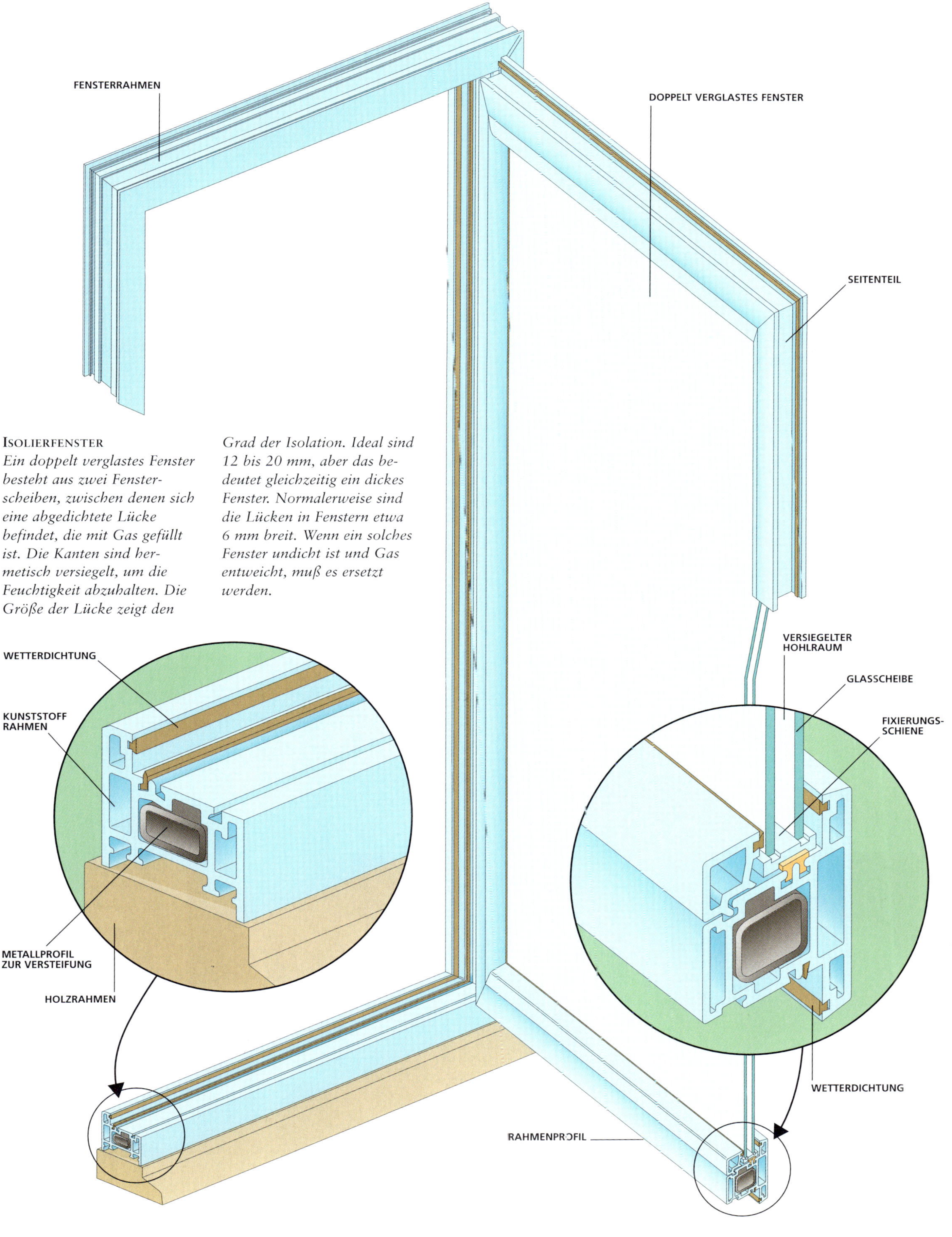

Isolierfenster

Ein doppelt verglastes Fenster besteht aus zwei Fensterscheiben, zwischen denen sich eine abgedichtete Lücke befindet, die mit Gas gefüllt ist. Die Kanten sind hermetisch versiegelt, um die Feuchtigkeit abzuhalten. Die Größe der Lücke zeigt den Grad der Isolation. Ideal sind 12 bis 20 mm, aber das bedeutet gleichzeitig ein dickes Fenster. Normalerweise sind die Lücken in Fenstern etwa 6 mm breit. Wenn ein solches Fenster undicht ist und Gas entweicht, muß es ersetzt werden.

SCHADHAFTE FENSTER REPARIEREN

SIE BRAUCHEN

Behandlung kleiner Schadstellen
spitzes Werkzeug (Vorstecher)
Meißel
Heißluftpistole
Bürste
Bohrmaschine (bei Bedarf)
Spachtel
Schleifblock

große Schadstellen
Bleistift und Metallineal
gerade Holzleiste
Oberfräse mit Hobeleisen
Holzmeißel
Rahmenspanner
Blockhobel

MATERIALIEN

Behandlung kleiner Schadstellen
Reparaturset für faules Holz
mittleres und feines Schmirgelpapier

große Schadstellen
Stück Weichholz
wasserfester Klebstoff
Holzkeile **oder** Dübel

VERWEISE

Scheibe ersetzen, S. 64–65
Fenster streichen, S. 66–67
Fensterbeschläge ersetzen, S. 68–69

Es gibt zwei Hauptprobleme, die bei Holzteilen an Fenstern auftreten können: Fäulnis und defekte Ecken.

FEUCHTIGKEIT

Fäulnis, die das Holz aufweicht, (vgl. S. 12–13), befällt in der Regel Fensterbänke und den unteren Teil von Holzrahmen, auf denen sich Regenwasser sammeln kann. Wenn der Schaden groß ist, muß man den Rahmen ersetzen, aber wenn Sie den Schaden schnell entdecken, kann er mit einem Reparaturset für faules Holz behoben werden. Das Set besteht aus einem Holzhärter, Konservierungsmittel und Spachtelmasse. Trockene Fäulnis (S. 12–13) erfordert einen Fachmann.

ECKEN REPARIEREN

Die meisten Ecken an Holzfenstern sind gezapft. Eine Ecke kann sich zusammenziehen, wenn das Holz austrocknet, wodurch das Fenster sich senkt und an mehreren Stellen klemmt. Um diesen Schaden ordnungsgemäß zu reparieren, muß man das Fenster ausbauen, damit es wieder gerichtet werden kann, während die Ecke wieder neu verleimt wird. Verwenden Sie dazu Rahmenspanner, wie es auf der gegenüberliegenden Seite gezeigt wird.

Wenn die Eckverbindungn gedübelt wurden, ist es am einfachsten, neue Dübel auszuschneiden sie mit möglichst viel wasserfestem Kleber in die Nut zu drücken und festzuklemmen, während der Kleber trocknet.

Wenn die Ecken nicht gedübelt wurden, bohren Sie mit der Bohrmaschine Löcher durch die Ecke, wobei Sie sowohl den Zapfen als auch die Nut durchbohren. Stecken Sie nun Dübel und so viel Klebstoff wie möglich in die Löcher und lassen Sie das Fenster aufgespannt liegen. Entfernen Sie die überstehenden Enden des Dübels mit einer Feile, sobald der Klebstoff festgeworden ist.

KLEINE SCHÄDEN

1 Bestimmen Sie zuerst das Ausmaß des Schadens, indem Sie mit einem spitzen Werkzeug in der Ecke bohren. Das wird an faulen Stellen sehr einfach gehen. Entfernen Sie das befallene Holz mit einem Meißel, bis sie auf gesundes Holz treffen.

2 Wenn das Holz feucht ist, müssen Sie es mit einer Heißluftpistole trocknen, aber halten Sie die Pistole vom Glas weg, damit es nicht birst. Tragen Sie Holzhärter auf und lassen Sie ihn trocknen. Manche Holzhärter enthalten Konservierungsmittel, das Sie in das Holz einarbeiten sollten.

3 Bohren Sie Löcher in das trockene Holz, wenn zusätzliche Konservierungstabletten beigefügt sind. Die Löcher sollten den gleichen Durchmesser wie die Tabletten haben, aber etwas länger sein. Stecken Sie die Tabletten in die Löcher und schließen Sie diese mit Spachtelmasse.

4 Mischen Sie den Holzspachtel mit dem Härtungsmittel und tragen Sie die Masse mit dem Spachtel auf. Möglicherweise müssen Sie die Spachtelmasse in zwei Schichten auftragen. Warten Sie, bis die erste Schicht getrocknet ist, bevor Sie die zweite auftragen. Schmirgeln Sie die Masse dann glatt.

Grosse Schadstellen

1 Hinter einer großen Schadstelle ziehen Sie einen Bleistiftstrich. Klemmen Sie eine Holzleiste entlang dieser Linie fest, um eine Oberfräse daran entlang zu führen. Stellen Sie die Klinge der Oberfräse etwas tiefer ein, als der Schaden reicht, und fräsen Sie die Stelle weg.

2 In den Ecken, in die Oberfräse nicht hinkommt, schneiden Sie verfaultes Holz mit einem Meißel weg. Sägen Sie ein Stück in der passenden Größe zurecht, um den Spalt auszufüllen, und kleben Sie es fest.

3 Bei einem Fensterrahmen spritzen Sie Kleber in beide Eckverbindungen und stecken Dübel in den Rahmen, den Sie dann mit einem Rahmenspanner festklemmen. Legen Sie dabei Holzstücke zwischen die Klemme und das Holz, um weitere Schäden zu vermeiden.

4 Entfernen Sie den Rahmenspanner nach 24 Stunden und hobeln Sie das eingesetzte Holzstück glatt. Behandeln Sie die reparierte Stelle mit einer Grundierung und Unterlack und streichen Sie das ganze Fenster (vgl. S. 66–67).

FENSTERLÄDEN ANBRINGEN

SIE BRAUCHEN

Pinsel
Schraubendreher
Bleistift und Lineal
Versenkbohrer
Vorstecher
Klemme
Maßband
Spachtel
3 mm-Bohrer
Bohrmaschine
Säge
feuchtes Tuch

MATERIALIEN

zwei 2 m lange Holzstücke
zwei Fensterläden
Schrauben, 4,5 cm lang
Pappe
4 Scharniere mit Schrauben
Riegel mit Schrauben
Türschloß mit Schrauben
Dübel
Spachtel
Glanz- oder Mattlack

VERWEISE

Holzfenster, S. 56–57
Fenster streichen, S. 66–67

Fensterläden anzubringen ist eine recht einfache Arbeit. Hölzerne Läden schaffen in einem Raum zusätzliche, klare Linien. Außerdem halten sie ein Zimmer im Winter warm und im Sommer angenehm kühl. Die hier verwendeten Materialien passen in eine 90 x 90 cm große Fensteröffnung, aber das Prinzip läßt sich auf alle Fenstergrößen übertragen. Die Läden sollten entweder perfekt passen oder etwas größer als die Fensteröffnung sein. Sie können zur Not immer etwas abschneiden, um sie maßzuschneidern. Zum Abmessen sollten Sie ein Maßband (am besten ein feststellbares) verwenden. Wenn Sie allerdings ein gutes Auge haben und es sich zutrauen, können Sie auch eine Holzlatte zum Messen verwenden.

DIE RICHTIGEN SCHARNIERE?

Mit flach aufliegenden Scharniere kann man die Läden vollständig öffnen und man braucht keine Aussparungen in die Türen und die Holzleisten zu schneiden. Wenn Sie Preßteile um das Fenster herum angebracht haben, die Sie nicht entfernen möchten, brauchen Sie spezielle Scharniere.

Nützliche Hinweise

Wenn Ihre Läden größer sind als die Fensteröffnung, schneiden Sie sie zu. Die Leisten, die die Fensteröffnung umrahmen, sollten ebenfalls flach in der Öffnung liegen, damit das Ergebnis besser aussieht. Der Vorteil eines Rahmens ist jedoch, daß man ihn zurücksetzen kann, um die Läden anzupassen, damit man sie nicht zuschneiden muß. Wenn man den Rahmen so verwendet, kann man die Türen auch am Holz statt an der Öffnung anbringen, die manchmal auch aus Gips und daher ungeeignet sein kann.

1 Markieren Sie die Breite der Läden, indem Sie in der Mitte der Fensterbreite einen Bleistiftstrich zeichnen. Messen Sie dann die Höhe der Laibung, um die Länge der Jalousien zu bestimmen. Übertragen Sie die Messungen auf Höhe und Länge der Läden.

2 Legen Sie den ersten Laden auf Ihre Arbeitsfläche und klemmen Sie ihn fest. Schneiden Sie ihn auf die passende Größe zu. Wiederholen Sie dies mit dem zweiten Laden.

3 Bringen Sie eine lange Leiste an der Laibung an. Markieren Sie die Kante der Leiste an dem Punkt, an dem sie auf die Oberkante der Laibung trifft. Markieren Sie die andere Leiste auf der anderen Seite der Laibung und schneiden Sie diese dann zu. Bohren Sie im Abstand von 30 cm Löcher in jede Leiste.

4 Markieren Sie die Bohrlöcher mit einem Vorstecher. Halten Sie die Leiste so an, daß sie auf beiden Seiten glatt anliegt. Bohren Sie die Löcher und schrauben Sie die Leiste fest. Wiederholen Sie dies auf der anderen Seite des Fensters.

5 Schrauben Sie die Scharniere an den Läden fest. Legen Sie den Laden an die Wand, als wäre er geöffnet. Falten Sie den äußeren Teil des Scharniers nach außen, bis er auf der Innenseite der Leiste aufliegt. Schrauben Sie die Scharniere fest.

6 An jedem Laden sollte man ein Schloß und eine Falle anbringen. Wenn der Laden auf der Wand aufliegt, markieren Sie 5 cm von der äußersten unteren Ecke entfernt. Bringen Sie dort das Auge an und legen sie den Haken hinein, um dessen Position zu bestimmen. Schrauben Sie ihn dann fest.

7 Befestigen Sie an einem der Läden einen Riegel. Bringen Sie den Riegel an der Vorderseite des Ladens an. Schieben Sie den Riegel dann zu. Markieren Sie die Lage der Riegelhälften auf der Querleiste und schrauben Sie die Hälften fest.

8 Die Läden werden mit einem Riegel verschlossen. Bringen Sie den Riegel so an, daß er auf dem Laden aufliegt. Legen Sie den Riegel auf das Schließblech und markieren Sie die Position des Blechs auf der gegenüberliegenden Seite. Schrauben Sie es dann fest.

Eine Fensterscheibe ersetzen

SIE BRAUCHEN

Stoff
alter Meißel **oder** Spitzhammer
Zange
dicke Arbeitshandschuhe
Sicherheitsbrille
Holzhammer
schmaler Schaber
Pinsel
Spachtel
Streichhölzer
Spitzhammer
Kittmesser
Pinsel

MATERIALIEN

Holzgrundierung
Glas
Kitt
Glasernadeln **oder** Klammern
Farbe

VERWEISE

Schadhafte Fenster reparieren, S. 60–61
Fenster streichen, S. 66–67
Fensterbeschläge ersetzen, S. 68–69

Gerissenes oder zerbrochenes Glas zu ersetzen, ist eine übliche Heimwerkerarbeit. Es ist nicht schwierig, aber es dauert seine Zeit und muß sehr sorgfältig ausgeführt werden, damit man sich nicht schneidet.

Vorausgesetzt, daß Sie die Fensteröffnung sichern (z.B. mit Sperrholz), können Sie das Fenster aus seinem Rahmen lösen und es zum Glashändler oder Glaser bringen, um die Scheibe austauschen zu lassen. Auch wenn Sie es selbst machen wollen, sollten Sie sich das Glas von einem Händler zurechtschneiden lassen.

Das richtige Glas?

Normalerweise sollten Sie das alte Glas durch den gleichen Glastyp ersetzen, allein schon aus optischen Gründen. Das ist meistens 4 mm dikkes Glas; 3 mm dickes Glas kann nur für kleine Fenster verwendet werden, während sehr große Fenster eine Dicke von 6 mm oder sogar 10 mm benötigen. Einige Scheiben an empfindlichen Stellen im Haus (verglaste Haustüren, große Überdachungen, große Panoramafenster und tiefliegende Verglasungen) müssen mit Sicherheitsglas versehen werden, das entweder gehärtet ist oder aus Verbundglas besteht. Gehärtetes Glas ist etwa fünfmal stärker als normales Glas und zerbricht in ungefährliche kleine in Teile. Verbundglas besteht aus zwei Schichten Normalglas, zwischen denen sich eine Plastikschicht befindet, die das Glas zusammenhält, wenn die Oberfläche zerreißt. Gegenüber gehärtetem Glas hat es den Vorteil, daß es einbruchsicher ist.

Nützliche Hinweise

Wenn Kitt zuviel Leinöl enthält, ist er schwer zu verarbeiten. Dies vermeiden Sie, indem Sie ihn auf Zeitungspapier hin und her rollen, bis das überschüssige Öl herausgesaugt ist, und er die richtige Konsistenz hat. Ist der Kitt ausgetrocknet, macht man ihn mit Leinöl geschmeidiger. Mit Spiritus wird er von Glas entfernt.

1 Nehmen Sie das Fenster aus dem Rahmen und legen Sie es auf eine Arbeitsfläche. Die Außenseite liegt dabei nach oben. Entfernen Sie den alten Kitt mit einem Meißel oder einem Spitzhammer. Sie sollten die Glasernadeln mit einer Zange entfernen und dann das Glas mit Handschuhen aus dem Rahmen ziehen.

2 Entfernen Sie Kittreste mit einem Meißel und einem Hammer; tragen Sie dabei eine Schutzbrille. Achten Sie darauf, daß Sie nicht in das Holz schlagen.

3 Entfernen Sie die Kittreste aus den Fugen des Rahmens. Wenn diese vollkommen sauber sind, werfen Sie das alte Glas weg. Streichen Sie dann eine Schicht Holzgrundierung in die Rillen. Messen Sie die neue Scheibe aus, wobei an allen Seiten 3 mm dazugerechnet werden.

4 Wenn die Grundierung getrocknet ist, sollten Sie überprüfen, ob die neue Scheibe die richtige Größe hat. Kneten Sie den Kitt in Ihren Händen geschmeidig und legen Sie eine 3 bis 5 mm lange Kittrolle um die Fugen herum. Glätten Sie den Kitt mit einem Spachtel.

5 Legen Sie das Glas in den Rahmen und lassen Sie eine 3 mm breite Lücke. Drücken Sie das Glas dann an seinen Platz. Wenn der Rahmen aufgerichtet wird, verteilen Sie zuerst Streichhölzer entlang der niedrigsten horizontalen Fuge, damit überall ein gleichgroßer Spalt entsteht.

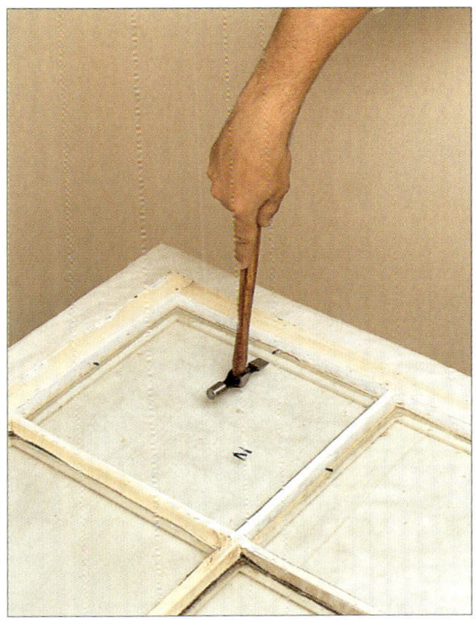

6 Verwenden Sie Glasernadeln oder Klammern (bei Metallfenstern), um das Glas zu fixieren. Fahren Sie mit der glatten Seite des Hammers an den Nadeln entlang, um sie an ihren Platz zu drücken, aber schlagen Sie nicht darauf.

7 Kneten Sie den Kitt wie zuvor und formen Sie eine dünne Wurst daraus. Drücken Sie ihn dann gegen die Wände der Fugen. Gehen Sie dabei den ganzen Rahmen entlang.

8 Um den Kitt abzuschrägen, drücken Sie das Kittmesser im Winkel von 45° auf den Kitt und ziehen es den Rahmen entlang. Um die Ecken glattzudrücken, pressen Sie das Messer in die Ecken. Bevor Sie das Fenster streichen, muß der Kitt mindestens eine Woche lang trocknen.

FENSTER STREICHEN

SIE BRAUCHEN

Streichen eines Kassettenfensters
Schleifblock
Abdeckband **oder** Fensterkratzer
Pinsel

Streichen eines Schiebefensters
siehe oben

MATERIALIEN

Streichen eines Kassettenfensters
feines Schmirgelpapier
Farbe

Streichen eines Schiebefensters
siehe oben

VERWEISE

Farbe von Holz ablösen, S. 32–33
Schadhafte Fenster reparieren, S. 60–61
Eine Fensterscheibe ersetzen, S. 64–65
Fensterbeschläge ersetzen, S. 68–69

Bei diesem Fenster wurden gute Ergebnisse erzielt, weil man vor dem Streichen die Beschläge entfernte.

Bevor man ein Fenster streicht, muß man die notwendigen Reparaturen erledigen, kaputtes Glas ersetzen (der neue Kitt muß eine Woche lang aushärten, bevor man streichen kann) und abblätternde Farbe entfernen.

Schmirgeln Sie die Oberflächen mit Schmirgelpapier ab und reinigen Sie sie gründlich; nacktes Holz muß grundiert werden. Wenn ein Fenster zu oft gestrichen wird, klemmt es irgendwann. Deshalb hobelt man die Kanten ab oder schmirgelt sie ab, bevor man den Fensterrahmen grundiert und streicht.

Wenn Sie ein Fenster ohnehin schon wegen einer Reparatur aus dem Rahmen gehoben haben, ist es einfacher, wenn man es streicht, bevor man es wieder einsetzt. In jedem Fall sollten Sie alle Beschläge entfernen, bevor Sie mit dem Streichen beginnen.

Eine einfache Möglichkeit, Farbe auf dem Glas zu vermeiden, ist Abdeckband. Sobald die Farbe angetrocknet ist, entfernen Sie es wieder. Eine andere Möglichkeit ist es, die Farbe mit einem Fensterkratzer abzuschaben. Den werden Sie ohnehin brauchen, um Spritzer vom Glas zu entfernen.

EIN FLÜGELFENSTER STREICHEN

1 Um die Innenseite eines Fensters zu streichen, sollte man es leicht öffnen. Kleben Sie Abdeckband auf die Scheibe, wobei Sie eine Lücke von 2 mm zwischen Glas und dem Rahmen lassen sollten, damit die Farbe diese Stelle versiegeln kann.

2 Streichen Sie die Sprossen mit einem Tupfpinsel. Tupfen Sie die Farbe auf, damit sie auch in die Ecken gelangt. Es macht nichts weiter, wenn Farbe auf das Abdeckband kommt, versuchen Sie aber, Farbspritzer auf dem Glas zu vermeiden.

3 Öffnen Sie das Fenster jetzt etwas weiter und streichen Sie zuerst die waagerechten und dann die senkrechten Rahmenhölzer.

4 Öffnen Sie das Fenster ganz, um die Schließseite von oben nach unten zu streichen. Streichen Sie anschließend den Rahmen. Kurz bevor die Farbe vollkommen getrocknet ist, können Sie das Abdeckband vorsichtig entfernen. Wenn die Farbe ganz trocken ist, kann es sein, daß das Band sie abreißt.

EIN SCHIEBEFENSTER STREICHEN

1 Um die Innenseite eines Schiebefensters zu streichen, schieben Sie das innere Fenster hoch und das äußere nach unten. Streichen Sie den unteren Querbalken und dann die Seitenteile. Streichen Sie die Unterkante des inneren Rahmens.

2 Streichen Sie die untere Leiste des inneren Fensters bis zum Glas. Streichen Sie dann die Seitenteile, soweit Sie sie erreichen können.

3 Schieben Sie die Fenster wieder an ihren Platz, damit Sie die übrigen Teile streichen können. Streichen Sie die obere Leiste des inneren Fensters und dann die Seitenteile.

4 Schieben Sie das äußere Fenster nach unten und streichen Sie die Oberseite und die Seitenteile, die noch nicht gestrichen sind. Streichen Sie den Rest des inneren Rahmens und schließlich den Fensterrahmen.

Fensterbeschläge ersetzen

SIE BRAUCHEN

Scharniere ersetzen
Teppichmesser (bei Bedarf)
Schraubendreher
Bleistift
Meißel
Durchschläger
Bohrmaschine

Andere Fensterbeschläge
Bleistift
Winkelmaß
Bohrmaschine
Schraubendreher

MATERIALIEN

Scharniere ersetzen
Scharniere
Dübel
Kunststoffkleber

Andere Fensterbeschläge
Griff
Flügelverankerung
Dübel
Klebstoff

VERWEISE

Schadhafte Fenster reparieren, S. 60–61
Fenster streichen, S. 66–67

Oft ersetzt man im Rahmen einer Renovierung alte Fensterbeschläge, z.B. messing- oder bronzefarbene Beschläge anstelle der alten aus Aluminium. Vielleicht will man aber auch ein einfaches Design gegen ein aufwendigeres austauschen, oder Sie passen die Fensterbeschläge an Ihre Inneneinrichtung an. Die Auswahl an Beschlägen ist groß, und die Arbeiten sind recht leicht auszuführen. Vielleicht wollen Sie aber auch moderne Sicherheitsbeschläge als Einbruchsschutz anbringen (vgl. S. 70–71).

Es ist ausgesprochen unwahrscheinlich, daß die Bohrlöcher der alten Beschläge mit denen, die für die neuen benötigt werden, übereinstimmen, weshalb man zunächst die alten Löcher zuspachteln und dann neue bohren muß, was natürlich zeitaufwendig ist.

Griffe und Schlösser gibt es in Eisenwarengeschäften und in Bau- und Heimwerkermärkten. Man kann sie sich auch per Mail-Order schicken lassen oder in Spezialgeschäften kaufen, insbesondere dann, wenn Sie nach ausgefallenen Formen und Materialien sowie nach Designerstücken suchen.

Scharniere ersetzen

Normalerweise braucht man ein quietschendes oder steifes Scharnier nur mit einfachem Haushaltsöl zu ölen. Das funktioniert über Jahre hinweg. Wenn die Scharniere allerdings so alt sind, daß sie sich abgenutzt haben, oder

Nützliche Hinweise

Wenn sich die Schrauben am Scharnier nicht ohne weiteres lockern lassen, halten Sie einen Schraubendreher darauf und schlagen mit einem Hammer zu. Sie können aber auch versuchen, die Schraube vorsichtig im Uhrzeigersinn zu drehen. Wenn Schrauben dagegen zu locker sitzen, muß man sie auf jeden Fall durch Schrauben in der gleichen Größe ersetzen.

Wenn die alte Aussparung für das neue Scharnier zu tief ist, können Sie sie mit Pappestücken auffüllen.

Fenstergriff

Um einen neuen Griff anzubringen, schraubt man den alten ab und verschließt die Bohrlöcher mit Dübeln. Halten Sie den neuen Griff an das Fenster. Markieren und bohren Sie die Löcher. Schrauben Sie den Griff dann fest. Be der Verankerung gehen Sie im Prinzip genauso vor.

Verankerung

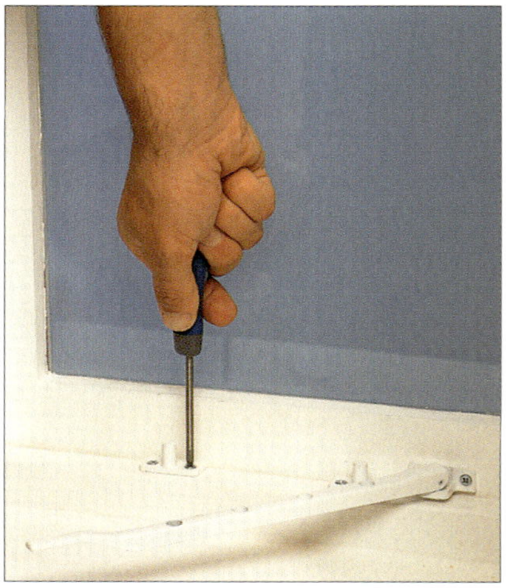

Für die Verankerung füllen Sie die alten Bohrlöcher auf. Befestigen Sie den Arm der Verankerung an der unteren Fensterseite, schließen Sie das Fenster und drücken Sie den Arm gegen die untere Leiste des Fensterrahmens. Bohren Sie Löcher und schrauben Sie die Halterung fest.

wenn sie stark verrostet sind, sollte man sie besser austauschen. Das kann auch dann der Fall sein, wenn sie so dick mit Farbe bestrichen sind, daß sie ihre Funktion nicht mehr erfüllen.

Scharniere gibt es in Standardgrößen, weshalb die Chancen nur dann gut stehen, daß die alten Bohrlöcher noch passen, wenn Sie vorher ebenfalls ein standardisiertes Scharnier am Fensterrahmen hatten. Bei alten Fenstern ist dies nur selten der Fall. Sie müssen auch neue Löcher bohren, wenn Sie das alte Standard-Scharnier durch ein größeres ersetzen möchten.

Messingscharniere braucht man nicht zu streichen, und sie können ein attraktiver Blickfang sein, wenn man sie mit anderen Messingscharnieren kombiniert. Stahlscharniere müssen grundiert und gestrichen werden, damit sie nicht rosten. Verwenden Sie zum Befestigen Schrauben in einem passenden Metall.

1 Entfernen Sie die alten Scharniere. Fangen Sie dabei mit den Scharnierschrauben an. Wenn sie mit Farbe verkrustet sind, müssen Sie diese mit einem Teppichmesser aus den Spalten und um die Schraubenköpfe herum entfernen.

2 Prüfen Sie, ob die neuen Scharniere in die Aussparungen im Rahmen und dem Fenster passen. Wenn Sie sie vergrößern müssen, sollten Sie das Holz vorher mit einem Teppichmesser einritzen, um die Konturen festzulegen. Schälen Sie dann das Holz mit einem Meißel aus der Aussparung.

Kippfenster

Ein Kippfenster öffnet sich normalerweise von der Oberkante nach innen, wo es dann gesichert wird. Die Scharniere sitzen an der Unterkante, und der Öffnungswinkel wird von einem Bügel bestimmt, auf dem das Gewicht des Fensters in offenem Zustand ruht.

3 Legen Sie das Scharnier in die Aussparung und kontrollieren Sie, ob die Löcher übereinstimmen. Ist dies der Fall, sollten Sie Schrauben verwenden, die etwas länger sind als die alten. Stimmen sie nicht überein, bohren Sie die alten Löcher aus und kleben Dübel hinein. Bohren Sie dann neue Löcher für die Schrauben.

FENSTERSICHERUNGEN ANBRINGEN

SIE BRAUCHEN

Bohrmaschine
Flachbohrer für Holzfenster oder Stahlbohrer für Metallfenster
Schraubenzieher
Bleistift
Meißel (bei Bedarf)

MATERIALIEN

Fensterschlösser und Schrauben

VERWEISE

Fensterbeschläge ersetzen, S. 68–69

Um das Risiko eines Einbruchs zu verringern, sollten alle zugänglichen Fenster eines Hauses mit Schlössern gesichert sein. Dazu gehören auch solche Fenster, an die man gelangen kann, wenn man auf das Garagendach steigt oder auf einen Baum vor dem Haus klettert. Einige Versicherungsgesellschaften bestehen sogar darauf, daß man solche Sicherungen anbringt. Erkundigen Sie sich vorsorglich nach den Bedingungen in Ihrem Versicherungsvertrag.

Für Flügelfenster gibt es drei Hauptarten von Schlössern: verschließbare Griffe, verschließbare Fensterfalzen oder Verankerungen mit separatem Schloß. Bei Fallfenstern gibt es Doppelschrauben, welche die beiden Fensterteile zusammenhalten und solche Halterungen, die verhindern, daß das innere Fenster hochgeschoben wird. Für Verandatüren gibt es spezielle Sicherungen, die man auch für Fallfenster verwenden kann. Bei den meisten Schlössern muß das Fenster geschlossen sein, damit man sie abschließen kann. Manche haben aber auch eine zweite Einstellmöglichkeit, die es erlaubt, das Fenster zur Belüftung einen Spalt offenstehen zu lassen, der aber für einen Einbrecher nicht groß genug ist, um selber hindurchzukriechen oder auch nur den Arm durchzustecken.

SICHERHEIT

Einbrecher zerschlagen Fensterscheiben normalerweise, damit sie durchgreifen und von innen an die Fenstergriffe kommen können, deshalb sollte man auch an Fenster mit kleinen Scheiben denken. Schlösser verhindern, daß Fenster von Eindringlingen geöffnet werden, das funktioniert aber nur, wenn man gewisse Vorkehrungen trifft, z.B. sollte man den Schlüssel nicht auf der Fensterbank liegen lassen oder auf einen Haken in Reichweite hängen. An normal großen oder größeren Fenstern (Panoramafenstern) sollte man in jedem Fall zwei Schlösser anbringen. Wenn Sie in einer Gegend wohnen, in der häufig eingebrochen wird, sollten Sie vielleicht Sicherheitsglas verwenden (vgl. S. 64–65), das zwar etwas kostspieliger, dafür aber sehr effektiv ist, oder ein Fenstergitter anbringen.

DIE SCHLÖSSER ANBRINGEN

Die meisten Fensterschlösser kann man einfach anbringen, weil man lediglich Vorbohrungen für die Schrauben machen muß. Das ist bei Holzfenstern einfach, aber bei Metallfenstern muß man richtige Löcher bohren und spezielle Schrauben anbringen. Manche Schlösser erfordern größere Löcher, bei anderen muß man Aussparungen ausmeißeln.

Eine weitere Möglichkeit ist es, einen Fachbetrieb mit der Diebstahlssicherung Ihrer Fenster zu beauftragen. Dieser kümmert sich auch um die Sicherung Ihrer Haustüren und Rolläden sowie um Terrassentüren und Dachluken.

VERSCHLIESSBARER FENSTERGRIFF

Dieser verschließbare Fenstergriff wird genauso angebracht, wie ein normaler Fenstergriff (vgl. S. 68–69), er hat aber einen Schlüssel, mit dem man ihn abschließen kann.

GESICHERTE HALTERUNG

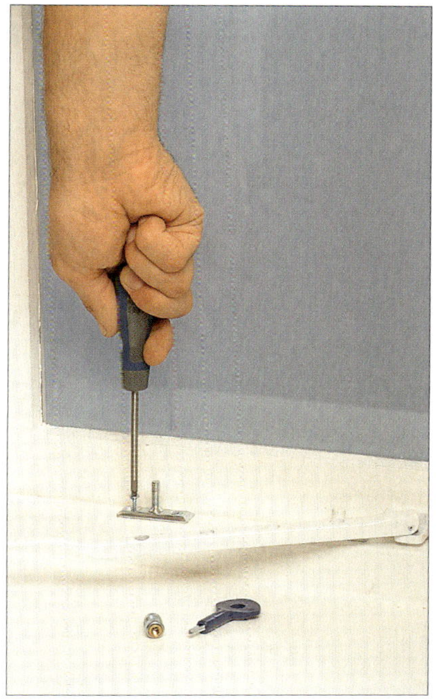

Sie können eine Fensterhalterung sicherer machen, indem Sie die Spitze, die am weitesten von der Angel der Halterung entfernt ist, durch eine mit Splint ersetzen. Um ihn abzuschließen, müssen Sie den Arm der Halterung auf die Spitze legen und den Verschluß daraufschrauben.

ABSCHLIESSBARER HALTERUNGSARM

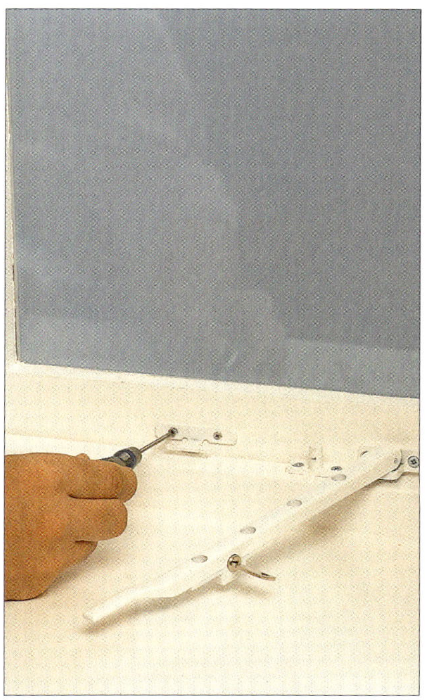

Ein verschließbarer Halterungsarm wird ganz normal befestigt (vgl. S.68–69), es sei denn daß der eine Träger an der unteren Kante des Fensters angebracht wird. Der Arm sollte an der richtigen Stelle sein, wenn Sie ihn festschrauben. Schließen Sie ihn dann ab.

FLÜGELSCHLOSS

Dieses Schloß besteht aus zwei Teilen, von denen einer an den Rahmen und der andere mit einem Arm an das Seitenteil des Fensters geschraubt wird. Damit man das Fenster verschließen kann, legt man den Arm über den anderen Teil der Verankerung Befestigen Sie zuerst den Teil mit dem Arm.

Innentüren

Es gibt drei Hauptarten von Innentüren: Holztüren, verglaste Türen und furnierte Türen. Der traditionelle Typ ist die Holztür, die aus einem Massivholzrahmen und Paneelen aus leichterem Material besteht. Eine verglaste Tür ist ähnlich aufgebaut wie eine Holztür, hier wird jedoch Glas statt der Holzpaneele eingesetzt. Eine furnierte Tür ist billiger als eine Holztür und außerdem leichter und auch einfacher einzubauen. Im Inneren befinden sich wabenartig aufgezogenes Papier, Sperrholz, Holzlatten oder feuerfestes Material.

Türgrößen

Innentüren werden in Standardgrößen gefertigt. Nur in sehr alten Häusern ist dies noch nicht der Fall.

Gängige Größen sind (Höhe x Breite)

2,04 m x 62,6 cm
2,04 m x 72,6 cm
2,04 m x 82,6 cm
2,04 m x 92,6 cm

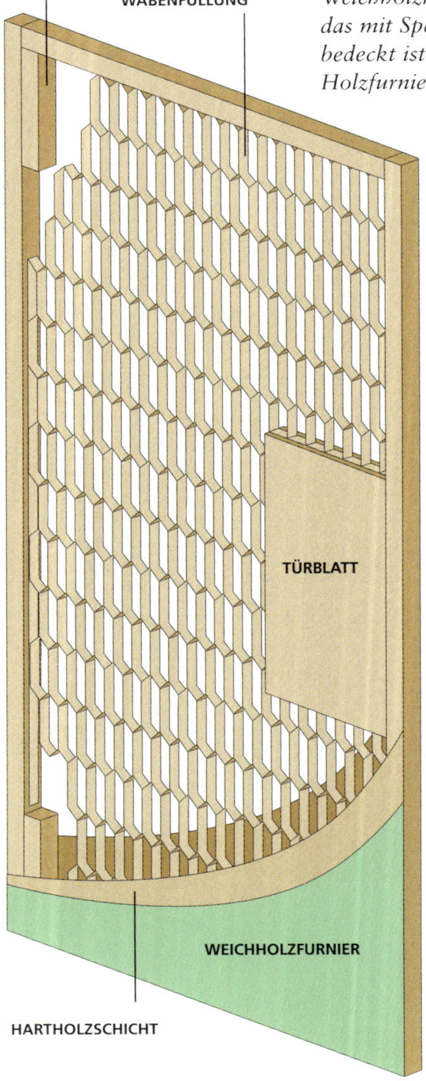

Furnierte Tür
Furnierte Türen bestehen aus einem Weichholzrahmen und einem Futter, das mit Sperrholz oder Massivholz bedeckt ist. Darauf liegt ein Holzfurnier.

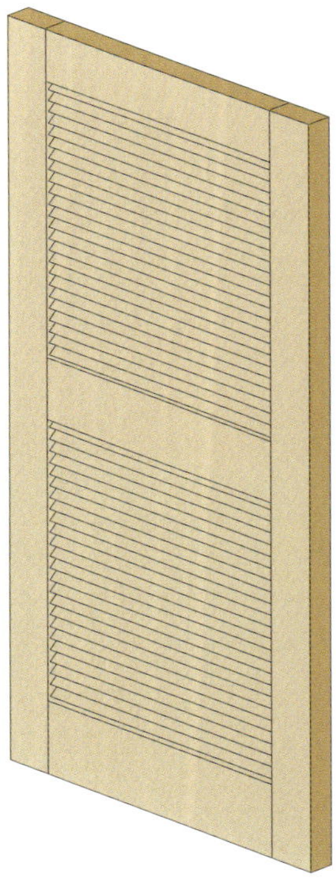

Lamellentür
Bei diesen Türen werden Latten in den Rahmen eingesetzt. Da sie gut durchlüftet sind, sind sie für Garderoben geeignet. Zwei dieser Türen zusammen können Sie als Doppeltür verwenden.

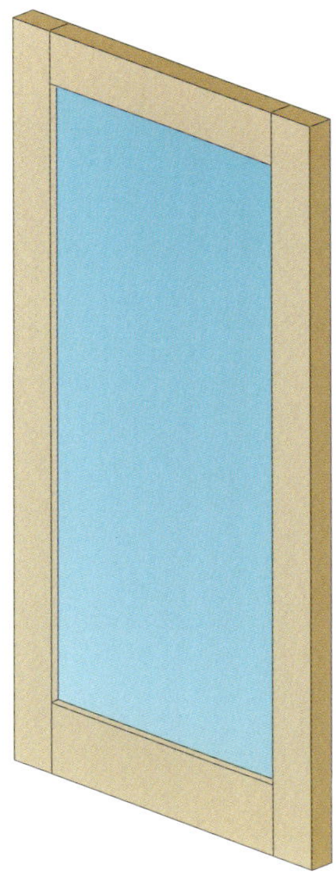

Verglaste Holztür
Der Rahmen ist aus Holz, das Innere besteht aus Glas. Eine verglaste Tür kann 1 bis 15 Glasscheiben haben, bei denen jede mit Kitt festgehalten wird. Das Glas sollte Sicherheitsglas sein (vgl. S. 64–65).

DER AUFBAU EINER TÜRÖFFNUNG
Eine Türöffnung zwischen zwei Innenräumen besteht aus 5 wichtigen Teilen: dem Türrahmen, der mit zwei senkrechten Stützen verbunden ist, der Türfalz (das sind dünne Hozlatten, an denen die Tür schließt); der Tür, die mit Scharnieren am Rahmen aufgehängt wurde, dem Türbalken und den Beschlägen (Griffe, Klopfer und Schnappschloß). Diese Teile kann man alle oder teilweise ersetzen.

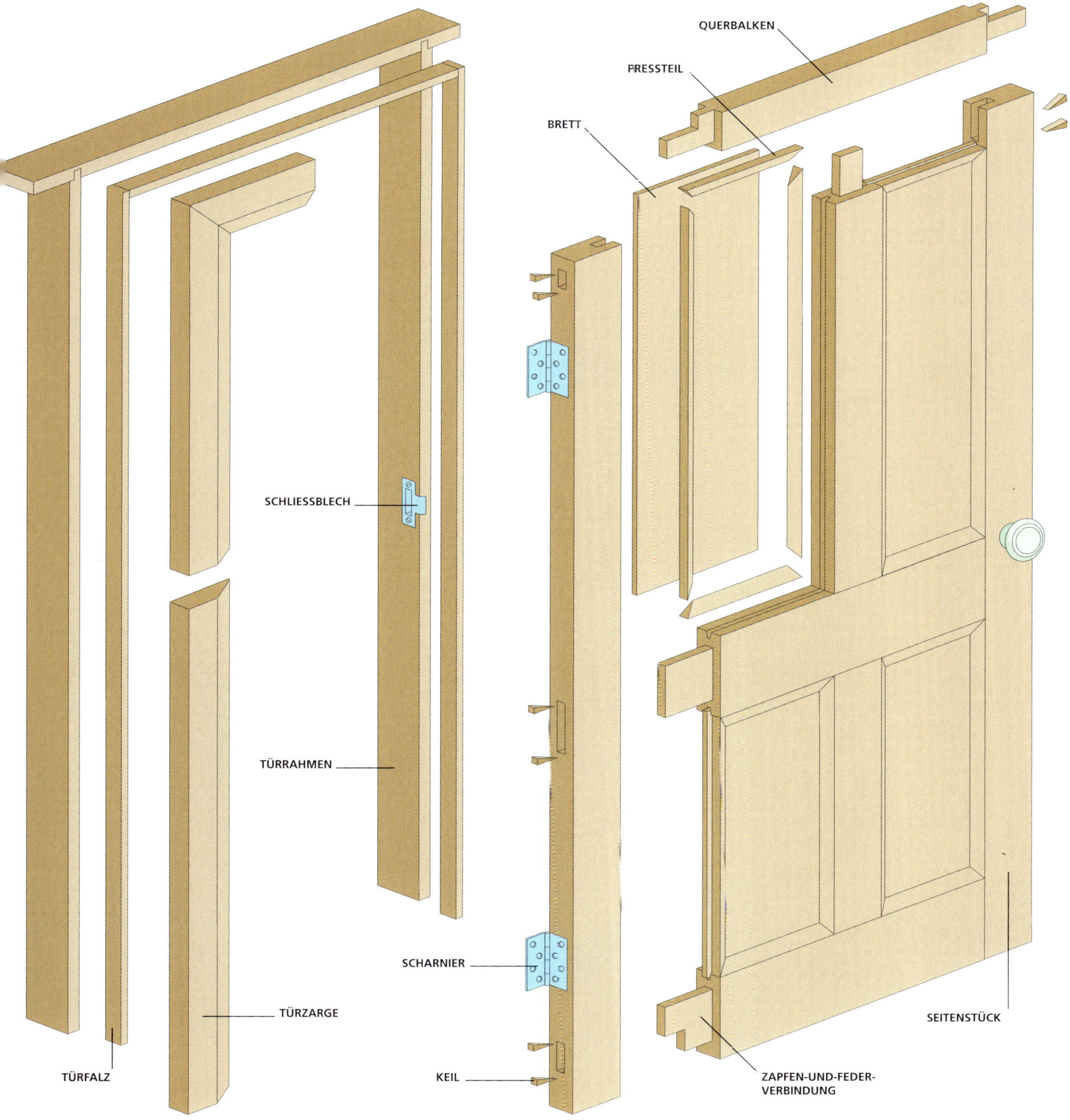

Aussentüren

Außentüren sind größer, schwerer und dicker als Innentüren. Es werden mehr unterschiedliche Materialien verwendet. Sie können eine neue Außentür in den vorhandenen Rahmen setzen, aber wenn Sie eine gestrichene Weichholztür durch eine Hartholztür (die lackiert und gebeizt werden muß) ersetzen, müssen Sie auch den Türrahmen verändern.

Der Austausch ist eine ähnliche Arbeit wie bei Innentüren, bei Außentüren müssen Sie z.B. zusätzlich noch an die Sicherheitsschlösser denken.

Aussentürgrössen

Außentüren sind dicker und größer als Innentüren. Ihre Standarddicke beträgt normalerweise 4,5 cm. Hier gilt dasselbe wie bei Innentüren: Bei sehr alten Häusern sind die Türen noch nicht standardisiert.

Gängige Türgrößen

2,04 m x 72,6 cm
2,04 m x 82,6 cm
2,04 m x 80,7 cm

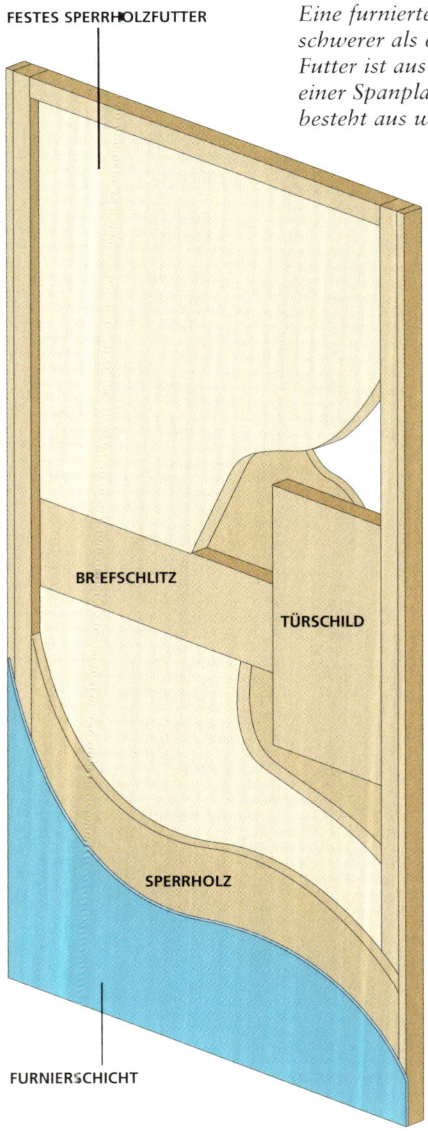

Furnierte Tür
Eine furnierte Außentür ist dicker und schwerer als eine furnierte Innentür. Das Futter ist aus festerem Material, wie z.B. einer Spanplatte, und die Oberseite besteht aus wetterfestem Sperrholz.

Brettertür
Weichholzbretter mit Feder und Nut sind auf horizontal und schräg liegende Bretter genagelt. Diese Tür ist nur für Lagerräume geeignet.

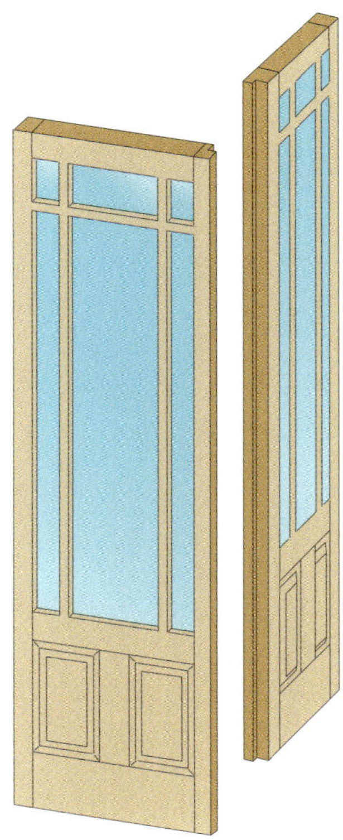

Glasflügeltür
Zwei gläserne Einzeltüren bilden eine Glasflügeltür. Jede Tür hat eine bis zehn Glasscheiben. Sie paßt in einen Standardrahmen; es gibt aber auch größere Rahmen, in die auch verglaste Seitenteile passen. Die Standardgröße ist 2,00 m x 1,16 m.

AUFBAU EINES AUSSENTÜRRAHMENS UND EINER TÜR MIT FÜLLUNG
Der Rahmen einer Außentür hat eine Falz, gegen die die Tür schließt und eine eingebaute Türschwelle. Es gibt viele Holztüren, sowohl aus Weich- als auch aus Hartholz. Viele bestehen nur aus Holz, aber sie können auch verglast sein. Die Art der Verglasung ist dabei sehr unterschiedlich.

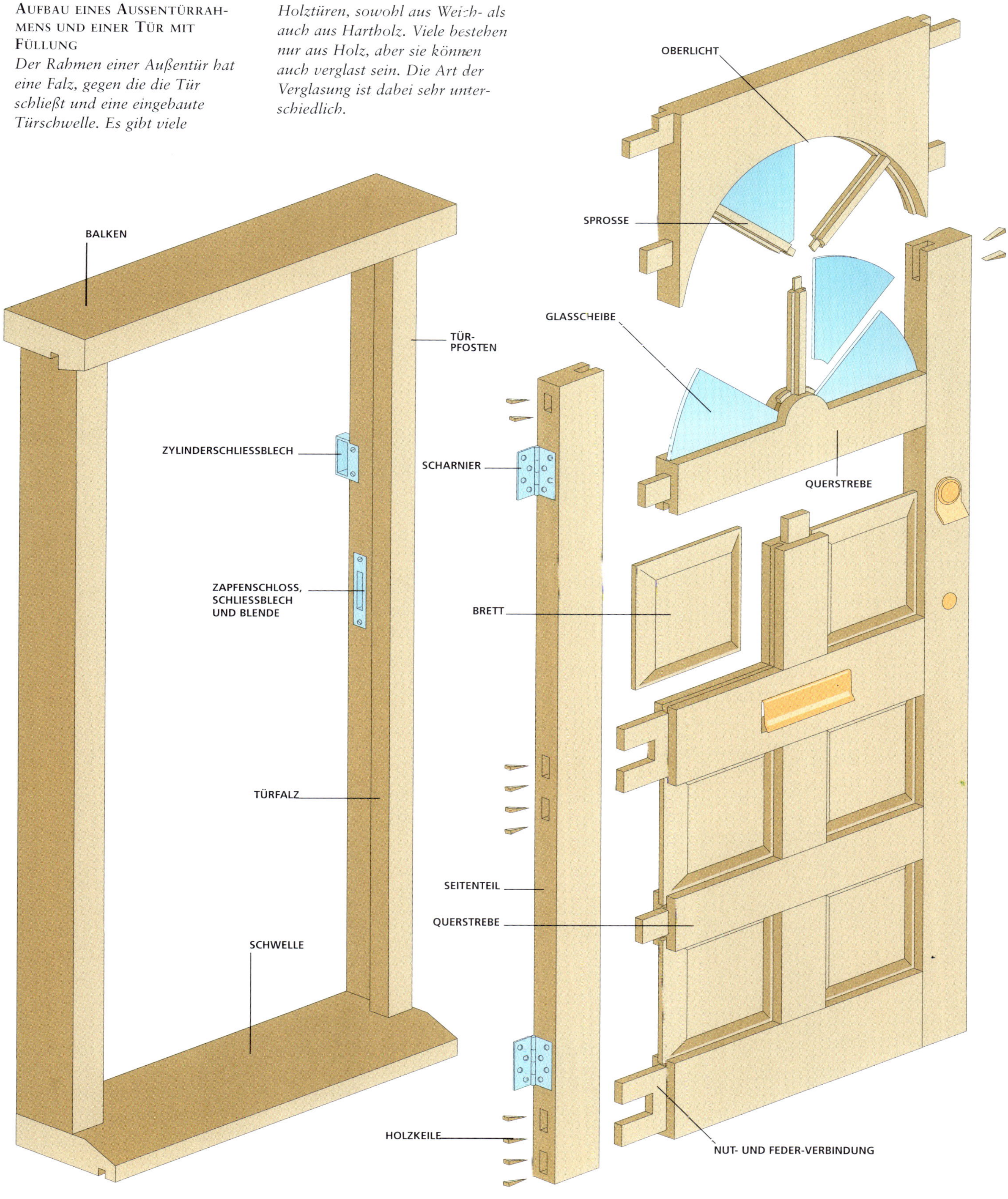

TÜREN REPARIEREN

SIE BRAUCHEN

Hammer
Türkreissäge
Staubmaske, Sicherheitsbrille, Ohrenschützer
Bohrmaschine
Schraubenzieher
Blockhobel
Großer Hobel
Rahmenspanner **oder** große Klemme
Holzhammer
Meißel
Spachtel
Schleifklotz

MATERIALIEN

Holzkeile
Scharniere
Holzpflöckchen
Weichholz
Spachtel
feines Schmirgelpapier

VERWEISE

Farbe von Holz ablösen, S. 32–33
Türen streichen, S. 80–81
Eine neue Tür ausmessen und Scharniere anbringen, S. 82–83
Eine neue Tür einhängen und Griffe anbringen, S. 84–85
Eine Türaufhängung ändern, S. 86–87

Die meisten Reparaturen an Türen sind einfach, und man braucht nur wenig Werkzeug dazu. Wenn eine Tür klemmt, muß man evtl. den Rahmen reparieren (vgl. S.78–79).

Wenn zuviel Farbe an den Schließstellen der Tür ist und sie kleben bleibt, entfernen Sie die Farbe und tragen Sie eine dünnere Schicht auf. Da sich der Feuchtigkeitsgehalt des Türholzes verändert, kann es sein, daß sie bei feuchtem Wetter klemmt und normal schließt und öffnet, wenn es wieder trocken ist. Dann sollten Sie die Tür abhobeln und schmirgeln. Warten Sie damit, bis das Wetter trocken ist und das Holz den niedrigsten Feuchtigkeitsgehalt hat. Streichen Sie die Kanten, damit keine Feuchtigkeit mehr eindringen kann.

Wenn eine Tür am Boden klemmt, kann das daran liegen, daß die Tür sich vergrößert hat, daß die Türbänder locker sind oder sich der Klebstoff in den Eckverbindungen gelöst hat. Sie hängen die Tür aus und stellen eine Eckverbindung mit Holzdübeln her.

Wenn Sie einen Boden nivelliert oder einen neuen Bodenbelag haben, kann eine Tür klemmen. Sie hängen die Tür aus und hobeln unten ein Stück ab. Dabei sollten Sie von den Kanten zur Innenseite hin hobeln, damit das Holz nicht splittert, oder leihen Sie sich eine spezielle Türsäge. Außerdem können Sie die bestehenden Scharniere gegen Hebescharniere austauschen.

Nützliche Hinweise

Um eine Tür auszuhängen, muß sie offen sein (s.u.). Bei Hebescharnieren heben Sie die Tür einfach heraus. Bei Schraubscharnieren lockern Sie die Schrauben, mit denen die Tür am Rahmen befestigt ist. Dabei sollten Sie aus dem oberen Scharnier alle Schrauben bis auf eine entfernen, anschließend drehen Sie alle Schrauben aus dem unteren und eventuell auch mittleren Scharnier. Nun benötigen Sie eine zweite Person. Sobald ein Helfer die Tür festhält, können Sie auch die letzte Schraube des oben sitzenden Scharniers entfernen und die Tür aushängen.

TÜR FESTKLEMMEN

Wenn Sie eine Tür aushängen oder renovieren, klemmen Sie einen Keil darunter. Öffnen Sie die Tür, bis sie mit dem Türpfosten einen Winkel von 90° bildet. Stecken Sie nun einen Keil unter die Tür und klopfen Sie diesen mit einem Hammer so fest, daß sich die Tür nicht mehr bewegt.

TÜRKREISSÄGE

Zuerst klemmen Sie die Tür auf jeder Seite mit einem Keil fest und stellen die Höhe der Säge ein. Mit Staubmaske, Schutzbrille und Ohrschützern geschützt beginnen Sie, außen zu sägen. Halten Sie die Säge dicht an die Tür. Verschieben Sie die Keile, wenn Sie weiter nach innen sägen.

Hebescharniere

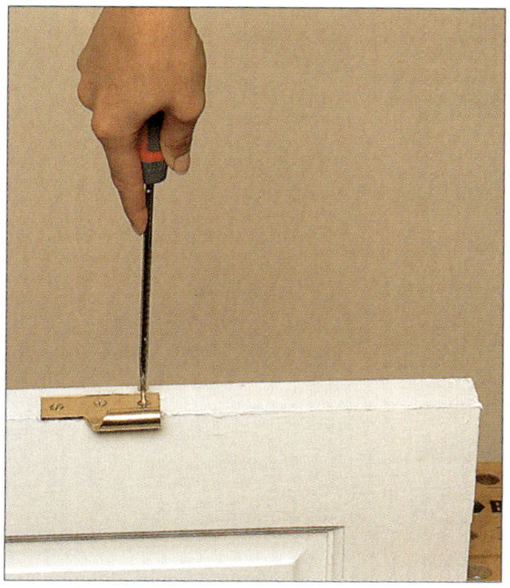

1 Wählen Sie Hebescharniere für eine Tür, die nach rechts oder links öffnet. Setzen Sie die Flügel des Scharniers an die Tür, markieren Sie die Bohrlöcher und bohren Sie. Befestigen Sie den Zapfenteil des Scharniers am Türrahmen.

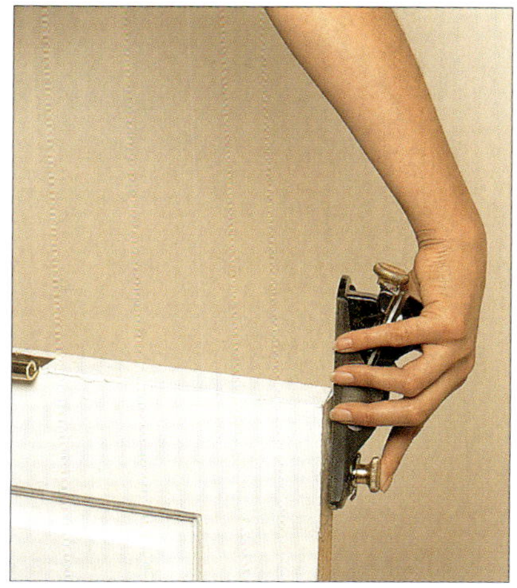

2 Bevor Sie die Tür einhängen, schrägen Sie die obere Kante mit einem kleinen Hobel etwas an. Hobeln Sie die Schräge an der Seite, an der die Scharniere befestigt sind und lassen Sie sie zum Ende der Oberseite hin auslaufen.

Eine klemmende Tür

Wenn an einer Kante zuviel Farbe ist oder sich die Tür durch einen hohen Feuchtigkeitsgehalt ausdehnt, hängen Sie die Tür aus und stellen sie aufrecht hin, evtl. von Böcken gestützt. Dann hobeln Sie die betreffenden Stellen ab (siehe S. 84–85), vor allem die Kanten.

Eckverbindungen

Klemmen Sie die lockere Eckverbindung fest, bohren Sie zwei Löcher vom Durchmesser eines Holzpflocks in die Verbindung. Tragen Sie auf die Pflöcke Klebstoff auf, die Sie mit einem Holzhammer in die Löcher klopfen. Lassen Sie den Klebstoff antrocknen, bevor Sie die Klemme entfernen. Schneiden Sie die Pflöcke dann ab.

Beschädigtes Holz ersetzen

1 Legen Sie die Tür flach auf eine Arbeitsplatte und markieren Sie mit Meißel und Holzhammer ein Rechteck, das die schadhafte Stelle umgibt. Dieses rechteckige Loch sollte etwa halb so tief wie die Dicke der Tür sein.

2 Schneiden Sie ein Stück Holz aus und schrägen Sie alle Kanten ab. Kleben Sie es dann fest. Lassen Sie den Klebstoff trocknen und glätten Sie die Reparaturstelle. Schließen Sie die Löcher mit Spachtelmasse, schmirgeln Sie die Stelle ab und streichen Sie darüber.

Türrahmen reparieren

SIE BRAUCHEN

Erneuerung der Türzarge
Teppichmesser
breiter Meißel
feststellbarer Winkel und Bleistift
Winkelschablone und Säge **oder** Winkelkasten und Feinsäge
Hammer und Durchschläger
Spachtel
Schleifblock

Andere Reparaturen am Rahmen
Bohrmaschine mit Versenk- und Spiralbohrer
Schraubendreher
Hammer und Meißel
Spachtel

MATERIALIEN

Erneuerung der Türzarge
Türzarge
Holznägel
feines Schleifpapier
Spachtel

Andere Reparaturen am Rahmen
15 cm lange Schraube
Klebstoff
Holzpflöckchen
Pappe

VERWEISE

Türen reparieren, S.76–77

Die meisten Reparaturen an Rahmen sind einfach durchzuführen. Eine klappernde Tür kann z.B. repariert werden, indem man ihr Schließblech entfernt. Wenn der Rahmen sich lockert, sollten Sie zuerst alle Schrauben festziehen, ist der Rahmen genagelt, fügen Sie zusätzliche Schrauben ein. Bei einer Steinwand können Sie evtl. die bestehenden Schrauben richten, aber bringen Sie verstärkte Halterungen an (vgl. S. 170–171).

Lockere Scharnierschrauben können Sie wieder festziehen. Wenn das nicht klappt, setzen Sie größere Schrauben ein. Wenn die Schrauben sich nicht festziehen lassen, bohren Sie die Löcher größer und stecken Dübel hinein. Bei zu großen Schrauben stehen diese am Scharnier über und verhindern ein richtiges Schließen der Tür. Ersetzen Sie zu große durch kleinere Schrauben. Die Aussparung für das Scharnier hat dann aber evtl. nicht mehr die richtige Größe (vgl. S. 82–83).

Eine neue, frisch gestrichene Zarge verbessert das Aussehen eines alten Türrahmens erheblich.

Alte Türzargen lassen sich erneuern. Beim Kauf einer neuen Zarge messen Sie die Länge bis zur Spitze des abgeschrägten Endes bei der alten Zarge, damit die neue perfekt paßt.

Lockere Rahmen

Sie bohren ein Loch in den Türrahmen. Ein Helfer hält den Rahmen dabei fest. Bohren Sie durch den Rahmen bis in die Wand und setzen Sie eine 15 cm lange Schraube ein. Bedecken Sie den Schraubenkopf mit Spachtelmasse und schmirgeln und streichen Sie die Stelle, sobald sie trocken ist.

Lockere Scharniere

Wenn die Schrauben eines Scharniers locker sind, drehen Sie diese heraus und bohren die Löcher neu, so daß ein Holzpflock hineinpaßt. Tragen Sie auf die Enden der Pflöcke Klebstoff auf und stecken Sie einen in jedes Loch. Bohren Sie Löcher in die Pflöcke, in die Sie neue Schrauben drehen.

Aussparungen

Eine Tür klemmt, wenn das Scharnier zu tief in der Aussparung liegt. Hängen Sie zuerst die Tür aus (vgl. S. 76–77). Schneiden Sie ein Stück Pappe zu, das genauso groß ist wie das Blatt des Scharniers und legen Sie es in die Aussparung. Hängen Sie die Tür wieder ein.

Klappernde Türen

Bei einer klappernden Tür befestigen Sie das Schließblech neu. Schrauben Sie es ab und vergrößern Sie die Aussparung auf der Seite der Türfalz. Bohren Sie die Löcher neu und kleben Sie Holzpflöcke hinein. Wenn der Klebstoff getrocknet ist, bohren Sie Löcher und schrauben das Blech wieder an.

Türzargen

1 Stecken Sie die Spitze eines Teppichmessers zwischen Zarge und Türrahmen. Ziehen Sie die Klinge langsam nach unten, um die Farbe abzukratzen. Verwenden Sie einen breiteren Meißel, um den Balken abzuheben. Reinigen Sie die Fläche mit Schmirgelpapier.

2 Zeichnen Sie 5 mm von jeder oberen Ecke des Rahmens entfernt einen rechten Winkel ein. Verlängern Sie die vertikale Linie um die Länge einer Zarge und verbinden Sie sie mit der des Winkels. Markieren Sie auf dem Balken das Zusammentreffen beider Linien.

3 Schneiden Sie mit einem Gehrungsrahmen und einer Säge Gehrungen aus. Nageln Sie dann die langen Teile des Türrahmens an die Wand und legen Sie ein Stück Zarge quer darüber. Schneiden Sie auch an diesem Stück Gehrungen aus.

4 Die vertikalen Teile der Zarge nageln Sie an den Rahmen. Um die Ecken zusammenzuhalten, schlagen Sie von oben einen Nagel durch die horizontale Zarge. Treiben Sie die Nagelköpfe in das Holz und bedecken Sie sie mit Spachtelmasse. Wenn diese trocken ist, schmirgeln und lackieren Sie die Zarge.

TÜREN STREICHEN

SIE BRAUCHEN

Furnierte Türen
75 mm breiter Pinsel
25 mm breiter Pinsel

Holztüren
Lackierpinsel
75 mm breiter Pinsel
25 mm breiter Pinsel

MATERIALIEN

Funierte Türen
Farbe **oder** Lack
Konservierungsbeize (bei Bedarf)
Pinselreiniger (falls Sie lösungsmittelhaltige Produkte verwenden)

Holztüren
Siehe oben

VERWEISE

Oberflächen waschen und vorbereiten, S. 30–31
Farbe von Holz ablösen, S. 32–33
Eine Fensterscheibe ersetzen, S. 64–65
Türen reparieren, S. 76–77
Türrahmen reparieren, S. 78–79
Eine Türaufhängung ändern, S. 86–87

Früher wurden Türen meistens weiß gestrichen; heutzutage findet man viele verschiedene Farben.

Wenn Sie eine Tür streichen oder lackieren, benötigen Sie eine Farbe, die zum Haus paßt und Ihnen gefällt. In Innenräumen sollten Sie geruchsarme, schnelltrocknende, wasserlösliche Farbe verwenden. Außen brauchen Sie wetterfeste Farbe, die man in drei Schichten aufträgt (Grundierung und zwei Farbschichten) oder Farbe, die gleichzeitig eine Grundierung ist. Bei Hartholz- oder Fichtenholztüren können Sie das Holz durchscheinen lassen. Für Innentüren sollten Sie ganz normalen Lack verwenden.

Bevor Sie anfangen, montieren Sie die Beschläge wie z.B. Klinken ab und führen Reparaturen durch. Eine neue Tür sollten Sie im Ganzen abschmirgeln; bei einer älteren Tür sollten Sie abblätternde und lose Farbe entfernen. Eine neue Glastür wird gestrichen und lackiert, bevor die letzte Kittschicht aufgetragen ist. Verglasen Sie eine neue Außentür, bevor sie angestrichen wird.

FURNIERTE TÜREN

1 Um Streichspuren zu vermeiden, die sich nach dem Trocknen der Farbe kaum noch beiseitigen lassen, streichen Sie die Tür in Blöcken. Beginnen Sie in der linken oberen Ecke. Tragen Sie die Farbe in horizontaler Richtung auf, bis der erste Block ausgefüllt ist.

2 Um die horizontalen Striche verschwinden zu lassen, tragen Sie ein wenig Farbe auf den Pinsel auf und streichen von oben nach unten, bis der erste Block ausgefüllt ist. Beginnen Sie nun direkt daneben mit dem zweiten Block.

3 Beginnen Sie mit Block drei unterhalb von Block eins. Verwischen Sie den Rand zwischen beiden mit kurzen, senkrechten Strichen und drehen Sie dann den Pinsel, um waagrecht weiterzustreichen. Beenden Sie dieses Stück ebenfalls mit vertikalen Strichen. Fahren Sie so fort, bis die Tür gestrichen ist.

4 Streichen Sie die Außenkante der Tür. Gehen Sie dabei von oben nach unten vor. Bei einer Außentür müssen Ober- und Unterkante gestrichen werden, bei einer Innentür sollten Sie die Oberkante nur streichen, wenn man sie z.B. von einer Treppe aus sehen kann. Streichen Sie zuletzt den Rahmen von oben nach unten.

HOLZTÜREN

1 Wenn die Tür verglast ist, fangen Sie oben an und streichen mit einem Lackierpinsel die Sprossen. Geben Sie nicht zuviel Farbe auf einmal auf den Pinsel und vermeiden Sie Farbkleckse auf den Scheiben (vgl. S. 66–67).

2 Beginnen Sie nun mit dem obersten Paneel und streichen Sie die Vertiefungen sowie die Paneele selbst. Fahren Sie mit den anderen Paneelen fort. Gehen Sie dabei von oben nach unten vor.

3 Wenn alle Paneele gestrichen sind, streichen Sie die horizontalen Balken. Die Streichrichtung ist auch hier von oben nach unten.

4 Streichen Sie die vertikalen Leisten auf beiden Seiten der Tür und evtl. in der Mitte. Streichen Sie die Außenkante und die Ober- und Unterkanten der Tür bei einer Außentür, oder wenn die Oberkante einer Innentür von oben gesehen werden kann. Streichen Sie zum Schluß den Türrahmen.

Eine Tür ausmessen und Scharniere anbringen

SIE BRAUCHEN

Bandmaß
Winkel
Kreis- **oder** Feinsäge
Blockhobel
Klemmen (falls nötig)
Elektrohobel **oder** Handhobel
Teppichmesser
Meißel und Holzhammer
Bohrmaschine
Metermaß
Schraubendreher

MATERIALIEN

Scharniere (wenn alte nicht wiederverwendet werden)
neue Tür
6 mm dicke Holzkeile
Schrauben

VERWEISE

Türrahmen reparieren, S. 78–79
Türen streichen, S. 80–81
Eine neue Tür: einhängen und Griffe anbringen, S. 84–85
Eine Türaufhänung ändern, S. 86–87

Wenn Sie eine neue Tür einbauen möchten, dann wahrscheinlich weil die alte kaputt ist oder weil sie eine schönere, haltbarere oder passendere Tür gefunden haben. Neue Türen werden ohne Aussparungen für Scharniere oder Löcher für Schlösser oder Klinken ausgeliefert. Sie müssen diese selbst in Tür und Rahmen bohren.

Auf diesen beiden Seiten werden die ersten zwei Schritte beim Einbau einer neuen Tür erklärt: Aussparungen für die Scharniere ausmessen und ausschneiden. Auf den weiteren Seiten sehen Sie, wie man eine Tür einhängt und wie man das Schloß befestigt. Bevor Sie anfangen, sollten Sie prüfen, ob der Türrahmen fest ist und ob die Scharnierseite des Rahmens gerade ist.

Ausmessen

Wenn Sie eine Tür in einem alten Haus auswechseln, hat diese evtl. keine Standardgröße, und es kann sein, daß Sie eine gebrauchte Tür suchen müssen. Dabei ist es natürlich möglich, daß diese Tür die Aussparungen für die Scharniere oder Schlösser nicht an der richtigen Stelle hat. Die andere Möglichkeit ist eine maßangefertigte Tür.

Messen Sie den Türrahmen aus (nicht die Tür) und berücksichtigen Sie, daß man die meisten Holztüren passend zuschneiden kann. Lassen Sie dabei einen Rand von 3 mm an der Oberkante und den Seiten der Tür und 6 mm an der Unterkante.

Da der Rahmen möglicherweise nicht gleichmäßig ist, sollten sie ihn an mindestens zwei verschiedenen Stellen ausmessen. Gehen Sie bei der Dicke genauso vor. Die neue Tür muß ausgepackt einige Tage lang liegen, damit sich das Holz der neuen Umgebung (Feuchtigkeit, Temperatur) anpaßt und seine Maße konstant bleiben. Bei einer Innentür braucht man zwei 7,5 cm-Scharniere, bei einer Außentür drei 10 cm-Scharniere.

1 Halten Sie die Tür gegen den Rahmen und markieren Sie die Stelle, an der sie übersteht (s.o.). Um eine Holztür zu verkürzen, sollten Sie oben und unten jeweils die Hälfte des Überstandes absägen. Schneiden Sie die Tür dann mit einer Hand- oder Kreissäge ab.

2 Hobeln Sie die Kanten der Tür ab. Damit die Enden nicht ausfransen, hobeln Sie von den Kanten zur Mitte hin. Sie können auch ein Stück Abfallholz an die Türkante klemmen, damit die Tür beim Hobeln nicht beschädigt wird.

3 Um eine Holztür schmaler zu machen, verwenden Sie einen Hobel. Folgen Sie beim Abhobeln Ihren Markierungen. Achten Sie darauf, daß die Scharnierseite im Großen und Ganzen gerade ist. Durch eine kleine Abschrägung auf der den Scharnieren gegenüberliegenden Seite läßt sich die Tür besser schließen.

4 Markieren Sie die Stellen, an denen die Scharniere sitzen sollen und legen Sie das Scharnier an seinen Platz. Legen Sie den Zapfen auf die Türkante und kratzen Sie mit dem Teppichmesser den Umriß des Scharniers auf die Türkante. Kratzen Sie dann in die Vorderseite der Tür die Tiefe der Aussparung.

5 Schlagen Sie den Meißel mit einem Holzhammer entlang der markierten Linien in das Holz, schneiden Sie dann die Vertiefung aus. Achten Sie darauf, daß Sie nicht über Ihre Markierungen hinausgehen. Säubern Sie den Boden der Aussparung mit einem Meißel und einem Schräghobel.

6 Prüfen Sie, ob das Scharnier in die Aussparung paßt. Die Innenseite des Scharniers sollte auf gleicher Ebene mit der Türkante sein, und die Mittellinie der Scharnierwölbung sollte genau auf der Kante aufliegen. Vertiefen Sie die Aussparung wenn nötig.

7 Wenn Sie sicher sind, daß die Scharniere passen, bohren Sie Löcher für die Schrauben und passen die Scharniere ein. Verwenden Sie dabei nur eine Schraube pro Scharnier.

Nützliche Hinweise

Wenn der Türrahmen schon Aussparungen für Scharniere hat und die neugekauften Scharniere passen (oder sie die alten weiterverwenden möchten), übertragen Sie die Position, d.h. die Höhe, der Scharniere auf den Türrahmen. Hierzu halten Sie die neue Tür an den Rahmen. Wenn neue Scharniere nicht passen, füllen Sie die alten Aussparungen auf und legen neue an (vgl. S. 86–37). Wenn Sie einen neuen Türrahmen haben, sollten die Scharniere am besten etwa 17,5 cm von der Oberkante und 25 cm von der Unterkante entfernt sein. Das dritte Scharnier sollte genau in der Mitte zwischen den beiden anderen liegen.

Eine Tür einhängen und Griffe anbringen

SIE BRAUCHEN

Maßband
Winkel
Vorstecher
Bleistift
Bohrmaschine mit Spiral- und Türschloßbohrern
Teppichmesser
Meißel
Holzhammer
Schraubstock **oder** feststellbare Arbeitsbank
Metallsäge
Schraubenzieher
Feinsäge
Hammer
Wasserwaage

MATERIALIEN

Türgriffe und Schloß
Abdeckband
Türfalz
Nägel

VERWEISE

Eine neue Tür: ausmessen und Scharniere befestigen, S. 82–83
Eine Türaufhängung ändern, S. 86–87

Wenn die Tür ausgemessen, gestrichen und mit Scharnieren versehen ist (vgl. S. 82–83), können Sie die Tür einhängen. Stützen Sie sie so mit Keilen ab, daß die Scharniere auf der richtigen Höhe sind und schieben Sie diese dann in die Aussparungen. Während ein Helfer die Tür stützt, drehen Sie in jedes Scharnier eine Schraube. Prüfen Sie jetzt, ob sie sich öffnen und schließen läßt. Wenn nicht, hängen Sie die Tür wieder aus und die bearbeiten Aussparungen für die Scharniere nach. Ziehen Sie die restlichen Schrauben fest, wenn sich die Tür frei bewegen läßt. Eventuell müssen Sie die Türfalz erneuern.

Ein Türschloss einbauen

Innentüren haben ein Schnappschloß mit Klinken und ein Schließblech (S. 94–95). An Außentüren benötigen Sie ein Zylinder- oder Steckschloß oder beides (S. 94-97).

Die Tür sollte zur Einrichtung des Raumes oder des Hauses passen – das Design der Türklinken ist ebenso wichtig.

1 Messen Sie die Höhe für die Türklinke aus und markieren Sie die Stelle. Verwenden Sie einen Schlüssellochbohrer, der dieselbe Größe hat wie das Schloß und kleben Sie Abdeckband auf seinen Schaft, um die Länge des Zapfens festzustellen. Halten Sie den Bohrer vertikal und bohren Sie das Loch aus.

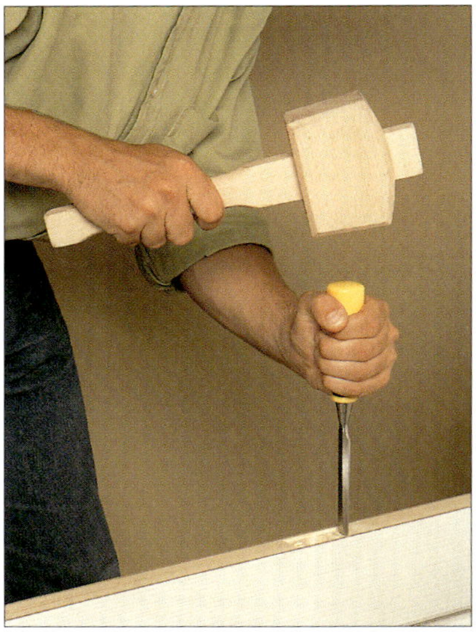

2 Stecken Sie den Zapfen in das Loch und positionieren Sie die Blende parallel zu den Türkanten. Kratzen Sie mit einem Teppichmesser dem Umriß, entfernen Sie den Zapfen dann wieder. Meißeln Sie entlang der gekratzten Linie, bevor Sie in der Größe der Blende eine Aussparung lassen.

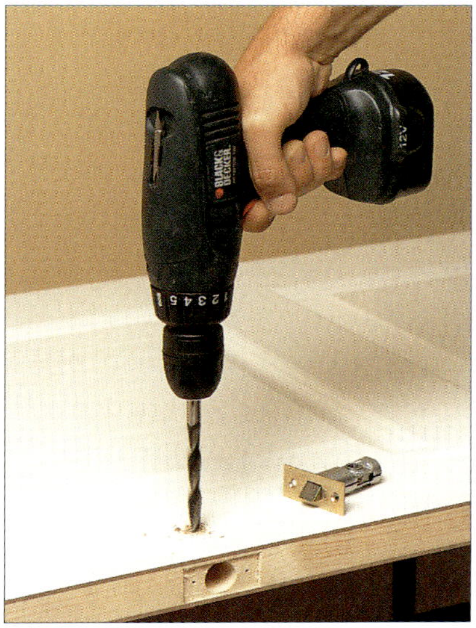

3 Legen Sie den Türschnapper auf die Tür. Markieren Sie die Stelle, an der das Spindelloch des Schnappers liegt, mit einem Bleistift. Wiederholen Sie dies auf der anderen Seite der Tür. Bohren Sie mit einem Spiralbohrer, der denselben Durchmesser wie die Spindel hat, von beiden Seiten ein Loch in die Tür.

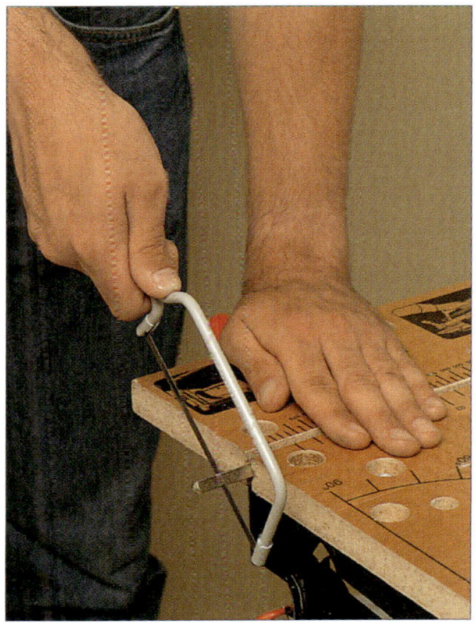

4 Bei einer dünnen Tür müssen Sie evtl. die Spindel abschneiden. Nachdem Sie die Spindel in das Loch gesteckt und die Türklinken befestigt haben, markieren Sie, wie weit Sie die Spindel mit einer Metallsäge abschneiden müssen. Klemmen Sie sie dazu in einen Schraubstock oder in eine Werkbank.

5 Befestigen Sie den Türschnapper an der Türkante und schrauben Sie ihn fest. Stecken Sie die Spindel in das vorgebohrte Loch und drücken Sie die Türklinke darauf. Positionieren Sie die Seiten des Türschildes parallel zu den Türkanten. Bohren Sie Löcher und schrauben Sie das Türschild fest.

6 Drehen Sie die Tür um und drükken Sie den zweiten Griff auf die hervorstehende Spindel. Positionieren Sie das Türschild wie in Abb. 5, bohren Sie Löcher und schrauben Sie das Türschild fest. Jetzt können Sie die Tür einhängen.

7 Markieren Sie die Kanten des Schnappers am Türrahmen. Legen Sie das Schließblech an und ritzen Sie mit einem Teppichmesser den Umriß ein. Schneiden Sie eine Aussparung für die Blende. Legen Sie das Schließblech in die Aussparung, markieren und bohren Sie das Loch für den Riegel. Schrauben Sie das Blech dann fest.

8 Schließen Sie die Tür und markieren Sie die Stelle, an der diese am Rahmen aufliegt. Schneiden Sie die Türfalz zu und nageln Sie sie am Türrahmen fest. Prüfen Sie mit einer Wasserwaage, ob die Falz senkrecht nach unten steht. Wiederholen Sie dies auf der anderen Seite und nageln Sie dann das horizontale Stück auf.

Eine Türaufhängung ändern

SIE BRAUCHEN

Schraubendreher
Teppichmesser
Metallineal
Fuchsschwanz
Meißel
Holzhammer
Spitzhammer
Durchschläger
Blockhobel
Spachtel
Bleistift
Bohrmaschine
Wasserwaage

MATERIALIEN

6 mm dicke Holzkeile
Holzstücke
Holznägel
Holzkleber
Spachtel
Nägel

VERWEISE

Eine neue Tür: ausmessen und Scharniere anbringen, S. 82–83
Eine neue Tür: einhängen und Griffe anbringen, S. 84–85
Eine Tür in eine Schiebetür verwandeln, S. 88–89

Eine Tür ist oft so eingehängt, daß sie sich vom Fenster weg öffnet, so daß man bei geöffneter Tür nur eine kahle Wand sieht. Vielleicht möchten Sie aber auch, daß die Tür sich nach außen hin öffnet statt nach innen, damit Sie in einem bestimmten Raum mehr Platz haben. Sie können die Aufhängung einer Tür auf drei verschiedene Arten ändern: von links nach rechts, von innen nach außen sowie von innen nach außen und gleichzeitig von links nach rechts.

Sie müssen dazu das Schließblech neu befestigen, neue Aussparungen für die Scharniere machen und dort die alten Scharniere einbauen. Wenn Sie die Aufhängung von innen nach außen verändern wollen, müssen Sie auch die Türfalz umdrehen, die Türgriffe neu befestigen und den Lichtschalter versetzen. Wenn Sie nur die Seite verändern, nach der eine Tür sich öffnet, können Sie einige dieser Arbeiten vermeiden, indem Sie die Tür einfach umdrehen Es ist jedoch auch möglich, daß die Tür sich im Laufe der Zeit verzogen hat und nicht mehr richtig paßt. Außerdem muß auch die beste Tür hin und wieder gestrichen werden. Die nachfolgende Anleitung beschreibt, wie man die Richtung von innen nach außen ändert (und umgekehrt), vgl. S. 88.

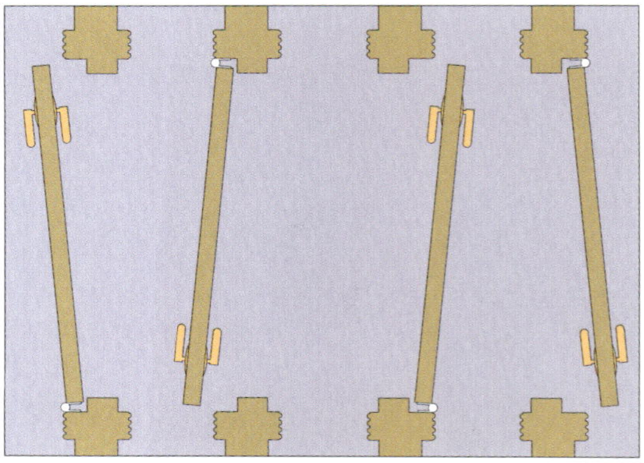

Scharniere anbringen
Es gibt vier Möglichkeiten, eine Tür einzuhängen, abhängig davon, ob Sie eine Öffnung nach innen oder außen wollen bzw. rechts oder links. Hebescharniere sind entweder links- oder rechtsbündig, ihre Position wird durch ihre „Hand“ bestimmt.

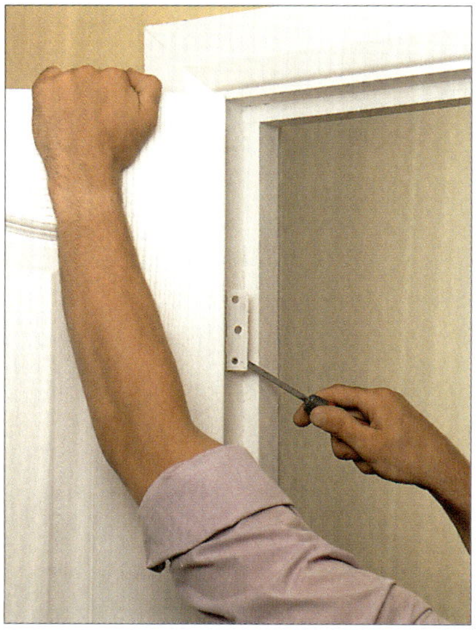

1 Wenn Sie die Tür aushängen, muß sie offen sein. Legen Sie Keile unter (vgl. S. 76). Entfernen Sie die Schrauben aus dem unteren Scharnier und alle außer einer aus dem oberen. Die letzte Schraube lösen Sie erst, wenn ein Helfer die Tür festhält. Drücken Sie die Scharniere vorsichtig aus ihren Aussparungen im Rahmen.

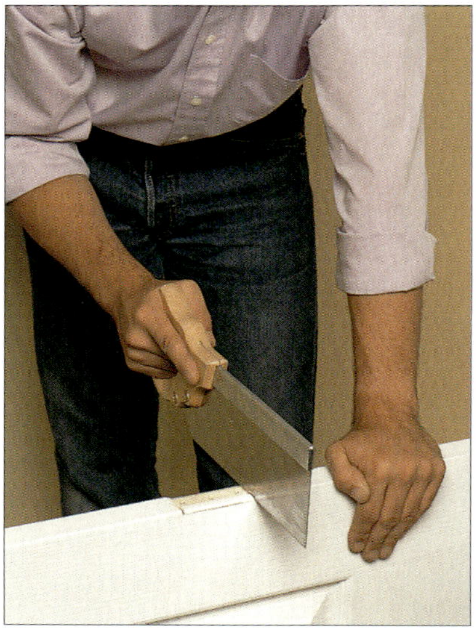

2 Stellen Sie die Tür auf die Seite, zu der sie sich öffnet und sichern Sie sie in senkrechter Position. Ritzen Sie mit einem Teppichmesser und einem Metallineal die Umrißlinien für die Scharnieraussparungen ein. Ziehen Sie auch entlang der Vorderseite der Tür eine Linie für die Aussparung. Sägen Sie die Aussparungen entlang der Linien aus.

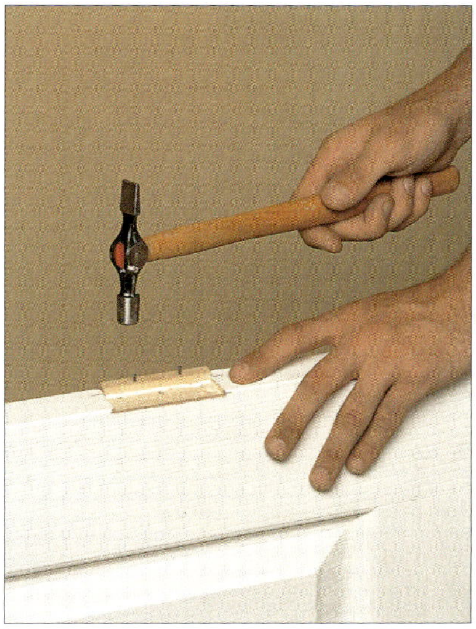

3 Meißeln Sie die Aussparung aus und setzen Sie das Scharnier ein. Schneiden Sie dann ein Stück Holz zurecht, das die Aussparung ausfüllt. Kleben Sie es fest, sichern Sie es mit Nägeln und schlagen Sie diese mit einem Durchschläger in das Holz. Lassen Sie den Kleber trocknen, und befestigen Sie die Scharniere.

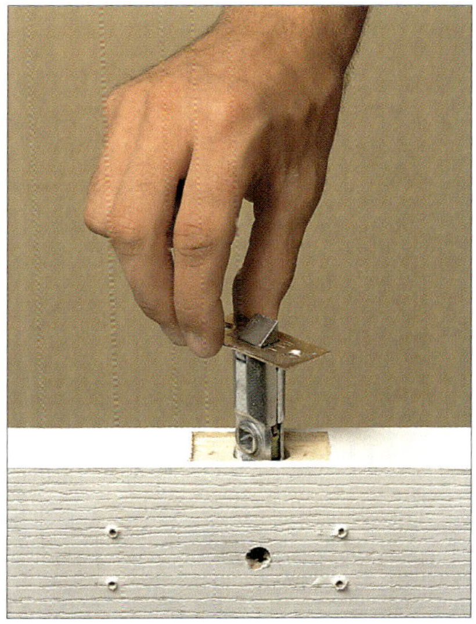

4 Drehen Sie den Schnapper um, so daß sein Zapfen in das Schließblech paßt. Entfernen Sie die Türgriffe und schrauben Sie das Türblatt ab. Heben Sie den Schnapper heraus und drehen Sie ihn um 180°. Drücken Sie ihn zurück an seinen Platz und schrauben Sie das Türblatt fest. Schrauben Sie die Türgriffe wieder an.

5 Entfernen Sie das Schließblatt aus dem Türrahmen und schneiden Sie ein Stück Holz zu, das in das Loch in der Mitte der Aussparung paßt. Leimen Sie es fest und lassen Sie den Klebstoff trocknen, bevor Sie den Rest der Aussparung mit Spachtelmasse ausfüllen. Wenn der kleine Holzblock vorsteht, sollten Sie ihn glatthobeln.

6 Stellen Sie die Tür im rechten Winkel zum Türrahmen hin und schieben Sie Keile darunter. Markieren Sie die Position der Scharniere auf dem Rahmen. Ritzen Sie den Türrahmen entlang dieser Markierungen ein und schlagen Sie diese mit einem Holzhammer und einem Meißel aus (vgl. Schritt 5, S. 83).

7 Schließen Sie die Tür nach dem Einhängen (vgl. S. 84) und markieren Sie die Höhe des Schnappers auf dem Rahmen. Legen Sie die Schließblende auf den Rahmen und kratzen Sie mit einem Messer den Umriß ein. Bohren Sie zwei Löcher für den Riegel und hebeln Sie mit einem Meißel das Loch für den Riegel aus.

8 Um die Falz so anbringen, daß die Tür richtig schließt, hebeln Sie mit einem Meißel darunter. Schließen Sie die Tür und kennzeichnen Sie die Höhe der Türfalz am Rahmen auf Höhe des Schließblechs. Anhand dieser Markierung nageln Sie die Falz wieder fest, (vgl. Schritt 8, S. 85). Bringen Sie alle anderen Teile wieder an.

EINE TÜR IN EINE SCHIEBETÜR VERWANDELN

SIE BRAUCHEN

Teppichmesser
Meißel
Maßband
Feinsäge
Spitzhammer
Durchschläger
Blockhobel
kleiner Pinsel
Spachtel
Holzsäge
Hammer
Schraubendreher
Wasserwaage
Bohrmaschine

MATERIALIEN

Holzstücke
Kleber
Holzgrundierung
Mörtel
5 cm lange Nägel
6 cm dicke Holzkeile
Holz **oder** Sperrholz
Türgriffe

VERWEISE

Löcher in Wänden ausbessern, S. 22–23
Eine Türaufhängung ändern, S. 86–87

Wenn auf einer Seite der Tür Platz ist, kann man Platz sparen, indem man aus einer Drehtür eine Schiebetür macht.

Sie können die alte Tür ruhig wiederverwenden. Die Arbeiten daran ähneln der Änderung einer Türaufhängung (Aussparungen für Scharniere und den Riegel sowie die Löcher für Türgriffe füllen, vgl. S. 86–87). Eine neue, breitere Tür würde die Türöffnung völlig verdecken und macht viel weniger Arbeit.

LICHTSCHALTER VERLEGEN

Wenn der Lichtschalter sich außerhalb des Raumes befindet und wenn er bei geöffneter Tür verdeckt wäre, verlegt man ihn an eine andere Stelle. Den Schalter in das Rauminnere zu verlegen, ist für einen Elektriker einfach, wenn der Schalter direkt auf der gegenüberliegenden Seite der Wand angebracht werden soll. Soll er jedoch an der anderen Seite der Tür montiert werden, müssen zusätzliche Leitungen verlegt werden. In beiden Fällen haben Sie die Wahl, das alte Loch entweder zuzuspachteln oder eine Blende darauf zu befestigen.

1 Wenn Sie die Tür aus dem Rahmen gelöst haben, ritzen Sie die Naht entlang des Balkens und der Türfalz mit einem Teppichmesser an, um die Farbschicht aufzubrechen. Entfernen Sie zuerst die Türfalz mit einem alten Meißel und dann die Türbalken.

2 Schneiden Sie Holzstücke aus, die in die Scharnieraussparungen passen. Kleben und nageln Sie sie fest und treiben Sie die Nägel mit einem Durchschläger tief in das Holz. Wenn der Klebstoff getrocknet ist, glätten Sie die Holzoberfläche und tragen eine Holzgrundierung auf.

3 Verputzen Sie die Spalten zwischen der Wand und dem Türrahmen. Nageln Sie 7,5 cm dickes Holz, das genauso breit ist wie die Fußleisten, mit Ovalnägeln an beiden Seiten des Türrahmens. Befestigen Sie ein zweites Stück, das so lang wie die Oberseite des Rahmens ist, am Querbalken der Tür.

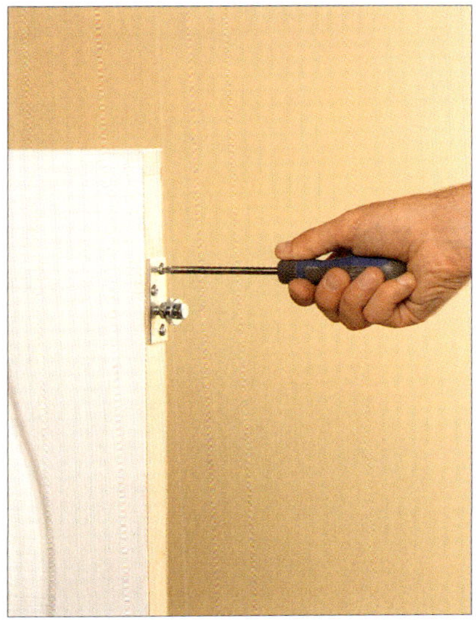

4 Legen Sie die Tür auf die Seite und bringen Sie die Aufhängungen an der Oberseite an. Lehnen Sie die Tür gegen den Türrahmen, wobei Sie sie mit den Holzkeilen anheben sollten. So können Sie herausfinden, wo die Führungsschiene angebracht werden soll.

5 Schrauben Sie die Führung jetzt an der Oberseite des Rahmens fest und legen Sie eine Wasserwaage darauf, damit sie gerade sitzt. Bohren Sie die Löcher und schrauben Sie die Laufschiene fest. Schieben Sie auch das Gleitstück der Schiene fest.

6 Hängen Sie die Tür jetzt in die Laufschiene. Befestigen Sie die Schrauben und die Muttern, um die Tür an der Laufschiene zu aufzuhängen. Bringen Sie die Türfalz und die untere Laufschiene am Boden an.

7 Wenn keine Blende in dem Bausatz mitgeliefert wird, können Sie sich eine aus Holz oder Sperrholz anfertigen. Um sie anzupassen, halten Sie sie an die Laufschiene. Bohren Sie dann von oben nach unten Löcher und schrauben Sie die Blende fest.

8 Befestigen Sie an jeder Seite der Tür einen Griff. Sie können z.B. Griffe wählen, die man nur anschraubt. Suchen Sie die passende Stelle dafür und bohren Sie Löcher, um sie festzuschrauben. Bei einer furnierten Tür können Sie auch versenkte Griffe anbringen. Dazu benutzen Sie einen Lochbohrer und eine Bohrmaschine.

Eine Doppelfalttür einhängen

SIE BRAUCHEN

Maßband
Bügelsäge
Bohrmaschine mit Holz- und Metallbohrer
Klemme
Schraubendreher
Hobel (bei Bedarf)

MATERIALIEN

Bausatz für eine Falttür
Federscharniere (wenn sie nicht im Bausatz enthalten sind)
Türknöpfe

VERWEISE

Gefächer verschönern, S. 238–239
Platz in Schränken richtig nutzen, S. 244–245

Eine Doppelfalttür besteht aus zwei schmalen, miteinander verbundenen Türen. Man kann sie als Bausatz kaufen oder selbst bauen

Falttüren bzw. Doppelfalttüren beanspruchen nur wenig Platz im Raum. Sie können einzeln oder als Doppeltür verwendet werden und sind als Türen für Einbauschränke beliebt, werden aber auch an breiten Durchgängen und an freistehenden Garderoben verwendet. Die meisten Schiebetüren haben an der Oberseite eine Laufschiene, auf der die Tür gleitet; andere sind mit Scharnieren am Türrahmen befestigt. Lassen Sie an beiden Seiten und zwischen den Türen jeweils 3 mm Platz.

In gut isolierten Häusern kann die Belüftung ein Problem sein. Ohne ausreichend Luftzufuhr kann es zu Kondensation kommen, Schimmel bildet sich. Dies kann v.a. in Garderoben ein Problem sein. Lamellentüren lassen die Luft zirkulieren.

Ziehharmonikatüren haben mehrere Abschnitte und werden an der Oberseite mit einer Laufschiene befestigt; normalerweise werden sie paarweise ausgeliefert. Die Türen werden an die Seiten des Türrahmens geschraubt und beanspruchen wenig Platz.

1 Messen Sie die Schrankbreite und schneiden Sie die Führung mit einer Bügelsäge auf diese Länge zu. Wenn Sie dabei eines der vorgebohrten Löcher wegschneiden, müssen Sie an der abgeschnittenen Seite ein Loch nachbohren. Markieren Sie die Stelle für das neue Loch und bohren Sie es aus.

2 Klemmen Sie die Laufschiene an den Schrank. Bohren Sie anhand ihrer Löcher auch Löcher in den Schrank. Schrauben Sie die Laufschiene fest und dann den Schließhaken an ihre linke Seite. Überprüfen Sie den Sitz der Türen, möglicherweise müssen sie noch angepaßt werden.

3 Markieren Sie cie Stelle für die Türangel an der linken Seite der Tür. Verwenden Sie dazu einen Bohraufsatz mit derselben Dicke wie die Angel, bohren Sie das Loch tief genug für die Befestigung. Drücken Sie die Angel in das Loch und lassen Sie die Spitze herausschauen. Befestigen Sie die Angel für die Unterkante ebenso.

4 Schrauben sie die Blende für die Angel an der linken unteren Ecke des Schranks fest. Sobald die Türen eingehängt sind, können Sie sie horizontal und vertikal ausrichten und dabei die untere Angel mit einem Schraubendreher befestigen.

5 Befestigen Sie die Laufschiene an der rechten oberen Ecke der Tür. Verwenden Sie einen Bohrer mit gehärteter Spitze, um ein Loch in der Größe der Halterung zu bohren. Drücken Sie die Halterung in das Loch und lassen Sie die Spitze herausschauen.

6 Die Scharniere werden an der Rückseite der Türen festgeschraubt. Legen Sie diese nebeneinander hin und lassen Sie 3 mm Platz dazwischen. Verteilen Sie die drei Scharniere gleichmäßig entlang der Tür, markieren Sie die Stellen für die Löcher und bohren Sie sie aus. Befestigen Sie dann die Scharniere.

7 Um die Türen anzubringen, falten Sie die Flügel und hängen die untere Türangel ein. Wenn die Tür in der richtigen Position ist, können Sie die obere Angel und die Halterung in die Laufschiene einhängen und die Oberkante gegen die Seitenwand des Schranks drücken, bis die Angel sich einhakt.

8 Den Türgriff sollten Sie anbringen, bevor Sie die Tür einhängen (vgl. S. 238–239). Er sollte in der Mitte der rechten Tür liegen. So kann die Tür mit einer Bewegung gefaltet und zur Seite gezogen werden, wenn man am Griff zieht.

SCHIEBETÜREN EINHÄNGEN

SIE BRAUCHEN

Maßband
Kombinationswinkel
Schraubendreher
Bügelsäge
Metallfeile
Bohrmaschine
Hammer
Durchschläger
Spachtel

MATERIALIEN

Bausatz für Schiebetüren
Nägel
Holzleiste (bei Bedarf)
Holzpfosten (bei Bedarf)
Sperrholz oder Gipsplatten (bei Bedarf)
Spachtelmasse

VERWEISE

Eine Trennwand bauen, S. 170–171

Auf engem Raum ist eine Schiebetür oftmals geeigneter als eine konventionelle Tür.

Sie können Schiebetüren an einer Garderobe befestigen oder Ihren eigenen Einbauschrank bauen, indem Sie die Schiebetüren in einen Holzrahmen einsetzen, der einen Teil eines Zimmers abtrennt. Man kann dazu furnierte Türen oder Lamellentüren verwenden. Ein Bausatz für Schiebetüren enthält alles, was man dazu braucht, aber möglicherweise müssen Sie die Breite der Öffnung verändern, indem Sie ein Paneel an einer Wand anbringen (vgl. S. 235-235) oder die Höhe verringern. Wenn der Größenunterschied zwischen der Tür und dem Abstand zwischen den beiden Wänden kleiner als 15 cm ist, können Sie die Breite verringern, indem Sie auf einer oder beiden Seiten Holzleisten anbringen. Sie brauchen sie nur einfach an die Wand zu schrauben.

Bei einer größeren Öffnung bauen Sie einen Rahmen und fügen einen horizontalen Stützbalken in der Mitte ein. Diesen Rahmen bedecken Sie mit Sperrholz oder Gipsplatten. Schrauben Sie den Rahmen an Boden, Decke und Wand fest. Mit dieser Methode können Sie auch die Höhe verringern.

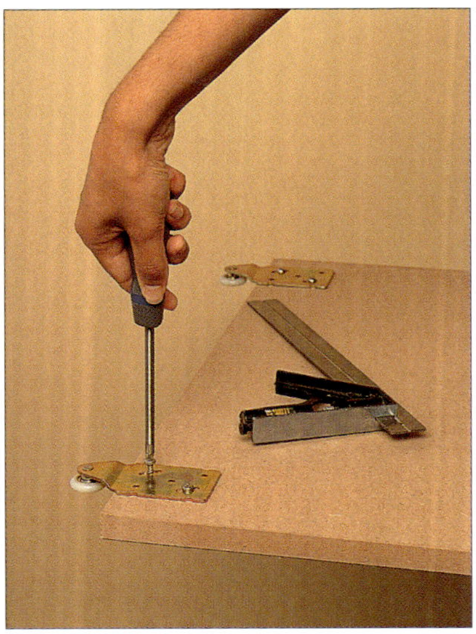

1 Verwenden Sie einen Kombinationswinkel, um die Rollen an der Tür zu befestigen. Markieren Sie den Schnittpunkt zwischen den beiden diagonalen Schlitzen an jeder Rolle, bohren Sie diese Markierungen aus und schrauben Sie die Rollen an.

2 Vermessen Sie die Schranköffnung und schneiden Sie ein Stück Führungsschiene mit einer Bügelsäge auf diese Größe zu. Feilen Sie das Ende der Führungsschiene glatt. Wenn Sie die Schiene am Schrank festschrauben, achten Sie darauf, daß die Vorderseite der Schiene bündig mit dem Schrank abschließt.

3 Messen und markieren Sie ein längliches Loch für den Griff. Bohren Sie ein 1 cm tiefes Loch in jede Ecke und schneiden Sie die Form dann mit einer Stichsäge aus. Sobald die Tür gestrichen ist, befestigen Sie den Griff.

4 Hängen Sie die erste Tür in die hintere Laufschiene, die zweite in die vordere. Die Türen können vertikal und horizontal ausgerichtet werden. Lockern Sie hierzu die Schrauben an den Rollen, setzen Sie die Türen wieder ein und markieren sie die neue Position der Rollenhalterungen an den Türen.

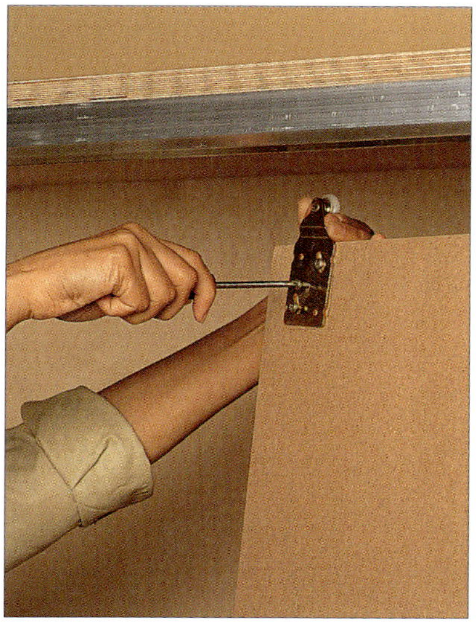

5 Nehmen Sie die Tür heraus und verwenden Sie die neuen Markierungen, um die Halterungen zu befestigen. Ziehen Sie die Schrauben an den Halterungen fest und bohren Sie die neuen Löcher. Schrauben Sie die Halterungen dann wieder fest. Markieren Sie auf dem Schrankboden, wo die Türen entlanglaufen.

6 Übertragen Sie die Markierungen auf die Mitte des Schrankbodens. Hier werden die unteren Laufschienen angebracht. Schrauben Sie die hintere zuerst fest, hängen Sie die hintere Tür ein und schrauben Sie die zweite Laufschiene fest. Hängen Sie dann die zweite Tür ein.

7 Schrauben Sie den Türstopper links am Garderobenboden fest. Auf Betonböden sollten Sie Wanddübel verwenden, um die Laufschiene und den Türstopper zu befestigen.

8 Befestigen Sie die beweglichen Blenden zuletzt an der Oberseite und dem Boden der Garderobe. Verwenden Sie einen Durchschläger, um die Nagelköpfe ins Holz zu treiben, schließen Sie die Löcher dann mit Holzspachtelmasse.

EIN ZYLINDERSCHLOSS EINBAUEN

SIE BRAUCHEN

Maßband
Bleistift
Universalwinkel
Vorstecher
Bohrmaschine mit Holzbohrer und Schlüssellochbohrer
Bogensäge
Gripzange
Schraubenzieher
Teppichmesser
Holzmeißel
Holzhammer

MATERIALIEN

Zylinderschloß

VERWEISE

Ein Steckschloß einbauen, S. 96–97
Weitere Türbeschläge, S. 98–99

Die Sicherheit eines Türschlosses kann von einem einfach aufgesetzten Riegelschloß bis zu einem Zylinderschloß reichen. Wenn sich ein Sicherheitsschloß von innen schließen läßt, ist es so effektiv wie ein Steckschloß. Der Sicherheitsgrad eines Zylinderschloßes hängt von der Zahl der Stifte im Innern ab. Fünf Stück sind das Minimum für ein sicheres Schloß. Zylinderschlösser haben einen kleinen Feststellhebel, mit dem Sie die Tür nur einklinken lassen können, wenn Sie herein- und hinausgehen.

Die Effektivität eines gewöhnlichen Zylinderschlosses hängt davon ab, wie sicher es in der Tür und am Türrahmen festgeschraubt ist. Das Loch und sein Schließkasten sitzen auf der Oberfläche und werden nur durch Schrauben festgehalten. Für größere Sicherheit sollten Sie Schrauben verwenden, die länger als die mitgelieferten sind. Ein Zylinderschloß paßt in jede Tür, aber man sollte beim Kauf beachten, daß es links- und rechtsöffnende Schlösser gibt. Ein innen schließendes Zylinderschloß hat einen Riegel, der von außen nur mit einem Schlüssel bewegt werden kann.

Anders als ein normales Türschloß hat ein Zylinderschloß einen Zylinder, der sich nur mit einem Schlüssel drehen läßt.

1 Messen Sie die Tür aus und machen Sie Markierungen. Wenn das Schloß mit einem Türschild ausgeliefert wird, sollten Sie dieses verwenden, um das Schloß mittig anzubringen. Ansonsten folgen Sie den Anweisungen des Herstellers und finden den Mittelpunkt mit einem Universalwinkel. Bohren Sie durch diesen Punkt ein Loch.

2 Bohren Sie dieses Loch mit einem Schlüssellochbohrer, der den gleichen Durchmesser wie der Zylinder hat. Um jedoch Schäden an der Tür zu verhindern, sollten Sie nur so lange bohren, bis die Bohrerspitze gerade eben auf der anderen Seite zu sehen ist. Drehen Sie die Tür dann um und bohren Sie das Loch durch.

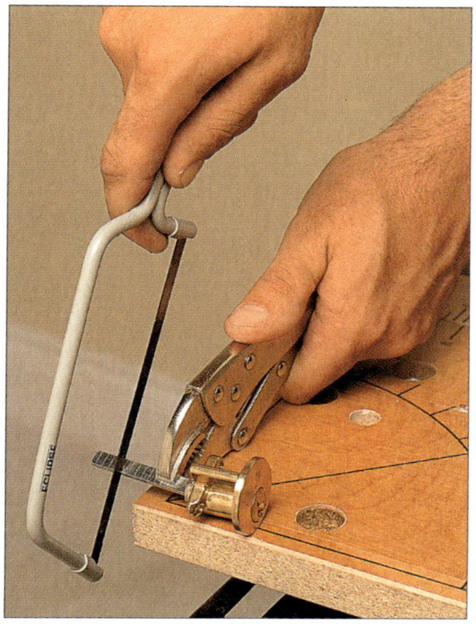

3 Stecken Sie den Zylinderkern und die Schließnase in das Schlüsselloch und halten Sie das Schließblech für das Schloß an. Der Verbindungsriegel der beiden Zylinder sollte 1 cm über das Blech hinausgehen. Markieren Sie, wieviel abgeschnitten werden muß, und sägen Sie.

4 Setzen Sie den Zylinder mit der Schließnase wieder ein, legen Sie das Schließblech auf den Verbindungsriegel und schrauben Sie die Platte mit langen Schrauben fest. Wenn Sie die Schrauben festziehen, passen Sie die Platte so an, daß sie flach auf der Tür aufliegt.

5 Drücken Sie den Knopf auf dem Schließkasten, damit die Falle in die „offene" Stellung übergeht, und legen Sie ihn auf das Schließblech. Schieben Sie den Kasten an die richtige Stelle und schrauben Sie ihn mit kleinen Schrauben fest.

6 Bringen Sie die Falle in die „geschlossene" Stellung, indem Sie auf den Knopf drücken, schließen Sie die Tür, bis sie auf die Türfalz trifft. Markieren Sie die Stelle am Türrahmen. Legen Sie das Schließblech auf die Markierungen und kratzen Sie mit einem Teppichmesser den Umriß ein.

7 Schneiden Sie mit einem Meißel und einem Holzhammer entlang der eingeritzten Linien und halten Sie den Meißel dabei senkrecht zum Türrahmen. Schneiden Sie den Rahmen an dieser Stelle ein und hebeln Sie das Holz heraus. Schaben Sie dann das restliche Holz aus der Aussparung.

8 Befestigen Sie das Schließblech an der Aussparung. Schliessen Sie die Tür, um sicherzugehen, daß der Riegel in das Schloß geht, wenn er geschlossen wird. Falls notwendig, müssen Sie noch mehr Holz ausschaben. Wenn das Schloß funktioniert, bohren Sie Löcher für das Schließblech und schrauben es fest.

EIN STECKSCHLOSS EINBAUEN

SIE BRAUCHEN

Maßband
Universalwinkel
Bleistift
Metallineal
Teppichmesser
Handbohrer **oder** Bohrmaschine mit Holzbohrer
Meißel
Universalwinkel
Bügelsäge
Stechbeitel
Schraubendreher

MATERIALIEN

Steckschloß
Abdeckband
Schmirgelpapier
Verpackungsmaterial, z.B. Pappe
Spachtelmasse

VERWEISE

Außentüren, S. 74–75
Ein Zylinderschloß einbauen, S. 94–95
Weitere Türbeschläge, S. 98–99

Ein Steckschloß wird normalerweise an einer Haustür angebracht. Dafür schneidet man einen Schlitz oder eine Fuge für den Riegel und für das Schließblech aus. Die Sicherheit eines Steckschlosses hängt davon ab, wieviele Hebel darin enthalten sind; ein Schloß mit sieben Hebeln ist das sicherste, aber fünf reichen aus.

Weil es Steckschlösser in verschiedenen Größen gibt, muß man die Breite der Tür ausmessen. Es hat keinen Sinn, ein Steckschloß an einer dünnen Tür anzubringen. Die Tür sollte mindestens 4 cm dick und in einen Sicherheitsrahmen eingebaut sein.

Entscheiden Sie, in welcher Höhe das Schloß sitzen soll. Wenn es mit einem anderen Schloß kombiniert wird, sollte man es in etwa einem Drittel der Türhöhe anbringen. Wenn ein Riegelschloß an einer Hinter- oder Seitentür befestigt werden soll, sollten Sie es in Klinkenhöhe anbringen. Wenn Sie das Schließblech falsch angebracht haben, vergrößern Sie seine Aussparung und stopfen zum Beispiel Karton oder ähnliches Material hinein, oder Sie füllen zu große Aussparungen mit Spachtelmasse.

Ein Steckschloß, das genau paßt, macht eine Haustür sicher.

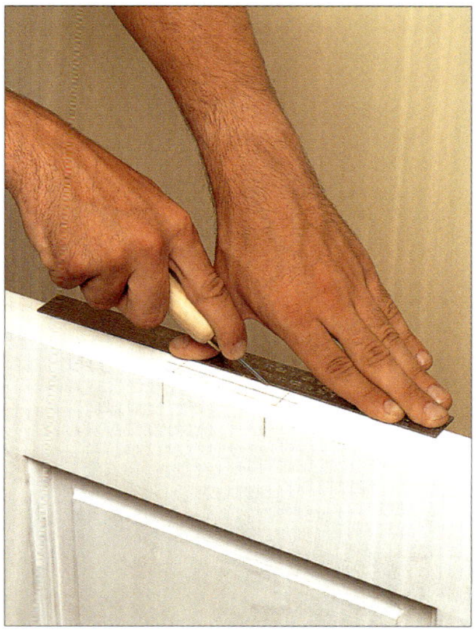

1 Halten Sie das Schloß an die Tür und markieren Sie die Stelle. Ziehen Sie mit einem Anreißwinkel waagerechte Striche am Türrahmen. Fertigen Sie eine rechteckige Schablone auf der Türkante an. Ziehen Sie eine senkrechte Mittellinie zwischen den beiden Kanten des Rahmens. Ritzen Sie das Holz entlang der Linie ein.

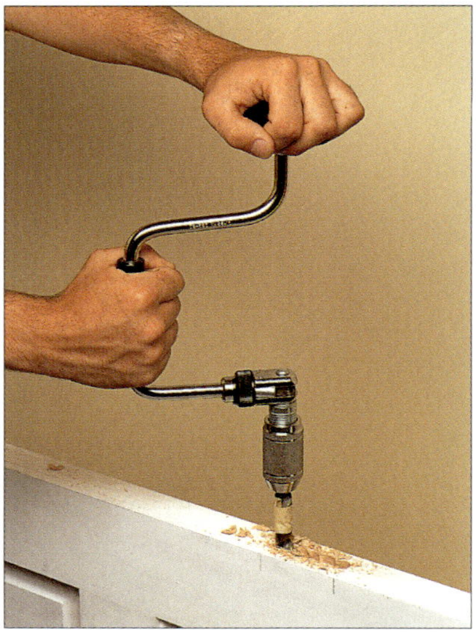

2 Mit einem Handbohrer oder mit einer Bohrmaschine bohren Sie nun mehrere Löcher in der Tiefe der gewünschten Aussparung entlang der Mittellinie. Verwenden Sie ein Stück Klebeband auf dem Bohrer als Anhaltspunkt für die Tiefe der Löcher.

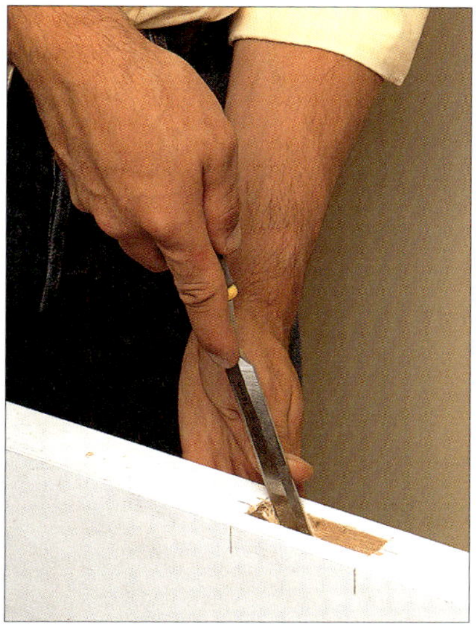

3 Schneiden Sie mit einem Holzmeißel in jede Seite des Rechtecks. Schaben Sie das Holz dann vorsichtig aus und fahren Sie fort, bis das Loch die richtige Größe für das Schloß hat. Legen Sie das Schloß immer wieder in die Aussparung, bis es genau paßt.

4 Stecken Sie das Schloß in geschlossener Stellung in das Loch, so daß es noch herausgezogen werden kann. Schneiden Sie mit einem Teppichmesser um das Schließblech herum. Entfernen Sie das Schloß, schneiden Sie die Tür entlang der geritzten Linien ein und machen Sie eine genügend große Aussparung.

5 Markieren Sie die Position für das Schlüsselloch auf beiden Türseiten. Bohren Sie je zwei Löcher an den Enden des Schlüssellochs und von beiden Seiten der Tür aus, wobei das obere Loch größer ist als das untere (Schlüsselform). Verwenden Sie eine Handsäge, um das Loch richtig auszuschneiden.

6 Schmirgeln Sie die Innenseite des Schlüssellochs glatt. Wickeln Sie das Schmirgelpapier dazu um einen Schraubendreher. Lassen Sie das Schloß in den Spalt rutschen und drücken Sie es hinunter. Überprüfen Sie, ob der Schlüssel von beiden Seiten gut hineinpaßt und funktioniert.

7 Schließen Sie den Riegel und lehnen Sie die Tür gegen den Rahmen. Markieren Sie die Position des Riegels neben der Tür und legen Sie das Schließblech auf die Markierungen. Kennzeichnen Sie die Lage des Schließkastens auf dem Rahmen. Bohren Sie ein Loch in den Rahmen und schaben es mit einem Meißel aus.

8 Setzen Sie das Schließblech in die Öffnung und ritzen Sie die Umrisse ein. Kratzen Sie entlang der geritzten Linie eine Aussparung aus. Setzen Sie Schließkasten und Schließblech an die entsprechenden Stellen und prüfen Sie, ob das Schloß funktioniert, bevor Sie es festschrauben. Befestigen Sie die Abdeckung des Schlüssellochs.

WEITERE TÜRBESCHLÄGE

SIE BRAUCHEN

Montage eines Briefschlitzes
Metallineal und Bleistift
Bohrmaschine
Stichsäge
Feinsäge (bei Bedarf)
Schraubendreher

Einpassen eines Türspions
Bleistift
Bohrmaschine
Schraubendreher

Montage eines Riegelschlosses
Bleistift
Bohrmaschine
Teppichmesser
Meißel und Holzhammer
Schraubendreher

Montage einer Türkette
Bleistift
Schraubendreher

MATERIALIEN

Beschläge nach Wunsch

VERWEISE

Türen streichen, S. 80–81
Eine neue Tür, S. 82–85
Ein Zylinderschloß einbauen, S. 94–95
Ein Steckschloß einbauen, S. 96–97

Sie können Ihre Haustür mit einer Türkette, einem Türspion, einem Briefschlitz oder einer Kombination dieser Dinge ausstatten.

Außer den gängigen Türschlössern gibt es noch weitere Methoden, eine Haustür sicherer zu machen. Dazu gehören ein Türspion, durch den Sie sehen können, wer gerade vor Ihrer Tür steht, sowie eine Türkette oder eine Türsperre, damit Sie die Tür zuerst einmal nur einen Spalt öffnen können. Vielleicht möchten Sie aber auch einfach nur einen Einwurfschlitz für Briefe anbringen.

Hinter- und Seitentüren können mit zusätzlichen Schlössern wie z.B. einem Riegel, gesichert werden. Aber da dieser nur von innen bedient werden kann, ist er an der Haustür nur nachts von Nutzen oder wenn Sie sich im Haus befinden.

Es ist wichtig, daß alle Schlösser, die Sie anbringen, von außen nicht zugänglich sind. Große Briefschlitze und Katzenklapptüren sind ein weiteres Sicherheitsrisiko. Ein Einbrecher kann durchgreifen und an Gegenstände in Reichweite gelangen. Hängen Sie deshalb nie einen Ersatzschlüssel in deren Nähe. Alle verglasten Türen sind ebenfalls nicht sicher, wenn man durch das Zerschlagen der Scheiben an die Schlösser der Tür kommen kann.

BRIEFSCHLITZE

1 Legen Sie die Tür auf die Arbeitsfläche. Messen Sie die Öffnung für die Briefklappe aus und markieren Sie die entsprechende Stelle. Bohren Sie in jede Ecke ein Loch, stecken Sie das Sägeblatt einer Stichsäge in eines der Löcher und sägen Sie entlang der Linien ein Rechteck aus.

2 Überprüfen Sie, ob die Schrauben der Briefklappe lang genug für die Tür sind. Bohren Sie auf beiden Seiten der Öffnung Löcher. Hängen Sie die Tür jetzt ein. Halten Sie die Briefklappe vorne an die Tür und drehen Sie die Schrauben fest. Schrauben Sie dann das Rückenblech an.

TÜRSPIONE

1 Markieren Sie die Stelle, an der der Spion auf Augenhöhe angebracht werden soll. Bohren Sie von beiden Seiten der Tür ein Loch, das denselben Durchmesser hat wie der Zylinder des Spions.

2 Schrauben Sie die beiden Teile des Spions auseinander und setzen sie die Linse von außen in die Tür. Von innen setzen Sie den Sichtzylinder ein und schrauben die beiden Seiten zusammen. Schrauben Sie den Zylinder noch mit einem großen Schraubendreher nach.

TÜRRIEGEL

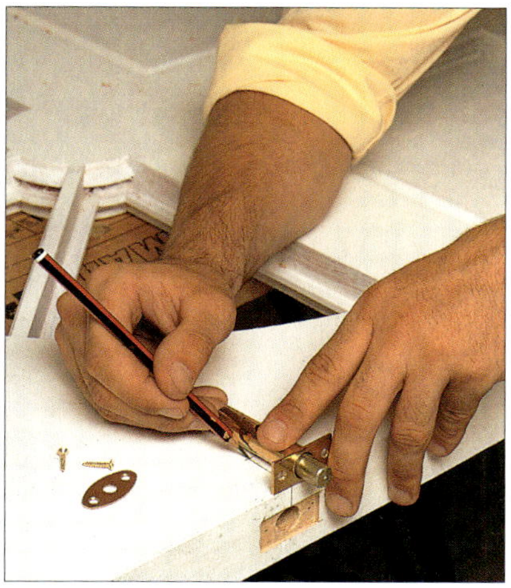

1 Bohren Sie ein Loch in Größe des Riegels in die Tür. Setzen Sie den Bolzen in das Loch und schaben Sie eine Aussparung für die Blende aus (vgl. S. 96–97). Legen Sie den Bolzen auf die Tür und markieren Sie die Stelle für das Schlüsselloch.

2 Bohren Sie das Schlüsselloch so tief, bis es an das Bolzenloch heranreicht. Lassen Sie den Bolzen in das dafür vorgesehene Loch gleiten und schrauben Sie das Schloß fest. Schrauben Sie anschließend die Deckschilder auf. Hängen Sie die Tür jetzt ein.

3 Schließen Sie die Tür und den Riegel, damit er eine Markierung am Türrahmen hinterläßt. Bohren Sie an dieser Stelle ein Loch für den Bolzen. Befestigen Sie das Schließblech an diesem Loch, nachdem Sie eine Aussparung dafür ausgeschabt haben (vgl. Schritt 7, S. 95).

TÜRKETTEN

Befestigen Sie die Kette am Türrahmen, die Sie festschrauben. Setzen Sie die Kette in die dafür vorgesehene Halterung und befestigen Sie sie mit langen Nägeln an der Tür.

STUFEN UND GELÄNDER REPARIEREN

SIE BRAUCHEN

Knarrende Stufen
Bohrmaschine mit Holz- und Versenkbohrer
Schraubendreher und Hobel
Hammer oder Spachtel

Trittflächenüberstand
Stich- und Feinsäge
Schraubendreher
Blockhobel oder Holzfeile

Lockere Geländer
Hammer und Durchschläger
Spachtel

Angebrochenes Geländer
Klebeband

Tauschen einer Strebe
Schmiegemesser
Bleistift, Feinsäge
Hammer

MATERIALIEN

Knarrende Stufen
Holzschraube und -dübel
Kleber

Trittflächenüberstand
Holzstück, Holzkleber und Schrauben

Lockere Geländer
Nägel und Spachtelmasse

Angebrochenes Geländer
Holzkleber

Tauschen einer Strebe
Geländerstrebe und Nägel

An Treppe und Geländer können sich viele Schäden einschleichen, die in erster Linie durch die alltägliche Abnutzung entstehen. Eine Treppe ist vielen Belastungen durch sämtliche Familienmitglieder ausgesetzt. Eine knarrende Stufe ist eines der häufigsten Probleme und wird durch die Nahtstelle zwischen Trittstufe (der Teil, auf den man tritt) und Setzstufe (der vertikale Teil) verursacht, wobei sich der eine Teil am anderen reibt.

Die Trittstufe an sich kann an der vorderen Kante, also am Trittflächenüberstand beschädigt werden. Dies wird oft dadurch verursacht, daß man Möbelstücke unvorsichtig die Treppe hinauf- oder hinunterträgt oder schwere Gegenstände auf der Trittstufe abgestellt oder fallengelassen werden. Zu guter Letzt kann auch das Geländer beschädigt oder gelockert werden. Vor allem dieser Schaden muß direkt beseitigt werden, damit die Treppe nicht unsicher wird.

SCHÄDEN EINSCHÄTZEN

Untersuchen Sie Ihre Treppe, damit Sie eine Vorstellung vom Aufbau bekommen und über die Reparaturen entscheiden können. Tritt- und Setzstufe werden auf beiden Seiten der Treppe von Balken gestützt. Bei einer geschlossenen Balkentreppe passen Tritt- und Setzstufen in Furchen, die in die Treppenwange gesägt sind. Bei einer offenen Wangentreppe ist der äußere Balken im Zickzack eingesägt, wodurch die äußeren Enden der Trittstufe auf den Auskerbungen liegen. Wenn Sie nicht an die Unterseite der Treppe herankommen, entfernen Sie den Teppich und arbeiten von oben.

Nützliche Hinweise

Wenn Sie unter die Treppe gelangen, überprüfen Sie die Keile an Tritt- und Setzstufe. Sollten diese locker sein, kann man sie festkleben oder anschrauben und fehlende ersetzen. Kleben und schrauben Sie Holzblöcke in die Winkel zwischen Tritt- und Setzstufen, um weitere Reibung zu verhindern.

KNARRENDE STUFEN

1 Wenn Sie sich nicht unter die Treppe stellen können, bohren Sie ein Loch durch die Trittstufe, das groß genug für einen Schraubenkopf ist und bohren Sie in die Setzstufe darunter ein Loch, das etwas kleiner ist. Drehen Sie eine Schraube hinein.

2 Sie können einen Holzpflock verwenden, um den Schraubenkopf zu verdecken. Geben Sie etwas Klebstoff auf den Pflock und klopfen Sie ihn vorsichtig fest. Hobeln Sie dann die Oberfläche glatt. Statt dessen können Sie auch Spachtelmasse verwenden.

Überstände reparieren

1 Markieren Sie die Stelle, die entfernt werden soll. Mit einer Stichsäge schneiden Sie nun die Kante ein und entfernen den Streifen. Machen Sie dann mit einem Fuchsschwanz rechtwinklige Einschnitte zur Rückseite der Treppe hin.

2 Schneiden Sie ein Ersatzstück für den Überstand zurecht, dessen Maserung der des Treppenholzes entspricht. Kleben und schrauben Sie es fest. Mit einem Blockhobel und einer Holzfeile formen Sie den Flicken, damit er in das Profil der Kante paßt.

Lockere Geländer

Eine lockere Geländerstrebe nagelt man fest. Schlagen Sie den Nagel im 45°-Winkel in den Balken unterhalb des Handlaufs. Versenken Sie den Nagel mit einem Durchschläger. Bedecken Sie den Nagelkopf mit Zellulosespachtel bei gestrichenen Treppen oder mit Holzspachtel bei lackierten.

Geländer

Ein Aufprall ist normalerweise daran schuld, wenn eine Geländerstrebe kaputtgeht. Um sie zu reparieren, öffnen Sie den Riß und spritzen Holzleim hinein. Umwickeln Sie den Stab dann mit Klebeband. Lassen Sie das Band so lange an der Strebe, bis der Leim getrocknet ist.

Geländerstreben

1 Entfernen Sie die beiden zerbrochenen Enden aus dem Geländer und übertragen Sie dann die Gehrungen der Treppenwangen und des Handlaufs auf die neue Strebe, die Sie dann anpassen.

2 Schneiden Sie die Strebe entlang der Markierungen mit einem Fuchsschwanz ein. Setzen Sie die Strebe dann vorsichtig an ihren neuen Platz. Sie wird nun entsprechend schräg an der Treppenwange und am Handlauf festgenagelt.

Eine Holztreppe streichen

SIE BRAUCHEN

Nagelzieher
Feines Schmirgelpapier
Tuch
10, 25 und 40 mm breite Pinsel
Farbeimer
Abdeckband, bei Bedarf

MATERIALIEN

Farbe oder Beize und Lack

VERWEISE

Farbe von Holz ablösen, S. 32–33
Stufen und Geländer reparieren, S. 100–101
Grundlagen des Streichens, S. 114–115
Pinsel verwenden, S. 116–117
Bodendielen abbeizen und lackieren, S. 182–183

Wie Sie Treppen renovieren und dekorieren möchten, hängt auch davon ab, in welchem derzeitigen Zustand sie sich befinden. In einem neuen Haus sind Treppen normalerweise lackiert, entweder mit Klar- oder Farblack. Treppen in einem älteren Haus wurden im Lauf der Jahre möglicherweise schon öfter überstrichen. Sie können Holz, das bereits lackiert wurde, entweder in einem dunkleren Ton neu lackieren oder überstreichen. Wenn eine Treppe gestrichen ist, ist es normalerweise leichter, sie wieder neu zu streichen – Sie müssen dann zuerst die alte Farbe entfernen. Das Vorgehen ist bei Lack oder Farbe dasselbe.

Bevor Sie mit dem Streichen oder Lackieren anfangen, überprüfen Sie, ob das Geländer noch in Ordnung ist und nicht wackelt. Beim Arbeiten brauchen Sie unbedingt gute Lichtverhältnisse, insbesondere weil normalerweise wenig Licht im Treppenhaus ist. Stellen Sie wenn nötig Lampen und Strahler auf. Die Reihenfolge beim Streichen hängt von der Bauart Ihrer Treppe ab, aber für gewöhnlich geht man von oben nach unten vor.

Ein Geländer sieht eleganter aus, wenn die Streben angestrichen und der Handlauf lackiert werden..

1 Wenn die Treppe mit Teppich bedeckt ist, entfernen Sie den Belag und die Klammern. Wenn Sie die alte Farbe entfernen müssen, befolgen Sie die Anweisungen des Herstellers bei der Anwendung eines Lösemittels.

2 Reinigen Sie die Stufen gründlich und entfernen Sie alle lockeren Farbsplitter. Anschließend führen Sie notwendige Reparaturen der Treppe oder des Geländers durch (vgl. S. 100–101).

3 Bereiten Sie das Holz vor, indem Sie es abschmirgeln und so eine Oberfläche schaffen, auf der Farbe oder Lack halten kann. Entfernen Sie den Staub mit einem Tuch und kleben Sie die Wand mit Abdeckband ab.

4 Normalerweise streicht man die Streben zuerst. Anschließend sollten Sie die Unter- und dann die Oberseite des Handlaufs anstreichen. Wenn Sie zwei verschiedene Farbsorten verwenden, lassen Sie den Handlauf erst trocknen, bevor Sie mit den Streben weitermachen.

5 Streichen Sie die äußere Treppenwange nach den Streben. Dabei sollten Sie zuerst die Unterseite der Wange und die Zwischenräume der Geländerstreben streichen, erst dann die Seite. Wenn die Unterseite der Außenwange eingeschlossen ist, streichen Sie diesen Teil nach der Außenseite

6 Streichen Sie dann die innere Treppenwange. Wenn Sie eine ruhige Hand haben, können Sie mit einem kleinen Pinsel an der Wand entlang streichen und brauchen kein Abdeckband zu verwenden.

7 Wenn die Stufen mit einem Läufer bedeckt werden, brauchen Sie die Tritt- und Setzstufe nur dort zu streichen, wo man sie später auch sieht. Geben Sie dabei auf jeder Seite 5 cm zu. Wenn Sie keinen Läufer verwenden, streichen Sie die Stufen ganz und beachten Sie, daß man die Treppe eine Weile nicht nutzen kann.

HOLZ LACKIEREN

Um die Treppe zu beizen oder zu lackieren, befolgen Sie die Anleitung zum Abbeizen und Lackieren von Bodendielen (vgl. auch S. 182–183). Tragen Sie eine Schicht Beize und mehrere Schichten Lack auf. Die Reihenfolge ist dieselbe wie beim Streichen.

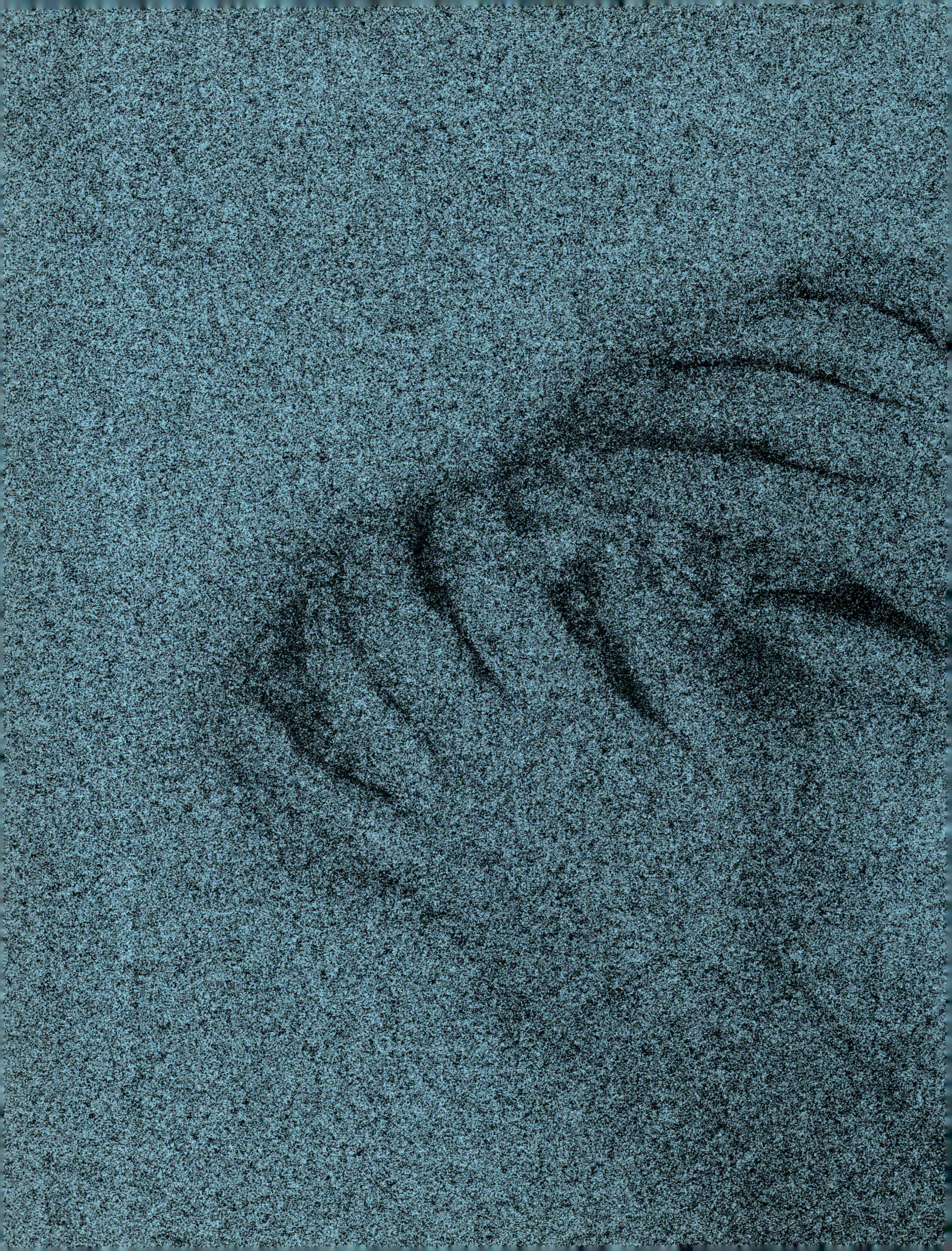

3 WÄNDE UND DECKEN

LEITFADEN FÜR WÄNDE UND DECKEN

TRICKS FÜR DIE INNENAUSSTATTUNG

SACHKENNTNIS: niedrig
ZEITRAHMEN: ½ Tag
SPEZIALWERKZEUGE: Farbtonkarten, Tapeten- und Stoffmuster, Farbproben
SEITEN: 110–111

Bevor Sie renovieren, suchen Sie Farben und Muster aus. Man sollte dabei ein gutes Auge dafür entwickeln, wie welche Farben in einem Raum wirken.

MÖGLICHKEITEN BEIM STREICHEN

VGL. S. 112–113

Wenn Sie die Farbeffekte als Grundlage Ihrer Renovierung verwenden, streichen Sie Wände und Decken, kreieren Sie Muster und Designs als Blickfang.

GRUNDLAGEN DES STREICHENS

SACHKENNTNIS: niedrig
ZEITRAHMEN: unter 2 Stunden
SPEZIALWERKZEUGE: Farbeimer, Nylonstoff
SEITEN: 114–115

Wie Sie die benötigte Farbmenge abschätzen und die optimale Reihenfolge, in der Sie die Flächen im Raum anstreichen. Auch Sicherheitshinweise finden sich hier.

PINSEL VERWENDEN

SACHKENNTNIS: niedrig
ZEITRAHMEN: ½ Tag pro Raum
SPEZIALWERKZEUGE: verschiedene Pinsel, Farbeimer
SEITEN: 116–117

Mit Pinseln streicht man Wände, Decken und Holzflächen. Hier lernen Sie die richtige Pinselführung. Außerdem wird gezeigt, wie man Strukturfarben verwendet.

FARBROLLER VERWENDEN

SACHKENNTNIS: niedrig
ZEITRAHMEN: ½ Tag pro Raum
SPEZIALWERKZEUGE: Farbroller, Rollenbezug, Farbwanne
SEITEN: 118–119

Mit einer Farbrolle kann man große freie Flächen schnell streichen, es können aber auch lästige Farbflecken zurückbleiben, wenn man nicht vorsichtig damit umgeht.

FARBKISSEN VERWENDEN

SACHKENNTNIS: niedrig
ZEITRAHMEN: ½ Tag pro Raum
SPEZIALWERKZEUGE: großes und kleines Farbkissen, Farbwanne
SEITE: 120

Farbkissen als Alternative zu Pinseln und Farbrollern.

EINE SPRITZPISTOLE VERWENDEN

SACHKENNTNIS: niedrig
ZEITRAHMEN: ½ Tag pro Raum
SPEZIALWERKZEUGE: Spritzpistole, Sieb, Schutzbrille, Atemmaske
SEITE: 121

Eine Spritzpistole verwendet man in Räumen, in denen Tapeten und Farbe schon überall abgelöst sind.

STREICHEFFEKTE: VERWASCHENE FARBEN

SACHKENNTNIS: niedrig
ZEITRAHMEN: 1 Tag pro Raum
SPEZIALWERKZEUGE: Farbeimer, Pinsel
SEITE: 122

Auf eine Farbschicht wird eine zweite in einem anderen Ton mit zufälligen Pinselstrichen aufgetragen.

STREICHEFFEKTE: STREIFENMUSTER

SACHKENNTNIS: niedrig
ZEITRAHMEN: 1 Tag pro Raum
SPEZIALWERKZEUGE: Farbeimer, Pinsel
SEITE: 123

Eine durchleuchtende Farbe wird auf eine helle Farbe aufgetragen, wodurch dekorative Streifen entstehen.

STREICHEFFEKTE: MUSTER MIT DEM SCHWAMM ERZEUGEN

SACHKENNTNIS: niedrig
ZEITRAHMEN: 1 Tag pro Raum

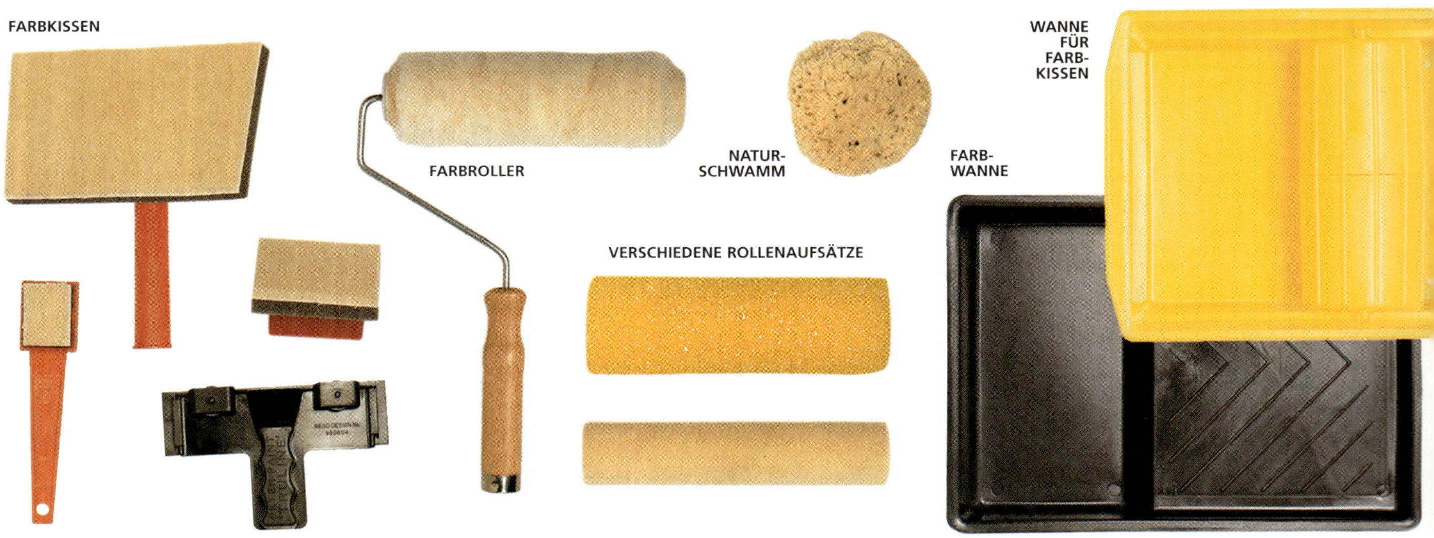

SPEZIALWERKZEUGE: Farbeimer, Farbwanne, Naturschwamm
SEITE: 124

Ein gebrochener Effekt wird erzielt, indem man mit einem Schwamm eine zweite Farbschicht auftupft oder abwischt.

STREICHEFFEKTE: TUPFEN

SACHKENNTNIS: niedrig
ZEITRAHMEN: 1 Tag pro Raum
SPEZIALWERKZEUGE: Farbeimer, Pinsel, Tupfbürste oder Farbroller mit Wollbezug
SEITE: 125

Tupfen der Grundfarbe scheinen durch die darauf aufgetragene Farbe durch. Dies wirkt wie eine gescheckte Wand.

STREICHEFFEKTE: MARMORIEREN

SACHKENNTNIS: niedrig
ZEITRAHMEN: 1 Tag pro Raum
SPEZIALWERKZEUGE: Farbeimer, Pinsel, fusselfreier Stoff
SEITE: 126

Nachdem man zwei verschiedene Farbschichten auf eine Oberfläche aufgetragen hat, werden Stoffbäusche zufällig aufgetupft und bewirken so den geäderten Marmoreffekt.

STREICHEFFEKTE: MUSTER MIT STOFFROLLEN

SACHKENNTNIS: niedrig
ZEITRAHMEN: 1 Tag pro Raum
SPEZIALWERKZEUGE: Farbeimer, Pinsel, fusselfreier Stoff
SEITE: 127

Ähnlich wie beim Marmorieren wird hier ein Stück Stoff zu einer Rolle zusammengeknüllt und über die Grundfarbe gerollt.

STREICHEFFEKTE: SCHABLONEN AUSMALEN

SACHKENNTNIS: mittel
ZEITRAHMEN: 1 Tag pro Raum
SPEZIALWERKZEUGE: Schablone, Schablonenpinsel, Wasserwaage
SEITEN: 128–129

Hier sehen Sie, wie eine gemusterte Borte gemalt wird. Zusätzlich wird gezeigt, wie man einen Stempel herstellt und verwendet, um eigene Muster aufzutragen.

TAPEZIEREN ALS ALTERNATIVE ZUM STREICHEN

SEITEN: 130–131

Wählen Sie zwischen glatten und Strukturtapeten. Es gibt auch bereits vorgekleisterte Tapeten, während man andere noch klassisch einkleistern muß.

TAPEZIERGRUNDLAGEN

SACHKENNTNIS: niedrig
ZEITRAHMEN: unter 2 Stunden
SPEZIALWERKZEUGE: Staubtuch, Tapezierbürste
SEITEN: 132–133

Wenn Sie wissen, welche Art der Tapete Sie verwenden wollen, müssen Sie berechnen, wieviele Rollen Sie brauchen werden. Hier wird gezeigt, wie man die Anzahl der Rollen möglichst exakt schätzt.

TAPETEN ZUSCHNEIDEN, EINKLEISTERN UND FALTEN

SACHKENNTNIS: niedrig
ZEITRAHMEN: 5 Minuten/ Bahn
SPEZIALWERKZEUGE: Tapeziertisch, Kleistereimer, Kleisterpinsel
SEITEN: 134–135

Wenn Sie eine Bahn zugeschnitten haben, kleistern Sie die Stücke schrittweise ein und falten Sie zum Transport wie eine Ziehharmonika zusammen. Hier wird gezeigt, wie dies am effektivsten geht.

TAPETEN ANKLEBEN UND ZUSCHNEIDEN

SACHKENNTNIS: Mittel
ZEITRAHMEN: 1 Tag
SPEZIALWERKZEUGE: Tapezierbürste, Tapezierschere, Ecken- und Nahtroller
SEITEN: 136–137

Hier geht es um grundlegende Techniken des Tapezierens, das richtige Schneiden der Tapete an der Wand und das Ankleben von Untertapete.

UM ECKEN TAPEZIEREN

SACHKENNTNIS: mittel
ZEITRAHMEN: 1 bis 2 Tage
SPEZIALWERKZEUGE: Tapezierbürste, Tapezierschere, Ecken- und Nahtroller
SEITEN: 138–139

Zusätzliche Informationen zum Umgang mit Ecken und Nischen, die das Tapezieren erschweren.

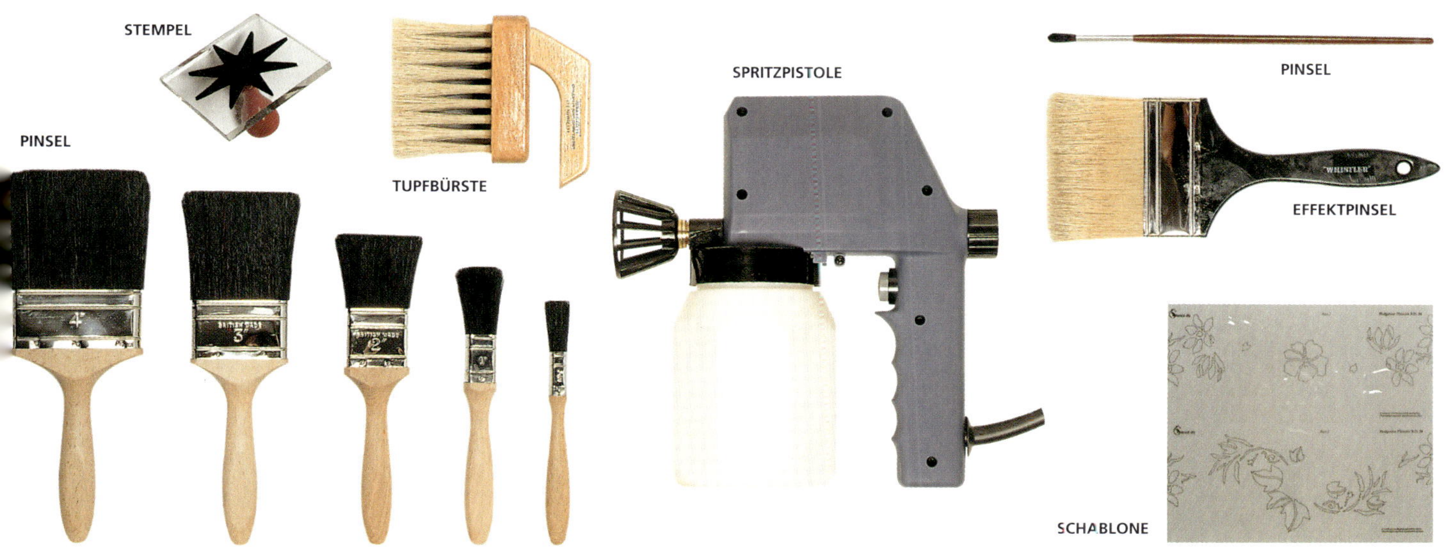

UM TÜREN UND FENSTER HERUMTAPEZIEREN

SACHKENNTNIS: mittel
ZEITRAHMEN: 1 bis 2 Tage
SPEZIALWERKZEUGE: Tapezierbürste, Tapezierschere, Ecken- und Nahtroller
SEITEN: 140–141

Wie man am einfachsten um Tür- und Fensteröffnungen herumtapeziert.

UM HINDERNISSE HERUMTAPEZIEREN

SACHKENNTNIS: mittel
ZEITRAHMEN: bis 2 Stunden
SPEZIALWERKZEUGE: Tapezierbürste, Tapezierschere, Ecken- und Nahtroller
SEITEN: 142–143

Wie man um Hindernisse wie z.B. Lichtschalter, Bögen und Kaminumrahmungen herum tapeziert.

EINE DECKE TAPEZIEREN

SACHKENNTNIS: mittel
ZEITRAHMEN: ½ bis 1 Tag
SPEZIALWERKZEUGE: Tapezierbürste, Tapezierschere, Ecken- und Nahtroller
SEITEN: 144–145

Wie man mit sehr langen Tapetenbahnen umgeht und passende Steiggeräte einsetzt.

FRIESE VERWENDEN

SACHKENNTNIS: niedrig
ZEITRAHMEN: bis ½ Tag
SPEZIALWERKZEUGE: Kleisterpinsel, Wasserwaage, Teppichmesser, Metallineal, Tapezierbürste, Tapezierschere, Ecken- und Nahtroller
SEITE: 146

Friese (oder auch Zierstreifen) sind Tapetenstreifen, die man direkt unterhalb der Decke oder in der Nähe von Sockel- oder Bilderleisten anbringt.

MIT BORTEN UMRAHMEN

SACHKENNTNIS: niedrig
ZEITRAHMEN: 2 Stunden bis ½ Tag
SPEZIALWERKZEUGE: Kleisterpinsel, Wasserwaage, Metalllineal, Tapezierbürste, Tapezierschere, Ecken- und Nahtroller
SEITE: 147

Borten sind schmaler als Friese und werden zur Umrahmung von Türen und Fenstern verwendet.

KRANZLEISTEN ANBRINGEN

SACHKENNTNIS: mittel
ZEITRAHMEN: 1 Tag
SPEZIALWERKZEUGE: Gehrungslade, Feinsäge, Leimspatel
SEITE: 148

Kranzleisten sind dekorative Preßteile, die zwischen Wänden und Decken angebracht werden.

BILD- UND SOCKELLEISTEN ANBRINGEN

SACHKENNTNIS: mittel
ZEITRAHMEN: 1 Tag
SPEZIALWERKZEUGE: Gehrungslade, Feinsäge, Bügelsäge, Elektrosäge, Wasserwaage
SEITE: 149

Bildleisten sind hölzerne Preßteile, die knapp über Kopfhöhe an Wänden befestigt werden und an denen man Bilder aufhängt; Sockelleisten werden in Stuhlhöhe angebracht, um die Wand zu schützen.

MÖGLICHKEITEN BEIM FLIESENLEGEN

SEITEN: 150–151

Sie können sich für einfarbige oder gemusterte Wandfliesen aus Keramik entscheiden oder beide miteinander kombinieren. Fliesen werden normalerweise in Küchen und Bädern als Spritzschutz verwendet.

GRUNDLAGEN DES FLIESENS

SACHKENNTNIS: niedrig
ZEITRAHMEN: unter 2 Stunden
SPEZIALWERKZEUGE: Holzleiste, Abstandhalter
SEITEN: 152–153

Planen Sie Ihr Design gründlich, inklusive der Randstücke und eventueller Einzelstücke. Wenn Sie mit der Planung fertig sind, berechnen Sie die Anzahl der benötigten Fliesen.

EINE WAND FLIESEN

SACHKENNTNIS: mittel
ZEITRAHMEN: 1 bis 2 Tage
SPEZIALWERKZEUGE: Zahnkelle, Fliesenschneider, Wasserwaage
SEITEN: 154–155

TAPEZIERTISCH

HAMMER

TAPEZIERSCHERE

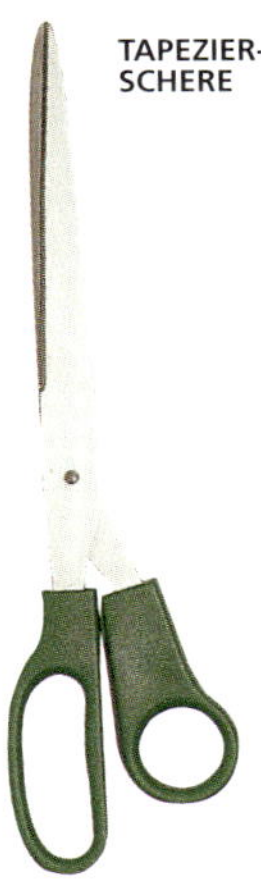

LAUBSÄGE

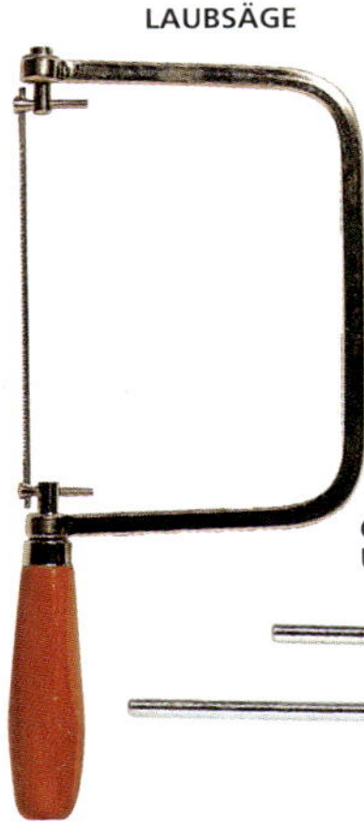

NAHTROLLER

GEHRUNGSRAHMEN UND SÄGE

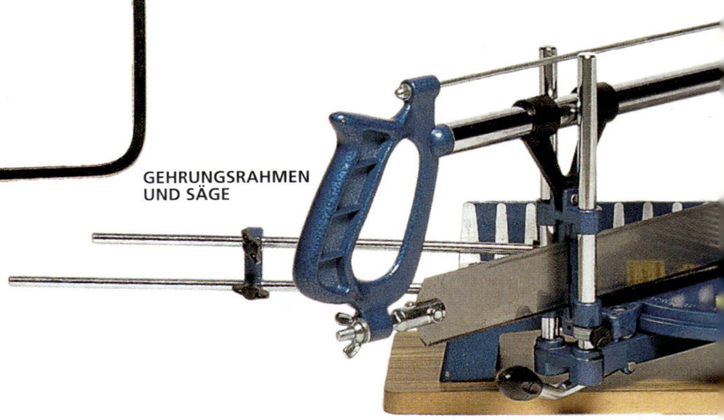

Sobald Sie Leitleisten oder Schablonen an der Wand befestigt haben, müssen Sie die Fliesen genau nebeneinander anbringen. Gehen Sie dabei Reihe für Reihe vor. Nehmen Sie die Schablonen ab und bringen Sie die Fliesen fest an der Wand an. Für das Legen eines Mosaiks finden Sie hier ebenfalls Anleitungen.

In Ecken, an Fenstern und an Türen fliesen

SACHKENNTNIS: hoch
ZEITRAHMEN: 1 bis 2 Tage
SPEZIALWERKZEUGE: die gleichen wie zum Fliesen einer Wand, Fliesenzange, Fliesenfeile
SEITEN: 156–157

Wenn Sie nicht nur einen einfachen Spritzschutz fliesen, sondern z.B. ein ganzes Badezimmer, müssen Sie auch um Ecken, Türen und Fenster fliesen. Durch sorgfältiges Schneiden können Sie die Fliesen richtig anpassen.

Badezimmer und Küchen fliesen

SACHKENNTNIS: niedrig bis mittel
ZEITRAHMEN: 1–2 Tage
SPEZIALWERKZEUGE: Zahnkelle, Fliesenschneider, Fliesensäge, Fliesenzange, Kammlehre
SEITEN: 158–159

Wenn man kleinere Flächen in Küche und Bad, wie zum Beispiel einen einfachen Spritzschutz fliest, gibt es Unterschiede in der Vorgehensweise. So braucht man keine Leitleisten oder Schablonen, wenn man eine Arbeitsplatte in der Küche fliest.

Verfugen und versiegeln

SACHKENNTNIS: niedrig
ZEITRAHMEN: 1 Tag
SPEZIALWERKZEUGE: Fugenkelle, Fugenmesser, Kartuschenpistole
SEITEN: 160–161

Ist der Kleber, der die Fliesen an der Wand hält, getrocknet, ist die Arbeit keinesfalls beendet. Man sollte Fugenmasse zwischen den Fliesen auftragen und die Ränder zwischen Fliesen und anderen Oberflächen ausreichend versiegeln, damit die neu geflieste Fläche vollkommen wasserdicht ist.

Vertäfelungen

SEITEN: 162–163

Feder- und Nut-Holzpaneele werden auf Leisten an die Wand genagelt. Dann lackiert oder streicht man sie. Anstatt der Paneele kann man auch Hartfaserplatten anbringen und streichen.

Wände zum Vertäfeln vorbereiten

SACHKENNTNIS: niedrig
ZEITRAHMEN: 1 bis 2 Tage
SPEZIALWERKZEUGE: Wasserwaage, Bohrmaschine, Fuchsschwanz oder Stichsäge
SEITEN: 164–165

Bevor Sie die gewünschte Vertäfelung anbringen, müssen Sie Holzleisten als Gerüst an die Wand nageln, es sei denn, Sie bringen die Vertäfelung direkt an der Wand an. Das Leistengerüst kann gleichzeitig als Schallschutz dienen.

Feder- und Nut- Vertäfelungen

SACHKENNTNIS: mittel
ZEITRAHMEN: 1 bis 2 Tage
SPEZIALWERKZEUGE: Wasserwaage, Fein- oder Stichsäge, Handsäge, Hobel
SEITEN: 166–167

Detaillierte Angaben zum Anbringen von Feder- und Nut-Paneelen auf Leisten.

Paneele anbringen

SACHKENNTNIS: mittel
ZEITRAHMEN: 1 bis 2 Tage
SPEZIALWERKZEUGE: Fein- oder Stichsäge, Kammlehre
SEITEN: 168–169

Wie man Paneele an Leisten nagelt oder wie man sie an die Wand klebt.

Eine Trennwand bauen

SACHKENNTNIS: hoch
ZEITRAHMEN: 2 Tage
SPEZIALWERKZEUGE: Bodensäge, Stichsäge, Wasserwaage, Bohrmaschine, Spachtel
SEITEN: 170–171

Sie können einen Raum mit einer eingebauten Trennwand unterteilen. Bauen Sie einen Holzrahmen samt einer Türöffnung und bedecken Sie ihn dann mit Gipsplatten.

Tricks für die Innenausstattung

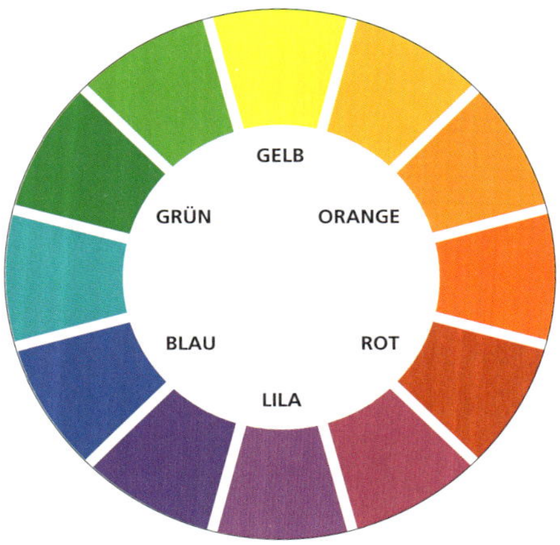

▲ Der Farbkreis basiert auf den Grund-, Sekundär- und Tertiärfarben. Man kann Weiß hinzufügen, um blassere Töne zu erhalten, oder auch Schwarz für dunklere Schattierungen. Drei Farben, die auf diesem Kreis jeweils benachbart sind, gelten als miteinander verwandt. Sie harmonieren miteinander und schaffen eine angenehme Atmosphäre. Farben, die sich gegenüberliegen, sind Komplementärfarben. Auch diese können bei richtigem Einsatz hervorragend wirken.

Innenausstatter verwenden viele kleine Tricks, um Räumen eine bestimmte Stimmung zu verleihen oder ihre Gesamtwirkung zu verändern. Um Farben richtig einzusetzen, sollte man wissen, wie sie sich zusammensetzen und wirken. Jede Farbe wird aus drei Grundfarben abgeleitet: Rot, Blau und Gelb. Diese drei Farben sowie Schwarz und Weiß können miteinander gemischt werden, wodurch eine unendliche Farbpalette entsteht. Wenn man zwei Grundfarben miteinander mischt, bekommt man eine der Sekundärfarben: Orange (Rot mit Gelb), Grün (Gelb mit Blau) und Violett (Blau mit Rot). Wenn Sie nun eine Grundfarbe mit einer Sekundärfarbe vermischen, ergeben sich die sechs Tertiärfarben.

▼▶ Derselbe Raum in zwei unterschiedlichen Farbdesigns. Die Komplementärfarben Orange und Blau (rechts) schaffen eine warme, gemütliche, die neutralen Farben mit blauen Farbtupfern eine kühle, beruhigende Atmosphäre.

▶ Wenn man eine hohe Decke in einer dunkleren Farbe als die Wände streicht, erscheint sie niedriger. Dagegen wirkt eine niedrige Decke, die heller als die Wände gestrichen wird, höher.

◄ Besonderheiten im Raum wie Vertäfelungen, Fensterrahmen und Fußleisten sollte man hervorheben, indem man verschiedene Töne der gleichen Farbe verwendet. So erzielt man einen unterschwelligen Effekt.

► Kräftige, dunkle Farben können Gemütlichkeit verbreiten, insbesondere dann, wenn unauffällige Tapetenmuster die Atmosphäre auflockern.

◄ Die neutralen Farben Weiß, Schwarz, Grau und blasse Töne, die viel Weiß enthalten, darunter auch Creme und Beige tauchen nicht auf dem Farbkreis auf. Diese Farben bilden einen idealen Hintergrund für kräftigere Farben.

▼ Helle Oberflächen reflektieren Licht besser als dunkle und lassen Räume größer und offener wirken. Sie können unattraktive Gegenstände wie z.B. eine Heizung verstecken, indem Sie sie in derselben Farbe streichen wie die Wand dahinter.

◄ Warme Farben beinhalten Gelb und Rot. Sie erwecken den Eindruck, daß Wand und Decke auf den Betrachter zukommen. Dadurch wirken diese Räume intimer und behaglicher. Kalte Farben, die auf Blau und Grün basieren, haben den gegenteiligen Effekt; Wände und Decken scheinen zurückzuweichen.

MÖGLICHKEITEN BEIM STREICHEN

MATERIALIEN

DISPERSIONSFARBE, MATT ◄, SEIDENMATT ▲

GLANZLACK

EIERSCHALENFARBE

EMAILLEFARBE

TAFELFARBE

SCHABLONENFARBEN

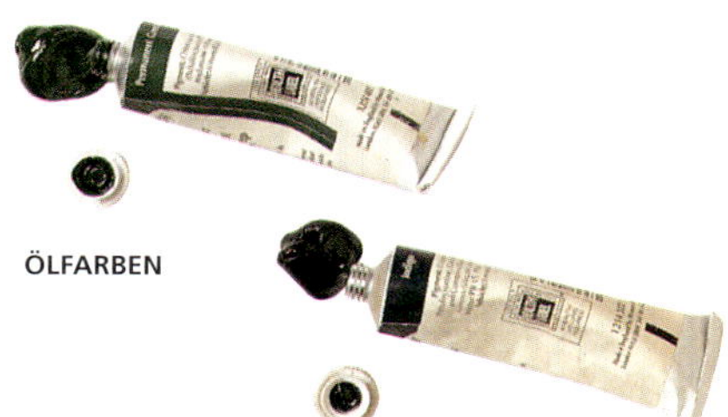

ÖLFARBEN

TRANSPARENT-LACK

LASURLACK

STRUKTUR-FARBE

Farbe ist der dekorativste Belag für Wände und Decken. Sie ist nicht teuer, einfach aufzutragen und kann bei Bedarf ersetzt werden, wenn man die Farben verändern möchte. Sie können sie auf vergipstem Putz oder auf Gipsplatten auftragen oder auch auf strukturierte Oberflächen oder Tapeten. Farbe gibt es in einer fast unendlichen Menge von Tönen. Beim Kauf sollten Sie überlegen, welche Art Sie wollen, zum Beispiel matt (nicht reflektierend) oder seidenmatt (mit leichtem Glanz). Außerdem sollten Sie die Beschaffenheit der zu streichenden Oberfläche berücksichtigen.

► Die meisten Räume sind in einer relativ weichen Farbe gestrichen, aber kräftige Farben können effektiv eingesetzt werden, wenn man sie nur an einer Wand verwendet. Hier wurden die verwandten Farben Gelb und Orange (vgl. S. 110–111) in Kontrast gesetzt.

◄ Beim Tupfen wird eine Farbschicht mit einem kurzborstigen Pinsel von der Grundierung abgesetzt.

▼ Marmorieren ist eine Technik, bei der man mit zusammengeknülltem Stoff Muster herstellt.

▲ Das Sternenmotiv ist eine elegante Art, die marmorierten Wände etwas aufzulockern. Schablonen auszumalen ist eine andere Möglichkeit, Muster an die Wände zu bringen.

▲ Diese dunklen Wände bieten einen perfekten Hintergrund für helle Möbel, aber solche Räume brauchen viel Licht.

► Mit Strukturfarbe kann man kleine Mängel verdecken. Überzüge für Farbroller schaffen dieses ungewöhnliche, unregelmäßige Muster.

◄ Farbe mit einem Schwamm aufzutragen ist die einfachste Variante, optische Effekte an der Wand zu erzielen.

► Streifenmuster haben eine umwerfende Wirkung, man kann für die zwei Schichten auch ähnliche Farbtöne wählen.

Grundlagen des Streichens

Sie brauchen

Leiter
Abdeckband
Stoff- oder Plastikplane
Nylonstoff
Plastiksack oder Alufolie

Verweise

Vorbereitung, S. 18–35
Streichtechniken, S. 116–129

Wenn Sie die Wände und Decken vorbereitet und die passende Farbe ausgewählt haben, überlegen Sie zunächst, wieviel Farbe Sie brauchen und planen die Reihenfolge der Arbeiten durch.

Mengen schätzen

Auf bereits gestrichenen Flächen reicht 1 Liter normale Emulsionsfarbe für ca. 15 m^2 Fläche. Nichttropfende Farbe wird nur für etwa 12 m^2 reichen. Neuer Putz saugt jedoch mehr Farbe auf, weshalb man sie normalerweise mit 10% Wasser verdünnt. Dadurch kann man sie besser auftragen, und sie dient gleichzeitig als Versiegelung. Die zweite Farbschicht wird dann weniger aufgesaugt. Auch die Wahl des Streichwerkzeugs, also entweder Pinsel, Farbroller oder Spritzpistole, hat Auswirkungen auf die Menge der benötigten Farbe, Farbroller brauchen z.B. recht viel.

Um die Streichfläche eines Raumes zu bestimmen, messen Sie die Höhe der Wand und dann die Gesamtlänge aller Wände aus, anschließend werden die beiden Zahlen für jede Wand miteinander multipliziert. Genauso berechnen Sie die Fläche der Fenster und Türen und ziehen diese Fläche von der Gesamtfläche ab. Um herauszufinden, wieviel Liter Farbe Sie kaufen müssen, müssen Sie diese Zahl durch die Fläche teilen, für die ein Liter Farbe voraussichtlich reicht. Um die Deckenfläche zu erhalten, messen Sie den Boden aus.

Um Geld zu sparen, sollten Sie die Farbe in möglichst große Behältern kaufen. Sie können die Farbe dann in einen kleineren Farbeimer umgießen. Dadurch sind sie auch sicher, daß der Farbton immer derselbe ist, denn sogar computergemischte Farbe weist von Behälter zu Behälter minimale Unterschiede auf.

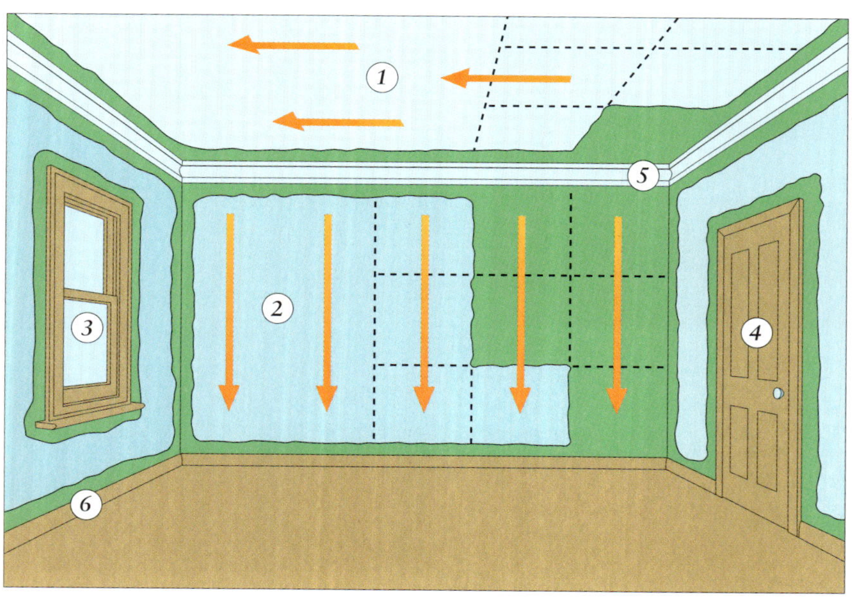

Arbeitsreihenfolge *Die Zahlen geben die Reihenfolge an, in der ein Raum gestrichen wird. Beginnen Sie mit der Decke. Sie sollten je 1 m^2 große Flächen anstreichen. Genauso verfahren Sie von oben nach unten bei Decken. Wenn Sie Rechtshänder sind, fangen Sie an der rechten Ecke an, wenn Sie Linkshänder sind, an der linken. So können Sie die Hand, mit der Sie nicht streichen, an einer ungestrichenen Fläche abstützen.*

Oberflächen abdecken

Wenn Sie keine sehr sichere Hand haben, sollten Sie alle Oberflächen, die nicht gestrichen werden, mit Klebeband abkleben. Das Band wird abgezogen, wenn die Farbe fast trocken ist. Verwenden Sie am besten breites Kreppband.

Bedecken Sie den Boden mit einer Abdeckplane. Entfernen Sie Teppiche und Läufer. Decken Sie große Möbelstücke, die Sie in der Mitte des Raumes zusammengerückt haben, ebenfalls mit einer Plane.

Nützliche Hinweise

Es ist nicht vernünftig, die Farbe gleich aus dem Eimer heraus zu verwenden, in dem man sie kauft, es sei denn, Sie wollen den ganzen Eimer auf einmal aufbrauchen. Der Hauptgrund ist, daß die Farbe mit lockeren Farbsplittern aus dem Pinsel und anderen Partikeln verunreinigt werden kann. Auf jeden Fall sind die Eimer mit 10 oder 20 Litern Farbe, die man normalerweise kauft, allein schon aufgrund ihres Gewichts, nicht besonders handlich. Statt dessen sollten Sie die Farbe in einen kleineren Farbeimer oder eine Farbwanne umgießen und den großen Eimer abdecken.

Sicherheit

Sie brauchen für höhere Flächen immer eine Leiter. Achten Sie darauf, daß die Leiter einen sicheren Stand hat und daß die Stützen ganz ausgeklappt sind, bevor Sie daraufsteigen. Wenn Sie auf einer Leiter stehen, sollten Sie sich immer dagegen lehnen. Strecken Sie sich nie weiter, als es noch bequem ist, sonst ist die Gefahr zu groß, daß Sie das Gleichgewicht verlieren.

1 Um angrenzende Flächen zu schützen, kleben Sie diese mit kleinen Streifen Abdeckband ab. Kurze Stücke sind leichter anzubringen als lange. Befestigen Sie die Streifen fest direkt neben der zu streichenden Oberfläche, damit keine Farbe darunterlaufen kann.

2 Kleben Sie Abdeckplanen an den Fußleisten fest. Kleben Sie zuerst kleine senkrechte Streifen an, damit die Plane nicht verrutscht. Kleben Sie dann vertikale Streifen an, damit die Farbe nicht dahintertropft. Stoffplanen saugen die Farbe am besten auf. Handelsüblich sind eher große Plastikplanen.

3 Wenn die Dose schon angebrochen ist, gießen Sie die verbleibende Farbe durch ein altes Stück Nylonstoff (z.B. von einer alten Strumpfhose) in den Streicheimer. Frische Farbe gießen Sie ungefiltert in den Streicheimer.

4 Für Pausen sollten Sie Frischhaltefolie, Alufolie oder eine Plastiktüte zur Hand haben. Wickeln Sie den Pinsel oder die Farbrolle einfach darin ein, damit die Farbe nicht austrocknet. Eine Farbwanne schützt man genauso vor dem Austrocknen.

Pinsel verwenden

SIE BRAUCHEN

Gebrauch von Pinseln
10 cm breiter Pinsel
25 cm breiter Pinsel
Farbeimer
Kabel **oder** Schnur als Abstreifer

Strukturfarbe
breiter Pinsel **oder** Rolle
Farbeimer **oder** -wanne
Werkzeug zum Strukturieren z.B. einen Schwamm in einer Plastiktüte, einen Kamm oder eine Strukturrolle

MATERIALIEN

Gebrauch von Pinseln
Farbe
Spiritus

Strukturfarbe
Strukturfarbe

VERWEISE

Grundlagen des Streichens, S. 114–115
Fenster streichen, S.66–67
Türen streichen, S. 80–81

Die meisten greifen instinktiv zum Pinsel, wenn sie eine Wand oder eine Decke streichen wollen. Er ist ein vertrautes Werkzeug, das einfach zu handhaben ist, und man braucht keine besonderen Fachkenntnisse, um ordentliche Ergebnisse zu erzielen. Verwenden Sie einen Pinsel mit vielen langen, dicken Borsten, dessen Größe zu der Ihrer Hand paßt. Ein 10 cm breiter Pinsel paßt bei den meisten Menschen, während ein größerer Pinsel einen schnell ermüden läßt, es sei denn man hat viel Übung und starke Handgelenke.

Für das Streichen kleinerer Ecken und Winkel oder für das Umgehen von Hindernissen wie Lampenfassungen, Schaltern und Steckdosen, brauchen Sie einen kleineren, etwa 25 mm breiten Pinsel.

Je nachdem wie glatt oder porös eine Oberfläche ist, brauchen Sie normalerweise einen Liter Farbe für 11–15 m² Streichfläche. Bevor Sie anfangen, sollten Sie das Mobiliar abdecken. Die Farbe sollte gut durchgerührt werden, bevor man sie in den Farbeimer kippt.

Pinselpflege

Um Emulsionsfarbe von einem Pinsel zu entfernen, verwendet man heißes Wasser und ein einfaches Reinigungsmittel; für Farben auf Ölbasis sollte man Spiritusersatz und anschließend Seifenwasser verwenden. Wenn der Pinsel sauber ist, klopft man das überschüssiges Wasser heraus und wischt den Pinsel an einem trockenen, sauberen Papiertaschentuch oder an Küchenkrepp ab, damit die Borsten in Form bleiben.

Nützliche Hinweise

Bewegen Sie die Borsten eines neuen Pinsels auf der Handfläche hin und her, um lose Borsten und Staub zu entfernen. Wischen Sie den Deckel des Farbbehälters ab, bevor Sie ihn öffnen, so daß Staub u.ä. nicht in die Farbe fallen.

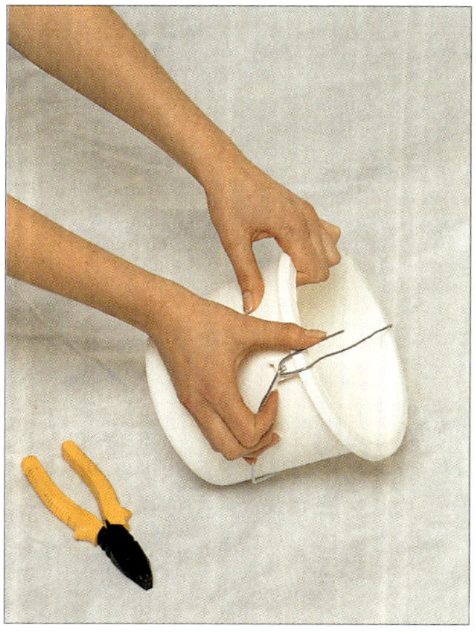

1 Überschüssige Farbe streift man an einem Stück Draht ab, das quer über die Öffnung des Eimers gespannt ist. Statt dessen können Sie auch eine saubere, fusselfreie Schnur verwenden. Schnur oder Draht lassen sich auch als Ablage für den Pinsel verwenden. Sie können auch ein Abstreifgitter kaufen.

2 Tunken Sie die Borsten höchstens bis zur Hälfte in die Farbe. Streichen Sie damit an Draht, Schnur oder Abstreifgitter entlang, um überschüssige Farbe zu entfernen. Dies verhindert ein Verlaufen und Tropfen der Farbe an der Wand.

3 An Winkeln, z.B. zwischen Decke und Wand, sollten Sie den schmalen Pinsel für einen sauberen Abschluß verwenden, es sei denn, Sie streichen beide Flächen in derselben Farbe. Winkeln Sie die Borsten entweder ab oder streichen Sie nur mit der schmalen Kante des Pinsels. Sie können auch Abdeckband verwenden.

4 Tragen Sie die Farbe zuerst senkrecht in zwei oder drei Streifen auf. Streichen Sie dann im rechten Winkel darüber, um sie zu vermischen. Zum Schloß sollten Sie in vertikalen Strichen darübergehen. Streichen Sie dann die nächste Fläche und verbinden Sie diese mit der ersten.

5 Zur Vermeidung von zuviel Farbe in den Ecken, sollten Sie die Farbe in Richtung Ecke wegstreichen und den Pinsel dann im rechten Winkel von der Wand abnehmen.

6 Um in schwer erreichbare Öffnungen zu gelangen, tragen Sie die Farbe mit den Borstenspitzen auf und halten den Pinsel dabei senkrecht zur Arbeitsfläche. Bewegen Sie ihn mit tupfenden Bewegungen hin und her.

STRUKTURFARBEN

Für eine zufällige Struktur tupft man einen großen Malerschwamm in einer Plastiktüte auf die nasse Farbe.

Mit Strukturfarbe erzielt man dreidimensionale Effekte. Nachdem Sie die Farbe mit einem breiten Pinsel oder einem Roller aufgetragen haben, erzeugen Sie ein willkürliches oder regelmäßiges Muster. Zu den Strukturwerkzeugen gehören ein Schwamm in einer Plastiktüte oder eine Strukturrolle. Die Wand muß vor den Streichen wie für normale Farbe vorbereitet werden. Strukturfarbe gibt es nur in weiß, aber nach dem Trocknen kann man bunte Emulionsfarbe darüberstreichen.

Verwenden Sie einen Kammspachtel für Effekte verwenden. Die Bögen ereugen Sie von oben nach unten.

FARBROLLER VERWENDEN

SIE BRAUCHEN

Farbroller verwenden
Farbroller
passender Rollenbezug
Farbwanne
5 cm breiter Pinsel
Teleskopstange bei Bedarf

Möglichkeiten beim Streichen
Abdeckband
kleine Wasserwaage und Metallineal oder normale Wasserwaage (bei Bedarf)
Senklot (bei Bedarf)

MATERIALIEN

Farbroller verwenden
Farbe
Terpentinersatz (bei Bedarf)

Möglichkeiten beim Streichen
Farbe
Terpentinersatz (bei Bedarf)

VERWEISE

Grundlagen des Streichens, S. 114–115
Pinsel verwenden, S. 116–117

Wände und Decken streicht man am schnellsten mit einem Farbroller. Farbroller sind meistens zwischen 15 und 25 cm breit. Wie bei Pinseln gilt: je breiter der Roller ist, desto höher ist der Kraftaufwand. Was Sie dabei an Streichfläche gewinnen, verlieren Sie an Energie.

Suchen Sie den Bezug nach der zu streichenden Oberfläche aus. Sie brauchen einen kurzflaumigen Überzug für glatten Putz und einen langflaumigen für Strukturflächen und Reliefwände. Es gibt auch Überzüge, mit denen man Strukturen streichen kann.

Abhängig von der Glätte und der Porosität der zu streichenden Oberfläche, benötigen Sie einen Liter Farbe für 11 bis 15 m² Wand oder Decke. Sie müssen nicht alle Oberflächen in derselben Farbe anstreichen. Sie verwenden Roller oder Pinsel, um nebeneinanderliegende Streifen oder Blöcke zu streichen. Bevor Sie mit dem Streichen anfangen, decken Sie die Flächen, die nicht gestrichen werden sollen und das Mobiliar ab. Sie können Farbe in engen Winkeln oder um Hindernisse herum nicht mit einer Rolle auftragen, weshalb Sie auch in jedem Fall einen kleinen Pinsel brauchen.

REINIGEN

Entfernen Sie überschüssige Farbe von der Rolle, indem Sie sie über das Abstreifgitter oder die Rippen der Farbwanne und dann über Zeitungspapier rollen. Falls möglich, sollten Sie den Überzug entfernen und in heißem Wasser und Seifenwasser (bei Farbe) oder in Terpentinersatz (Farben auf Ölbasis) reinigen. Drücken Sie überschüssige Flüssigkeit gründlich heraus und wickeln Sie die Rolle in Alufolie, so kann man sie wiederverwenden.

Nützliche Hinweise

Schlagen Sie die Farbwanne mit Alu- oder Frischhaltefolie aus, bevor Sie Farbe hineingeben, um später die Reinigung zu erleichtern.

1 Füllen Sie die Farbe bis zu einer Höhe von etwa 2 cm in die Farbwanne. Lassen Sie den Roller in die Farbe gleiten und rollen Sie ihn an dem Vorsprung und auf den Rippen in der Wanne ein paarmal hin und her, damit er die Farbe aufnimmt und sie gleichzeitig im Flaum des Bezugs gleichmäßig verteilt.

2 Um an hohe Wände oder Decken zu-kommen, verwenden Sie eine Teleskopstange. Streichen Sie jedoch vorher die Kanten (vgl. Schritt 3). Damit die Farbe nicht spritzt, dürfen Sie nicht zuviel Farbe mit dem Roller aufnehmen, ihn zu fest an die Decke drücken oder zu schnell hin- und herbewegen.

3 Weil man mit einem Roller nicht in den Ecken streichen kann, verwenden Sie dort einen etwa 5 cm breiten Pinsel, auch um eine Borte um die Wand oder Decke herum zu malen. Verwenden Sie den Pinsel auch bei Lichtschaltern, Steckdosen und sonstigen Problemflächen.

4 Rollen Sie über gestrichene Flächen noch einmal hinweg. Rollen Sie dabei quer zu der zuvor bemalten Fläche. So wird die Farbe gleichmäßig verteilt, und übersehene Stellen werden bedeckt, insbesondere auf unebenen oder strukturierten Oberflächen.

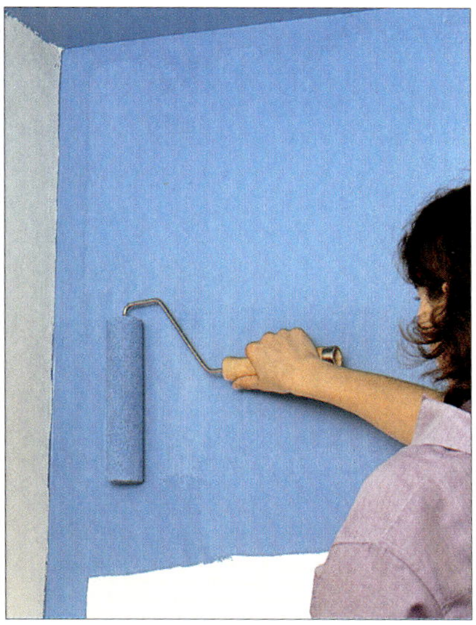

5 Nehmen Sie Farbe auf und streichen Sie die nächste Fläche; verbinden Sie diese mit der vorhergehenden. Streichen Sie die ganze Länge einer Wand oder Decke in einem. Sobald Sie eine Bahn fertig haben, streichen Sie noch einmal darüber, um die Farbe zu glätten und gleichmäßig zu verteilen.

6 Nehmen Sie wieder Farbe auf und wiederholen Sie den Vorgang, um die Oberfläche zu vervollständigen.

STREICHTECHNIKEN

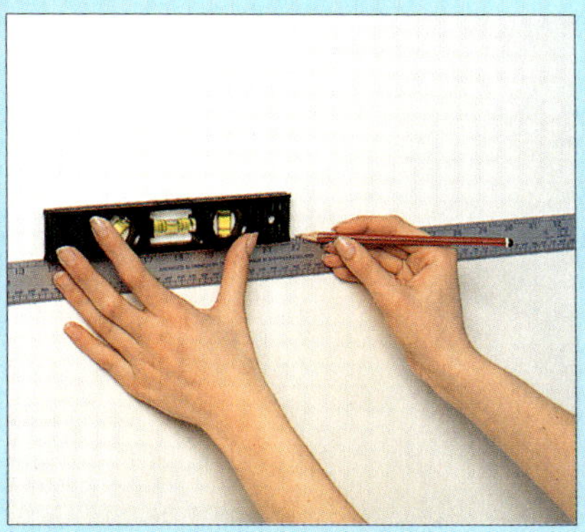

Für eine horizontale Linie, legt man eine kleine Wasserwaage auf ein Metallineal oder verwendet eine große Waage.

Für saubere Grenzen zwischen verschiedenen Farbflächen klebt man Abdeckband entlang eines Bleistiftstrichs fest und malt bis dorthin. Wenn die Farbe trocken ist, kehren Sie den Prozeß um, kleben das Band auf die erste Farbe und tragen die zweite Farbe auf. Mit horizontalen Linien malen Sie falsche Sockelleisten auf oder umranden einen Stempelabdruck. (vgl. S. 128–129). Mit vertikalen Linien malt man Streifen, entweder über die ganze Wand oder an der Sockelleiste.

Bei vertikalen Linien hakt man ein Ende einer Senkschnur an einem Nagel ein und hält das andere Ende straff.

FARBKISSEN VERWENDEN

SIE BRAUCHEN

großes Farbkissen
kleines Farbkissen
Farbkissenhalter

MATERIALIEN

Emulsionsfarbe

VERWEISE

Grundlagen des Streichens, S. 114–115

Eine relativ neue Art, Farbe aufzutragen, ist die Arbeit mit Farbkissen. Sie bestehen aus kurzflaumigem Mohair, der auf Schaumstoff befestigt ist und auf Halterungen aus Metall oder Plastik geklemmt wird. Sie sind in verschiedenen Größen erhältlich. Hier gilt dasselbe wie bei Farbrollern: große Kissen für große Flächen, kleinere Kissen für Kanten und Hindernisse. Einige Hersteller bieten spezielle Kissen an, z.B. Wand- oder Deckenkissen, an denen kleine Kantenräder angebracht worden sind, mit denen man das Kissen präzise entlang der Ecken zwischen Wänden und Decken bewegen kann.

Ein Vorteil bei der Verwendung eines Farbkissens ist, daß die Farbe etwas länger reicht als bei Pinseln und Rollern, da man mit dem Kissen eine dünnere Farbschicht auf die Wand aufträgt. Von Nachteil ist, daß der Klebstoff, der die einzelnen Bauteile zusammenhält, sich im Lauf der Zeit auflösen kann.

Sie können Farbe aufnehmen, indem Sie das Kissen eintunken, aber es ist einfacher, wenn Sie eine spezielle Farbwanne mit einer Rolle verwenden. Durch diese Rolle wird das Kissen immer gleichmäßig und gründlich mit Farbe überzogen.

1 Wenn Sie eine normale Farbwanne verwenden, sollten Sie die Farbe bis zu einer Höhe von 1 cm einfüllen. Tunken Sie das Kissen in die Wanne und entfernen Sie überschüssige Farbe, indem Sie es quer über die gerippte Fläche bewegen.

2 Eine spezielle Farbwanne füllen Sie bis zur empfohlenen Höhe mit Farbe. Ziehen Sie das Kissen über die Rolle, dann über die Hinterkante der Wanne, um überschüssige Farbe abzustreifen.

3 Malen Sie zuerst einen Streifen zwischen Wand und Decke. Verwenden Sie dafür ein Kissen mit Rädchen am Rand oder kleben Sie kleine Streifen Abdeckband auf die angrenzenden Flächen.

4 Ziehen Sie ein großes Kissen in sich leicht überlappenden Streifen über eine Fläche von etwa 1 m². Ziehen es dann im rechten Winkel über die gestrichene Fläche. Verwischen Sie die Streifen etwas und gehen Sie zum nächsten Bereich über.

EINE SPRITZPISTOLE VERWENDEN

SIE BRAUCHEN

Spritzpistole
Sieb
Schutzbrille
Staubmaske

MATERIALIEN

Emulsionsfarbe
Wasser oder Terpentinersatz

VERWEISE

Grundlagen des Streichens S. 114–115

Es lohnt sich, mit kleinen, elektrischen Spritzpistolen zu arbeiten, wenn man mehrere Räume auf einmal streichen möchte. Sie sind allerdings nicht für Decken geeignet. Obwohl die Farbe mit einer Spritzpistole extrem schnell aufgetragen wird, spritzt so viel zur Seite weg, daß man sämtliche Türen, Fenster, Holzflächen und Bodenbeläge abdecken muß, bevor man anfängt. Außerdem ist es schwierig und zeitraubend, die Spritzpistolen wieder zu reinigen, deshalb sollten Sie es sich vorher gut überlegen, ob Sie mit dieser sehr zeitsparenden Methode streichen möchten.

Flüssige Farben lassen sich mit Spritzpistolen normalerweise besser verarbeiten als nichttropfende. Es kann daher sein, daß Sie die Farbe vor Gebrauch verdünnen müssen. Außerdem sollten Sie die Farbe filtern, damit die Düse der Pistole nicht verstopft wird.

Sie müssen unbedingt eine Staubmaske und eine Sicherheitsbrille tragen, damit Sie den gesundheitsschädlichen Farbnebel nicht einatmen oder in die Augen bekommen. Außerdem sollten Sie den Raum gut lüften, allerdings an windigen Tagen Durchzug vermeiden, sonst trifft das Farbspray nicht mehr die richtige Stelle.

1 Spritzpistolen arbeiten von Modell zu Modell unterschiedlich, weshalb man tunlichst vorher auf einer Testfläche üben sollte, wie die Pistole spritzt und wie der richtige Abstand zur Streichfläche ist.

2 Auf glatten Oberflächen halten Sie die Düse der Pistole immer gleich weit von der Wand entfernt, während Sie die Wand entlanggehen. Halten Sie Ihr Handgelenk dabei steif. Sprühen Sie nicht in Bögen!

3 An einer äußeren Ecke streichen Sie die Wand bis auf etwa 15 cm in der Ecke. Bewegen Sie die Pistole hin und her, während Sie weiter nach unten gehen. Wiederholen Sie dies bei der zweiten Wand.

4 In einer inneren Ecke sollten Sie alle angrenzenden Wände zuerst streichen und dann die Ecke ausfüllen, indem Sie die Pistole daraufhalten und in einem Zug von oben nach unten bewegen.

Streicheffekte: Verwaschene Farben

SIE BRAUCHEN

Eimer für Waschfarbe
Meßbecher
kleiner Pinsel
10 cm breiter Pinsel

MATERIALIEN

Vinylemulsionsfarbe für den Untergrund
Lack auf Wasserbasis
matte Emulsionsfarbe
Lack (bei Bedarf)

VERWEISE

Grundlagen des Streichens S. 114–115
Pinsel verwenden, S. 116–117
Farbroller verwenden, S. 118–119

Die Waschtechnik ist einfach und kann auch von Anfängern durchgeführt werden. Streichen Sie Wand oder Decke einfarbig und tragen Sie dann eine zweite, wie zufällig unterbrochene Schicht einer zweiten Farbe auf, wobei die Grundfarbe gelegentlich durchscheinen sollte.
Tempra oder sehr stark verdünnte Ölfarbe wurden früher oft als zweite Schicht verwendet. Heute verwendet man meistens ganz normale Emulsionsfarbe, mit Lack auf Wasserbasis vermischt. Mit einer zusätzlichen Lackschicht können Sie Ihr Werk dann vor Abnutzung schützen.

Kombinationen heller Farben eignen sich am besten für einen Anstrich, aber auf kleineren Flächen kann man auch dunklere Töne verwenden.

1 Tragen Sie die Grundfarbe auf und lassen Sie sie trocknen. Rühren Sie dann die Waschfarbe an, die zu einem Teil aus Emulsionsfarbe und zu vier Teilen aus Lack besteht. Rühren Sie die Farbe gut um. Ein Liter Waschfarbe reicht für zwei Schichten auf 3 m².

2 Pinseln Sie die erste Schicht der Waschfarbenmischung auf einer Fläche von einem Quadratmeter mit zufälligen Pinselstrichen auf. Streichen Sie die ganze Farbe vom Pinsel herunter.

3 Brechen Sie die feuchte Waschfarbe mit den Pinselspitzen auf, indem Sie den Pinsel auftupfen. Gehen Sie zum nächsten Bereich über. Wiederholen Sie die Schritte 2 und 3. Arbeiten Sie weiter, bis die ganze Oberfläche den Wascheffekt hat

4 Nachdem die erste Schicht getrocknet ist, müssen Sie Schritt 2 und 3 wiederholen. Dadurch entsteht die Farbtiefe. Wenn die zweite Schicht getrocknet ist, trägt man noch Klarlack auf, um die Fläche abwaschbar und haltbar zu machen.

STREICHEFFEKTE: STREIFENMUSTER

SIE BRAUCHEN

Lackeimer
kleiner Pinsel
10 cm breiter Pinsel

MATERIALIEN

Eierschalenfarbe für die Grundfarbe
Markenlack auf Ölbasis
Universalfarbe wie z.B. Ölmalfarben
Terpentinersatz (falls nötig)

VERWEISE

Grundlagen des Streichens S. 114–115
Pinsel verwenden, S. 116–117
Farbroller verwenden, S. 118–119

Farbige Lasur wird auf eine hellere Grundfarbe aufgetragen, um ein Streifenmuster zu erzeugen. Da Sie bei jedem Pinselstrich gleichmäßig Druck ausüben müssen, ist dieser Effekt etwas schwieriger zu erstellen und bedingt eine ruhige Hand. Wenn Sie den Druck nicht richtig dosieren, kann es sein, daß Sie verräterische Pinselabdrücke und dunklere Farbe am Anfang und am Ende jedes Pinselstrichs hinterlassen.

Hier ist es von Vorteil, zu zweit zu arbeiten. Eine Person kann die Striche direkt in den Lack ziehen, sobald der andere diesen aufgetragen hat.

Diese Technik hinterläßt Streifeneffekte auf der Wand. Sie orientiert sich an der natürlichen Maserung von Holz.

1 Tragen Sie die Grundierung auf, die Sie trocknen lassen. Mischen Sie einen Teil Öllasur, drei Teile Terpentinersatz und je einen Eßlöffel Grundierung und Universalfarbe. Die Universalfarbe mischen Sie zuerst auf einem kleinen Teller mit der Grundierung vor.

2 Pinseln Sie eine dünne Schicht Lasur auf die Grundfarbe, streichen Sie dann quer darüber. Sie sollten eine Fläche von etwa 50 cm bedecken.

3 Ziehen Sie einen trockenen Pinsel in einem einzigen Strich die Wand hinunter. Es ist sinnvoll, an einer Kante wie zum Beispiel einer Ecke oder einem Rahmen zu beginnen. Den Pinsel wischen Sie in regelmäßigen Abständen mit einem Papiertuch ab.

4 Wiederholen Sie den Vorgang, bis die Oberfläche vollkommen bedeckt ist. Die getrocknete Farbe ist haltbar, aber man kann auch noch eine Schicht Klarlack zur Versiegelung auftragen.

STREICHEFFEKTE: MUSTER MIT DEM SCHWAMM

SIE BRAUCHEN

Farbeimer
Farbwanne
Naturschwamm
10 cm breiter Pinsel zum Abtupfen

MATERIALIEN

Emulsionsfarbe **oder** seidenmatte Vinylfarbe, Öllasur und Universalbeize wie z.B. Ölmalfarben
Terpentinersatz

VERWEISE

Grundlagen des Streichens S. 114–115
Pinsel verwenden, S. 116–117
Farbroller verwenden, S. 118–119

Mit dem Schwamm können Sie eine fast unendliche Vielfalt von Mustern kreieren. Das Ergebnis hängt letztlich von der Farbwahl sowie von der Beschaffenheit des Schwamms und von der eigentlichen Methode ab. Man kann den Schwamm auf zwei verschiedene Arten verwenden, nämlich zum Auftupfen und zum Abtupfen. Beim Auftupfen wird neue Farbe mit dem Schwamm auf die Wand getupft, beim Abtupfen wird eine auf die Grundfarbe aufgetragene Farbschicht mit einem sauberen, feuchten Schwamm teilweise wieder abgetupft.

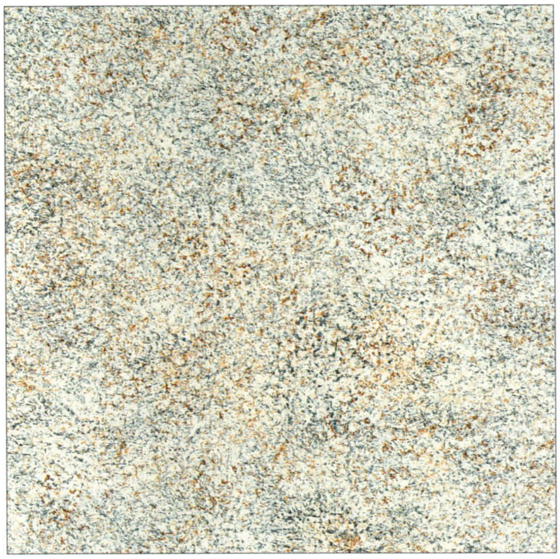

Man kann einer so behandelten Oberfläche Tiefe verleihen, indem man eine zweite Farbe auf die erste aufträgt. Die dunklere Farbe wird dabei am besten zuerst aufgetragen.

1 Tragen Sie die Grundfarbe auf und lassen Sie sie trocknen. Verwenden Sie Emulsionsfarbe, wenn Sie verdünnte Emulsionsfarbe auftupfen wollen bzw. seidenmatte Vinylfarbe, wenn Sie verdünnte Öllasur darüberstreichen.

2 Tupfen Sie den Schwamm auf die Wand und schaffen Sie so ein Muster auf der ganzen Wand. Sie können den Abstand der Tupfer auch variieren. Wiederholen Sie den Vorgang mit einer zweiten Farbe, sobald die erste Schicht getrocknet ist.

3 Zum Abtupfen mischen Sie verdünnte Lasur (vgl. S. 126), denn diese Technik funktioniert mit Emulsionsfarbe nicht, und streichen Sie diese gleichmäßig dünn auf die Grundfarbe auf. Arbeiten Sie auf einer etwa 1 m² großen Fläche.

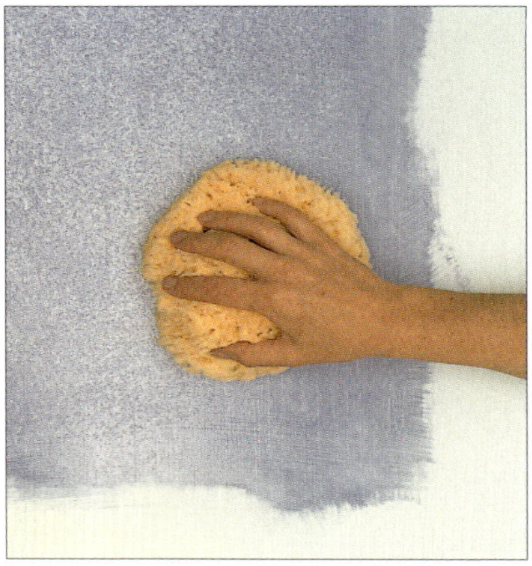

4 Tränken Sie den Schwamm in Terpentinersatz und wringen Sie ihn aus. Tupfen Sie die Oberfläche gleichmäßig damit ab und entfernen Sie so etwas Lasur. Wenn der Schwamm zuviel Farbe aufgesaugt hat, waschen Sie ihn in Terpentinersatz.

STREICHEFFEKTE: TUPFEN

SIE BRAUCHEN

Farbeimer für Lasur
10 cm breiter Pinsel
Tupfbürste **oder** Farbroller mit kurzem Mohairflaum
Lappen **oder** Papiertücher

MATERIALIEN

Eierschalenfarbe als Grundfarbe
Markenlack auf Ölbasis
Universalfarbe wie z.B. Ölmalfarben
Terpentinersatz (bei Bedarf)

VERWEISE

Grundlagen des Streichens S. 114–115
Pinsel verwenden, S. 116–117
Farbroller verwenden, S. 118–119

Einer der kompliziertesten Farbeffekte ist das Tupfen, wobei man farbige Lasur auf einen Untergrund aus seidenmatter Vinylfarbe aufträgt und dann die nasse Oberfläche mit einer Tupfbürste abtupft. Auf diese Weise und abhängig vom Druck werden Farbflecken abgetragen.

Wenn man eine Tupfbürste verwendet, ist es einfacher, im Team zu arbeiten. Einer trägt die Lasur auf, der andere tupft die Oberfläche ab. Auf großen Flächen ist ein kurzflaumiger Mohair-Farbroller eine schnelle Alternative.

Beim Tupfen scheinen kleinen Punkte der Grundfarbe durch die obere Farbschicht durch, wobei ein Punkteffekt entsteht.

1 Tragen Sie die Grundfarbe auf und lassen Sie sie trocknen. Mischen und tönen Sie dann die Lasur (vgl. S. 126). Streichen Sie die Wand mit einer gleichmäßigen, dünnen Schicht. Die bemalte Fläche sollte nicht größer als 1 m² sein.

2 Tupfen Sie nun die lasierte Fläche mit einer Tupfbürste gleichmäßig ab. Wenn Sie mit einem Partner arbeiten, kann er die Lasur schon auf die nächste Fläche auftragen, während Sie noch tupfen.

3 Gelegentlich sollten Sie die überschüssige Farbe von den Borsten entfernen, indem Sie die Bürste über saubere Lappen oder Papiertücher streichen.

4 Wenn Sie mit einem kurzflaumigen Roller tupfen, bewegen Sie diesen zuerst auf und ab und dann im rechten Winkel dazu. Achten Sie darauf, daß der Roller nicht rutscht. Linien verwischen Sie mit vertikalan Strichen.

Streicheffekte: Marmorieren

SIE BRAUCHEN

Farbeimer für Lasur
10 cm breiter Pinsel
sauberer, fusselfreier Stoff

MATERIALIEN

Emulsionsfarbe auf Wasserbasis **oder** Eierschalenfarbe als Grundierung
Matte Vinylfarbenemulsion für die Farbschicht und Lasur auf Wasserbasis **oder** Öllasur sowie Universalfarben z.B. Ölmalfarben
Terpentinersatz

VERWEISE

Grundlagen des Streichens S. 114–115
Pinsel verwenden, S. 116–117
Farbroller verwenden, S. 118–119

Das Marmorieren ist eine Streichtechnik mit einem groberen Effekt als die Schwammtechnik. Bei dieser einfachen Technik wird farbige Lasur auf die Grundfarbe gestrichen und dann teilweise wieder entfernt, indem man einen zusammengeknüllten Stoffball auf die Oberfläche drückt.

Der Effekt hängt davon ab, wie fest der Stoff zusammengeknüllt ist und wie saugfähig er ist. Naturfasern saugen mehr Farbe auf als Synthetik-Stoffe. Zu zweit ist das Marmorieren einfacher: Eine Person trägt die Lasur auf, während die andere sie marmoriert.

Die besten Ergebnisse erzielt man beim Marmorieren, wenn man ähnliche Farbtöne verwendet, wobei der dunklere auf den helleren aufgetragen wird.

1 Tragen Sie die Grundfarbe auf: Nehmen Sie dafür Emulsionsfarbe, wenn Sie für die zweite Schicht mit Lasur gemischte Emulsionsfarbe verwenden und Eierschalenfarbe bei verdünnter Öllasur. Tragen Sie die zweite Schicht auf die trockene Grundfarbe auf.

2 Knüllen Sie ein Stück sauberen, fusselfreien Stoff zusammen und pressen Sie ihn leicht auf die nasse Farbe, um etwas davon abzutupfen. Gehen Sie zur nächsten Stelle und verwischen Sie die beiden Stellen vorsichtig miteinander.

3 Tupfen Sie weiter, bis der Stoff voll Lasur ist, falten Sie ihn dann wieder neu zusammen und tupfen Sie. Wenn der Stoff mit Farbe gesättigt ist, ersetzt man ihn. Lassen Sie den benutzten Stoff ausgebreitet trocknen, bevor Sie ihn entsorgen.

4 Tragen Sie weiter Farbe auf und tupfen Sie sie ab, bis Sie das Ende der Wand erreicht haben. In der Ecke tragen Sie die Lasur mit einer Bürste auf. Bewegen Sie diese dabei immer von der Kante weg.

STREICHEFFEKTE: MUSTER MIT STOFFROLLEN

SIE BRAUCHEN

Farbeimer für Lasur
10 cm breiter Pinsel
kleiner Pinsel
Farbrolle
Lappen **oder** Papiertücher
sauberer, fusselfreier Stoff

MATERIALIEN

Seidenmatte Vinylfarben-, Emulsions **oder** Eierschalenfarbe als Grundfarbe
Matte Vinylemulsionsfarbe und Lasur auf Wasserbasis **oder** Öllasur und Universalölfarben wie z.B. Ölmalfarben für die Farbschicht

VERWEISE

Grundlagen des Streichens S. 114–115
Farbroller verwenden, S. 118–119

Beim Stoffrollen wendet man ebenfalls einfache Techniken an, mit denen leichte Unterschiede zum Marmorieren erzielt werden. Die Lasur wird getupft, bevor man den Stoff einsetzt, um die Farbschicht etwas abzuheben. Der zerknüllte Stoff wird dann über die Oberfläche gerollt, nicht getupft.

Da die Lasur schnell trocknet, sollte man im Team arbeiten. Einer trägt die Lasur auf, der andere rollt den Stoff. Sie müssen darauf achten, daß Sie kompatible Produkte kaufen. Öl- und wasserbasierende Farben und Lasuren sollten Sie nicht miteinander mischen.

Schaffen Sie ein wie zufälliges Muster, indem Sie den Stoff in verschiedenen Richtungen über die Oberfläche rollen.

1 Tragen Sie die Grundfarbe auf. Die Farbe für die obere Schicht mischen Sie mit einem kleinen Pinsel. Verwenden Sie vier Teile Emulsionsfarbe mit jeweils einem Teil Lasur. Um eine Öllasur zu erhalten, mischen Sie die Ölfarbe langsam darunter.

2 Tupfen Sie die Oberfläche mit einer kurzflaumigen Mohair-Farbrolle ab. Die Fläche sollte höchstens 3 m² groß sein. Farbe, die sich auf der Rolle angesammelt hat, wischt man mit einem Lappen oder mit Papiertüchern ab.

3 Knüllen Sie den Stoff zu einer Rolle zusammen. Wenn Sie vertikale Streifen wollen, rollen Sie den Stoff von oben nach unten. Versuchen Sie, die Streifen parallel zu halten und sich leicht überlappen zu lassen.

4 Für einen wie zufälligen Effekt rollen Sie den Stoff einfach in verschiedene Richtungen und falten ihn von Zeit zu Zeit neu zusammen, wenn er zuviel Farbe aufgenommen hat. Wenn der Stoff gesättigt ist, muß er ersetzt werden.

Streicheffekte: Schablonen ausmalen

SIE BRAUCHEN

Arbeiten mit Schablonen
Schablonen (selbstgemacht oder gekauft)
Abdeckband **oder** Sprühkleber
Wasserwaage
Bleistift
Schablonenpinsel
Einwegpalette aus Plastik **oder** Papier
Papiertücher

Verwendung des Stempels
Stempel **oder** Schwamm
kleiner Farbroller
Schmierpapier

MATERIALIEN

Acrylfarbe
Wasser

VERWEISE

Grundlagen des Streichens S. 114–115
Bodendielen bemalen und schablonieren, S. 184–185

Mit einer Schablone kann man Muster auf Wände übertragen. Halten Sie die Schablone einfach an die Wand und tragen Sie die Farbe auf, verschieben Sie die Schablone, und wiederholen Sie den Vorgang. Bei komplexeren Mustern kann es sein, daß man zwei oder mehr Farben oder Schablonen braucht. Achten Sie darauf, daß Sie die Farben auseinanderhalten. Die meisten Schablonen haben Markierungen, mit denen man sie immer wieder neu anlegen kann.

Für das Ausmalen sind Acrylfarben am besten geeignet, weil sie schnell trocknen und in sehr vielen Farbtönen erhältlich sind. Seidenmatte Vinylfarbe ist der beste Untergrund zum Ausmalen von Schablonen, weil man Fehler einfach wegwischen kann. Sie können die Schablonen auch auf Flächen mit Streicheffekten aufmalen.

Mit Schablonen kann man Muster auf die Wand auftragen. Ein sehr dekorativer Effekt wird auch erzielt, wenn man in Deckenhöhe eine Borte an die Wand malt.

1 Bei horizontal verlaufenden Mustern sollte man mit einer Wasserwaage und einem Bleistiftstrich eine gerade Linie festlegen. Wenn es eine Bild- oder Sockelleiste gibt, kann man sich an dieser orientieren. Wenn die Decke nicht gerade ist, sollte man das Muster etwas niedriger anbringen, dann fällt dies nicht so auf.

2 Messen Sie zuerst die Länge Ihres Musters. Beginnen dann Sie in der Mitte der Wand mit dem Ausmalen und arbeiten Sie sich zu den Ecken vor. Nicht alle Muster können um Ecken herum verlaufen. Man muß die Abstände zwischen den einzelnen Ansätzen entsprechend anpassen.

3 Legen Sie die Schablone an der Wand an. Zur Fixierung verwenden Sie Abdeckband oder Sprühkleber. Wenn man die Schablone mit Sprühkleber befestigt, ist die Gefahr, daß Farbe unter der Schablone durchläuft, geringer und man kann die Schablone einfacher abziehen.

4 Nehmen Sie etwas Farbe von der Palette auf und tupfen Sie die Borsten auf sauberes Papier, bis Sie eine gleichmäßige Farbe erhalten. Dabei reicht eine kleine Menge relativ lang. Tupfen Sie jede einzelne Fläche der Schablone aus. Für Glanzeffekte verwenden Sie hellere Farbe.

5 Entfernen Sie die Schablone von der Wand und legen Sie sie entlang der vorgezeichneten Linien wieder an. Malen Sie die Schablone aus. Wenn sich zuviel Farbe darin ansammelt, verwenden Sie Papiertücher zur Reinigung.

6 Wenn Sie mehrere Farben verwenden, beenden Sie erst eine Schicht und lassen sie trocknen, bevor Sie die nächste Farbe auftragen. Um zu vermeiden, daß ein Feld mit der falschen Farbe ausgemalt wird, sollten Sie die anderen Felder mit Abdeckband abkleben.

STEMPEL VERWENDEN

Statt einer Schablone kann man auch mit einem Stempel Muster an die Wand bringen. Sie können einen gekauften Gummistempel verwenden oder Ihren eigenen herstellen. Verwenden Sie einen Kunstschwamm für einen einfachen Stempel, schneiden Sie die Formen mit einem Messer aus und lassen Sie die Stempelfläche ausreichend hervortreten. Ein komplizierteres Muster erzeugen Sie mit Linoleum und Kammlehre, das auf einen Plastikblock geklebt wird.

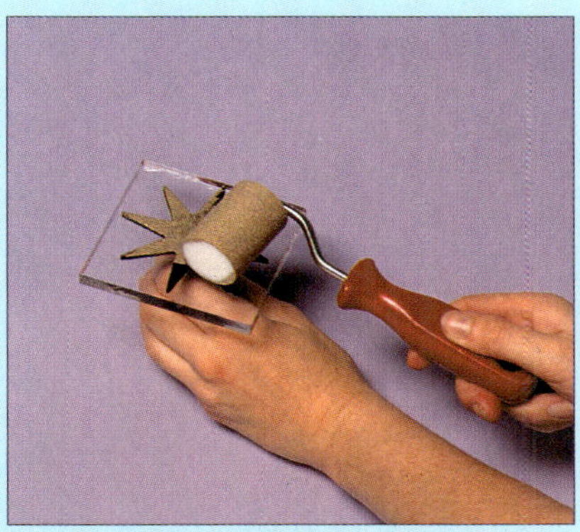

Mit einem kleinen Farbroller verteilen Sie die Farbe so gleichmäßig wie möglich auf der hervortretenden Fläche.

Testen Sie den Stempel auf Schmierpapier, um die richtige Farbmenge und den nötigen Druck herauszufinden.

TAPEZIEREN ALS ALTERNATIVE ZUM STREICHEN

MATERIALIEN

VINYLTAPETE

PRÄGETAPETE

VELOURS-TAPETE

STRUKTURTAPETE

JUTETAPETE

SEIDENTAPETE

GEPRÄGTE VINYLTAPETE

UNTERTAPETE

HOLZTAPETE

BORTEN UND FRIESE

Wandbekleidungen haben gegenüber einer nur gestrichenen Wand zwei Vorteile: die Muster sind sehr regelmäßig an Wänden und Decken, und sie können strukturiert sein. Der Effekt kann rein dekorativ, aber auch praktisch sein, z.B. kann die Oberfläche so einfacher zu reinigen sein. Wandbekleidungen anzubringen ist nicht schwierig, wenn man die grundlegenden Techniken beherrscht. Wenn Sie Anfänger sind, sollten Sie fertig gekleisterte Tapete kaufen und daran denken, daß einige Muster schwerer anzusetzen sind, weil sie genau auf gleicher Höhe aneinanderpassen müssen, und daß billige Tapeten leicht reißen.

▶ Blumentapete hat einen ländlichen, altmodischen Charme, der zum Stil des Raums paßt. Wenn man ein altes Haus renoviert, können solche Tapeten helfen, diese Atmosphäre zu schaffen.

▼ Borten und Friese werden normalerweise für zusätzliche Effekte angebracht. Hier macht die Borte einen Blickfang aus einer einfachen Fußleiste.

▶ An stark beanspruchten Stellen sollte man haltbare Vinyltapete verwenden.

▲ Engstellen werden am besten mit einfachen Tapeten verkleidet, auffällige Tapeten könnten das Auge ermüden. Sie sollten die Tapete auch nur unterhalb der Sockelleiste anbringen.

► Mit Tapete können Sie die Wirkung eines Raums verändern. Streifen lassen einen Raum größer und höher wirken.

► Tapeten gibt es in vielen verschiedenen Mustern und Strukturen. Tapezieren Sie einen Stoffrollen-Effekt, oder wie hier einen Wascheffekt, nur ohne zu streichen.

► Tapeten können Risse verdecken und sind unschätzbar wertvoll bei der Renovierung alter Häuser. Als Alternative können Sie auch Untertapete verwenden und diese anmalen.

◄ Es gibt viele Tapetendesigns, u.a. auch einfarbige mit Prägemustern.

TAPEZIERGRUNDLAGEN

SIE BRAUCHEN

Maßband
Eimer
Holzstab (zum Mischen)
Staubtuch
Tapezierbürste
Bleistift

MATERIALIEN

Grundierung
Tapetenrolle

VERWEISE

Alte Tapeten ablösen, S. 26–27
Oberflächen abwaschen und vorbereiten, S. 30–31
Tricks für die Innenausstattung, S. 110–111
Grundlagen des Streichens S. 114–115
Möglichkeiten bei d. Wandbekleidung, S. 130–131
Tapeten zuschneiden, einkleistern, falten, S. 134–135

Bevor Sie mit dem Tapezieren anfangen, müssen Sie einige Vorbereitungen treffen. Zuerst einmal suchen Sie die Tapete aus. Dies wird durch Ihren persönlichen Geschmack, aber auch durch praktische Überlegungen beeinflußt, z.B. wenn Sie eine schmutzabweisende oder strukturierte Oberfläche haben möchten, um Makel an der Wand zu verdecken.

TAPETENMUSTER

Genauso wie Sie nach einem Muster Ihres Geschmacks suchen müssen, müssen Sie bedenken, wie das Muster sich über die einzelnen Bahnen hinweg zusammensetzt, was beim Abschätzen der richtigen Menge von Bedeutung ist. Wenn die Tapete nicht einfach nur gestreift oder zufällig gemustert ist, wird das Muster auf der ganzen Rolle aufgedruckt sein. Es kann 5 cm klein oder 30 cm groß sein, oder vielleicht sogar noch größer, wenn das Motiv besonders plakativ ist.

Der Abstand der Motive zueinander bestimmt, wie man die Tapeten ansetzen muß. Einige Muster reihen sich quer aneinander, aber bei anderen bringt man die Bahnen versetzt an. Wenn die Verschiebung groß ist, brauchen Sie mehr Tapete, weil Sie einen größeren Streifen abschneiden müssen.

VORAUSPLANEN

Messen Sie die Raumhöhe und überprüfen Sie, ob Sie mehr als vier Bahnen aus jeder 10 m langen Standardrolle Tapete erhalten. Wenn Sie sich nicht sicher sind, wieviel Sie wirklich brauchen, sollten Sie eine zusätzliche Rolle als Reserve kaufen.

Kleben Sie die Tapete auf nackten oder angestrichenen Putz, aber niemals auf alte Tapete. Fangen Sie an der unauffälligsten Stelle oder direkt neben der Tür an. Das hilft Ihnen, etwaige Probleme mit dem Muster zu verbergen, wenn die letzte Bahn an die erste geklebt wird.

ANSÄTZE
Wenn sich ein Motiv über eine Tapetenbahn hinweg wiederholt, gibt es an den beiden Enden der Bahn zueinanderpassende Stücke. Diese Tapeten haben einen geraden Ansatz. Wenn die Motive sich über zwei Bahnen hinweg wiederholen, werden die zusammengehörenden Motive an den gegenüberliegenden Enden durch den halben Ansatz ausgeglichen, dies ist ein versetzter Ansatz.

MENGEN SCHÄTZEN

Messen Sie den Umfang des Raums und lassen Sie dabei Türen und Fenster außer acht, wenn sie weniger als 10% des Umfangs ausmachen. Eine Standardrolle ist etwas mehr als einen halben Meter breit, weshalb die Verdoppelung des Umfangs die Anzahl der benötigten Bahnen ergibt. Teilen Sie diese Zahl durch 4 (oder 3, wenn Ihre Wände höher als 2,40 m sind oder wenn die Tapeten einen versetzten Ansatz haben). Bei Decken messen Sie die Länge der Bahnen, dann rechnen Sie aus, wieviele Bahnen Sie aus einer 10 m-Rolle schneiden und wieviele Rollen Sie brauchen.

	Verbrauchsmengen / Tapetenrollen												
Wandhöhe	Meter	9	10	11	12	13	14	15	16	17	18	19	20
2,0 m bis 2,2 m		4	4	5	5	5	6	6	6	6	7	7	8
2,2 m bis 2,4 m		4	4	5	5	6	6	6	7	7	8	8	9
2,4 m bis 2,6 m		4	5	5	6	6	7	7	8	8	9	9	10
2,6 m bis 2,8 m		5	5	6	6	7	7	8	8	9	9	10	11
2,8 m bis 3,0 m		5	5	6	7	7	8	8	9	9	10	11	12

Die Tabelle gibt Ihnen einen ungefähren Anhaltspunkt, wieviele Rollen Tapete mit geradem Ansatz man für welche Wandhöhe braucht.

1 Gestrichene Flächen brauchen nicht gesondert vorbereitet zu werden, abwaschen genügt. Die poröse Oberfläche des Putzes muß mit Grundierung versiegelt werden. Diese rühren Sie gemäß den Herstellerangaben an.

2 Tragen Sie eine Schicht Grundierung auf die Wand auf. Ohne diese ist es schwierig, die Bahnen an der Wand zu verschieben und das Muster zusammenzusetzen. Lassen Sie die Grundierung trocknen, bevor Sie mit dem Tapezieren anfangen.

3 Wenn der Raum einen Kamin oder eine andere hervorstehende Stelle hat und das Tapetenmotiv groß ist, hängen Sie die erste Bahn dort auf. Andernfalls fangen Sie in einer Ecke oder an einer unauffälligen Stelle an.

4 Sie sollten mit einer Rolle die Breite der einzelnen Bahnen markieren. Das bringt die Schwierigkeiten an ungünstigen Stellen zu Tage, z.B. in der Nähe von Innenecken. Verändern Sie ggf. Ihren Ausgangspunkt.

TAPETEN ZUSCHNEIDEN, EINKLEISTERN UND FALTEN

SIE BRAUCHEN

Zuschneiden, Einkleistern und Falten der Tapete
Kleistereimer und Pinsel (zum Mischen)
Maßband
Bleistift
Tapeziertisch
Tapezierschere
Kleisterpinsel
Tuch

Vorgekleisterte Tapeten
Wanne
Maßband
Bleistift
Tapezierschere

MATERIALIEN

Zuschneiden, Kleistern und Falten der Tapete
Tapete
Kleister (Pulver **oder** fertig gemischt)

Vorgekleisterte Tapeten
Tapete

VERWEISE

Tapeziergrundlagen S. 132–133
Tapeten ankleben und zuschneiden S. 136–137

Die gewählte Tapete und die Form Ihres Zimmers entscheiden, wie einfach oder schwierig das Tapezieren wird. Wenn Sie vorher noch nie tapeziert haben, sollten Sie eine Tapete mit geradem Ansatz oder ganz ohne Ansatz wählen, so daß Sie sich auf die Technik konzentrieren können, ohne die Schwierigkeiten mit dem Ansatz zu haben (vgl. S. 132–133). Auch vorgekleisterte Tapeten sind zu empfehlen.

Bevor Sie mit der Arbeit beginnen, überlegen Sie überlegen, in welcher Richtung die Tapete angebracht werden muß (die Hersteller plazieren die Oberkante normalerweise am Anfang der Rolle), markieren Sie dann die Tapete, damit das Muster richtig herum läuft. Kaufen Sie auf ausreichend Tapete (vgl. S. 132–133), und kontrollieren Sie, ob die Etiketten alle dieselbe Nummer tragen. So können Sie sichergehen, daß es keine Farbunterschiede gibt oder daß Sie keine unterschiedliche Muster gekauft haben.

DEN KLEISTER WÄHLEN

Vor dem Kauf sollten Sie überlegen, ob Sie eine Kleistersorte mit Fungizid brauchen. Dies ist notwendig, wenn man undurchlässige Materialien, wie z.B. abwaschbare Vinyltapeten verwendet, damit sich im trocknenden Kleister kein Schimmel bildet. Auch wenn Sie bereits vorher Probleme mit Schimmel hatten, sollten Sie diese Sorte kaufen (vgl. S. 12–13).

Lesen Sie die Angaben auf der Tapetenrolle, um herauszufinden, welchen Kleister Sie brauchen. Bei Kleistern in Pulverform wird auf der Packung die Bahnenanzahl angegeben. Üblich sind 1 Liter Fertigkleister für drei Rollen.

Nützliche Hinweise

Nachdem Sie eine Standardlänge für die Bahnen festgelegt haben, messen Sie Ihren Tapziertisch und markieren die Bahnlänge auf dem Tisch. Sie können nun den Tisch als Maßstab verwenden. Bei Mustern müssen Sie zuerst das Muster anpassen und die Bahn oben markieren.

1 Wenn Sie Kleister in Pulverform verwenden, rühren Sie das Pulver langsam in das Wasser ein, damit sich keine Klumpen bilden. Lassen Sie ihn gemäß der Angabe auf der Packung stehen und eindicken. Der Kleister kann etwa eine Woche lang verwendet werden. Flüssigkleister ist klumpenfrei.

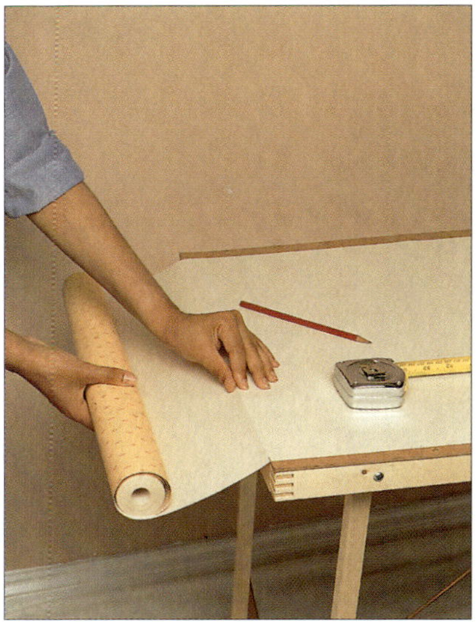

2 Messen Sie die Wandhöhe und rechnen Sie 10 cm dazu, damit man die Tapete oben und unten abschneiden kann. Rollen Sie die Tapete aus und markieren Sie die Länge. Falten Sie die Tapete an der Markierung. Schreiben Sie auf die Rückseite der Bahn „oben" und schneiden Sie sie entlang der Linie zu.

3 Legen Sie die Tapete so, daß sie die Ihnen zugewandte Kante des Tischs leicht überlappt. Tragen Sie Kleister auf die Mitte der Bahn auf und verteilen Sie ihn dann zu den Enden und Kanten der Bahn hin.

4 Legen Sie die Tapete dann so hin, daß sie mit der Tischkante abschließt und streichen Sie den Kleister zu dieser Kante hin. Diese Technik gewährleistet, daß die Kanten völlig eingekleistert sind, ohne daß Kleister auf den Tisch und von dort auf die Vorderseite der Tapete gelangt.

5 Falten Sie die Tapete so, daß die gekleisterten Flächen aufeinanderliegen und ziehen Sie die Bahn über den Tisch, so daß Sie den Rest der Bahn einkleistern können. Wenn Sie die Bahn ganz eingekleistert haben, schlagen Sie auch das zweite Ende um.

6 Jetzt können Sie die Bahn hochheben und über Ihren Arm legen. Wenn Sie eine schwere Tapete gewählt haben, sollten Sie sie zuerst weichen lassen. Legen Sie die gefaltete Bahn zuerst zur Seite und kleistern Sie die nächste Bahn.

VORGEKLEISTERTE TAPETE

Wenn Sie eine abwaschbare oder eine vorgekleisterte Vinyltapete gewählt haben, brauchen Sie das herkömmliche Kleisterwerkzeug nicht, sondern nur eine Plastikwanne mit kaltem Wasser, die Sie dorthin stellen, wo die Tapete aufgehängt werden soll. Vorgekleisterte Tapeten können an den Enden austrocknen, wenn die Bahn präzise geschnitten und angepaßt werden muß. Rühren Sie deshalb eine kleine Menge herkömmlichen Kleister an und kleistern Sie damit die Kanten ein.

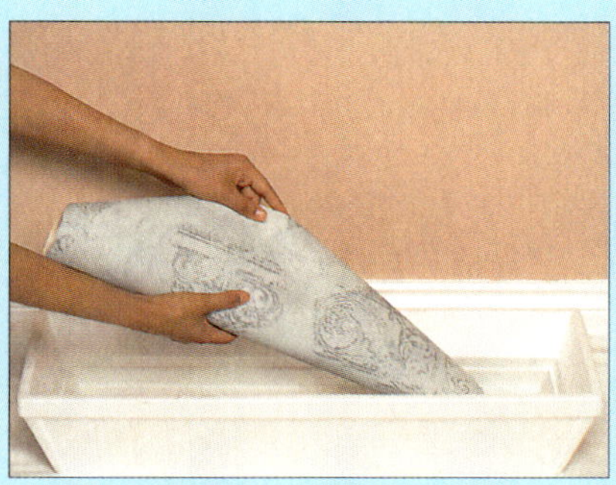

Schneiden Sie die Tapete zu und rollen Sie sie mit dem Muster und dem oberen Ende nach außen auf. Lassen Sie die Bahn in der Wanne einweichen.

Fassen Sie das obere Ende an und ziehen Sie die Bahn hoch. Überschüssiges Wasser läuft in die Wanne. Gehen Sie dann wie bei normaler Tapete vor.

TAPETEN ANKLEBEN UND ZUSCHNEIDEN

SIE BRAUCHEN

Tapeten ankleben und zuschneiden
Senkschnur, Bleistift und Lineal
Trittleiter
Tapezierbürste
Tapezierschere
Kleine Schere
Ecken- und Nahtroller
Malerpinsel (bei Bedarf)
Tuch

Untertapete anbringen
siehe oben

MATERIALIEN

Tapeten ankleben und zuschneiden
Tapete
Kleister (Pulver **oder** fertig gemischter)

Untertapete anbringen
siehe oben

VERWEISE

Tapeziergrundlagen, S. 132–133
Tapeten zuschneiden, kleistern und falten, S. 134–135
Um Ecken herum tapezieren, S. 138–139
Um Türen und Fenster herum tapezieren, S. 140–141

Die richtige Technik beim Anbringen der Tapete trägt am meisten zum professionellen Aussehen bei. Wo auch immer Sie die erste Bahn aufhängen, es ist unbedingt notwendig, daß sie entlang einer senkrechten Linie aufgehängt wird. Zimmerecken sind niemals vollkommen senkrecht und sich auf eine Ecke als Anhaltspunkt zu verlassen, kann problematisch werden. Streifen können nicht ganz senkrecht sein, und waagerechte Muster können schräg nach oben laufen. Vor allem im Decken- und Bodenbereich fallen diese Fehler natürlich auf.

BEVOR SIE ANFANGEN

Schnelligkeit ist ebenfalls wichtig, denn der Kleister trocknet schnell, und so kann es zu Problemen beim Haften der Tapete, vor allem an den Enden und Nähten, kommen. Auf gestrichenen Wänden kommt es schnell zu einem Überschuß an Kleister, der weggewischt werden muß. Achten Sie darauf, daß Sie alle notwendigen Werkzeuge jederzeit griffbereit haben.

Da Sie bis an die Decke gelangen müssen, sollten Sie eine Trittleiter zur Hand haben. Räumen Sie alle Hindernisse entlang der Wände weg, damit Sie die Leiter besser hin- und herschieben können. Denken Sie auch an die Sicherheitsregeln für Leitern (vgl. S. 114–115).

Es ist einfacher, im Uhrzeigersinn zu arbeiten, wenn Sie Rechtshänder sind, und gegen den Uhrzeiger, wenn Sie Linkshänder sind. Wählen Sie auch Ihren Startpunkt entsprechend.

Nützliche Hinweise

Wenn die erste Bahn Blasen wirft, verlängern Sie bei den folgenden Bahnen die Einweichzeit. Sollte der Kleister schon getrocknet sein, und Sie finden eine Blase, ritzen Sie ein kleines x hinein. Streichen Sie Kleister auf die Rückseite der Tapete und die Wand und drücken Sie das Papier ein paar Minuten fest. Wischen Sie herausquellenden Kleister ab und glätten Sie die Stelle mit einem Ecken- und Nahtroller.

1 Wenn Sie in einer Ecke mit dem Tapezieren anfangen, ziehen Sie Ihre erste senkrechte Linie etwa 2,5 cm schmaler als die erste Tapetenbahn. So kann man einen kleinen Papierstreifen in die Ecke drücken. Halten Sie die Schnur fest und zeichnen Sie an der Wand zwei oder drei Markierungen auf, um die vertikale Linie anzudeuten.

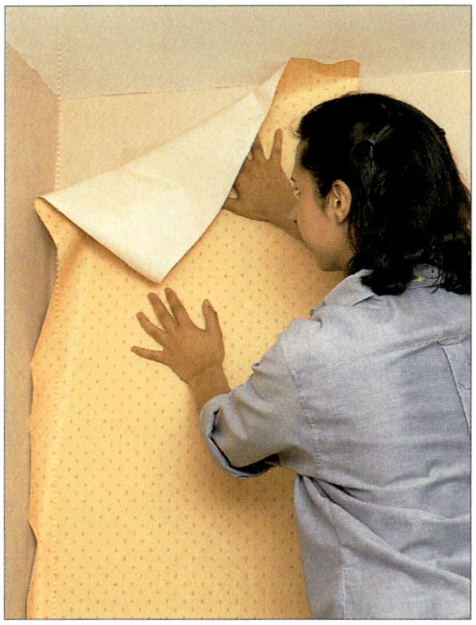

2 Tragen Sie die gefaltete Tapetenbahn zur Wand, steigen Sie auf eine Trittleiter und falten Sie das Ende der Bahn auseinander. Ziehen Sie die Tapete zuerst nach oben und lassen Sie etwa 5 cm an der Decke überstehen. Ziehen Sie die Bahn nun seitwärts zur Orientierungslinie, bis sie auf dieser aufliegt.

3 Mit der Tapezierbürste glätten Sie die obere Hälfte der Bahn von oben nach unten und von der Mitte zu den Seiten. Bürsten Sie Blasen weg. Entfalten Sie dann den Rest der Bahn und bürsten Sie darüber. Drücken Sie die Tapete fest in die Ecke.

4 Markieren Sie den Überstand mit der geraden Klinge der Taperzierschere. Ziehen Sie die Tapete von der Wand ab und schneiden Sie sie entlang der Markierung ab. Bürsten Sie die nun passende Kante an die richtige Stelle. Wiederholen Sie den Vorgang an der Fußleiste.

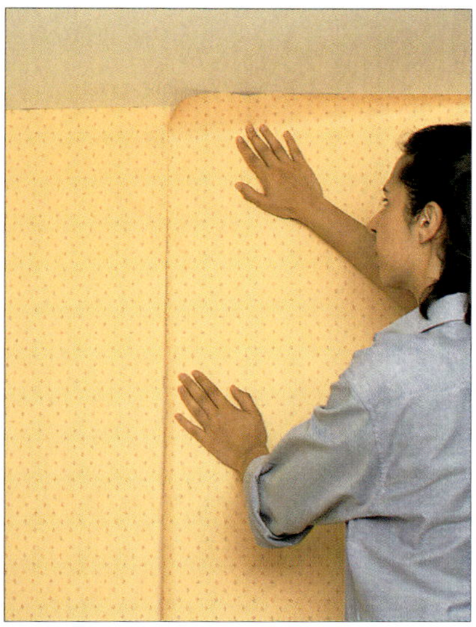

5 Kleistern und falten Sie die nächste Bahn. Öffnen Sie die obere Falte der Tapete und drücken sie an die Wand. Achten Sie darauf, daß der Ansatz stimmt. Dann bürsten Sie die Bahn an die richtige Stelle, wie schon in den Schritten 3 und 4 beschrieben.

6 Wenn Sie keine geprägte Tapete anbringen, verwenden Sie einen Ecken- und Nahtroller für gute Haftung. Wenn eine Naht ausgetrocknet ist und sich ablöst, sollten Sie die Tapete dort leicht anheben und auf der Rückseite mit einem Malerpinsel und etwas frischem Kleister bestreichen. Rollen Sie die Naht dann fest.

UNTERTAPETE

Untertapete schafft eine glatte Oberfläche auf mangelhaften Wänden. Sie kann auch an Decken verwendet werden. Zusätzlich kann man sie leicher streichen als Dekortapete.

Hängen Sie die Untertapete waagrecht auf und verwenden Sie dabei denselben Kleister wie für die Dekortapete. Schneiden Sie die Bahnen so lang, daß Sie von einer Ecke im Raum bis an die andere reichen und beginnen Sie an der Oberkante der Wand mit dem Tapezieren.

Nachdem Sie eine Bahn zugeschnitten und eingekleistert haben, falten Sie die Untertapete wie eine Ziehharmonika.

Bürsten Sie die Bahn Falte für Falte entlang der Wand aus. Wiederholen Sie dies bei jedem folgenden Streifen.

Um Ecken tapezieren

SIE BRAUCHEN

Ecken tapezieren
Senklot und Schnur, Bleistift und Lineal **oder** Kreide
Trittleiter
Tapezierbürste
Tapezierschere
Ecken- und Nahtroller

Doppelte Ecken
siehe oben

MATERIALIEN

Ecken tapezieren
Tapete
Kleister (Pulver **oder** fertig gemischter)
PVC Kleber (bei Bedarf)

Doppelte Ecken
siehe oben

VERWEISE

Tapeziergrundlagen, S. 132–133
Tapeten zuschneiden, kleistern und falten, S. 134–135
Um Türen und Fenster herum tapezieren, S. 140–141
Tapete anbringen und glätten, S. 136–137
Um Hindernisse herum tapezieren, S. 142–143
Eine Decke tapezieren, S. 144–145

Ein Flur ist der ideale Ort für abwaschbare Tapete. Sie bringt Farbe und ein Muster in einen engen Raum und sie ist leicht zu reinigen.

Wenn Sie eine Wandbekleidung als dekorativen Blickfang an nur einer Wand anbringen, müssen Sie sich nicht um die Ecken kümmern. Aber meistens tapeziert man einen ganzen Raum, weshalb Sie sowohl um innere als auch äußere Ecken herum tapezieren müssen.

Ecken in Räumen sind nur selten vollkommen gerade, deshalb ist es schwierig eine Bahn gerade um diese Ecke zu kleben. Wenn diese Kante dann auch noch als Hilfslinie für folgende Bahnen verwendet wird, wird keine Bahn entlang der nächsten Wand richtig hängen. Aus diesem Grund sollte man an jeder Wand eine neue Hilfslinie einzeichnen.

Nützliche Hinweise

Wenn Sie eine Tapete mit senkrechten Streifen anbringen wollen, sollten Sie das Lot in jeder inneren oder äußeren Ecke des Raumes fällen, um zu sehen, ob die Ecken gerade sind. Wenn die Ecken um mehr als 5 mm abweichen, wählen Sie besser ein waagerechtes Tapetenmuster.

1 Nachdem Sie die letzte vollständige Bahn vor einer inneren Ecke angebracht haben, messen Sie den Abstand zwischen ihr und der Wand aus. Fügen Sie zur weitesten Messung noch 2,5 cm hinzu und schneiden Sie einen Streifen Tapete auf diese Breite zu. Die maschinell geschnittene Kante sollte an der letzten Bahn anliegen.

2 Kleistern Sie das zugeschnittene Stück ein und befestigen Sie es, wobei die maschinell geschnittene Kante an die vorhergehende Bahn stoßen soll. Bürsten Sie das handgeschnittene Ende in die Ecke. Sparen sie das überstehende Stück der Bahn aus.

3 Wenn das überstehende Stück Tapete sich kräuselt, weil die Ecke nicht ganz gerade ist, schneiden oder reißen Sie die betreffende Kante ein, damit die Tapete flach an der Wand aufliegen kann.

4 Messen Sie den übriggebliebenen Streifen, der zur Seite gelegt wurde, und zeichnen Sie im entsprechenden Abstand eine senkrechte Linie an der Wand ein. Befestigen Sie den Streifen, wobei seine maschinell geschnittene Kante entlang der Markierungslinie verläuft.

5 An einer äußeren Ecke wenden Sie eine ähnliche Technik wie in Schritt 1 und 2 an und legen etwa 2,5 cm Tapete um die Ecke an die angrenzende Wand. Wenn nötig, reißen oder schneiden Sie die Tapete auch hier ein, damit die um die Ecke gelegte Stelle flach aufliegt

6 Markieren Sie auf der angrenzenden Wand eine senkrechte Linie und hängen Sie den zur Seite gelegten Rest so auf, daß die maschinell geschnittene Kante entlang der Markierungslinie verläuft und das handgeschnittene Ende auf der umgefalteten Stelle aufliegt.

DOPPELTE ECKEN

Wenn Sie eine eingemauerte Leitung oder einen Pfeiler in einem Raum haben, müssen Sie ein- und dieselbe Bahn um eine innere und eine äußere Ecke herumlegen. Dies ist schwierig, denn selbst wenn die erste Ecke gerade ist, muß es die zweite noch lange nicht sein. Tapezieren Sie beide Ecken wie normale Zimmerecken. Wenn Sie die Kante der Bahn unregelmäßig einreißen (siehe Bild ganz rechts), ist sie unter der nächsten Bahn nicht so deutlich zu sehen.

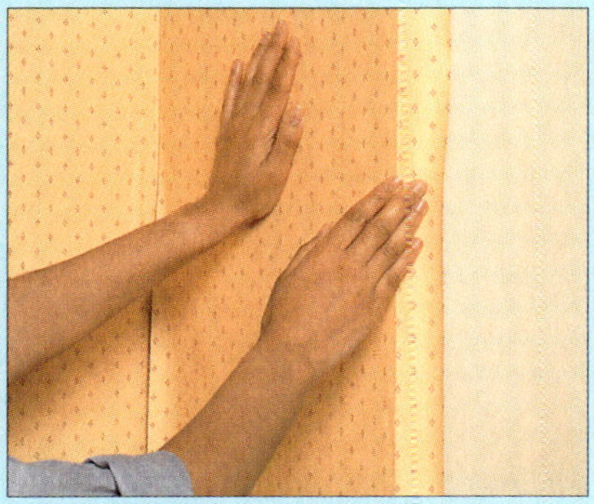

Schneiden Sie ein Stück Tapete ab, das den Teil der Wand bedeckt, der zur ersten äußeren Ecke führt. Richten Sie das Muster an der äußeren Ecke aus.

Lassen Sie einen 2,5 cm breiten Streifen an der nächsten Wand überstehen und reißen Sie ihn entlang der Kante unregelmäßig ein.

UM TÜREN UND FENSTER TAPEZIEREN

SIE BRAUCHEN

Senklot und Schnur, Bleistift und Linea
Trittleiter
Tapezierbürste
kleine Schere
Ecken- und Nahtroller
Maßband

MATERIALIEN

Tapete
Kleister (Pulver **oder** fertig gemischter)

VERWEISE

Tapeziergrundlagen, S. 132–133
Tapeten zuschneiden, kleistern und falten, S. 134–135
Tapeten ankleben und zuschneiden, S. 136–137
Um Ecken tapezieren, S. 138–139
Um Hindernisse tapezieren, S. 142–143
Eine Decke tapezieren, S. 144–145

Sorgfältige Planung ist die Voraussetzung für erfolgreiches Tapezieren an Türen und Fenstern. Es ist nicht einfach, die kurzen Bahnen ober- und unterhalb eines Fensters an die nächste ganze Bahn anzupassen. Tapezieren Sie zuerst über dem Fenster und bringen Sie dann die ganze Bahn an. Tapezieren Sie zum Schluß unter dem Fenster.

Um eine Türöffnung oder eine Fensterlaibung herum zu tapezieren, ist umständlich. Legen Sie den Startpunkt so fest, daß Sie in der Nähe der Tür keine schmalen Streifen tapezieren müssen und daß keine Kanten an den Ecken zum Fenster auftauchen.

Sie schneiden die Tapete zwar so zu, daß sie am Fensterrahmen oder am Türbalken paßt, aber an diesen Stellen treten erfahrungsgemäß immer Lücken auf. Um Ihre Dekoration möglichst gut aussehen zu lassen, sollten Sie diese Lücken schließen und anschließend überstreichen. Kratzen Sie alle lockeren Bestandteile aus den Öffnungen heraus und verfüllen Sie die Löcher mit Spachtelmasse. Streichen Sie dann erst den Türbalken oder den Fensterrahmen.

1 Wenn die Tür sich in einer Ecke befindet, können Sie dort Probleme mit dem Ansatz gut verstecken. Ansonsten sollte das Muster oberhalb und auf der anderen Seite davon weitergehen. Kleben Sie die letzte vollständige Bahn vor der Türöffnung an die Wand und die nächste Bahn über den Türbalken.

2 Drücken Sie die Tapete gegen den Türbalken, bis sich die Holzkante darunter abzeichnet. Schneiden Sie die Bahn von der Kante her diagonal ein.

3 Drücken Sie die Tapete mit der Schere in die Winkel zwischen Wand und Türrahmen und markieren Sie so die Schnittlinien. Schneiden Sie den Abfall ab und bürsten Sie die Tapete dann wieder zurück in die Ecken.

4 Schneiden Sie ein kleines Stück Tapete zu und kleben Sie es über der Tür fest. Fügen Sie dann die nächste Bahn wie in den Schritten 1 bis 3 an. Wenn diese Bahn bis in eine Ecke reichen soll, müssen Sie sie so zuschneiden, daß Sie in die Ecke paßt und die angrenzende Wand noch überlappt.

5 An einer Fensterlaibung läßt man eine Bahn die Laibung überlappen. Schneiden Sie die Kanten so ein, daß sie an die Seitenwand der Laibung umgeklappt werden kann und schneiden sie am Fensterrahmen ab. Tapezieren Sie die Unterseite der Laibung.

6 Schneiden Sie ein Stück für die Unterseite der Laibung zu und klappen Sie dessen Vorderseite auf der Wand über dem Fenster um. Kleben Sie es unter die Tapete dieser Wand und neben der Laibung.

7 Schneiden Sie die hintere Kante dieses Stückes ab und schneiden Sie dann bei Bedarf einen Zusatzstreifen für die Seitenwand. Befestigen Sie weitere kurze Bahnen oberhalb des Fensters und klappen Sie diese zur Unterseite hin um, bis Sie die nächste volle Bahn erreichen.

8 Ziehen Sie eine senkrechte Linie an der anderen Seite des Fensters und kleben Sie die neue Bahn entlang dieser Linie fest. Schneiden Sie diese wie in Schritt 5 zu und fügen Sie bei Bedarf noch einen Zusatzstreifen ein. Kleben Sie unterhalb des Fensters dann kurze Bahnen an.

Um Hindernisse tapezieren

SIE BRAUCHEN

Rundbögen
vgl. Tapeten ankleben und zuschneiden S.136–137
Maßband

Blenden
vgl. Tapeten ankleben und zuschneiden S.136–137
Kleiner Schraubendreher

Feste Objekte
vgl. Tapeten ankleben und zuschneiden S.136–137
kleine Schere (bei Bedarf)
Scharfes Messer (bei Bedarf)

MATERIALIEN

Rundbögen
Tapete
Kleister (Pulver **oder** fertig gemischt)

Blenden
sieh oben

Feste Objekte
siehe oben

VERWEISE

Tapeziergrundlagen, S. 132–133
Tapeten zuschneiden, kleistern und falten, S. 134–135
Um Ecken tapezieren, S. 138–139
Tapeten ankleben und zuschneiden, S. 136–137

Abgesehen von den offensichtlich schwierigen Stellen wie Türen und Fenster gibt es in jedem Raum noch eine Reihe weiterer Problemstellen, wie Lichtschalter, Steckdosen, Kamineinfassungen, Endpfosten an Geländern und sogar Rundbögen an Nischen und zwischen Räumen. Schlimmstenfalls trocknet der Kleister ein, während Sie gerade die Tapete zuschneiden und einem Hindernis anpassen. Dieses Problem beheben Sie, indem Sie etwas Kleister und einen kleinen Pinsel zur Hand haben.

Bögen stellen besondere Probleme dar, was den Ansatz bei gemusterten Tapeten anbelangt. Es ist unmöglich, einen korrekten Ansatz zwischen den glatten und den gebogenen Flächen zu finden. Am besten verwendet man eine ungemusterte oder nur mit zufälligen Mustern bedeckte Tapete, oder man tapeziert den Bogen mit einer einfarbigen Tapete, die zu der an den anderen Zimmerwänden paßt.

Bevor Sie anfangen

Entfernen Sie immer soviele an der Wand angebrachte Hindernisse wie möglich, bevor Sie mit dem Tapezieren anfangen. Regale, Hängevitrinen und ähnliches sind in der Regel festgedübelt (vgl. S. 18–19)

Bei Wandleuchten drehen Sie zuerst die Sicherung heraus. Schrauben Sie die Leuchten dann von der Wand ab, klemmen Sie die Kabel ab und legen Sie sie auf Seite. Die blanken Kabelenden umwickeln Sie mit Isolierband. Wenn Sie neben einem Lichtschalter oder einer Steckdose arbeiten, schalten Sie zuerst den Strom ab.

Nützliche Hinweise

Hinter einer Heizung kleben Sie etwa 15 cm Tapete fest. Mit einem Farbroller drückt man die Tapete an. Wenn die Lücke zwischen Heizung und Fußleiste groß ist, sollten Sie auch dort tapezieren. An schwierigen Stelle schneidet man die Tapete mit einer kleinen Schere ein, damit sie flach aufliegt. Schneiden Sie alle überstehenden Stücke auf etwa 6 mm ab.

Rundbogen

1 Bei einem Rundbogen im Raum tapezieren Sie zuerst die Wände. Schneiden Sie die Bahnen so zu, daß sie 2,5 cm nach innen umklappen können. Schneiden Sie die Tapete dort mit kleinen, v-förmigen Schnitten ein, so daß sie glatt am Bogen aufliegt.

2 Schneiden Sie zwei Tapetenstreifen zu, die 3 mm schmaler sind als der Bogen. Kleben Sie beide von unten nach oben fest. Lassen Sie die beiden Streifen überlappen, schneiden Sie von beiden ein Stück ab und werfen Sie die Reste weg, damit eine ordentliche Naht entsteht.

BLENDEN

1 Zuerst lockern Sie die Schrauben an dem Lichtschalter oder der Steckdose. Tapezieren Sie über die Blende hinweg und drücken Sie die Tapete dann an, damit die Kanten markiert werden. Schneiden Sie mit der Schere in der Mitte der Blende durch die Tapete.

2 Schneiden Sie die Tapete zu den Ecken der Blende hin so ein, daß vier Dreiecke entstehen. Schneiden Sie alle bis auf etwa 6 mm mit einer kleinen Schere ab

3 Drücken Sie die vier überstehenden Kanten vorsichtig hinter die lockere Blende und glätten Sie die Tapete mit einer Tapezierbürste. Ziehen Sie die Schrauben wieder an. Erst wenn Sie um alle Schalter und Steckdosen herumtapeziert haben, können Sie den Strom wieder anschalten.

FESTE OBJEKTE

1 Wenn Sie um ein festsitzendes Hindernis wie eine Kamineinfassung oder einen Geländerpfosten herumtapezieren wollen, lassen Sie die Tapete an diesen Stellen über das Hindernis hängen und schneiden sie zuerst grob ab.

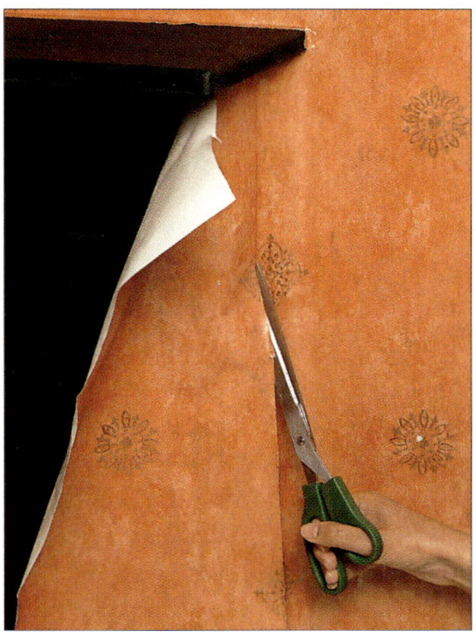

2 An schwierigen Ecken, wie z.B. der oberen Ecke einer Kamineinfassung oder in engen Winkeln, schneidet man die Tapete mit einer kleinen Schere ein, damit sie flach aufliegt. Schneiden Sie alle überstehenden Stücke auf etwa 6 mm ab.

3 Jetzt können Sie alle überstehenden Tapetenstücke mit einem spitzen Messer oder einer kleinen Schere abschneiden. Anschließend drückt man die Tapete mit einer Tapezierbürste fest an und glättet sie. Denken Sie auch daran, herausquellenden Kleister abzuwischen, solange er noch feucht ist.

EINE DECKE TAPEZIEREN

SIE BRAUCHEN

gerade Decken
vgl. Tapeten ankleben und zuschneiden, S.136–137
Arbeitsplattform (Laufsteg)
eine noch verpackte Tapetenrolle (bei Bedarf)
kleine Schere (bei Bedarf)

schräge Decken
siehe oben

MATERIALIEN

gerade Decken
Tapete
Kleister (Pulver **oder** fertig gemischter)
Winkelschnur mit Lot
Maßband

schräge Decken
siehe oben

VERWEISE

Tapeziergrundlagen, S. 132–133
Tapeten zuschneiden, kleistern und falten, S. 134–135
Tapeten ankleben und zuschneiden, S. 136–137

Es gibt im allgemeinen zwei Gründe für das Tapezieren einer Decke. Erstens ist es eine Geschmacksfrage, ob man ein Muster oder eine Struktur gegenüber einer glatten, gestrichenen Fläche bevorzugt. Zweitens kann man mit Tapete Unebenheiten und Risse in der Decke ausgezeichnet verbergen.

Theoretisch kann man eine Decke mit allen Tapeten tapezieren, aber nur wenige verwenden bunt gemusterte Tapeten, weil man diese regelmäßig entfernen und ersetzen müßte, wenn sich der persönliche Geschmack ändert – und Tapeten von einer Decke wieder abzulösen, macht keinen großen Spaß.

Eine Decke zu tapezieren ist nicht so schwierig, wie es vielleicht auf den ersten Blick scheint. Verglichen mit Zimmerwänden sind sie sehr viel einfacher zu handhaben, weil es an Decken meistens keine Hindernisse gibt. Man muß sich nur erst einmal daran gewöhnen, über Kopf zu arbeiten.

BEVOR SIE ANFANGEN

Das Wichtigste ist, eine ordentliche Arbeitsplattform zu errichten, damit man die Decke bequem erreichen und sich auf der Fläche bewegen kann, wenn man arbeitet. Solche Plattformen kann man in vielen Variationen leihen. In jedem Fall sollten Sie sich einen Laufsteg leihen, den man einfach verschieben kann, damit man die Bahnen bequem anbringen kann.

Nehmen Sie Lampen und deren Fassungen ab, stellen Sie vorher auf jeden Fall den Strom ab (vgl. S. 18–19) Wenn eine Decke nicht gestrichen wurde, sollte man sie vorher noch grundieren.

Nützliche Hinweise

Die Tapete festzuhalten, während Sie diese an die Decke kleben, kann sehr umständlich sein. Es gibt zwei Möglichkeiten zur Lösung: Entweder hält ein Helfer die Tapete fest, oder Sie verwenden eine noch verpackte Tapetenrolle, um die gefaltete Bahn damit zu balancieren, während Sie tapezieren.

1 Es ist einfacher, eine Tapete über die Breite eines Raums aufzuhängen, als über die Länge. Zeichnen Sie mit einem Bleistift oder mit Kreide eine Orientierungslinie, die parallel zur Wand verläuft.

2 Kleistern Sie die Tapete ein, falten sie ziehharmonikaförmig zusammen und tragen sie zu Ihrem Ausgangspunkt. Halten Sie die Falten fest oder beauftragen Sie einen Helfer damit. Legen Sie die Bahn parallel zur Hilfslinie an. Drücken Sie die Tapete mit einer Tapezierbürste in die Ecken.

3 Bürsten Sie den Rest der Bahn glatt, schneiden Sie dann die überstehenden Kanten ab und bürsten Sie die abgeschnittenen Kanten wieder fest. Wischen Sie herausquellenden Kleister mit einem feuchten Tuch ab.

4 Bringen Sie die folgenden Bahnen genauso an und achten Sie bei Mustertapeten auf die richtigen Ansätze. Außer bei Prägetapeten sollten Sie die Nähte mit einem Ecken- und Nahtroller festdrücken, damit sie gut an der Decke haften.

5 Zuerst schneiden Sie an einer Lampenhalterung ein Loch in die Tapete und machen dann zu den Rändern hin Einschnitte. Drücken Sie die „Zungen" um die Halterung herum fest und schneiden sie so ab, daß sie glatt aufliegen. Wischen Sie Kleister mit einem feuchten Tuch von der Halterung ab.

6 An einem Vorsprung lassen Sie die Tapete an der Wand herunterhängen und schneiden sie ab. Bürsten Sie die Tapete in den Ecken zwischen Decke und Wand glatt. Die letzte Bahn an der Ecke sollten Sie so zuschneiden, daß sie 5 cm übersteht, damit man sie auch an der Wand festkleben kann.

Schrägen tapezieren

Wenn Sie ein Dachzimmer mit einer Schräge tapezieren möchten, haben Sie zwei Möglichkeiten: Sie können in Taillen- oder Kopfhöhe eine Zierleiste anbringen. Sie streichen dann den Bereich darüber und tapezieren den Bereich darunter. Oder Sie wählen ein unauffälliges, zufälliges Muster. Ziehen Sie entlang der Deckenmitte eine Orientierungslinie und kleben Sie von dort ausgehend an jeder Schräge Bahnen fest.

Tapezieren Sie die Schräge und schneiden Sie die Tapete an den Ecken ein.

Wenn die Decke fertig tapeziert ist, können Sie die Wand tapezieren.

FRIESE VERWENDEN

SIE BRAUCHEN

Wasserwaage
Metallineal
Bleistift
Kleisterpinsel
Tapezierbürste
Tapezierschere
Teppichmesser
Ecken- und Nahtroller

MATERIALIEN

Fries oder Borte
Tapezierbürste (es sei denn, der Fries ist selbstklebend)

VERWEISE

Tapeziergrundlagen, S. 132–133
Tapeten zuschneiden, kleistern und falten, S. 134–135

Sie können Friese in Deckenhöhe oder auf einer Höhe mit einer Bild- oder Sockelleiste oder einem ähnlichen Gegenstand anbringen. Achten Sie darauf, daß Sie ihn richtig herum anbringen. Friese lassen sich sowohl auf gestrichenen als auch auf tapezierten Wänden befestigen. Es gibt Friese in vielen Breiten und in Rollen zu 5 oder 10 Metern.

Zum Befestigen des Frieses oder einer Borte (s. gegenüberliegende Seite) verwenden Sie Kleister, es sei denn, die Wand ist mit einer abwaschbaren Tapete tapeziert; darauf hält gewöhnlicher Kleister nicht. Wenn Sie dort einen Fries anbringen wollen, sollten Sie flüssigen Kleister oder selbstklebende Friese und Borten verwenden.

Ein Musterband kann entstehen, indem man ein Fries im Raum anbringt.

1 Wenn Sie den Fries nicht gerade entlang einer anderen Raumdekoration anbringen, sollten Sie eine Wasserwaage verwenden, damit Sie eine exakt waagerechte Orientierungslinie erhalten.

2 Schneiden Sie ein Stück Fries zu, das etwa 10 cm länger ist als die Wand. Falten Sie es dann zusammen und tragen Sie es zu der Wand. Legen Sie es so an, daß an der Ecke etwa 5 cm überstehen und bürsten Sie den Fries glatt.

3 Bereiten Sie das Stück für die nächste Wand vor und bringen Sie es so an, daß es das überstehende Ende der vorhergehenden Bahn überlappt. Stimmen Sie das Muster genau ab und bürsten Sie die die Bahn glatt.

4 Mit einem Teppichmesser und einem Metallineal schneiden Sie den Fries etwa 2,5 cm von der Ecke entfernt durch. Entfernen Sie die Reste und bürsten Sie die Enden wieder fest.

MIT BORTEN UMRAHMEN

SIE BRAUCHEN

Wasserwaage
Metallineal
Bleistift
Kleisterpinsel
Tapezierbürste
Tapezierschere
Teppichmesser
Ecken- und Nahtroller

MATERIALIEN

Borte
Kleister (es sei denn, die Borte ist selbstklebend)

VERWEISE

Tapeziergrundlagen, S. 132–133
Tapeten zuschneiden, kleistern und falten, S. 138–139

Borten sind schmaler als Friese und deshalb besser geeignet, um Tür- und Fensteröffnungen zu tapezieren und um einen dekorativen Blickfang zu schaffen, mit dem man Spiegel oder Bilder hervorheben kann. Wie die Friese (vgl. gegenüberliegende Seite) sind Borten in Standardrollen erhältlich.

Man sollte ein bißchen ausprobieren, wie man die Borten anbringen will, bevor man sie endgültig befestigt. Dazu kann man kleine Stücke mit Abdeckband an die Wand kleben.

Dekorative Borten können einfarbige Wände beleben und sind ideal für ein Kinderzimmer.

1 Wenn Sie einen Gegenstand im Raum mit einer Borte umrahmen wollen, zeichnen Sie mit Bleistift Orientierungslinien an die Wand. Um eine dekorative Fläche frei auf der Wand anzubringen, sollten Sie eine Wasserwaage verwenden.

2 Der erste Streifen der Borte sollte die Hilfslinie um ca. 2,5 cm überlappen. Bürsten Sie ihn glatt und bringen Sie dann eine Bahn an, die sich mit der ersten kreuzt. Verwenden Sie dabei ein Stück Papier, damit kein Kleister auf das darunterliegende Stück kommt.

3 Um eine ordentliche Gehrung an der Ecke zu schneiden, müssen Sie durch die beiden Bahnen hindurch schneiden. Sie können die Gehrung mit einem Metalllineal entlang der Türgehrung einschneiden.

4 Entfernen Sie die Reste und das Stück Papier. Rollen Sie die Gehrung mit einem Ecken- und Nahtroller fest. Bei selbstklebender Borte zieht man das Papier von der Rückseite ab und bringt die Streifen genauso an wie oben beschrieben.

KRANZLEISTEN ANBRINGEN

SIE BRAUCHEN

Maßband und Bleistift
Schabeisen
feinzahnige Säge mit Gehrungssäge **oder** Gehrungslade
Leimspatel
Hammer
Kittmesser

MATERIALIEN

Kranzleiste
Holznägel
Kranzleistenkleber

VERWEISE

Bild- und Sockelleisten anbringen, S.149

Kranzleisten sind dekorative Preßteile, die in einem Raum zwischen Decke und Wand angebracht werden. Sie können ganz einfach, aber auch sehr aufwendig im Design sein.

Gips und geformte Gipsfaser sind die traditionellen Materialien für Kranzleisten, aber sie sind schwer und teuer, weshalb sie v.a. bei Restaurationen verwendet werden. Plastikimitationen sind ein ausgezeichneter Ersatz, denn sie sind leichter und einfacher anzubringen. Manche Kranzleisten werden mit vorgefertigten Eckstücken geliefert, während diese bei anderen noch zurechtgeschnitten werden müssen.

Die Kranzleiste umrahmt die Decke ordentlich und verdeckt Risse zwischen Decke und Wänden.

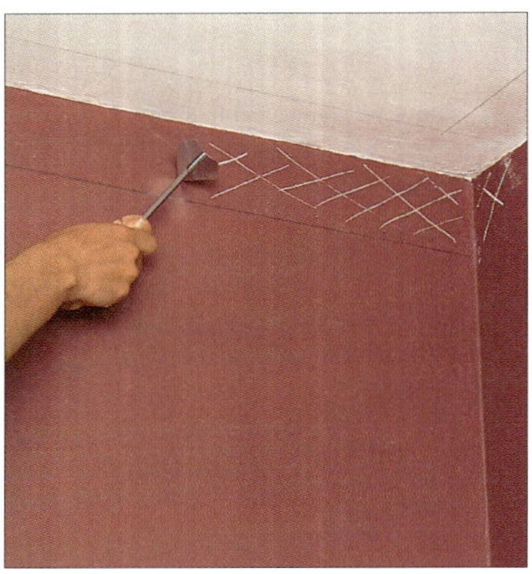

1 Zeichnen Sie im ganzen Raum an den Wänden und der Decke Orientierungslinien. Ritzen Sie den Bereich zwischen den Hilfslinien mit einem Schabeisen ein, damit der Klebstoff besser haftet. Bei Kranzleisten aus Gips entfernen Sie die Tapete.

2 Beginnen Sie an der linken Seite der Längswand. Schneiden Sie die korrekte Gehrung zurecht. Die in dem Bild gezeigte ist für eine linke innere Ecke oder eine rechte äußere Ecke.

3 Kleben Sie die Kranzleisten fest und stützen sie vorübergehend mit Holznägeln ab. Schneiden Sie ein passendes Stück für die andere Seite der Wand zu und befestigen Sie es. Fügen Sie zwischen den beiden Eckstücken ein gerades, paßgenaues Stück ein.

4 Legen Sie die Gehrungen dicht nebeneinander. Füllen Sie den Spalt mit Klebstoff. An einem Kaminvorsprung schneiden Sie an beiden Enden Gehrungen und befestigen die Kranzleisten für die Nischen. Bringen Sie dann die Kranzleisten an den Seiten an.

BILD- UND SOCKELLEISTEN ANBRINGEN

SIE BRAUCHEN

Wasserwaage und Bleistift
Maßband
Fuchsschwanz
Bohrmaschine mit Versenk- und Betonbohrern
Schraubenzieher
Handsäge
Gehrungslade
Kittmesser

MATERIALIEN

Bild- **oder** Sockelleisten
Versenkschrauben
Wanddübel (bei Bedarf)
Holznägel
Klebstoff
Spachtel

VERWEISE

Kranzleiste anbringen, S.148

Bild- und Sockelleisten sind hölzerne Preßteile, die an der Wand befestigt werden. Erstere werden über Kopfhöhe angebracht, letztere auf Taillenhöhe. An Bildleisten kann man Bilder aufhängen, ohne daß man Haken in die Wand schlägt, zudem bewirken sie einen optischen Bruch bei hohen Decken. Sockelleisten sollen die Wand vor Schäden durch Möbel, insbesondere Stühle, schützen. Die Fläche unterhalb einer Sockelleiste ist oft mit Holz verkleidet oder tapeziert.

Bild- und Sockelleisten waren eigentlich immer schon beliebt und sind zeitlos im Design.

1 Bild- und Sockelleisten werden beide auf die gleiche Art mit Schrauben und Dübeln oder einfach nur mit Schrauben angebracht. Ziehen Sie zuerst auf gewünschter Höhe eine horizontale Linie über die ganze Wand.

2 Bohren Sie Löcher in die Leiste und halten Sie diese so an die Wand, daß das eine Ende in einer inneren Ecke liegt. Bohren Sie Löcher in die Wand. Schrauben Sie die Leiste an der Wand fest und versenken Sie die Schrauben ganz.

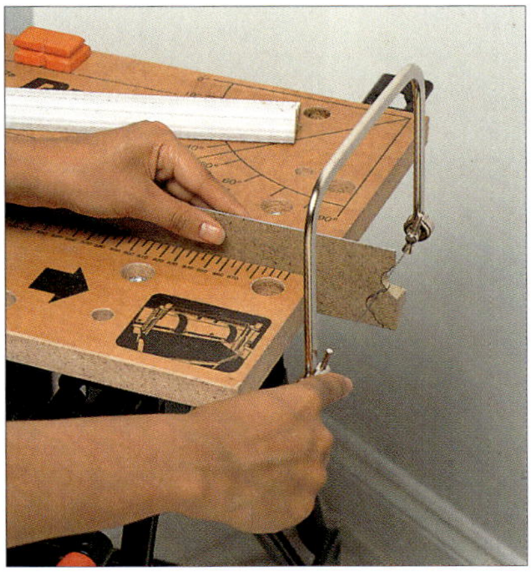

3 Schrauben Sie so mehrere Leisten hintereinander fest, bis Sie zur inneren Ecke kommen. Schneiden Sie das letzte Stück mit einer kleinen Säge zurecht. Wiederholen Sie Schritt 2 zur Montage der Leisten an allen Wänden.

4 An einer äußeren Ecke sollten Sie Gehrungen schneiden. Verleimen Sie die Ecke und nageln sie fest, sobald die Enden an der Wand abgebracht werden. Bedecken Sie die Schraubenköpfe zum Schluß mit Spachtelmasse.

Möglichkeiten beim Fliesen

MATERIALIEN

HANDGEMACHTE FLIESEN

TERRAKOTTA-FLIESEN

RELIEF-FLIESEN

RELIEFMUSTER-FLIESEN

INDUSTRIEFLIESEN

SOCKELFLIESEN

BORTENFLIESEN MIT SEILRELIEF

BORTENFLIESEN

MOTIVFLIESEN

RUNDKANTIGE FLIESEN

MOSAIKFLIESEN

Keramikfliesen werden hauptsächlich in der Küche und im Bad verwendet. Sie sind haltbar, vollkommen wasserdicht und leicht zu reinigen. Fliesen werden mit speziellem Fliesenkleber festgeklebt, und sie können auf Gips, Gipsplatten, wasserdichtem Sperrholz und sogar auf alten Fliesen befestigt werden. Fliesen gibt es in vielen Farben und dekorativen Mustern und in verschiedenen Standardgrößen. Eine Wand zu fliesen ist handwerklich einfach, (aber unter Umständen zeitaufwendig) wenn man das Verlegen der Fliesen erst einmal gut durchgeplant hat. Wenn man die ganze Wand fliest, sind sie jedoch recht kostspielig, abhängig von der Art der Fliesen.

► Kleine Mosaikfliesen sind ideal für große Flächen. Wenn Sie in einer Gegend mit hartem Wasser wohnen, sollten Sie keine dunklen Fliesen in einer Duschkabine anbringen, weil diese sonst schnell mit einer weißen, hartnäckigen, Kalkschicht bedeckt sind.

◄ Bis auf halbe Höhe der Wand zu fliesen, ist sparsam und modisch. Weiße Fliesen sind meistens am preiswertesten. Schließen Sie die Oberkante der gefliesten Fläche mit Borten- oder Randfliesen ab (dadurch können Sie etwas Farbe ins Spiel bringen), eine Alternative dazu sind Plastikumrandungen oder Holzleisten.

◀ Es gibt eine riesige Auswahl an Designs und Mustern von Fliesen. Einige Fliesen ergeben zusammen ein großes Einzelmotiv.

▲ Gemusterte Fliesen können als Borten oder Friese verwendet werden. Hier lockert die Borte die kräftige Farbe der Fliesen auf. Am oberen Ende passen die Bortenfliesen zu der gemusterten Borte.

▲ Der Spritzschutz in der Küche ist relativ klein, so daß man kräftige Farben verwenden kann, die sonst zu aufdringlich wären.

▼ In einem Badezimmer kann man Wände, Boden und Badewannenrand fliesen, damit alles einheitlich aussieht.

◀ In Küchen werden Fliesen als Spritzschutz verwendet, und ergeben zwischen der Wand, der Arbeitsplatte und den Schränken eine haltbare, leicht zu reinigende Oberfläche. Sie können mit verschiedenen Farben Muster erzeugen, oder Sie streuen gemusterte Fliesen zwischen einfarbigen ein.

GRUNDLAGEN DES FLIESENS

SIE BRAUCHEN

50 mm x 25 mm Holzlatte
Bleistift
Fliesenkreuze (bei Bedarf)

MATERIALIEN

Fliesen

VERWEISE

Risse, Dellen und Flecken, S. 20–21
Löcher in Wänden reparieren, S. 22–23
Alte Tapete ablösen, S. 26–27
Andere Wanddekorationen entfernen, S. 28–29
Oberflächen abwaschen und vorbereiten, S. 30–31
Eine Wand fliesen, S. 154–155

Eine Wand zu fliesen mag einfach erscheinen, denn Fliesen sind relativ klein und leicht zu handhaben. Moderne Fliesenkleber sind so stark, daß sie fast überall geeignet sind. Mit Fliesenkreuzen wird der Abstand zwischen den Fliesen gleichmäßig gehalten. In der Praxis können aber durchaus einige Probleme auftauchen.

DIE PLANUNG

Da es Keramikfliesen nur in Standardgrößen gibt, müssen Sie viele Fliesen zerschneiden. Für ein professionelles Ergebnis bringen Sie die ganzen Fliesen in der Mitte der Wand an. Schneiden Sie gleichgroße Fliesen, die an jedes Ende einer horizontalen Fliesenreihe passen. Das gilt für geflieste Flächen, die vom Boden bis zur Decke reichen. Die Größe dieser Stücke sollte etwa ein Viertel bis drei Viertel der Breite einer Fliese ausmachen; sonst ist das genaue Zurechtscheiden zu schwierig. Da Räume nie vollkommen rechteckig sind, bringen Sie erst alle ganzen Fliesen an, bevor Sie jede einzelne geschnittene Fliese abmessen und zuschneiden können. Die Planung ist beim Fliesen die wichtigste Arbeit.

An einer Wand ohne besondere Hindernisse wie Tür- oder Fensteröffnungen lassen sich die Fliesen gut in der Mitte zentrieren. Tauchen diese Hindernisse jedoch auf, wird es schwieriger, besonders an Fenstern. Dort verlegen Sie die Fliesen zuerst.

DIE WÄNDE VORBEREITEN

Damit der Fliesenkleber richtig klebt, entfernen Sie Tapeten und schleifen Farbe mit Schmirgelpapier und einem Schleifblock ab. Eventuell müssen Sie die Farbe ablösen (vgl. Nützliche Hinweise). Waschen Sie die vorbereitete Wand mit Kernseife oder einem Reinigungsmittel ab und verfüllen Sie große Risse und Löcher. Kleine Löcher schließt der Kleber selbst. Neuen Gips oder nackte Gipsplatten versiegelt man mit Grundierung oder Emulsionsfarbe. Wenn bestehende Fliesen fest und eben sind, kann man darüberfliesen, wenn man sie gründlich abwäscht.

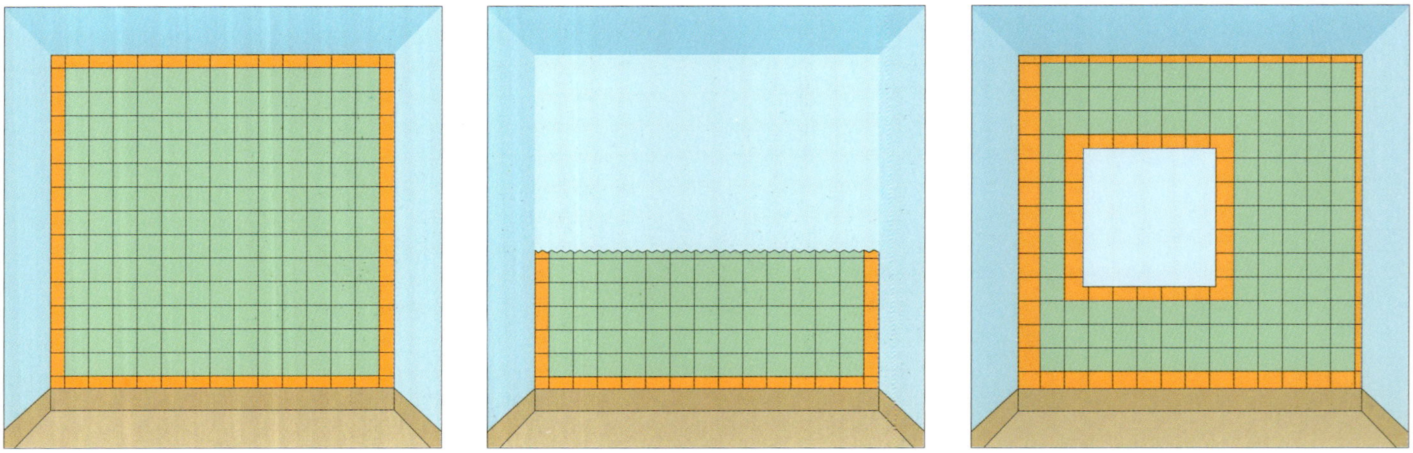

DAS VERLEGEN PLANEN
Eine glatte Wand ohne Hindernisse sollte gleichgroße Randfliesen (orange) haben. Bei teilweise gefliesten Wänden sollten an der oberen Kante vollständige Fliesen liegen. Wenn Sie an einem Fenster fliesen, bringen Sie die geschnittenen Fliesen direkt darum herum an. Dann sollten Sie aber an den Kanten verschieden große Fliesen anbringen.

1 Zum Planen konstruieren Sie einen Fliesenmesser. Dazu verwendet man eine 1 m lange, 5 x 2,5 cm dicke Latte, die ganz glatt gehobelt wurde. Verwenden Sie mehrere Fliesen und Fliesenkreuze, um ihre Breite entlang der Meßlatte genau zu markieren.

2 Halten Sie die Meßlatte waagrecht an das untere Ende der Wand, die gefliest werden soll, um herauszufinden, wo die ganzen Fliesen liegen werden. Legen Sie den Messer so an, daß die Stücke an den Enden dieselbe Größe haben. Ist in der Wand ein Fenster, zentrieren Sie die Fliesen dort

3 Wenn Sie die Meßlatte anlegen und sehen, daß Sie sehr schmale Stücke schneiden müssen (also weniger als ein Viertel der Breite) sollten Sie die Meßlatte etwa eine halbe Fliesenbreite zur Seite bewegen, um die Breite des Fliesenstücks zu vergrößern.

4 Wiederholen Sie dies in der Senkrechten. So finden Sie heraus, wieviele Fliesen Sie für jede Reihe und jede Spalte brauchen werden.

Mengen schätzen

Wenn Sie wissen, wo die ganzen und die geschnittenen Fliesen liegen müssen, multiplizieren Sie die senkrechten mit den waagerechten Fliesen für die Gesamtsumme. Dabei rechnet man geschnittene Fliesen als ganze, aber planen Sie noch zusätzliche Fliesen ein, falls einige zerbrechen. In welcher Anzahl hängt davon ab, wieviel gefliest wird und wie gut Sie Fliesen schneiden können, aber 5–10% der Gesamtzahl ist vernünftig. Zu guter Letzt rechnen Sie dann noch die Menge der benötigten Fliesenpakete aus.

Sie brauchen auch Fliesenkleber und Fugenmasse, um die Zwischenräume zwischen den Fliesen zu schließen. Sie können auch eine Mischung aus Kleber und Fugenmasse für die Fugen verwenden.

Nützliche Hinweise

Es ist immer klug, etwa ein Dutzend Fliesen aufzuheben, wenn man fertig ist. Sie sind nützlich, wenn man Fliesen bei Reparaturen ersetzen muß (Wie man eine beschädigte Fliese entfernt, S. 28). Zusätzlich ist es so einfacher, Fliesen für den Nachkauf auszusuchen.

Nicht alle gestrichenen Wände können gefliest werden. Am besten klebt man als Test ein Stück Klebstreifen an die Wand und läßt es dort über Nacht. Wenn die Farbe mit dem Klebestreifen beim Ablösen abgeht, kann man die Wand nicht direkt fliesen, sondern muß erst die Farbe ablösen (vgl. S. 28–29), sonst fallen die Fliesen früher oder später von der Wand.

EINE WAND FLIESEN

SIE BRAUCHEN

Latten aus Weichholz
Nägel und Hammer
Wasserwaage
Zahnspachtel
Abstandhalter
Maßband und Wachsstift
Fliesenschneider

Mosaik fliesen

Leisten und Mauernägel
Wasserwaage
Hammer
Zahnkelle
Holzhammer und ein mit Teppich bespanntes Brett
Teppichmesser oder Schere

MATERIALIEN

Fliesenkleber **oder** eine Kombination aus Kleber und Mörtel
Fliesen

Mosaikfliesen

Fliesenkleber **oder** eine Kombination aus Kleber und Mörtel
Bögen mit Mosaikfliesen

VERWEISE

Grundlagen des Fliesens, S. 152–153
In Ecken, an Fenstern und an Türen fliesen, S. 156–157
Badezimmer und Küchen fliesen, S. 158-159
Verfugen und Versiegeln, S. 160–161

Wenn Sie eine ganze Wand oder einen ganzen Raum fliesen möchten, bedenken Sie, daß Wände selten rechteckig sind. Auch scheinbare Waagerechten, wie Fußleisten, sind das oftmals nicht, verwenden Sie diese deshalb nicht als Orientierungslinie. Bringen Sie statt dessen waagrechte und senkrechte Latten an den Wänden an. Diese liegen entsprechend der Startpunkte, die Sie zuvor mit Ihrer Meßlatte festgelegt haben und dienen als Gerüst. Die erste Fliesenreihe kann dann so befestigt werden, daß sie unmittelbar über der ersten Latte aufliegt.

Eine Anleitung zum Fliesen in Ecken und an Fenstern und Türen finden Sie auf den Seiten 156–157. Beim Fliesen in Badezimmern und Küchen muß man eventuell Spezialkleber verwenden (vgl. S. 158–159).

MOSAIKFLIESEN

Bei Mosaikfliesen bringen Sie mehr als 100 Fliesen gleichzeitig an, da diese auf Bögen aufgezogen sind. Für Mosaikfliesen werden derselbe Kleber und Mörtel verwendet wie bei großen Fliesen. Drücken Sie den Bogen auf eine Kleberschicht, wobei eine Fuge zwischen den einzelnen Bögen liegen sollte. Drücken Sie die Fliesen fest, indem Sie mit einem Holzhammer auf ein mit Teppich bespanntes Brett klopfen. Zerschneiden Sie die Bögen, wenn Sie nur Streifen oder einzelne Fliesen brauchen. Bei einer Papierschicht warten Sie mit dem Ablösen mit einem nassen Schwamm, bis der Kleber getrocknet ist.

1 Bohren Sie in der Latte Löcher für die Nägel vor und Halten sie an die Markierungen an der Wand. Überprüfen Sie mit einer Wasserwaage, ob sie gerade ist. Schlagen Sie die Nägel teilweise ein, lassen sie aber herausstehen, um sie später wieder entfernen zu können.

2 Befestigen Sie eine zweite Leiste im rechten Winkel zur ersten Latte, damit Sie auch eine senkrechte Orientierung haben. Befestigen Sie auch an den anderen Wänden, die gefliest werden sollen, entsprechende Latten.

3 Verteilen Sie etwas Fliesenkleber an der Wand. Beginnen Sie damit an der unteren durch die Latte festgelegten Ecke. Drücken Sie die Zähne der Zahnkelle fest gegen die Wand, damit gleichhohe Rillen entstehen.

4 Setzen Sie die Kante der ersten Fliese auf die Setzleiste und an die senkrechte Leiste, drücken Sie sie dann fest in den Kleber. Fliesen mit Ansatz kann man dicht zusammenschieben, bei anderen muß man Fliesenkreuze einfügen. Wiederholen Sie diese Schritte, bis alle ganzen Fliesen angebracht sind

5 Lassen Sie den Fliesenkleber mindestens 4 Stunden trocknen. Entfernen Sie dann die vertikalen Leisten. Messen Sie jede einzelne Randfliese aus und markieren Sie die Stellen mit einem Wachsstift auf der Fliese. Zum Schneiden verwenden Sie am besten einen Fliesenschneider.

6 Nachdem Sie eine Fliese zugeschnitten haben, verteilen Sie auf der Rückseite Kleber und setzen sie an die richtige Stelle. Fahren Sie mit dem Schneiden und Befestigen der Eckfliesen fort.

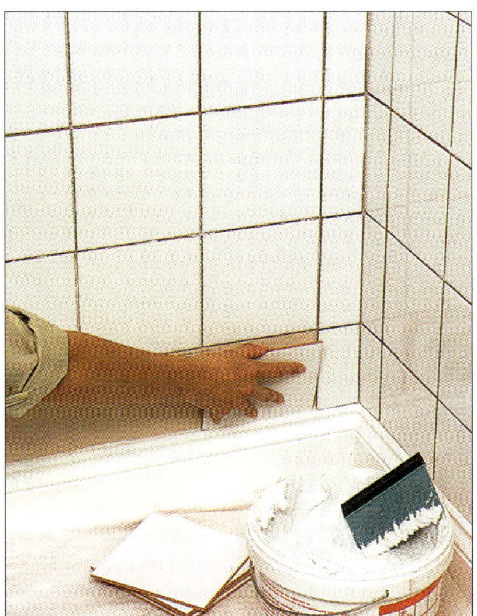

7 Wenn Sie die Fliesenstücke an den Seiten befestigt haben, können Sie die waagrechten Leisten entfernen. Um eine Fliese in eine Ecke einzupassen, müssen Sie diese eventuell senkrecht und waagrecht einschneiden. Wenn der Kleber an den Seitenkanten trocken ist, können Sie verfugen und versiegeln.

Nützliche Hinweise

Mit Zahnspachteln kann man Kleber gleichmäßig auftragen. Wenn eine Wand allerdings etwas uneben ist, können die Fliesen anschließend trotzdem nicht gleichmäßig aufliegen. Bei der Arbeit sollten Sie deshalb immer wieder mit einer Wasserwaage überprüfen, ob die Fliesen flach nebeneinander liegen. Drücken Sie überstehende Fliesen vorsichtig an, bis sie mit den anderen gleichauf liegen. Wischen Sie Kleber ab, solange er noch feucht ist.

In Ecken, an Fenstern und an Türen fliesen

SIE BRAUCHEN

Weichholzlatte und Mauernägel
Hammer
Maßband und Wachsstift
Zahnkelle
Fliesenkreuze (bei Bedarf)
Lineal
Fliesenschneider
Fliesensäge, Klemmen und Holzverschnitt (bei Bedarf)
Fliesenzange (bei Bedarf)

MATERIALIEN

Fliesenkleber **oder** eine Kombination aus Kleber und Mörtel
Fliesen

VERWEISE

Grundlagen des Fliesens, S. 152–153
Eine Wand fliesen, S. 154–155
Badezimmer und Küchen fliesen, S. 158–159
Verfugen und versiegeln, S. 160–161

Bei angrenzenden Wänden müssen Sie innere und äußere Ecken fliesen. Da Ecken selten gerade sind, fliesen Sie jede Wand einzeln, wobei Sie von den horizontalen Setzleisten ausgehen. Beachten Sie, daß die Setzleisten der angrenzenden Wände auf derselben Höhe liegen, sonst verlaufen die Senkrechten schief, und wenn Sie so bis zur Decke fliesen, liegen die Fliesen letztendlich auch über der Tür nicht gerade.

Wenn Sie um eine Fensteröffnung herum fliesen, sollten Sie zuerst die Vorderseite der Wand vervollständigen und dann mit geschnittenen Fliesen bedecken. Anschließend werden die Seiten der Laibung und die Fensterbank gefliest. Wenn die Tür sich in der Mitte der Wand befindet und Sie bis zur Decke fliesen, sollten Sie die Fliesen so verlegen, daß Sie neben der Tür und an den Ecken möglichst keine zu schmalen Fliesenstücke schneiden müssen. Wenn die Tür in einer Raumecke ist, fliesen Sie die beiden Wände wie gewöhnlich und verwenden an der Tür geschnittene Fliesen. Hier wird gezeigt wie man an einem Fenster fliest, aber das gleiche Prinzip gilt auch für Türen.

Eine geflieste Fensterlaibung paßt am besten zu einem voll gefliesten Zimmer.

1 Wenn Sie bis zur Decke fliesen, sollten Sie alle ganzen Fliesen bis zum Fenster verlegen, aber nicht oberhalb davon. Befestigen Sie eine Leiste so, daß die obere Kante auf gleicher Höhe mit der niedrigsten Fliesenreihe am Fenster liegt. Die Leiste stützt dann die ganzen Fliesen, die über dem Fenster angebracht werden.

2 Fügen Sie die geschnittenen Fliesen um das Fenster herum an. Beginnen Sie damit bei der Fensterbank. Planen Sie die Verlegung der Fliesen im voraus, um zu komplizierte zu vermeiden (vgl. S. 152–153).

3 Wenn Sie ein L-förmiges Stück ausschneiden, sollten Sie mit einem Wachsstift Hilfslinien auf die Fliese zeichnen. Klemmen Sie die Fliese in eine Werkbank ein, um die erste Linie mit einer Fliesensäge zu schneiden. Kerben Sie die zweite Linie ein und knipsen Sie dann das Stück mit einer Fliesenzange ab.

4 Warten Sie, bis der Kleber sich gesetzt hat und entfernen Sie dann erst die Leiste oberhalb des Fensters. Befestigen Sie die restlichen Fliesen an der Wand. Es kann sein, daß Sie an den Ecken L-förmige Fliesen zuschneiden müssen. Planen Sie im voraus, damit Sie keine dünnen, zerbrechlichen Streifen schneiden müssen.

5 Wenn Sie doch nur einen schmalen Streifen abschneiden, sollten Sie mit einem Fliesenschneider eine Linie in die Fliese ritzen und ein Stück mit einer Fliesenzange abknipsen. Glätten Sie die Schnittstelle dann mit einer Fliesenfeile.

6 Bringen Sie alle vollständigen Fliesen in der Fensterlaibung an. Wenn die Fliesen keinen Ansatz haben, sollten Sie Fliesenkreuze zwischen den unteren Fliesen und der Fensterbank anbringen, damit eine Fuge bleibt.

7 Zuletzt vermessen Sie jede einzelne Fliese und schneiden sie zu, um die Hinterseite der Fensterlaibung zu füllen. Wenn der Kleber nach etwa 4 Stunden getrocknet ist, fangen Sie mit dem Verfugen an (vgl. S. 160–161).

Nützliche Hinweise

Bei einer inneren Ecke passen Sie jede Fliese in der letzten Säule einer Wand so ein, daß sie bis fast zur Ecke reicht. Befestigen Sie dann die letzte Reihe der zweiten Wand und verwenden Sie dabei Fliesenkreuze, um zwischen den zwei Säulen eine Fuge offen zu lassen. An einer äußeren Ecke bringen Sie an jeder Seite ganze Fliesen an. Wenn Ihre Fliesen lasierte Kanten haben, sollten die Fliesen an der am weitesten vorstehenden Wand die anderen überlappen, ansonsten hilft ein Eckstück aus Plastik.

Badezimmer und Küchen fliesen

SIE BRAUCHEN

- Maßband und Wachsstift
- Lineal
- Wasserwaagen (klein und groß)
- Weichholzleisten und Maurernägel
- Hammer
- Spachtel
- Zahnkelle
- Abstandhalter (bei Bedarf)
- Fliesenschneider
- Arbeitsplatte mit Klemmen und Holzverschnitt
- Fliesensäge
- Fliesenfeile
- Kammlehre

MATERIALIEN

- Fliesen
- wasserfester Fliesenkleber **oder** Kombination aus Kleber und Mörtel
- Bortenfliesen

VERWEISE

Grundlagen des Fliesens, S. 152–153
Eine Wand fliesen, S. 154–155
In Ecken, an Fenstern und an Türen fliesen, S. 156–157
Verfugen und versiegeln, S. 160–161

Mit wenigen Fliesen kann man einen wasserdichten Spritzschutz an Waschbecken anbringen, auch wenn der Rest des Raumes ein anderes Design hat.

Mit Keramikfliesen schaffen Sie einen Spritzschutz am Waschbecken oder an einer Küchenarbeitsplatte. Er bietet an den Duschwänden eine wasserfeste Oberfläche, aber alle Ecken und Nahtstellen zu anderen Materialien müssen vollkommen wasserdicht sein. Sie können auch das ganze Bad fliesen.

Einen Spritzschutz im Bad oder an einer Arbeitsplatte zu fliesen, ist recht einfach. Er sollte mindestens 60 cm hoch sein, damit die Wand vor Feuchtigkeit geschützt wird. Im Bad sollten Sie an den Rändern des Spritzschutzes ganze Fliesen anbringen, die auf gleicher Höhe mit dem Wannenrand sind. Um eine Duschkabine zu fliesen, tragen Sie Kleber auf die Wände auf und bringen die untere Reihe der Fliesen so an, daß sie die Außenkanten der Duschwanne überragen.

Behandeln Sie die Fläche im Bad wie jede andere zu fliesende Fläche (siehe vorhergehende Seiten) und beginnen Sie in der Mitte dieser Fläche, wenn Sie nur die eine Wand fliesen. Wenn Sie über Eck fliesen, müssen Sie ganze Fliesen an den äußeren Ecken und geschnittene Fliesen in den inneren Ecken anbringen.

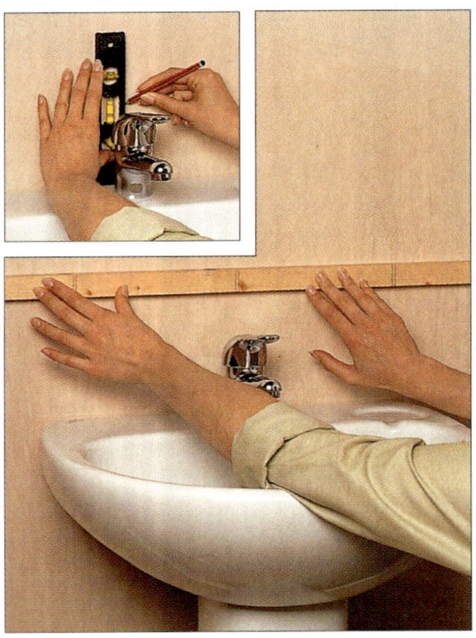

1 Ein Spritzschutz um ein Waschbecken kann genauso schmal sein wie das Becken oder auch etwas breiter. Fangen Sie unter dem Waschbecken mit dem Fliesen an. Messen Sie die Mitte der Fläche mit einer Wasserwaage aus und legen Sie eine waagerechte Linie fest.

2 Wenn eine Fliese dicht an der Außenkante der zu fliesenden Fläche liegt, sollten Sie den Kleber direkt auf die Rückseite der Fliese auftragen, damit er nicht auf Flächen gelangt, die nicht mehr gefliest werden sollen. Verwenden Sie einen Zahnspachtel, um den Klebstoff gleichmäßig zu verteilen.

3 Zuerst bringen Sie die erste Reihe oberhalb des Beckens an. Fangen Sie dabei in der Mitte an und arbeiten Sie zu den Kanten hin. Abhängig von der Fliesengröße sollten Sie mindestens eine oder zwei Reihen anbringen, damit der Spritzschutz etwa 30 cm hoch wird.

4 Um die Rundung des Beckens auf die Fliesen zu übertragen, sollten Sie eine Kammlehre verwenden. Klemmen Sie die Fliese auf die Arbeitsfläche und schneiden sie mit einer Fliesensäge zu. Glätten Sie anschließend die Schnittkante mit einer Fliesenfeile. Verwenden Sie an den Kanten eine Setzleiste.

5 Um Bortenfliesen an den Spritzschutz anzufügen, beginnen Sie auf der Oberkante. Nachdem Sie die letzte vollständige Fliese angebracht haben, schneiden Sie in eine Fliese eine Gehrung; die Spitze der Gehrung muß sich über die geflieste Fläche hinaus erstrecken. Schneiden Sie die Fliese dann zu.

6 Bevor Sie den zweiten Teil der Gehrung anbringen, sollten Sie kontrollieren, ob die beiden Teile auch zusammenpassen. Es kann sein, daß Sie die Nahtstelle mit einer Fliesenfeile nachfeilen müssen, wenn Sie die letzte Bortenfliese angebracht haben. Lassen Sie den Kleber anschließend gut trocknen.

Nützliche Hinweise

Für eine Badezimmerverkleidung sollten Sie die Plastikverkleidung durch eine Sperrholzverkleidung, die von einem starken Holzrahmen gestützt wird, ersetzen. Zuerst bringen Sie eine Latte an der Unterkante der Verkleidung an. Befestigen Sie dann eine Latte am Boden und zwar direkt unterhalb der anderen Latte. Schneiden Sie Pfosten zurecht, die zwischen die beiden Latten passen. Setzen Sie diese im Abstand von etwa 45 cm und schrauben sie fest. Schneiden Sie Sperrholzbretter, die Sie fliesen, und schrauben sie dann mit kuppelförmigen Schrauben fest

Löcher in Fliesen bohren

Wenn man um einen Wasseranschluß fliest, dreht man den Haupthahn ab und schraubt die Griffe der Wasserhähne ab. Halten Sie die Fliesen an die Leitungen an und schneiden Sie mit einer Fliesenzange Halbkreise aus. Für ein Loch in einer Fliese (z.B. für einen Handtuchhalter), verwenden Sie einen Betonbohrer. Markieren Sie die Stelle mit einem Wachsstift und kleben Sie etwas Klebeband darauf.

Verfugen und versiegeln

SIE BRAUCHEN

Plastikspachtel
Fugenmesser oder Dübel
Eimer
Schwamm
Kartuschenpistole
Teppichmesser
sauberer, fusselfreier Stoff

MATERIALIEN

Mörtel und Silikonversiegelung oder eine Kombination aus Kleber und Mörtel

VERWEISE

Eine Wand fliesen, S. 154–155

Eine geflieste Fläche ist nicht wasserdicht, solange sie nicht verfugt ist. Sie können Mörtel in Pulverform oder fertig gemischt kaufen, aber Sie können auch Ihren Fliesenkleber dafür verwenden. Allerdings ist nicht jeder Kleber dazu geeignet (Lesen Sie hierzu die Angaben des Herstellers). Es gibt weißen und bunten Mörtel zu kaufen. Meistens wird weißer Mörtel verwendet, aber bunter sieht zwischen weißen Fliesen auch sehr gut aus.

Dichtungsmittel

An den Stellen, wo eine geflieste Fläche an andere Flächen grenzt, besteht immer die Gefahr, daß Wasser eindringt. Deshalb sollten Sie die Lücke dazwischen mit einem Dichtungsmittel aus Silikon versiegeln. Dabei handelt es sich um einen wasserdichten Stoff, der beide Flächen miteinander verbindet, aber elastisch genug bleibt, daß er bei Bewegungen nicht reißt oder splittert. Diese Dichtungsmasse kann man in Weiß und in verschiedenen anderen Farben kaufen. Sie werden in Kartuschen und neuerdings auch in Tuben mit einer Düse verkauft. Silikon ist absolut wasserdicht.

Bei Duschen muß zwischen den Fliesen und der Wanne Fugen- und Dichtungsmasse sitzen, damit die Zwischenräume wirklich wasserdicht werden.

1 Drücken Sie mit dem Spachtel etwas Mörtel in die Zwischenräume der einzelnen Fliesen und ziehen Sie die Klinge quer über die Fliesen. Kratzen Sie überschüssige Fugenmasse von den Fliesen ab.

2 Fahren Sie mit einem Fugenmesser an den verfugten Linien entlang, damit diese leicht konkav werden. Sie können dazu auch einen Dübel oder einen anderen abgerundeten Gegenstand verwenden.

3 Lassen Sie den Mörtel aushärten und wischen Sie die Fliesen mit einem feuchten Schwamm ab, um überschüssige Fugenmasse zu entfernen. Wenn man eine Kombination aus Kleber und Mörtel verwendet, sollte man diese abwischen, solange sie feucht ist.

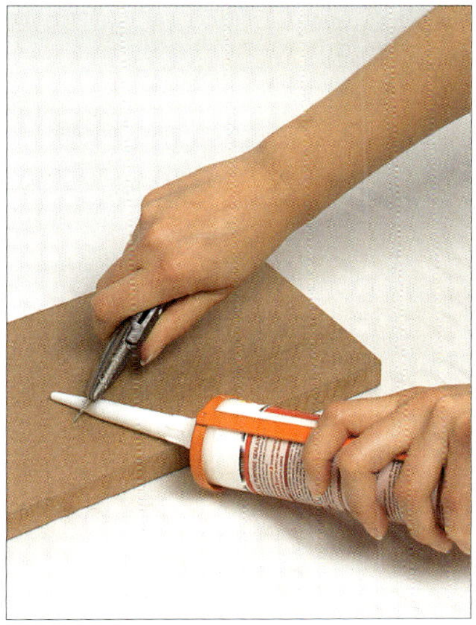

4 Schneiden Sie die Düse der Kartusche im Winkel von 45° an einer Stelle ab, die genau in den Zwischenraum zwischen den beiden Oberflächen paßt. Setzen Sie die Kartusche dann in die Pistole.

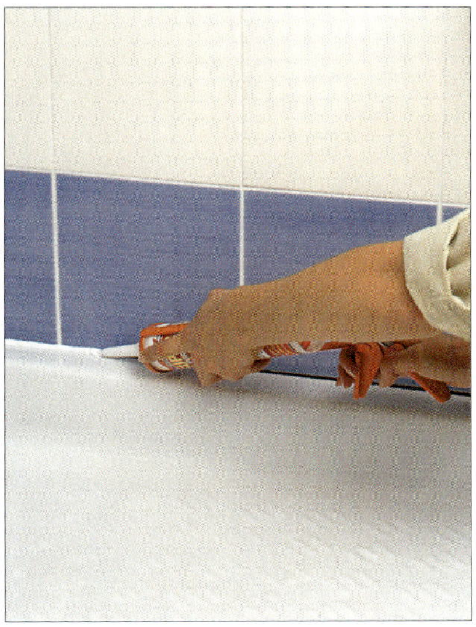

5 Verwenden Sie die Pistole gemäß den Anweisungen des Herstellers. Sie sollten die Kartuschenpistole dabei in einem Winkel von 45° halten. Bei manchen Kartuschen formt die Düse die Masse schon konkav, wenn sie austritt.

6 Wenn Sie die Dichtungsmasse aufgetragen haben, können Sie mit einem nassen Finger oder einem weißen, fusselfreien Stoff an der Linie entlang fahren, um sie zu glätten.

7 Zu guter Letzt wischen Sie mit einem trockenen Tuch noch vorhandene Spuren der Fugenmasse weg. Oft bleibt noch eine dünne weiße Schicht übrig, nachdem man die Fläche mit dem Schwamm abgewischt hat.

Nützliche Hinweise

Eine glatte, gerade Dichtungslinie zwischen einer gefliesten Fläche und anderen Oberflächen zu erhalten, kann schwieriger sein, als es aussieht. Um ein Gefühl für den Umgang mit der Pistole zu entwickeln, sollten Sie auf Karton oder Holz ausreichend üben. Bevor Sie mit dem Versiegeln anfangen, kleben Sie großzügig Abdeckband auf die angrenzenden Flächen. Ziehen Sie das Abdeckband erst ab, wenn die Dichtungsmasse trocken ist.

Vertäfelungen

Materialien

Seit Jahrhunderten ist das Verkleiden von Wänden mit Holz oder Holzplatten beliebt. Diese Oberfläche ist haltbar, warm und eine ausgezeichnete Abdeckung für mangelhafte Mauern. Man kann die Vertäfelungen auf viele Arten zusammensetzen. Vertäfelungen haben durchaus einen praktischen Nutzen. Wenn man dahinter Isolierungen anbringt, kann man Wärmeverluste drastisch reduzieren. Dies ist vor allem in Häusern mit gemauerten Wänden nützlich, die sonst nur schwierig wirkungsvoll zu isolieren sind. Wenn man sie an Innenwänden anbringt, kann man durch Vertäfelungen auch den Schall zwischen zwei Räumen dämpfen.

▲ Eine günstigere Alternative zu Holzvertäfelungen sind Paneele. Man kann sie mit vielen Maserungen, darunter auch Holzfurnier kaufen, und viele von ihnen sind mit Schutzschichten überzogen. Wegen ihrer Größe sollte man Paneele hauptsächlich an Wänden ohne Hindernisse verwenden.

◀ Sie können Naturholzvertäfelungen anstreichen, lackieren oder beizen. Wenn Sie Lack verwenden, können Sie zwischen Klarlack oder Farblack wählen. Letzterer verleiht dem Holz einen warmen, dunklen Farbton. Für dunkle Schattierungen ist auch Lack geeignet.

◄ Sie können die Vertäfelung horizontal oder vertikal anbringen. Verdecken Sie Verbindungsstellen wie z.B. an Fenstern mit Decklatten. Auch Kranz- und Fußleisten lassen sich anbringen.

► Vertäfelte Decken waren früher beliebte Alternativen zu Latten und Putz. Die Holzbretter wurden immer gestrichen.

◄ Wenn man eine Decke täfelt, braucht man keinen stützenden Rahmen. Die Bretter werden mit Nägeln befestigt, die in die Decke und Balken geschlagen werden. Lampenhalterungen sind die einzigen Hindernisse, um die Sie herumarbeiten müssen.

▲ Ein hübscher Effekt läßt sich erzielen, wenn man eine Wand bis in Taillenhöhe vertäfelt und die Fläche dann mit einer Sockelleiste abschließt. Sie können auch die Badewanne vertäfeln.

► Um das natürliche Aussehen des Holzes zu bewahren, sollten Sie die Vertäfelung mit matten, farblosen Lack überziehen (vgl. S. 182–183).

► Bereiten Sie vertäfelte Wände genauso für das Streichen vor wie andere Holzflächen. Die Bretter sehen schöner aus, wenn man Streicheffekte anwendet.

Wände zum Vertäfeln vorbereiten

SIE BRAUCHEN

Leisten befestigen
Maßband und Bleistift
Wasserwaage
Fuchsschwanz **oder** Stichsäge
Bohrmaschine **oder** Schlagbohrer

Isolieren der Wand
Arbeitshandschuhe
Staubmaske
Heftmaschine (wenn man einen Feuchtigkeitsschutz anbringt)

MATERIALIEN

Latten befestigen
5 cm x 2,5 cm Holzleisten (gesägtes Weichholz ist günstiger als gehobeltes)
Mauernägel **oder** Schrauben und Dübel

Isolieren der Wand
Isoliermaterial (bei Außenwänden oder als Lärmschutz) und einen Feuchtigkeitsschutz aus Plastik **oder** Isolierplatten aus Styropor

VERWEISE

Feder-und-Nut-Vertäfelungen anbringen, S. 166–167
Paneele anbringen, S. 168–169

Wenn Sie eine Vertäfelung aus Holz oder Paneelen anbringen, die von der Decke bis zum Boden reicht, so werden Sie das wahrscheinlich an nur an einer Wand als Dekoration tun. Vertäfelungen bis in Taillenhöhe, die normalerweise mit einer Sockelleiste abschließen, werden meist im ganzen Raum angebracht.

Sie benötigen horizontale Latten, die entlang der Wand verlaufen und an denen die Bretter befestigt werden. Bei Vertäfelungen, die von der Decke bis zum Boden reichen, brauchen Sie Latten in Deckenhöhe und am Boden, sowie in Abständen von 75 cm dazwischen. Bei Vertäfelungen, die bis auf Taillenhöhe reichen, sind drei gleich weit voneinander entfernte Leisten ideal. Die oberste sollte auf einer Höhe von etwa 85 cm liegen. Wenn Sie Feder-und-Nut-Vertäfelungen anbringen, sollten Sie die Leisten waagerecht befestigen. Weitere Informationen über Feder-und-Nut-Vertäfelungen sowie die Verwendung von Klebstoff stehen auf S. 166–167.

Wenn Ihre Fußleisten dick genug sind, kann man sie als unterste Leiste verwenden. Fußleisten zu entfernen, ohne sie zu beschädigen, ist schwierig (vgl. S. 36–37), weshalb man sie normalerweise an ihrem Platz läßt und dann neue Leisten anbringt, die ähnlich aussehen (vgl. S. 38–39).

Nützliche Hinweise

Wenn Sie die benötigte Menge an Nut-und-Feder-Brettern schätzen müssen, sollten Sie daran denken, daß die tatsächliche Breite der einzelnen Bretter geringer ist als die Nennbreite, weil Feder und Nut ineinander greifen und das Brett so an Breite verliert. So ist ein Brett, das nominal 10 cm breit ist, eigentlich nur 9 cm breit, wenn man es mit anderen Brettern zusammensteckt.

Es ist auch wichtig, in welchen Längen Sie Vertäfelungen kaufen können, da es im Hinblick auf die Kosten von Vorteil ist, den Verschnitt zu minimieren. Wenn man für eine Vertäfelung in Taillenhöhe 1,80 m lange Bretter kauft, hat man weniger Abfall als beim Kauf von 2 m langen Brettern.

Leisten befestigen

1 Bei einer taillenhohen Vertäfelung mißt man vom Boden aus 85 cm und bringt mit einer Wasserwaage Markierungen für die erste Latte an. Ziehen Sie ebenso eine Linie für die mittlere Latte. Bei einer Vertäfelung für die ganze Wand sollte man mit Latten auf Deckenhöhe anfangen.

2 Schneiden Sie zuerst die Leiste zu. Bohren Sie Löcher entweder in gleichem Abstand voneinander oder so, daß sie auf die Holzpfeiler von Gipswänden treffen. Bohren Sie Löcher in die Wand und stecken Sie Dübel hinein. Schrauben Sie die Latte dann fest.

3 Wenn Sie mehr als eine Wand verkleiden, sollten Sie die Leisten an äußeren Ecken miteinander verbinden. Bei inneren Ecken befestigen Sie zuerst eine Latte und bringen dann die angrenzende Latte so an, daß noch ein kleines Stück Feder-und-Nut-Brett dazwischen frei bleibt. Befestigen Sie die Vertäfelung an der Ecke zuerst.

4 Wenn zwischen der Latte und der Wand eine Lücke ist, steckt man ein kleines, gefaltetes Stück Pappe dazwischen und befestigt die Latte dann erst.

WÄNDE ISOLIEREN

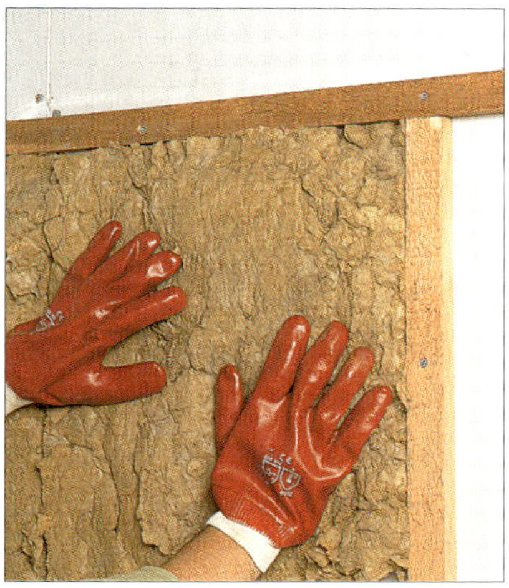

1 Mit Handschuhen und einer Atemmaske bekleidet schneiden Sie ein kleines Stück Isoliermaterial zu und stecken es zwischen die Latten. Wenn Sie Paneele anbringen wollen, sollten Sie zuerst waagrechte Latten zwischen den horizontalen abringen (vgl. S. 168)

2 Ein Feuchtigkeitsschutz ist nur an Außenwänden nötig. Schneiden Sie eine Plastikbahn zurecht und heften Sie ein Ende an die obere Leiste. Lassen Sie die Bahn von einem Helfer glattziehen und heften sie an die anderen Latten. Schneiden Sie am Boden überstehende Enden ab.

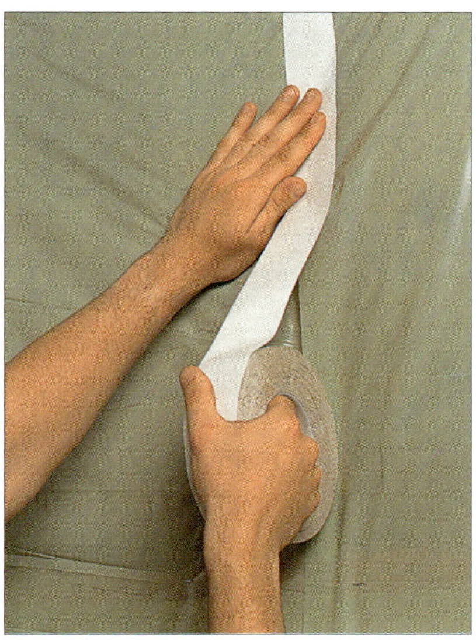

3 Damit der Feuchtigkeitsschutz wirkt, sollten Sie die senkrechten Nähte mit Klebeband überkleben. Rollen Sie das Band aus und drücken Sie es auf die Plastikfolie, bis Sie das Ende der Naht erreichen. Verwenden Sie immer wasserdichtes Band.

STYROPORPLATTEN

Sie können Styroporplatten genauso verwenden wie anderes Isoliermaterial. Schneiden Sie die Stücke mit einer feinen Säge zu und klemmen sie zwischen die Leisten. Diese Platten sind wasserdicht, weshalb man hier keinen zusätzlichen Feuchtigkeitsschutz braucht.

FEDER-UND-NUT-VERKLEIDUNGEN ANBRINGEN

SIE BRAUCHEN

Maßband
Wasserwaage
Anreißblock und Bleistift
Fuchsschwanz **oder** Stichsäge
Arbeitsplatte
Schraubstock
Hammer
Kleine Nägel **oder** Holznägel **oder** Holzklammern
Bohrmaschine
Handsäge
Hobel
Kittmesser

MATERIALIEN

Vertäfelung
Sockelleiste
Fußleiste
Holzspachtelmasse

VERWEISE

Fußleisten ersetzen, S. 38–39
Wände zum Vertäfeln vorbereiten, S. 164–165
Paneele anbringen, S. 168–169

Wenn Sie das Lattengerüst befestigt haben (vgl. S. 164–165), schneiden Sie die Vertäfelung zu und bringen sie an. Vertäfelungen in Taillenhöhe werden normalerweise im ganzen Raum angebracht. Hier wird aber auch gezeigt, wie man eine Vertäfelung sauber abschließt, falls Sie nur eine Wand vertäfeln möchten.

Feder-und-Nut-Vertäfelungen, die mit Leisten abschließen, lockern eine große Wand optisch auf.

Sie nageln durch die Bretter und versenken die Nagelköpfe, die Sie zuspachteln. Es sieht jedoch ordentlicher aus, wenn man die Nägel in die Federn der Latten schlägt oder Klammern verwendet, die das genutete Ende der Latten festhalten. In beiden Fällen wird die Befestigung vom angrenzenden Brett verdeckt. Lagern Sie die Latten einige Tage vorher in dem Raum, damit sie sich an die Temperatur und die Feuchtigkeitsverhältnisse anpassen können. Dadurch schrumpft oder splittert das Holz nicht mehr so leicht.

Nützliche Hinweise

Ein Lichtschalter oder eine Steckdose müssen evtl. neu angebracht werden, wenn sie glatt auf der Wand aufliegen. Wenn Sie den Strom abgedreht haben, entfernen Sie die Blende. Drücken Sie Füllmaterial in die Vertiefung, schrauben Sie die Blende wieder an und bringen Sie die Bretter darum herum so an, daß sie auf gleicher Höhe mit der Blende sind. Sie sollten kleine Leisten um die Installationen herum anbringen, um die Schnittkanten der Bretter zu stützen (vgl. S. 168).

1 Wenn Sie nur eine Wand verkleiden, werden das erste und das zweite Brett dicht an der angrenzenden Wand angebracht. Schneiden Sie das Brett zu, halten Sie es mit der genuteten Kante an die angrenzende Wand und kontrollieren Sie, ob es vollkommen senkrecht steht. Befestigen Sie es vorübergehend mit Holznägeln.

2 Legen Sie einen Anreißklotz und einen Bleistift auf das Brett. Sie sollten den Block zusammen mit dem Bleistift nach unten bewegen und dabei das Profil der Wand auf das Brett übertragen. Entfernen Sie die Holznägel, klemmen Sie das Brett an einer Arbeitsfläche fest und schneiden Sie mit einer Stichsäge entlang der Linie.

3 Nageln Sie das erste Brett an die Leisten. Schlagen Sie dafür die Nägel im Winkel von 45° in die Feder des Brettes und treiben Sie die Nägel mit einem Durchschläger unter die Holzoberfläche, so daß die Nut des nächsten Brettes sich über die Feder schieben kann. Schieben Sie das nächste Brett an seinen Platz.

4 Fahren Sie so bis zum letzten Brett in der Wand fort, das evtl. passend gesägt, gehobelt oder angerissen werden muß. Wenn Sie innere Ecken verkleiden, sollten Sie das erste Brett der zweiten Wand direkt an die angrenzende Vertäfelung drücken und festnageln.

5 An äußeren Ecken bringt man das letzte Brett vorübergehend so an, daß sein Ende über die vorstehende Ecke hinausgeht. Verwenden Sie die bereits getäfelte Wand als Hilfsmittel, um eine Linie auf das Brett zu zeichnen. Entfernen Sie es, klemmen Sie es in einen Schraubstock und hobeln Sie es entlang der Linie ab.

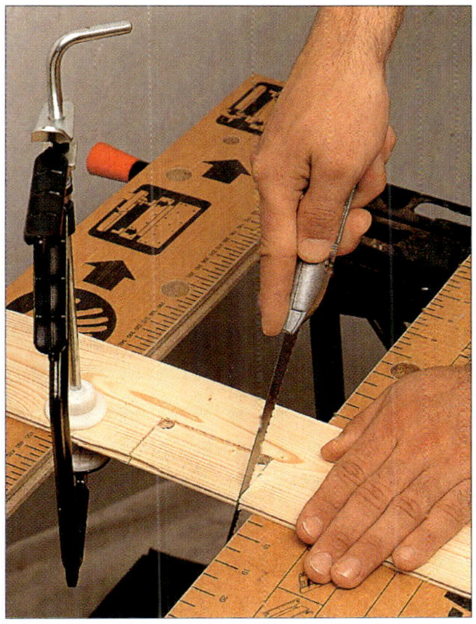

6 Um die Umrisse eines Lichtschalters oder einer Steckdose auszusägen, markieren Sie die Stelle auf dem Brett. Klemmen Sie das Brett in einen Schraubstock und bohren Sie in jede Ecke ein Loch. Sägen Sie die Umrisse dann ausgehend von den Löchern (vgl. S. 168).

7 Wenn Sie einen Abschluß an einer Verkleidung anbringen wollen, hören Sie eine Lattenbreite vor der Ecke auf. Schließen Sie ab, indem Sie ein Stück Vertäfelung der Länge nach so durchschneiden, daß es an das Ende der Vertäfelung paßt. Nageln Sie es dann an den Latten fest.

8 An Oberkanten schneiden Sie die Bretter so zu, daß sie in den Zwischenraum zwischen der Vorderseite der Vertäfelung und der Wand passen. An den Ecken müssen Sie Gehrungen schneiden (vgl. S. 148). Nageln Sie die Leisten auf die Vertäfelung. Versenken Sie die Nägel anschließend mit einem Durchschläger.

PANEELE ANBRINGEN

SIE BRAUCHEN

Maßband und Bleistift
Feinsäge und Handsäge **oder** Stichsäge
Hammer
Schraubenzieher
Teppichmesser
Anreißblock
Arbeitsfläche
Kammlehre
Spritzpistole (bei Bedarf)

MATERIALIEN

Weichholzleisten
Nägel **oder** Schrauben und Dübel
Kleine Holznägel **oder** Schrauben **oder** Paneelkleber
Wandplatten
Fußleiste (bei Bedarf)
Kranzleisten (bei Bedarf)

VERWEISE

Fußleisten anbringen, S. 38–39
Kranzleisten anbringen, S. 148
Wände zum Vertäfeln vorbereiten, S. 164–165

Paneele sind entweder mit Holzfurnier überzogen, bedruckt oder mit Plastikfolie bedeckt. Die Basis für die Paneele kann aus Hartfaserplatten oder dünnem Sperrholz bestehen. Es gibt sie in einer Standardgröße von 2,40 m x 1,20 m. Wegen der Größe und Breite der einzelnen Bretter ist es wichtig, die Nahtstellen genau zu planen. Tür- oder Fensteröffnungen sind hierbei besonders empfindliche Stellen, an denen solche Nähte oft vorkommen werden.

Sie können die Paneele wie Naturholz auf einen Lattenrahmen nageln. Moderne Paneelkleber sind auch dazu geeignet, ganzwändige Paneele festzuhalten, obwohl man das Holz natürlich einfacher wieder entfernen kann, wenn es nur festgenagelt ist.

Kleinere Hindernisse wie Lichtschalter und Steckdosen müssen möglicherweise wieder neu angebracht werden (vgl. S. 166–167), wenn man die Paneele auf Leisten befestigt. Wenn die Wand erst einmal verkleidet ist, sollten Sie die vertikalen Nähte mit einem Dichtungsmittel versiegeln, das die gleiche Farbe wie die vertikale Holzmaserung hat.

Wenn Sie eine oder mehrere Wände wie mit Holz verkleidet oder gefliest aussehen lassen wollen, können Sie das Problem mit Paneelen lösen.

1 Wenn Sie die Platten auf einem Lattengerüst befestigen, bringen Sie sowohl waagerechte als auch senkrechte Latten an und fügen im Abstand von 60 cm Zwischenlatten ein. Schneiden Sie die Latten so zu, wie es auf den Seiten 164–165 beschrieben ist.

2 Bringen Sie auch an Lichtschaltern und Steckdosen Latten an. Schneiden Sie diese so zu, daß sie direkt an den Schaltern liegen und bohren Sie dann Löcher hindurch. Bohren Sie Löcher in die Wand und stecken Sie Dübel hinein (vgl. S. 229), schrauben Sie dann die Latten fest (Bei Gipsplatten verwendet man Kleber).

3 Um die Platten zuzuschneiden, legt man sie auf eine Unterlage. Messen und markieren Sie die notwendige Länge mit einer Bleistiftlinie, ritzen Sie die Oberfläche dann entlang dieser Linie mit einem Teppichmesser ein. Lassen Sie die Platte von einem Helfer festhalten, während Sie sägen.

4 Schneiden Sie das Paneel passend zu und drücken Sie es fest gegen das Lattengerüst. Von oben nach unten treiben Sie nun Nägel oder Schrauben durch das Paneel in die Latten (quer und längs). Gehen Sie beim zweiten Paneel ebenso vor.

5 Um einen Ausschnitt an einem Lichtschalter oder einer Steckdose zu machen, legen Sie das Brett auf eine Arbeitsfläche. Markieren Sie die Position des Lichtschalters auf dem Brett und bohren Sie ein Loch an jede Ecke der Aussparung. Sägen Sie dann das Loch entlang der Markierungen aus.

6 Wenn das Brett an einer inneren Ecke liegt, muß eine Aussparung für die Fußleiste ausgeschnitten werden. Sie können eine Kammlehre verwenden, um die Form der Fußleiste auf das Brett zu übertragen. Schneiden Sie mit einer Stichsäge an der Bleistiftlinie entlang.

KLEBER VERWENDEN

Statt Nägeln oder Schrauben kann man Paneelkleber zur Befestigung verwenden. Wenn die Wände glatt und ohne Mängel sind, können Sie die Latten weglassen und die Bretter direkt auf die Wand kleben.

Wenn Sie um einen Lichtschalter oder andere Installationen täfeln, sollten Sie die Blende entfernen, nachdem Sie den Strom abgeschaltet haben. Schneiden Sie ein Loch für den Schalter aus (vgl. Schritt 5), und schrauben Sie die Blende dann mit längeren Schrauben fest.

Tragen Sie auf die Rückseite des Brettes im Zickzack an den Kanten, in der Mitte oder diagonal Kleber auf.

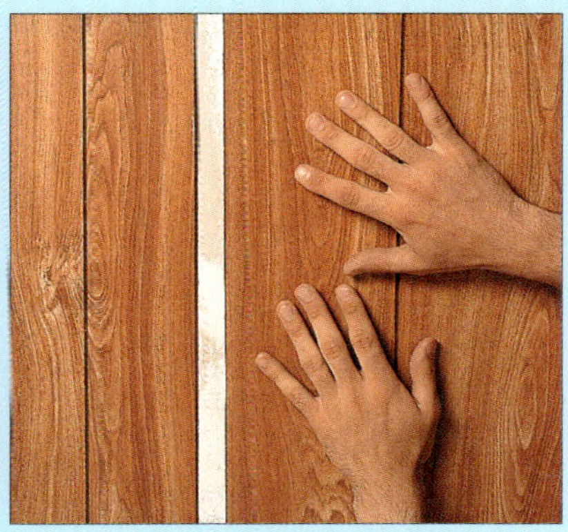

Setzen Sie ein Brett an der Unterkante an die Wand. Schieben Sie es bis zum nächsten Brett und drücken Sie es fest.

Eine Trennwand bauen

SIE BRAUCHEN

Maßband und Bleistift
Wickelschnur mit Lot
Feinsäge **oder** Stichsäge
Wasserwaage
Bohrmaschine
Schusterhammer
Schraubendreher
Breite Spachtel

MATERIALIEN

10 cm x 5 cm gesägtes Weichholz
10 cm lange, runde Drahtnägel für Rahmen
Schrauben und Rahmendübel
Gipsplatte
Gipsplattenschrauben
Kantenband
Spachtelmasse

VERWEISE

Fußleisten ersetzen, S. 38–39
Türrahmen reparieren, S. 78–79
Eine neue Tür: ausmessen und Scharniere anbringen, S. 64–65
Eine neue Tür: einhängen und Griffe anbringen, S. 66–67
Grundlagen des Streichens, S. 114–115
Kranzleisten anbringen, S. 148

Nur in wenigen Häusern wird der Platz optimal ausgenutzt, und im Laufe der Zeit werden oft bauliche Veränderungen nötig, z.B. größere Räume zu unterteilen. So kann man beispielsweise aus einem größeren Raum zwei Schlafzimmer machen, ein zusätzliches Badezimmer bauen oder in einem großen Raum eine Eßecke einrichten.

Der Aufbau und die Verkleidung eines Wandrahmens sind Arbeiten für zwei Personen. Man muß vorher jedoch optimal planen. Wenn die Wand parallel zu den bestehenden Bodenbalken verläuft, sollten Sie sie direkt darüber bauen. Stellen Sie sicher, daß neue Türen sich problemlos öffnen lassen. Planen Sie auch eine Ausweitung der elektrischen Leitungen, der Wasserinstallationen oder der Heizung im Haus. Außerdem dürfen Sie auch die Beleuchtung im abgetrennten Teil nicht vergessen.

Eine Trennwand trägt dazu bei, daß Ihr Haus Ihren Bedürfnissen angepaßt wird.

Nützliche Hinweise

Fragen Sie bei Ihrer örtlichen Baubehörde nach, ob die neue Trennwand den Baubestimmungen entspricht. So muß ein Schlafzimmer beispielsweise ein Fenster und das Badezimmer eine Belüftungsmöglichkeit haben.

1 Markieren Sie die Position der Wand auf dem Boden. Bringen Sie die Bodenplatte an und lassen Sie bei Bedarf eine Öffnung für die Tür. Befestigen Sie die Platte an den Balken darunter mit Drahtnägeln Markieren Sie die Stelle für den Bodenbalken. Bringen Sie in Abständen von ca. 40 cm Markierungen für weitere Stützen an.

2 Schneiden Sie vertikale Wandbalken zu, die zwischen Decken- und Bodenbalken passen. Schneiden Sie über der Fußleiste eine Aussparung in die Wandbalken. Drücken Sie den Deckenbalken an seinen Platz und bringen Sie die Wandbalken in die richtige Position. Schrauben Sie dann alle Balken an der Wand fest.

3 Schneiden Sie die übrigen Stützen zu. Schneiden Sie ein Stück Holz zu, das zwischen die Stützen paßt, und verwenden Sie es als Abstandshalter beim Festnageln. Prüfen Sie mit einer Wasserwaage, ob die Stützen senkrecht sind und befestigen Sie sie mit Nägeln an Boden- und Deckenbalken.

4 Wenn Sie eine Stütze befestigt haben, kontrollieren Sie mit einer Wasserwaage, ob der Rahmen wirklich gerade ist. Wenn der obere Balken schief wird, klopfen Sie ihn mit einem Hammer an die richtige Stelle. Drehen Sie eine Schraube zwischen den Stützen durch den oberen Balken.

5 Wenn Sie alle Stützen befestigt haben fügen Sie auf halber Wandhöhe horizontale Stützen, die man als Querhölzer bezeichnet, ein. Ordnen Sie diese versetzt an, damit man durch die Stützen hindurch in die Zwischenriegel nageln kann. Nageln Sie die Zwischenriegel schräg an den Endstützen fest.

6 Bei einer Türöffnung muß man eine Stütze oder einen Türbalken ausmessen und zuschneiden, der in die Türöffnung paßt. Nageln Sie durch die Stützen hindurch in die Enden des Türbalkens. Bringen Sie dann eine kleine vertikale Stütze zwischen dem Türbalken und dem Deckenbalken an.

7 Wenn Sie keine Erfahrung mit der Installation von Wasser- oder Stromleitungen haben, sollten Sie einen Fachmann zu Rate ziehen. Mit einem Teppichmesser schneiden Sie eine Gipsplatte so zu, daß sie senkrecht oder waagrecht in den Rahmen paßt, befestigen Sie die Platte dann am Rahmen.

8 Kleben Sie über die Nähte Klebeband und bedecken Sie es dann mit Spachtelmasse. Verwenden Sie die Spachtelmasse auch, um Nagelköpfe zu verbergen. Fügen Sie Kranzleisten, Fußleisten und Balken ein und hängen Sie die Tür ein. Vor dem Streichen sollten Sie auf jeden Fall eine Grundierung auftragen.

4 BÖDEN

Leitfaden für Böden

Holzfussböden

VGL. S. 178–179

Für den Fußboden sollten Sie entweder Dielen aus Weichholz oder Bodenplatten aus Sperrholz verwenden. Bei einem dekorativen Bodenbelag hat man verschiedene Möglichkeiten: einen schwimmenden Fußboden, einen dicken Laminatboden (den man auch auf einen bereits bestehenden Belag legen kann), PVC-Boden, Mosaikbodenbeläge oder einen Bodenbelag aus Massivholz. Letzterer empfiehlt sich ganz besonders bei Betonböden. Hölzerne Bodendielen sollten mit Lack versiegelt werden. Man kann sie aber auch zuerst beizen oder streichen.

Bodendielen abschleifen

SACHKENNTNIS: hoch
ZEITRAHMEN: 1 Tag
SPEZIALWERKZEUGE: Parkettschleifmaschine, Randschleifer oder Bandschleifer, Staubmaske, Sicherheitsbrille, Ohrschützer, Handschaber
SEITEN: 180–181

Alte, abgetretene oder verschmutzte Bodendielen kann man durch Abschleifen wieder verschönern. Machen Sie sich keine Gedanken, wenn eine neue Bodendiele eine hellere Farbe zu haben scheint, durch das Abschleifen werden alle Dielen wieder ihre ursprüngliche Farbe erhalten. Sie sollten dann lackiert werden (s.u.). Laminatböden dürfen niemals abgeschliffen werden.

Sie müssen den Umgang mit einer professionellen Parkettschleifmaschine zuerst erlernen. Da Sie sich diese Maschine voraussichtlich sowieso ausleihen werden, lassen Sie sich das Gerät im Geschäft am besten vorführen.

Bodendielen abbeizen und lackieren

SACHKENNTNIS: niedrig
ZEITRAHMEN: 1–2 Tage
SPEZIALWERKZEUGE: Pinsel, Gummihandschuhe, Drahtbürste
SEITEN: 182–183

Hier erhalten Sie Anleitungen, wie man neue oder abgeschliffene Bodendielen besser zur Geltung bringt. Holzbeizen verleihen dem Fußboden eine intensivere Farbe, Lacke versiegeln und schützen so vor Beschädigungen. Die notwendige Arbeitszeit hängt von der Zahl der aufgetragenen Schichten und den verwendeten Produkten ab.

Bodendielen bemalen und schablonieren

SACHKENNTNIS: niedrig bis mittel
ZEITRAHMEN: 1–2 Tage
SPEZIALWERKZEUGE: Pinsel, Schablonenpinsel
SEITEN: 184–185

Hier finden Sie Techniken, wie man dekorative Farbeffekte auf neuen oder alten Bodendielen anbringt. Es wird gezeigt, wie man ein diamantförmiges oder quadratisches Muster anbringt (wie man eine Borte um den ganzen Raum anbringt, steht auf den Seiten 128–129) und wie man dem Boden einen künstlich verwitterten Look verleiht.

Die benötigte Arbeitszeit hängt von der Zahl der aufgetragenen Farbschichten, den verwendeten Produkten und dem Schwierigkeitsgrad der gewählten Technik ab.

Neue Bodendielen verlegen

SACHKENNTNIS: hoch
ZEITRAHMEN: 2 Tage
SPEZIALWERKZEUGE: Dielenklammern (geliehen), Bodensäge oder Stichsäge, Stemmeisen, Hobel
SEITEN: 186–187

Wenn alte Bodendielen nicht mehr repariert werden können, oder wenn man den Dielenboden nicht verdecken will, obwohl die Dielen eigentlich gar nicht zusammenpassen (vielleicht, weil einige vorher durch unpassende Dielen ersetzt wurden), ist es am vernünftigsten, kaputte oder unpassende Dielen durch neue auszutauschen. Das bedeutet, daß man sie zuschneiden und mit Dielenklammern festklemmen muß, damit sie nahtlos verlegt werden. Wie man Feder-und-Nut-Dielen verdeckt vernagelt, steht auf S. 194–195.

Einen Boden aus Spanplatten verlegen

SACHKENNTNIS: hoch
ZEITRAHMEN: 2 Tage

BANDSCHLEIFER

STAUBMASKEN

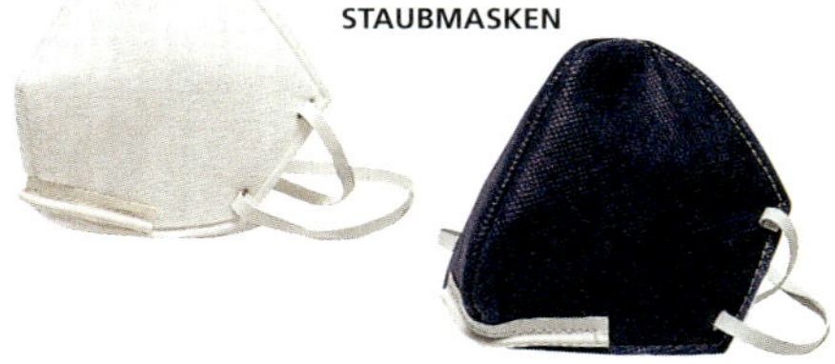

SICHERHEITS-BRILLE

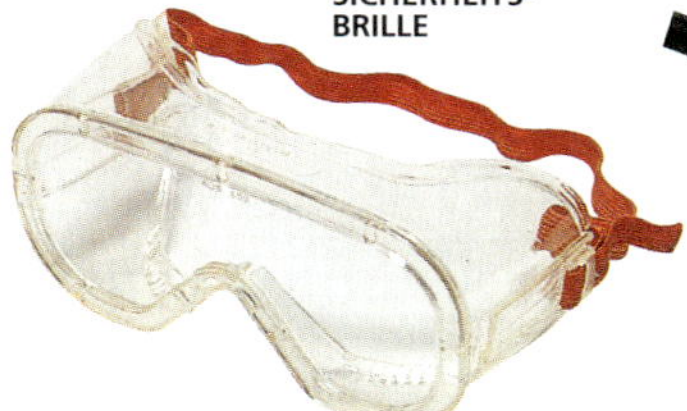

KREISSÄGE

SPEZIALWERKZEUGE: Bohrmaschine mit Schraubaufsatz, Kreissäge, Stichsäge
SEITEN: 188–189

Eine billigere und einfachere Methode, alte Bodendielen zu ersetzen, ist die Verwendung von Spanplatten mit Feder und Nut oder mit glatten Kanten. Dieselbe Technik kann angewendet werden, wenn man in einem Anbau oder beim Dachausbau neuen Boden verlegt. Sperrholz darf nie unbedeckt bleiben, aber es bietet einen idealen Untergrund für dekorative Bodenbeläge wie Teppichböden oder PVC- oder Vinylbeläge.

EINEN SCHWIMMENDEN FUSSBODEN VERLEGEN

SACHKENNTNIS: hoch
ZEITRAHMEN: 2 Tage oder länger
SPEZIALWERKZEUGE: Bodensäge, Kreissäge oder Hobel, Stemmeisen, Fuchsschwanz
SEITEN: 190–191

Wenn man einen Dielenboden auf einem bestehenden Boden verlegt, kann man die Oberfläche dekorieren. Mit Ausnahme der beiden Randreihen sind die Böden mit Klebstoff oder speziellen Clips aneinander befestigt und nicht am darunterliegenden Boden, daher stammt die Bezeichnung „schwimmend“. Man muß dem Bodenbelag Zeit geben, sich an das Raumklima anzupassen, bevor man ihn verlegt. Außerdem braucht ein schwimmender Fußboden gute Vorbereitung und Planung.

MOSAIKBÖDEN

SACHKENNTNIS: hoch
ZEITRAHMEN: 2 Tage oder mehr
SPEZIALWERKZEUGE: Zahnkelle, Fuchsschwanz
SEITEN: 192–193

Diese Böden sind eine Alternative zu Dielenböden. Das Mosaik wird als vier miteinander verbundene „Fliesen“ verkauft. Einzelne Hölzer – Riemchen – sind auf einer Unterlage aufgezogen und bereits miteinander verbunden. Es gibt diese Bögen in einer großen Auswahl von Mustern.

LAMINATBÖDEN VERLEGEN

SACHKENNTNIS: hoch
ZEITRAHMEN: 2 Tage oder mehr
SPEZIALWERKZEUGE: Fuchsschwanz, Durchschläger, Kreissäge oder Hobel, Kammlehre
SEITEN: 194–195

Diese dickeren Laminatstreifen können anstelle von bestehenden Bodendielen oder direkt auf dem alten Fußboden verlegt werden. Aber anders als bei Massivholz kann das Hartholzfurnier auf der Oberfläche nicht abgeschliffen werden, wenn es einmal beschädigt ist. Die beschriebene Technik wird als verdecktes Nageln bezeichnet, wobei Nägel durch die Feder eines Streifens getrieben werden, bevor die Nut des nächsten darübergeschoben wird.

BAHNENWARE VERLEGEN

SEITEN: 196–197

Zu der Auswahl an „weichen“ Bodenbelägen, die in Bahnen geliefert werden, gehören Teppiche, Naturbeläge wie Sisal und Jute, PVC und Linoleum. Alle sind weich und gut geeignet für Schlaf- und Wohnzimmer. Es gibt sie in einer großen Vielfalt von Farben und Mustern. Einige Beläge wie z.B. Teppichböden haben unterschiedliche Strukturen. PVC oder Linoleum sind besonders leicht zu reinigen, was sie am geeignetsten für Küche und Bad macht. Linoleum wird am besten von einem Fachmann verlegt.

EINEN PVC-BELAG VERLEGEN

SACHKENNTNIS: niedrig
ZEITRAHMEN: 1 Tag
SPEZIALWERKZEUGE: Zahnkelle
SEITEN: 198–199

Die wahrscheinlich beliebteste Bahnenware ist der PVC-Belag, der gleichzeitig weich, geräuscharm und einfach zu reinigen ist – außerdem ist er kostengünstig und einfach zu verlegen. Wenn Sie einen großen Raum haben, in dem zwei Bahnen PVC nebeneinander verlegt werden, müssen Sie diese miteinander verbinden. Die Naht sollte dort liegen, wo der Boden am wenigsten beansprucht wird.

VERWENDUNG EINER SCHABLONE BEIM VERLEGEN EINES PVC–BELAGS

SACHKENNTNIS: niedrig bis mittel

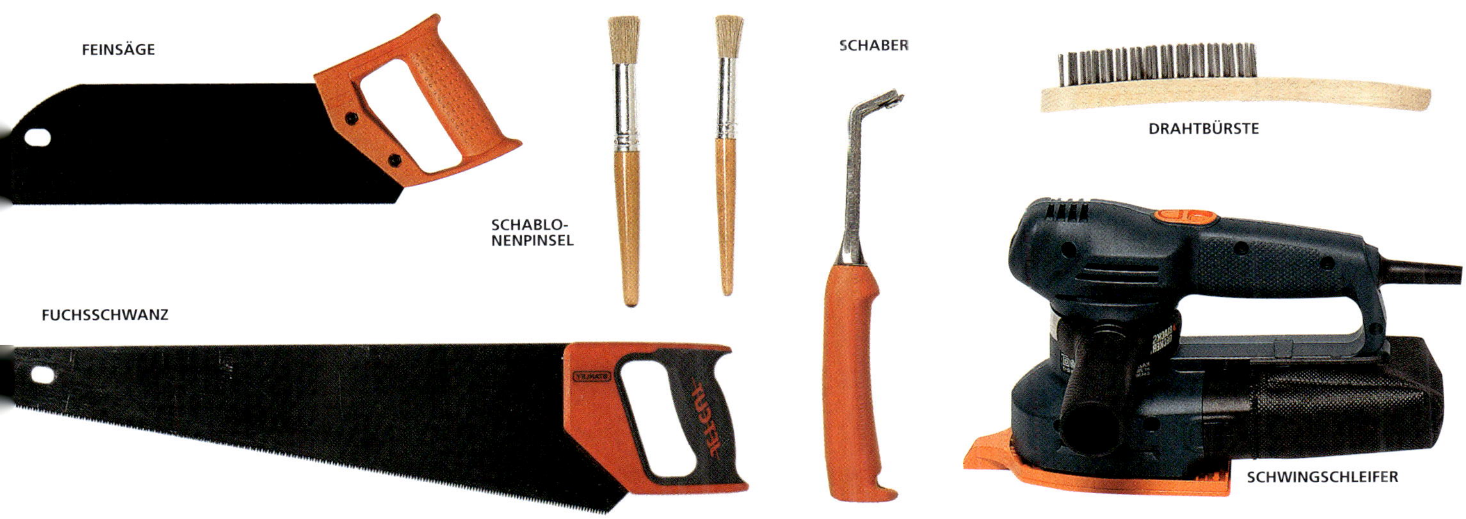

ZEITRAHMEN: 1 Tag
SPEZIALWERKZEUGE: Zahnkelle, Gewichte, Wachsstift
SEITEN: 200–201
Die beste Methode, einen PVC-Belag in einem Raum mit vielen Hindernissen – insbesondere einem Badezimmer mit Badewanne und Toilette – zu verlegen, ist die Verwendung einer Papierschablone in der Form des Raumes. Dadurch können Sie die PVC-Bahn schon grob zuschneiden, bevor Sie sie verlegen. Um die Schablone so anzufertigen, daß sie den Umrissen des Raumes präzise entspricht, braucht man einen Holzklotz und einen Bleistift zum Anreißen.

Teppiche mit Schaumrücken verlegen

SACHKENNTNIS: niedrig bis mittel
ZEITRAHMEN: ½ – 1 Tag
SPEZIALWERKZEUGE: Tacker, Meißel, Bügelsäge, Teppichmesser mit Teppichklingen
SEITEN: 202–203

Diese Teppichbodenart ist am einfachsten zu verlegen, und sie läßt sich praktisch überall im Haus außer auf der Treppe anbringen. Das eigentliche Verlegen ist nicht schwierig: Eine Papierunterlage wird festgetackert, darauf kommt der Belag, der mit beidseitigem Klebeband befestigt wird. Wenn man den Teppichboden an die richtige Stelle gelegt hat, schneidet man ihn mit einem Teppichmesser zu.

Teppiche mit Juterücken verlegen

SACHKENNTNIS: mittel bis hoch
ZEITRAHMEN: 1–2 Tage
SPEZIALWERKZEUGE: Tacker, Handsäge, Teppichmesser mit Teppichklingen, Spannfuß, Polstermeißel, Bügelsäge
SEITEN: 204–205

Diese Art Teppichboden ist schwieriger zu verlegen als Teppiche mit Schaumrücken, dafür ist er umweltfreundlicher. Man muß zuerst eine Unterlage aus Gummi oder Filz verlegen und darauf außerdem beidseitiges Klebeband festkleben. Der Teppichboden wird mit einem Spannfuß zur Wand hin gespannt, damit er keine Falten schlägt. Die insgesamt benötigte Zeit hängt davon ab, wie groß und verwinkelt der Raum ist und wie gut Sie mit dem Spannfuß umgehen können.

Treppenteppiche verlegen

SACHKENNTNIS: mittel bis hoch
ZEITRAHMEN: ½ – 1 Tag
SPEZIALWERKZEUGE: Hand- oder Bügelsäge, Teppichmesser mit Teppichklingen, Tacker, Polstermeißel, Gummihammer
SEITEN: 206–207

Teppichböden mit Juterücken kann man auch auf Treppen verlegen, und zwar entweder über die gesamte Treppe oder als Treppenläufer, bei dem rechts und links noch etwa 5 cm frei sind. Bevor Sie den Teppichboden verlegen, müssen Sie auf jeder Stufe an dem Winkel zwischen Setz- und Trittstufe Nagelleisten und eine Gummi- oder Filzunterlage befestigen, um dem Verrutschen entgegenzuwirken. Wenn die Treppe viele Stufen hat, ist es mühsam, den Teppichboden in die Winkel zu drücken. Wie kompliziert diese Arbeit ist, hängt von der Bauweise und der Art der Treppe ab. Bei geraden Treppen ist es einfacher als bei solchen mit Podesten, und das Verlegen eines Teppichbodens auf einer Wendeltreppe erfordert sehr viel mehr handwerkliches Können und vor allem viel Zeit.

Möglichkeiten beim Bodenfliesen

SEITEN 208–209

Die Auswahl an Fliesen läßt sich in zwei Kategorien einteilen: „harte" Materialien wie Keramik, Terrakotta und Stein und „weiche" Materialien wie Kork, PVC, Teppichboden, Linoleum und Gummibelag. Harte Fliesen sind haltbarer, aber wenn man barfuß darauf läuft, kann dies sehr kalt sein und mit Schuhen zudem sehr laut. Weiche Fliesen sind nicht nur leise und warm, sondern man kann sie auch sehr viel leichter verlegen. Ein anderer Vorteil ist, daß es einfacher ist, nur eine beschädigte Fliese auszutauschen als ein größeres Stück Bodenbelag.

Fliesen sind in sehr vielen Farben erhältlich, und Keramik-, PVC- und Linoleumfliesen gibt es zudem in vielen Mustern. Keramikfliesen gibt es in vielen Größen. Mit Fliesen kann man seine individuellen Muster kreieren, indem man verschiedene Farben oder Muster miteinander kombiniert. Bei weichen Fliesen kann man diese in der Diagonale durchschneiden (und so Dreiecke verlegen) oder an den Ecken eingesetzte Fliesen einfügen.

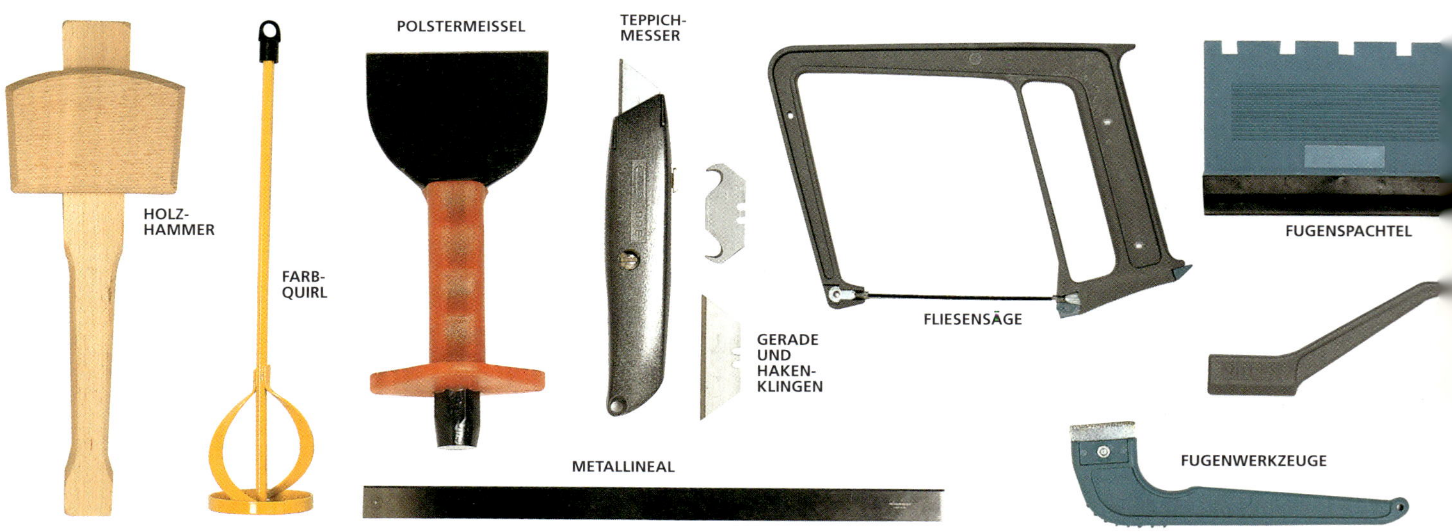

WEICHE BODENFLIESEN

SACHKENNTNIS: mittel
ZEITRAHMEN: 1 Tag
SPEZIALWERKZEUGE: Zahnkelle
SEITEN: 210–211

Eine der einfachsten Verlegearbeiten ist das Verlegen von weichen Fliesen – sie sind leicht, klein und lassen sich einfach zuschneiden. Diese Anleitungen gelten für PVC-Fliesen, aber Sie können sie auch auf das Verlegen anderer Arten von weichen Fliesen übertragen, wie Teppich, Kork oder Gummi. Das Schwierigste ist, eine flache, glatte Oberfläche vorzubereiten, auf der man die Fliesen verlegen kann. Auch die Planung des Schemas, das von der Mitte des Raumes nach außen geht, erfordert etwas Zeit und Geduld. Außerdem muß man die Fliesen so zuschneiden, daß sie an den Rändern und den Hindernissen im Raum genau passen. Jede einzelne Fliese sollte ausgemessen und individuell zugeschnitten werden. Man kann beim Verlegen Kleber verwenden, es gibt aber auch selbstklebende Fliesen (wie z.B. einige PVC-Fliesen). In diesem Fall ziehen Sie einfach das Papier ab und drücken die Fliese an.

KERAMIKFLIESEN VERLEGEN

SACHKENNTNIS: mittel bis hoch
ZEITRAHMEN: 2 Tage
SPEZIALWERKZEUGE: Fliesenschneider, Fliesenfeile, Zahnkelle, Winkelschleifer, Plastikspachtel
SEITEN: 212–213

Keramikfliesen sind dicker und größer als Wandfliesen, weil sie größeren Belastungen ausgesetzt werden und ein höheres Gewicht tragen müssen. Daher lassen sie sich auch schlechter zuschneiden.

Wie bei allen Bodenbelägen muß der Untergrund unbedingt glatt, sauber und vor allem trocken sein. Man beginnt damit, daß man vollständige Fliesen von der Mitte des Raumes aus verlegt und sich dann zu den Rändern hinarbeitet. Die Fliesen in der Mitte sollten sich setzen können, bevor man die Randfliesen anbringt. Dann müssen Sie wieder eine Wartezeit einkalkulieren, bis Sie die Zwischenräume verfugen können.

Es gibt auch Bortenfliesen, die man an den Wänden des Raumes entlang verlegen kann. Diese Art, einen Boden zu fliesen, erfordert vor Arbeitsbeginn eine noch sorgfältigere Planung.

STEINFLIESEN VERLEGEN

SACHKENNTNIS: hoch
ZEITRAHMEN: 3 Tage
SPEZIALWERKZEUGE: Zahnkelle, Wasserwaage, Holzhammer, Fliesenschneider, Fliesensäge, Fugenspachtel
SEITEN: 214–215

Steinfliesen sind haltbarer als Keramikfliesen, sind nicht glasiert und poröser. Da sie nicht glasiert sind, sind sie nicht so rutschig und eignen sich daher hervorragend für Zugangswege und Eingänge. Handgefertigte Fliesen sind schwieriger zu verlegen als maschinell gefertigte, da die Abmessungen der einzelnen Blöcke nicht genau übereinstimmen.

Terrakottafliesen sind den Steinfliesen ähnlich, aber sie sind wärmer und dämmen Geräusche besser. Man kann sie auf die gleiche Weise verlegen wie Steinfliesen. Steinfliesen werden auf Kleber gesetzt, der Zement enthält. Zum Verfugen wird eine zementhaltige Mörtelmasse verwendet. Die Fugen sind hier größer als bei Keramikfliesen. Diese Fliesen lassen sich nur schwer zuschneiden und sollten am besten an Stellen verwendet werden, an denen man nicht so viel zu schneiden braucht.

Bedenken Sie, daß große Steinfliesen ein erhebliches Gewicht haben. Der Untergrund muß solide genug sein, um dieses Gewicht tragen zu können.

EINEN BETONBODEN STREICHEN

SACHKENNTNIS: niedrig
ZEITRAHMEN: 1 Tag
SPEZIALWERKZEUGE: Spachtel, Pinsel, Farbrolle mit Teleskopstange
SEITEN: 216–217

Eine der besten Methoden zur Versiegelung eines Betonbodens ist das Streichen. Der Boden sieht so attraktiver aus und ist wesentlich einfacher zu reinigen. Außerdem kann sich so kein Staub ansammeln, was eines der Hauptprobleme eines blanken Betonbodens ist.

Die hier vorgestellte Methode ist für Werkräume, Garagen und allgemeine Nutzräume geeignet. Der Vorgang des Streichens an sich ist nicht schwierig, wenn Sie erst einmal alle Möbel und andere Gegenstände aus dem Raum entfernt und die Bodenfläche vorbereitet haben.

HANDSCHUHE

ZAHNSPACHTEL

KAMMLEHRE

KNIESCHONER

TACKER

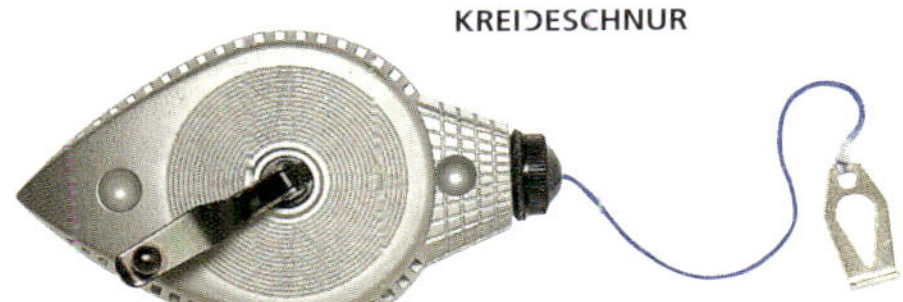

KREIDESCHNUR

Möglichkeiten für Holzfußböden

MATERIALIEN

FUSSBODENLACK

HOLZBEIZE

GLANZFARBE

KALKWACHS

BEIZFARBEN

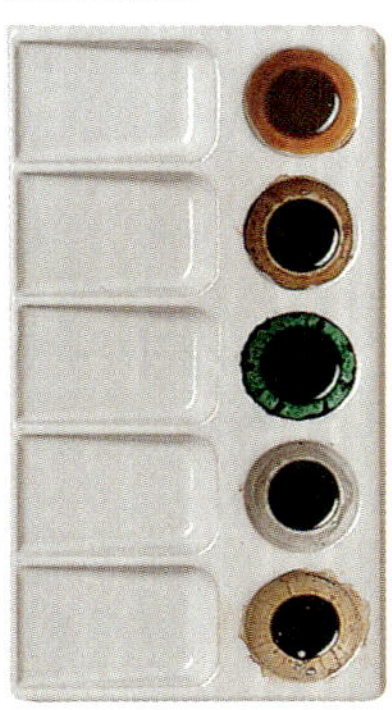

BEIZFARBEN

HOLZMOSAIK-PLATTEN

SPERRHOLZ-DIELE

FEDER-UND-NUT-DIELE AUS WEICHHOLZ

FICHTEN-DIELE MIT GERADER KANTE

Durch seine natürliche Schönheit wurde Holz als Bodenbelag beliebt. Die Grundstruktur des Bodens besteht aus aufgenagelten Bodendielen, die dann lackiert werden und offen liegen bleiben, wenn sie in gutem Zustand sind. Ein Holzboden ist ein dekorativer Blickfang, verbreitet eine warme Atmosphäre und kann auf einem bereits bestehenden Holzboden, auf Sperrholzplatten oder auf Betonböden verlegt werden. Man hat große Auswahlmöglichkeiten, abhängig davon, ob man einen bereits bestehenden Boden ersetzt oder renoviert oder ob man einen neuen Holzboden verlegt.

► Die klaren, geraden Linien eines Holzbodens sowie die Wärme und Funktionalität lassen einen solchen Boden in jedem Raum gut aussehen. Holz altert sozusagen würdevoll und gewinnt im Lauf der Jahre zusätzlich an Charakter.

◄ Wenn man auf einem Holzboden läuft oder Stühle rückt, kann dies in einem darunterliegenden Raum sehr laut zu hören sein. Wenn man schalldämpfendes Material wie Kork oder speziellen Schaum unter dem Boden verlegt, wirkt dies isolierend.

▲ Breitere Naturholzplatten sind normalerweise teurer als schmale, weil dazu qualitativ hochwertigeres Holz verwendet wird.

▲ Laminatböden sind relativ billig, weil nur die Oberfläche der Dielen aus Hartholz ist. Anders als Massivholzböden kann man sie später jedoch nicht abschleifen.

► Alle Holzböden (außer Sperrholz) können gebeizt oder mit getöntem Lack behandelt werden.

► Auf Holzböden kann man viele farbige Appreturen auftragen, darunter auch ausgemalte Schablonen.

◄ Mosaikholzböden werden oft fälschlicherweise als Parkett bezeichnet. Diese quadratischen Fliesen bestehen aus schmalen Holzstreifen, die auf einem Bogen aufgezogen sind.

► Auf Bodendielen kann man in vielfältiger Weise Farbe auftragen, z.B. einfarbig oder im Schachbrettmuster. Die oberste Schicht sollte Lack sein

BODENDIELEN ABSCHLEIFEN

SIE BRAUCHEN

Bodenschleifmaschine (geliehen)
Randschleifer (geliehen) **oder** Bandschleifer
Gesichtsmaske, Schutzbrille, Ohrschützer
Hammer und Durchschläger
Schaber (bei Bedarf)
Schleifblock aus Kork
Antistatiktuch oder Stoff

MATERIALIEN

grobes, mittleres und feines Bandschleifpapier
Mittleres und feines Schmirgelpapier

VERWEISE

Bodenbeläge entfernen, S. 40–41
Kleinere Reparaturen an Holzböden, S. 42–43
Eine beschädigte Diele ersetzen, S. 44–45
Bodendielen abbeizen und lackieren, S. 182–183
Bodendielen bemalen und schablonieren, S. 184–185

Im Laufe der Zeit zeigen Naturholzdielen Alters- und Abnutzungserscheinungen, wenn das Holz sich verzieht, es splittert oder schmutzig wird. Dem kann abgeholfen werden, indem man die Dielen abschleift. Das Abschleifen von Bodendielen erfolgt in drei Stufen: zuerst wird die Bodenfläche mit rauhem oder mittlerem und anschließend mit feinem Bandschleifpapier abgeschliffen. Zum Schluß werden die Ränder abgeschliffen. Falls Sie keinen Bandschleifer besitzen, können Sie sich im Fachhandel eine professionelle Bodenschleifmaschine und einen Kantenschleifer leihen.

BEVOR SIE ANFANGEN

Sie müssen zuerst alle Bodenbeläge entfernen (vgl. S. 40–41) und eventuelle Schäden an den Dielen reparieren (vgl. S. 42–45). Es ist vor allem auch wichtig, daß Sie vor dem Schleifen kontrollieren, ob hervorstehende Nägel oder Heftklammern im Boden stecken – sie könnten das Schleifpapier zerreißen und die Schleifmaschine beschädigen. Beim Schleifen können auch Nagelköpfe zum Vorschein kommen und müssen dann mit einem Durchschläger ins Holz getrieben werden.

Entfernen Sie auch alle Möbel aus dem Raum. Je freier der Boden ist, desto besser. Während des Schleifens entsteht sehr viel Staub, hängen Sie deshalb auch Bilder und Spiegel ab. Andere Dinge wie z.B. Einbauregale mit Büchern, die Sie nicht aus dem Raum entfernen können, sollten Sie mit Plastikfolie und Klebeband gut abdecken. Es ist auch ratsam, die Türöffnungen abzukleben, damit der Staub sich nicht im übrigen Haus verteilt, und die Fenster zu öffnen.

Lesen Sie sich die Anleitung für die Schleifmaschine gründlich durch, bevor Sie beginnen. Beizen oder lackieren Sie die abgeschliffenen Bodendielen (vgl. S. 182–183).

1 Vor dem Schleifen kippen Sie die Schleifmaschine nach hinten. Achten Sie dabei darauf, daß das Anschlußkabel nicht im Weg ist (am besten legen Sie es sich über die Schulter). Schalten Sie den Strom an und setzen Sie die Maschine wieder auf den Boden. Sie müssen sie festhalten, damit sie nicht „davonläuft".

2 Wenn Sie wellige Dielen haben, sollten Sie grobes Schleifpapier verwenden und diagonal durch den Raum schleifen. Schleifen Sie mehrmals in eine Richtung und dann in der anderen Diagonalen. Ein Staubbeutel wird einen Großteil des Staubes auffangen, aber bei weitem nicht alles.

3 Staubsaugen Sie den Raum und setzen Sie mittleres Schleifpapier in die Maschine ein (wenn die Bodendielen nicht wellig sind, können Sie gleich mit diesem Papier anfangen). Schleifen Sie entlang der Dielen. Wenn Sie einen Boden mit Fischgrätmuster abschleifen, sollten Sie immer diagonal schleifen.

4 Achten Sie auf hervorstehende Nägel, die durch das Abschleifen freigelegt werden könnten. Treiben Sie diese mit einem Durchschläger tief in den Boden. Legen Sie dann feines Schleifpapier in die Maschine ein und schleifen Sie wieder entlang der Bodendielen.

5 Schleifen Sie jetzt die Ränder des Bodens mit einem Randschleifer oder einem Bandschleifer ab. Schalten Sie das Gerät an, bevor Sie es auf den Boden setzen und bewegen Sie es kreisförmig. Achten Sie immer darauf, daß sich die mit der Bodenschleifmaschine bearbeiteten Flächen überlappen.

6 Die meisten Schleifmaschinen gelangen nicht in die Ecken oder unter Hindernisse. Verwenden Sie dort einen Schaber oder einen Schleifblock (allerdings nicht an den Fußleisten). Verschmelzen Sie die abgekratzten Stellen mit den abgeschliffenen mit Schleifpapier.

7 Fegen Sie den Staub zusammen und staubsaugen Sie die Fläche. Wischen Sie den Boden dann mit einem Antistatiktuch oder mit Stoff ab, um alle Staubpartikel zu entfernen, die die Appretur beschädigen könnten.

Nützliche Hinweise

Wenn man im Umgang mit Bodenschleifmaschinen unerfahren ist, sollte man vor dem ersten Gebrauch einige Dinge wissen. Schleifen macht viel Lärm, deshalb tragen Sie besser Ohrschützer. Damit Sie Ihre Nachbarn nicht verärgern, sollten Sie dann schleifen, wenn es am wenigsten stört. Wenn das Schleifband auf den Boden kommt (man erkennt dies am größeren Lärm), sollten Sie es nie auf einer Stelle lassen oder festhalten, sonst wird es den Boden beschädigen.

Eine der besten Methoden zum Entfernen von Staub ist ein Antistatiktuch. Es ist mit einem Harz behandelt, der den Staub anzieht.

Bodendielen abbeizen und lackieren

SIE BRAUCHEN

Beizen und Lackieren
Stahlwolle
fusselfreier Stoff
10 cm breiter Pinsel
feines Schmirgelpapier
Schleifblock
Farbeimer (bei Bedarf)
Staubtuch **oder** Zeitungen
kleiner Pinsel (bei Bedarf)
Gummihandschuhe
Bodendielen kalken
Drahtbürste
kleiner Pinsel
Stahlwolle
Gummihandschuhe
(s.o.)

MATERIALIEN

Beizen und Lackieren
Beize auf Wasser- **oder** Ölbasis
Lack auf Wasser- **oder** Ölbasis
Spiritus (bei Bedarf)
Bodendielen kalken
Kalkwachs **oder** Kalkpaste
Lack auf Wasser- **oder** Ölbasis

VERWEISE

Bodenbeläge entfernen, S. 40–41
Bodendielen abschleifen S. 180–181

Die natürliche Maserung und Struktur eines Holzbodens werden durch eine Beize und eine schützende Lackschicht hervorgehoben.

Naturholzböden können durch Beizen und Lacke verändert und geschützt werden. Den besten Effekt erzielt man auf neuen Dielen, aber man kann auch einen vorhandenen Boden behandeln, wenn die Dielen in Ordnung sind. Sie müssen zuerst alte Bodenbeläge entfernen, um die Dielen zu prüfen und um diese ggf. abzuschleifen, damit die neue Schutzschicht aufgetragen werden kann.

Beizen und Lacke

Beize dringt in das Holz ein und verleiht ihm neue Farbe. Lack pflegt die Oberfläche des Holzes, bringt sie zur Geltung und schützt sie. Lacke gibt es matt, halbglänzend und glänzend. Sie können den Lack für sich oder als Deckschicht über eine Beize auftragen, oder Sie verwenden farbigen Lack.

Beizen und Lacke kann man auf Wasserbasis oder auf Ölbasis kaufen. Diese beiden sollen nie gleichzeitig verwendet werden. Beizen kann man jedoch mischen. Eine Beize auf Wasserbasis läßt das Holz etwas aufquellen, weshalb es abgeschmirgelt werden muß, wenn die Beize trocken ist.

1 Bevor Sie Beize auftragen, müssen Sie die Dielen zuerst mit Stahlwolle und Spiritus reinigen, damit kein Wachs oder Fett mehr auf der Oberfläche ist. Sonst kann es sein, daß die Beize nicht richtig aufgesogen wird und unregelmäßige Flecken entstehen.

2 Wenn Ihnen eine Beize nicht gefällt, können Sie verschiedene Beizen mischen. Legen Sie einen Lappen oder Zeitungen unter, um Spritzer auf dem Boden zu vermeiden. Ein kleiner Pinsel ist das beste Mischwerkzeug. Sie können auch farbige Beizen untereinander mischen.

3 Tragen Sie die Beize mit einem sauberen, fusselfreien Tuch oder einem Pinsel auf. Reiben Sie die Beize schnell ein, so daß sie nicht trocknet. Wenn die Farbe nicht dunkel genug ist, tragen Sie noch eine zweite Schicht auf.

4 Lassen Sie die Beize trocknen, bevor Sie den Lack auftragen. Verdünnen Sie die erste Schicht, die als Grundierung dient, zu 10% mit Spiritus (bei Lack auf Ölbasis) oder mit Wasser (bei Lack auf Wasserbasis). Reiben Sie die Schicht mit einem Lappen in den Boden.

5 Wenn der Lack trocken ist, reiben Sie die Fläche mit feinem Schmirgelpapier ab. So wird ein Untergrund für die nächste Schicht geschaffen, und die Oberfläche wird geglättet. Bevor Sie eine neue Lackschicht auftragen, entstauben Sie den Boden mit einem Lappen.

6 Tragen Sie bis zu sechs Lackschichten auf und schleifen Sie den Boden immer wieder ab. Verwenden Sie für die Schichten über der Grundierung einen breiten Pinsel. Wenn Sie farbigen Lack benutzen, sollten Sie als letzte Schicht Klarlack verwenden. Jede neue Schicht farbigen Lacks macht den Boden dunkler.

BODENDIELEN KALKEN

Holz kann mit Wachs oder einer Paste gekalkt werden, bevor es lackiert wird. Das Holz sollte unlackiert und sauber sein, es kann aber gebeizt sein. Bevor Sie das Wachs oder die Paste auftragen, bürsten Sie in Maserungsrichtung mit einer Drahtbürste darüber, dadurch kann das Holz die Paste besser aufnehmen. Tragen Sie die Paste mit einem Jutetuch oder extrafeiner Stahlwolle auf. Entfernen Sie die getrocknete Paste mit einem Lappen oder einem Stück Jute.

Reiben Sie das Kalkwachs mit Stahlwolle in das Holz. Entfernen Sie nach dem Trocknen überschüssiges Wachs.

Das Kalken bringt die natürliche Holzmaserung besonders zur Geltung, vor allem bei Eichen- und Eschenholz.

Bodendielen bemalen und schablonieren

SIE BRAUCHEN

Schablonieren der Dielen
Schnur, Nägel, Bleistift
Metalllineal
Schablone
Sprühklebstoff **oder** Abdeckband
Schablonenpinsel
großer Pinsel
Antiklook
kleiner und goßer Pinsel
Farbroller und –wanne
fusselfreier Stoff
feines Schmirgelpapier
Schaber (bei Bedarf)

MATERIALIEN

Schablonieren der Dielen
Farbe auf Wasser- oder Ölbasis
Bodenlack
Antiklook
Bienenwachs **oder** Petroleumgel
Farbe auf Wasserbasis
Bodenlack

VERWEISE

Kleinere Reparaturen an Holzböden, S. 42–43
Eine beschädigte Bodendiele ersetzen, S. 44–45
Bodendielen abschleifen, S. 180–181
Bodendielen abbeizen und lackieren, S. 182–183

Die einfachste Möglichkeit, Bodendielen zu streichen, ist eine einzige Farbe für den ganzen Boden zu verwenden. Benutzen Sie dabei für die Mitte einen Farbroller und an den Rändern einen Pinsel. Jede Farbe ist geeignet. Sie können den Boden auch mit einem besonderen Farbeffekt versehen, einen Antikeffekt erzeugen oder mit einer Schablone ein Muster aufmalen. Mit Stahlwolle und Spiritus entfernen Sie vorher Wachs oder Fett von den Dielen.

Schablonen werden normalerweise verwendet, um eine Borte zu zeichnen, aber man kann auch eigene Muster kreieren, so z.B. ein Kristallmuster.

Eine Schablone herstellen

Sie können fertige Schablonen kaufen oder selbst anfertigen. Eine durchsichtige Plastikfolie (Overheadfolie) ist das beste Material. Legen Sie die Folie über eine Vorlage, die Sie nachmalen möchten, schneiden Sie dann das Muster aus und lassen Sie „Brücken“ stehen, damit nicht einige Teile aus der Schablone hinausfallen. Schablonen schneidet man am besten mit einem scharfen Messer aus. Bei einem regelmäßigen Muster bringt man Hilfsmarkierungen an, die zur Orientierung beim Ankleben der Schablone dienen. Verwenden Sie dazu ein Musterelement oder ziehen Sie eine Bleistiftlinie.

1 Planen Sie das Muster mit einer Zeichnung. Beginnen Sie in der Mitte des Raumes, um die Anordnung des Musters festzulegen. Suchen Sie die Mitte des Bodens (vgl. S. 192–210), aber statt Kreide sollten Sie zwei Schnüre zum Markieren verwenden, die an kleinen Nägeln befestigt sind.

2 Messen Sie aus, wo das Muster aufgemalt wird, und markieren Sie die entsprechenden Stellen. Sie können immer wieder leichte Anpassungen vornehmen. Bei jeder neuen Gruppe von Markierungen sollten Sie überprüfen, ob diese stimmen, bevor Sie die Farbe auftragen.

3 Mit Sprühkleber fixiert man die Schablone am einfachsten auf dem Fußboden. Dadurch wird die Schablone an ihrem Platz gehalten, während Sie malen, und läßt sich danach problemlos wieder abziehen. Sie können auch Abdeckband verwenden.

4 Nehmen Sie mit einem Schablonenpinsel Farbe auf und tupfen Sie das Muster auf ein Stück weißes Papier, damit Sie die richtige Farbmenge herausfinden. Tragen Sie die Farbe auf den Boden auf. Tupfen Sie sie nur dünn auf, damit keine Farbe unter die Ränder der Schablone läuft.

5 Wenn Sie eine zweite Farbe verwenden, müssen Sie die erste trocknen lassen. Wenn Sie mehr als eine Schablone verwenden (z.B. für jede Farbe eine) achten Sie darauf, daß die Schablone genau auf das vorhergehende Muster paßt, bevor Sie die neue Farbe auftragen.

6 Entfernen Sie die Schablone und legen Sie die Folie an einer neuen Stelle auf, bis Sie das Muster im ganzen Raum aufgezeichnet haben.Wenn die Farbe ganz getrocknet ist, sollten sie den Boden mit Lack versiegeln.

ANTIKEFFEKT

Einen Antikeffekt zu erzeugen, ist recht einfach. Je intensiver die Farbe, desto größer wird der Effekt. Vor dem Streichen verteilen Sie einige Kleckse einer Schutzschicht auf den Dielen. Dann tragen Sie die gewünschte Farbe auf und lassen sie trocknen. Nun entfernen Sie die Schutzschicht (an schwierigen Stellen kann man einen Schaber verwenden) und verwischen die gestrichenen und ungestrichenen Flächen miteinander. Versiegeln Sie den Boden dann mit mehreren Schichten Lack.

Tragen Sie einige Kleckse einer Schutzschicht, z.B. Bienenwachs oder Petroleumgel, auf dem Boden auf.

Wenn die Farbe trocken ist, entfernen Sie das Wachs mit einem Tuch und schmirgeln die Ränder leicht ab.

NEUE BODENDIELEN VERLEGEN

SIE BRAUCHEN

Feinsäge **oder** Stichsäge
Hobel
Anreißwinkel
Maßband
Hammer
Durchschläger
Bodenklemmen (geliehen) **oder** Holzkeile und Leisten

MATERIALIEN

Dielenboden
Dielennägel

VERWEISE

Fußleisten und Preßteile entfernen, S. 36–37
Fußleisten ersetzen, S. 38–39
Eine beschädigte Diele ersetzen, S. 44–45
Bodendielen abbeizen und lackieren, S. 182–183
Bodendielen bemalen und schablonieren, S. 184–185
Laminatböden verlegen, S. 194–195

Wenn Sie einzelne Bodendielen ersetzen, passen die Ersatzdielen möglicherweise von der Größe, der Oberfläche oder der Farbe nicht richtig zu den alten. Wenn Ihre alten Bodendielen an verschiedenen Stellen beschädigt sind, ist es womöglich besser, alle Dielen zu ersetzen. Dielen haben entweder eine glatte Kante oder Feder und Nut. Feder-und-Nut-Bodendielen kann man verdeckt an den Bodenbalken festnageln, ebenso Lattenböden (vgl. S. 194–195). In diesem Fall muß man sie auch nicht festklemmen.

Bodendielen gibt es in unterschiedlichen Größen und Dicken. Die korrekte Dicke hängt vom Abstand der Balken ab; die Breite beeinflußt das Aussehen. Orientieren Sie sich an den alten Dielen. Wenn Sie die alten Dielen entfernt haben, sind die Balken und die Fußleisten der Ausgangspunkt. Untersuchen Sie die Balken sorgfältig auf Schäden und sorgen Sie dafür, daß sie glatt sind. Ersetzen Sie beschädigte Stellen, bevor Sie anfangen.

INSPEKTIONSLUKEN

Schwimmende Böden verdecken fast immer Wasser- und Stromleitungen. Über einem Wasserrohr oder einer Stromleitung sollte man eine Inspektionsluke lassen. Dies ist ein kleines Stück Bodendiele, das nur festgeschraubt wird, sozusagen eine Klappe. Bei Feder-und-Nut-Brettern schneidet man hierfür die Unterseite der Nut weg, damit man das Brett leicht anheben kann.

Nützliche Hinweise

Das Verlegen neuer Bodendielen ist eine ideale Gelegenheit, den Boden gleichzeitg zu isolieren. Dies geht am einfachsten, wenn man ein Netz über die Balken legt und es mit Heftklammern befestigt, damit darin das Isolationsmaterial aufgefangen wird. Das gewählte Material sollte von vornherein die passende Größe haben, ansonsten muß man es mit einer Feinsäge zuschneiden.

1 Entfernen Sie die erste Diele (vgl. S. 44–45), heben Sie die anderen mit einem Stemmeisen an. Untersuchen Sie die Balken gründlich. Wenn sie beschädigt sind, sollte man fachmännische Hilfe suchen. Legen Sie einige Dielen im rechten Winkel auf die Balken, an denen Sie arbeiten wollen.

2 Befestigen Sie das erste Brett entlang der Fußleiste im rechten Winkel zu den Balken und lassen Sie an der Wand eine Dehnungsfuge von etwa 1 cm. Feder-und-Nut-Dielen sollten mit der Nut zur Wand befestigt werden. Schlagen Sie pro Balken zwei Nägel ein. Umgehen Sie Leitungen, die in den Einkerbungen der Balken liegen.

3 Eine Diele sollte sich über die ganze Länge des Raumes erstrecken. Wo die Dielen kürzer sind, sollten die Nahtstellen genau auf einem der darunterliegenden Balken liegen. Ordnen Sie diese Nahtstellen versetzt im Raum an.

4 Verlegen Sie zunächst fünf oder sechs Reihen, ohne sie festzunageln. Lassen Sie am Ende jeder Reihe 1 cm frei und stellen Sie sicher, daß die Nahtstellen auf den Balken sowie von Diele zu Diele versetzt liegen.

5 Rücken Sie die Dielen eng aneinander. Bei Feder-und-Nut-Dielen müssen Sie darauf achten, daß die Nut genau auf die Feder des vorhergehenden Brettes paßt. Legen Sie ein kleines Stück Holz auf die Nut des letzten Brettes und hämmern Sie die Bretter zusammen.

6 Pressen Sie die Bodendielen mit zwei Bodenklemmen, die 1,80 m voneinander entfernt liegen, zusammen. Schützen Sie die Kante mit einem Holzstück. Nageln Sie die Bretter von der Mitte aus fest.

7 Anstelle von Bodenklemmen können Sie auch Holzkeile zuschneiden. Nehmen Sie dazu Abfallstücke des Bodenmaterials. Schlagen Sie Holzkeile in den Zwischenraum zwischen die letzte Diele und eine Holzleiste, die vorübergehend an einen Balken neben der letzten Diele festgenagelt ist.

8 Fahren Sie fort, bis weniger als eine Dielenbreite übrig ist. Lassen Sie bei der letzten Diele Platz für eine Dehnungsfuge. Klopfen Sie die Diele an die richtige Stelle. Entfernen Sie die Unterseite der Feder-und-Nut-Dielen, wenn sie nicht richtig passen. Befestigen Sie dann wieder die Fußleisten.

Einen Boden aus Spanplatten verlegen

SIE BRAUCHEN

Maßband
Bleistift
Winkel
Hammer
Matallineal
Bohrmaschine mit Schraubaufsatz **oder** Schraubendreher
Kreissäge
Stichsäge
G-Klammern

MATERIALIEN

Bodentaugliche Spanplatte
5 cm lange Schrauben **oder** Ringschaftschrauben
Kleber

VERWEISE

Fußleisten und Preßteile entfernen, S. 36–37
Fußleisten ersetzen, S. 38–39
Eine beschädigte Diele ersetzen, S. 44–45
Neue Bodendielen verlegen, S. 186–187

Spanplattenböden eignen sich für einen Anbau oder für Dachböden, aber Sie können mit Spanplatten auch beschädigte Bodendielen ersetzen. Die Platten sind nicht besonders dekorativ, deshalb ist ein Belag notwendig.

Bodentaugliche Spanplatten sind in zwei Dicken erhältlich (zu 19 und 22 mm). Verwenden Sie die dünnere Variante nur dort, wo der Abstand zwischen den Bodenbalken weniger als 45 cm beträgt. Spanplatten haben normalerweise auf allen vier Seiten Feder-und-Nut-Kanten und sollten mit der Längsseite im Winkel von 90° zu den Balken verlegt werden. Spanplatten mit glatten Kanten werden andersherum verlegt, wobei die langen Seiten auf den Balken aufeinandertreffen (es kann sein, daß Sie die Platten absägen müssen). Der Zwischenraum zwischen den kurzen Seiten sollte von Holzriegeln gestützt werden, die zwischen den Balken liegen. Diese müssen im Winkel festgenagelt werden. Wie bei neuen Dielen (vgl. S. 186–187), sollten Sie mit der Überprüfung und der Reparatur der Bodenbalken beginnen.

Inspektionsluken

Bei Spanplattenböden muß man in jedem Fall Inspektionsluken einbauen, weil man die Platten nach dem Annageln kaum noch anheben kann. Legen Sie die Stelle für die Inspektionsluke so fest, daß sie über einer Anschlußdose oder einem Wasserrohr liegt. Wenn das Brett festgenagelt ist, sägen Sie ein Loch für die Luke aus und schrauben sie an den Holzriegeln fest. Die Luke kann dann leicht geöffnet werden.

Nützliche Hinweise

Viele Schreiner verwenden 5 cm lange Ringschaftnägel, um Spanplatten festzuschrauben. Man kann sie besser festziehen, wenn man die Löcher vorbohrt. Schrauben bieten aber einen festeren Halt, und man kann die Bretter dann besser anheben. Da man viele Schrauben festziehen muß, sollte man einen elektrischen Schraubendreher verwenden.

1 Wenn Sie die alten Platten und Fußleisten entfernt haben, legen Sie eine neue Spanplatte in eine Zimmerecke, wobei die beiden genuteten Kanten im Abstand von 1 cm zur Wand liegen sollten. Markieren Sie die Position der Balken auf jeder Seite der Platte und verbinden Sie diese mit einem Bleistiftstrich.

2 Verschieben Sie die Platte so, daß der Bleistiftstrich nicht mehr über dem Balken liegt. Bohren Sie im Abstand von 30 cm Löcher in die Platte. Wenn Sie Nägel verwenden, müssen Sie die Platte nicht verschieben, aber Sie sollten die Löcher in die Platte, in den Balken oder die Riegel vorbohren.

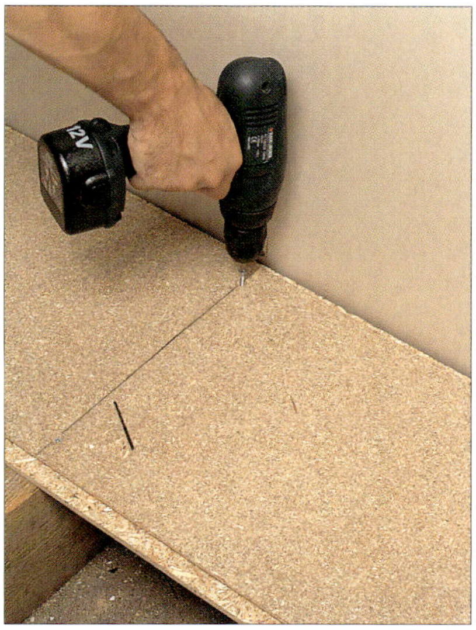

3 Legen Sie die Platte wieder an ihren Platz und bohren Sie die Löcher in den Balken vor. Bevor Sie die Schrauben festdrehen, sollten die Löcher so tief sein, daß der Schraubenkopf glatt auf der Oberfläche liegt.

4 Legen Sie die nächste Platte neben die erste. Markieren und durchbohren Sie sie in derselben Weise. Bevor Sie die Platte befestigen, tragen Sie Kleber auf die Feder-und-Nut-Kanten auf. Klopfen Sie die Platte mit einem Holzhammer an. Schützen Sie dabei die Kante der Platte mit einem Holzstück.

5 Wenn Sie eine Platte so zuschneiden wollen, daß sie an den Rand paßt, klemmen Sie sie in eine Werkbank und sägen Sie mit einer Kreissäge. Sie müssen bei der letzten Reihe auch die Unterseite der Nut wegschneiden. Stellen Sie die Sägetiefe der Kreissäge auf niedrig ein.

6 Die Kanten der Platten müssen von einem Balken oder einem Riegel gestützt werden. Wo es nötig ist, schneiden Sie 7,5 x 5 cm große Holzleisten zu, die zwischen den Balken befestigt werden. Diese Leisten werden schräg festgenagelt.

7 Um eine handgroße Inspektionsluke zu bauen, legen Sie ihre Position fest und markieren diese auf der Platte. Sägen Sie mit einer Stichsäge ein Loch in die Platte. Halten Sie dann die Säge so, daß Sie die Platte ganz durchsägen können. Sägen Sie dann die Luke aus.

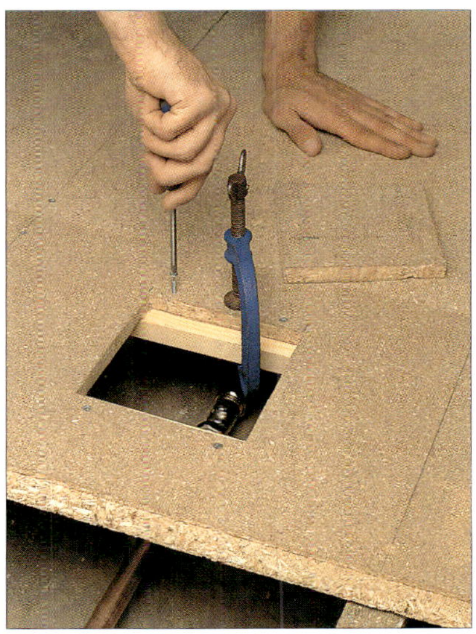

8 Schrauben Sie an den Rändern der Luke kleine Holzstücke fest, die in die Öffnung hineinreichen. Diese stützen den Deckel, also das ausgesägte Stück. Schrauben Sie den Deckel fest. Zum Schluß bringen Sie die Fußleisten wieder an (vgl. S. 38–39), um die Dehnungsfugen zu verdecken.

Einen schwimmenden Fussboden verlegen

SIE BRAUCHEN

Maßband und Bleistift
Abdeckband
Hammer
Feinsäge
Kreissäge **oder** Hobel
kleines Stemmeisen
Teppichmesser

MATERIALIEN

Unterlage
wasserdichtes Klebeband
Korkstreifen
Dielenboden
Klemmen
Kleber
Kantholz **oder** Scheuerleiste (bei Bedarf)
Versiegelung

VERWEISE

Fußleisten und Preßteile entfernen, S. 36–37
Fußleisten ersetzen, S. 38–39
Kleinere Reparaturen an Holzböden, S. 42–43
Eine beschädigte Diele ersetzen, S. 44–45
Einen Unterboden aus Hartfaserplatten verlegen, S. 46–47
Einen Betonboden nivellieren, S. 50–51
Bodendielen abbeizen und lackieren, S. 182–183

Die dünneren Dielenböden werden nicht auf dem Untergrund befestigt, stattdessen verbindet man die einzelnen Dielen miteinander. Da dieser Boden relativ dünn ist, muß man ihn unbedingt auf einer glatten Oberfläche verlegen. Bevor Sie die Dielen verlegen, prüfen Sie den Zustand des Bodens und nivellieren Sie ihn wenn nötig. Bedecken Sie Holzdielen mit Spanplatten oder, wenn die Dielen uneben sind, mit Sperrholzplatten, damit der Untergrund eben ist. Einige Hersteller von Bodendielen empfehlen noch eine zusätzliche Unterlage zur Schalldämmung. Auf Betonböden muß eine wasserdichte Membran verlegt werden.

Überlegen Sie, in welcher Laufrichtung Sie den Boden verlegen wollen. Normalerweise verlaufen die Dielen entlang der Längsseite des Raumes. Damit Sie am Rand keine zu schmalen Diele verlegen müssen, sollten Sie die erste abschneiden, und zwar mit einer Säge an der Federseite. Verwenden Sie dazu eine Kreissäge oder einen Hobel. Die empfindlichen Bodendielen müssen anschließend unbedingt mit Lack versiegelt werden.

Schwimmende Böden sind nicht mit dem eigentlichen Boden verbunden, so daß sie sich ausdehnen und zusammenziehen können.

1 Verlegen Sie die Unterlage entsprechend der Herstelleranweisung. In diesem Fall sollte die Filzseite nach unten liegen. Die Bahnen überlappen sich dabei. Versiegeln Sie dann die Nähte mit wasserdichtem Klebeband. Lassen Sie die Unterlage an der Wand überstehen und befestigen Sie sie vorübergehend mit Abdeckband.

2 Legen Sie Korkstreifen an den Wänden entlang. Mit Abstandshaltern halten Sie Dehnungsfugen offen. Legen Sie die erste Diele so hin, daß ihre Nut 1 cm von der Wand entfernt ist. Schneiden Sie die nächste Diele so zu, daß sie an die andere Wand paßt und lassen Sie Platz für einen Korkstreifen.

3 Klammern werden befestigt, bevor die Dielen verlegt werden. Bei allen Verlegemethoden muß man Kleber auf das genutete Ende der Diele auftragen, bevor Sie die Feder der anderen Diele darüberschieben. Wischen Sie eventuell herausquellenden Kleber mit einem feuchten Tuch ab.

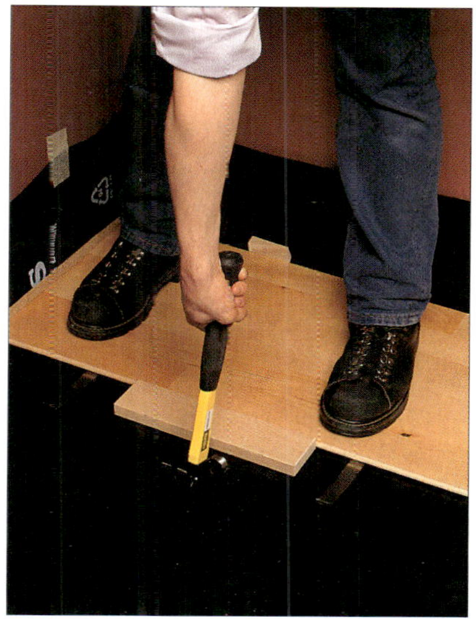

4 Legen Sie die Dielen nebeneinander und befestigen Sie die Klammern. Wenn Sie keine Klammern verwenden, tragen Sie Klebstoff auf die langen Nuten auf und schieben Sie dann über die Federn der ersten Reihe. Verwenden Sie einen Schutzblock, wenn Sie die Latten zusammenklopfen.

5 Wenn Sie am Ende einer Reihe ankommen, fügen Sie die Dielen mit einem Stemmeisen zusammen. Tun Sie dies im ganzen Raum, bis Sie die gegenüberliegende Seite erreichen. Dort muß die letzte Diele abgesägt oder abgehobelt werden, damit sie paßt. Lassen Sie eine 1 cm breite Dehnungsfuge offen.

6 Um eine Diele um eine Leitung anzubringen, markieren Sie die betreffende Stelle auf der Diele. Bohren Sie mit einem Holzbohrer ein Loch und sägen Sie dann das kleine Stück zwischen dem Loch und der Dielenkante heraus. Dieses Stück kann wieder angeklebt werden, wenn die Diele verlegt ist.

7 Um den Belag an der Tür zu verlegen, sägen Sie in den Türbalken. Schneiden Sie den Türbalken zur Hälfte ein, wenn der Belag nur in diesem Raum verlegt wird - befestigen Sie dann eine Abschlußleiste an der Türschwelle. Oder schneiden Sie drumherum, wenn Sie den Belag auch im benachbarten Raum verlegen.

8 Bringen Sie die Fußleisten bei Bedarf wieder an. Wenn die Fußleiste nicht vorher entfernt wurde, decken Sie die Dehnungsfuge mit Kanthölzern oder Scheuerleisten ab. Schneiden Sie die Unterlage mit einem Teppichmesser oberhalb der Fußleisten ab. Versiegeln Sie den Boden dann.

MOSAIKBÖDEN

SIE BRAUCHEN

Winkel
Wickelschnur mit Lot
Maßband
Bleistift
Zahnkelle
sauberes Tuch
Filz- **oder** Wachsstift
Fuchsschwanz
Teppichmesser
Hammer
Durchschläger

MATERIALIEN

Mosaikboden
Kleber (wenn der Boden nicht selbstklebend ist)
Korkstreifen
Bodenversiegelung
Kantholz **oder** Scheuerleiste (bei Bedarf)
Holznägel (bei Bedarf)

VERWEISE

Fußleisten und Preßteile entfernen, S. 36–37
Fußleisten ersetzen, S. 38–39
Kleinere Reparaturen an Holzböden, S. 42–43
Eine beschädigte Diele ersetzen, S. 44–45
Einen Unterboden aus Hartfaserplatten verlegen, S. 46–47
Einen Betonboden nivellieren, S. 50–51

Zu den Vorteilen eines Mosaikbodens gehört, daß er einfach zu verlegen ist und daß auch ein nicht perfekter Untergrund ihm nichts anhaben kann. In der Tat ist dieser Belag so flexibel wie kein anderer Holzboden. Er sollte dennoch stets auf einer möglichst ebenen, glatten Oberfläche verlegt werden, d.h. auf ausgebesserten Böden verlegt man Hartfaserplatten als Untergrund oder nivelliert zuerst einen Betonboden.

Bevor Sie anfangen, sollten Sie jede einzelne Diele untersuchen. Sie sollten möglichst plan sein, denn eine schiefe Diele hinterläßt unansehnliche Lücken beim Zusammenlegen der Mosaikplatten. Sie können aber auch Mosaikplatten in einer zweiten Größe kaufen und sie als Kantenstücke zuschneiden.

Lassen Sie die Mosaikplatten in dem Raum, in dem sie verlegt werden, einige Tage liegen, damit sich das Holz dem Raum anpassen kann. Wenn Sie die Platten verlegen, lassen Sie eine Dehnungsfuge am Rand stehen. Mosaikfliesen werden für gewöhnlich mit einem Spezialkleber angeklebt, es gibt aber auch selbstklebende Mosaikplatten.

Ein Holzboden verleiht jedem Raum Wärme. Er ist auch gut gegen Hausstaubmilben, die bei manchen Leuten Asthma auslösen.

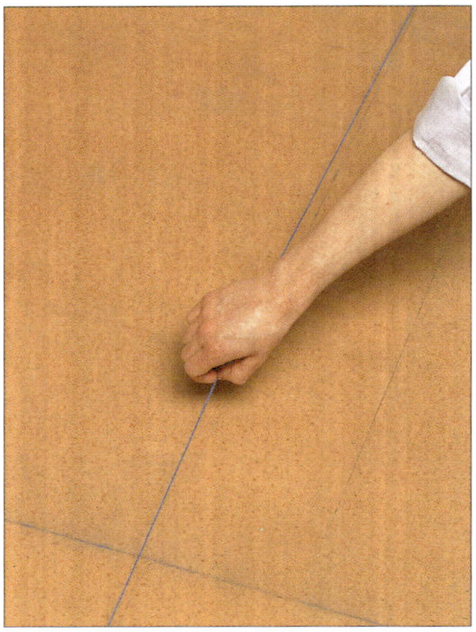

1 Dieser Bodenbelag wird von der Mitte des Raumes ausgehend verlegt. Spannen Sie deshalb von der Mitte der 4 Wände aus Schnüre, um die Raummitte zu finden. Verwenden Sie diesen Punkt als Orientierungspunkt für das Verlegen der Platten. Bei einem Raum, der keine geraden Wände hat, sehen Sie auf S. 210 nach.

2 Legen Sie von der Mitte des Raumes aus eine Reihe Platten entlang der Länge und der Breite des Raumes, ohne sie festzukleben. So sehen Sie, wie breit die Ränder sind. Lassen Sie aber auch Platz für die Dehnungsfugen. Legen Sie gleichmäßige Lücken bei den Randplatten, dann müssen Sie keine zu schmalen Randstücke zuschneiden.

3 Die Mosaikfliesen werden zuerst in der Raummitte verlegt. Zeichnen Sie parallel zu den mittleren Hilfslinien Bleistiftlinien, die noch ein gutes Stück über die ersten Fliesen hinausragen. Verteilen Sie den Kleber mit einer Zahnkelle auf dem Boden.

4 Legen Sie die Mittelfliesen auf den Boden, die Sie fest in den Kleber drücken. Arbeiten Sie zunächst in einem Viertel des Raumes, verlegen Sie dann die restlichen ganzen Platten. Wischen Sie überschüssigen Kleber mit einem fusselfreien Tuch ab, solange er noch feucht ist.

5 Um die Kantenfliesen zuzuschneiden, legen Sie eine vollständige Fliese über die letzte verlegte und darauf wiederum eine dritte. Die Kante dieser dritten Fliese sollte wegen der Dehnungsfuge den richtigen Abstand zur Wand haben. Ziehen Sie dann eine Schnittlinie auf der zweiten Fliese.

6 Randstücke schneiden Sie zu, indem Sie den Juterücken durchtrennen. Damit das Mosaik leichter zu verarbeiten ist, müssen Sie stets ein ganzes Teil auf einmal abschneiden. Passen Sie die Randfliesen dann an.

7 Füllen Sie die Dehnungsfuge mit Korkstreifen. Befestigen Sie dann wieder die Fußleisten mit Holznägeln und einem kleinen Hammer. Versenken Sie die Nägel mit einem Durchschläger (vgl. S. 38) und verfüllen Sie die Löcher (vgl. S. 195). Tragen Sie dann die empfohlene Versiegelung auf.

Nützliche Hinweise

Wie bei anderen Holzbodenarten, die auf einem bereits bestehenden Boden verlegt werden, sollten Sie an Stellen über Wasser- oder Stromleitungen eine Inspektionsluke lassen. So können Sie Reparaturen durchführen, ohne daß der Boden beschädigt wird. Wenn Sie keine Erfahrung mit diesen Installationen haben, fragen Sie einen Fachmann, wo Sie die Luke anbringen sollen. Die einfachste Möglichkeit ist es, wenn die Luke genau eine Fliesenbreite hat und sie entlang einer etwa gleich großen Platte im Unterboden verläuft. An derselben Stelle schneiden Sie eine Diele ein, dabei sollte am besten ein Ende der Diele auf einem darunterliegenden Balken ruhen. Befestigen Sie ein Stück Holz an der Unterseite der benachbarten Dielen, damit das freie Ende des herausnehmbaren Bretts gestützt wird (vgl. S. 189).

Laminatböden verlegen

SIE BRAUCHEN

Hammer
Durchschläger
Fuchschwanz
Kreissäge **oder** Hobel
Arbeitsfläche
kleines Stemmeisen
Kammlehre
Stichsäge
Spachtel

MATERIALIEN

Laminatboden
Nägel
Kleber
Kantholz **oder** Scheuerleiste
Versiegelung
Holzspachtel

VERWEISE

Fußleisten und Preßteile entfernen, S. 36–37
Fußleisten ersetzen, S. 38–39
Kleinere Reparaturen an Holzböden, S. 42–43
Eine beschädigte Diele ersetzen, S. 44–45
Bodendielen abbeizen und lackieren, S. 182–183
Einen schwimmenden Fußboden verlegen, S. 190–191

Dieser Belag sieht aus wie solide Bodendielen und ist in vielen Holzarten erhältlich.

Anders als dünnere Bodenbeläge aus Holz (vgl. S. 190–191) werden die meisten Laminatböden auf die bestehenden Dielen genagelt. Eine spezielle Technik, die man als verdecktes Nageln bezeichnet, wird dabei angewendet. Dazu werden die Nägel durch die Feder geschlagen, bevor diese in die Nut der angrenzenden Diele geschoben wird. Dabei darf der Nagel die Verbindung von Feder und Nut nicht verhindern, weshalb man die Nägel versenkt.

Reparieren Sie Schäden, bevor Sie mit dem Verlegen des Laminats beginnen. Messen Sie den Raum aus und lassen Sie Platz für die Dehnungsfugen, damit Sie sehen, wieviele Dielen Sie brauchen. Normalerweise werden die Dielen so verlegt, daß ihre lange Seite parallel zur langen Seite des Raumes verläuft. Wenn die letzte Diele zu schmal ist, schneiden Sie sowohl die ersten als auch die letzten Dielen mit einer Kreissäge in der Mitte durch. Schneiden Sie von den ersten Dielen die Nut ab, von den letzten die Feder.

Der Belag wird normalerweise schon versiegelt verkauft, aber evtl. muß man nach dem Verlegen noch weitere Schichten Siegellack auftragen.

1 Verlegen Sie die erste Diele parallel zur Wand und lassen Sie Platz für eine Dehnungsfuge. Schlagen Sie im Abstand von 40 cm Nägel durch die Oberseite, die direkt an der Wand liegt, und versenken Sie diese mit einem Durchschläger. Nageln Sie die Feder dann verdeckt fest (vgl. Schritt 3).

2 Tragen Sie Kleber auf die kurzen, genuteten Enden der Diele in dieser Reihe auf, um die angrenzende Dielen daran zu befestigen. Mit einem Fuchsschwanz schneiden Sie die letzte Diele der ersten Reihe ab; lassen Sie wieder Platz für die Dehnungsfuge. Legen Sie das abgeschnittene Ende zur Wand hin.

3 Verwenden Sie das übrige Stück der ersten Diele für den Anfang der zweiten Reihe und achten Sie darauf, daß die Nahtstellen versetzt liegen. Schlagen Sie die Dielen mit dem Hammer ineinander. Nageln Sie die Diele verdeckt fest, indem Sie den Nagel im Winkel von 45° in die Feder schlagen und versenken.

4 Verfahren Sie so, bis Sie an der anderen Zimmerseite ankommen. Die Dielen der letzten Reihe drücken Sie mit einem Stemmeisen zusammen. Diese letzte Reihe kann nicht verdeckt festgenagelt werden, sondern an der Oberfläche. Versenken Sie die Nägel und füllen Sie die Löcher mit Spachtelmasse.

5 An einem Türbalken verwenden Sie eine Kammlehre, um dessen Form auf das Laminat zu übertragen, oder legen Sie die Diele neben den Türbalken und fahren mit der Stahlspitze eines Zirkels an den Konturen des Balkens entlang. Die Zirkelmine überträgt diese dann auf die Diele.

6 Klemmen Sie die Diele fest und sägen Sie die Umrisse mit einer Stichsäge aus. Sie können den Balken aber auch abschneiden und die Diele darunterschieben (vgl. Schritt 7, S. 191). Wie Sie eine Diele an einer Leitung oder einem Rohr verlegen, steht auf S. 190–191.

7 Bringen Sie die Fußleisten wieder an oder befestigen Sie Kanthölzer oder Scheuerleisten, um die Dehnungsfugen zu bedecken. Füllen Sie die Nagellöcher im Boden und an den Fußleisten mit Spachtelmasse. Tragen Sie die empfohlene Versiegelung auf den Boden auf und streichen Sie die Leisten.

Nützliche Hinweise

Wenn man einen Laminatbelag auf einem bereits bestehenden Boden verlegt, kann dies die Bodenhöhe erheblich beeinflussen. Sie können die Fußleisten an der Wand belassen und die Dielen um den Türbalken herum verlegen. Sie können die Fußleisten aber auch entfernen und wieder befestigen, nachdem der Boden verlegt wurde, und die Unterseite des Türbalkens einschneiden, so daß der Belag darunterpaßt (vgl. Einen schwimmenden Fußboden verlegen, S. 190–191). In jedem Fall muß die Tür aller Wahrscheinlichkeit nach abgehobelt werden, damit man sie wieder öffnen kann (vgl. S. 76–77).

BAHNENWARE VERLEGEN

MATERIALIEN

SEEGRAS

JUTE

SISALHANF

UNTERBODEN

KORDTEPPICH

VELOURSTEPPICH

SCHLINGENTEPPICH

GEPOLSTERTES PVC

LINOLEUMRAND

LINOLEUM

PVC

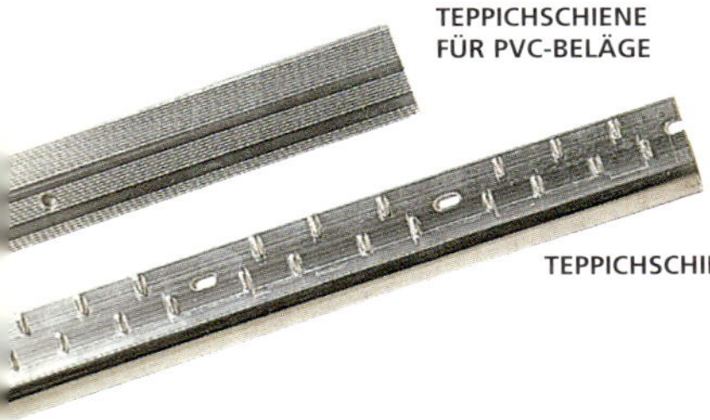

TEPPICHSCHIENE FÜR PVC-BELÄGE

TEPPICHSCHIENE

Die beiden wichtigsten Arten von Bahnenware sind Teppichböden und Bodenbeläge aus PVC und Linoleum. Teppichböden werden normalerweise durch ihre Rückseite (Schaumstoff oder Jute) und die Art der Fasern (Flor) charakterisiert. Die Fasern können aus Wolle, aus Chemiefasern oder aus einer Kombination von beiden sein.

Umweltfreundliche Bodenbeläge werden immer beliebter; dazu gehören Kokosfaser, Sisalhanf und Seegras. Darunter ist Sisal der beständigste Belag. PVC und Linoleum sind ebenfalls robust und zudem abwaschbar. PVC zu verlegen ist einfach, aber das Verlegen von Linoleum sollte man einem Fachmann überlassen.

▲ PVC ist in vielen Farben und Mustern erhältlich, z.B. im Schachbrettmuster. Es gibt zwei Hauptarten von PVC-Belägen: gepolstert und ungepolstert, d.h. mit eingebauter Luftschicht oder ohne.

◀ PVC und Linoleum sind vor allem in der Küche nützlich, weil Essensreste und Fett nicht festgetreten werden können und die Reinigung des Bodens viel einfacher ist. Aber einige PVC-Arten können glitschig werden, wenn sie naß sind.

◀ Alle Teppichböden haben eine Bewertung, die angibt, wie geeignet sie für bestimmte Räume im Haus sind. Ein Teppichboden mit einer mittleren Bewertung ist für das Schlafzimmer geeignet. „Leichte" Teppichböden sind z.B. für Gästezimmer ideal.

◀ Die Fasern von Naturbelägen sind rein pflanzlich und werden miteinander zu einer Matte verwoben. Manchmal wird auch Wolle eingewebt, damit die Oberfläche weicher wird, ohne den Charakter einer Naturfaser zu verlieren.

▶ Teppichböden in neutralen Farben sind ein hübscher Hintergrund für viele Dekorationen. Helle Teppichböden behandelt man mit schmutzabweisenden Mitteln vor.

▲ Gestreifte und gemusterte Teppiche oder Teppiche mit Borten können eine ansonsten einfarbige Treppe beleben. Teppich schluckt auch Lärm und ist daher ideal für Holztreppen.

◀ Der Preis eines Teppichbodens steigt mit der eingewobenen Wollmenge. In jeder Preisklasse kann man zwischen diversen Florarten wählen. Hier ist der Veloursflor sehr kurz und sieht aus wie Samt.

◀ In einer Diele,und an ähnlich stark beanspruchten Stellen ist ein dunkler Teppichboden die beste Wahl.

EINEN PVC-BELAG VERLEGEN

SIE BRAUCHEN

Besen
Teppichmesser
Schere (bei Bedarf)
Metallineal
Hartfaserplatte
Zahnkelle
Schraubendreher

MATERIALIEN

PVC-Belag
PVC-Kleber **oder** doppelseitiges Klebeband (damit werden zwei Bahnen verbunden)
Teppichleisten und Schrauben

VERWEISE

Kleinere Reparaturen an Holzböden, S. 42–43
Eine beschädigte Diele ersetzen, S. 44–45
Einen Unterboden aus Hartfaserplatten verlegen, S. 46–47
Einen Betonboden nivellieren, S. 50–51
Eine Schablone bei PVC-Böden verwenden, S. 200–201

Wenn ein Raum höchstens 4 bzw. 5 Meter breit ist, kann man das PVC in einer Bahn verlegen. So hat man keine Nahtstellen, aber das Verlegen ist etwas schwieriger.

Vor Beginn nehmen Sie notwendige Reparaturen am Holzboden vor und verlegen Hartfaserplatten; einen Betonboden nivellieren Sie bei Bedarf. Messen Sie den Raum sorgfältig aus. Achten Sie dabei auch auf Nischen und Fensterbuchten. Fügen Sie die halbe Breite der Türschwelle hinzu. Ein Muster sollte vom Haupteingang zur Mitte des Raumes verlaufen. Wenn Sie mehr als eine Bahnbreite brauchen, rechnen Sie noch einige Zentimeter für den Ansatz dazu. Damit der Belag sich akklimatisieren kann, lassen Sie die Rolle unverpackt und nur locker zusammengerollt zwei Tage in dem Raum liegen. Einige PVC-Beläge müssen nicht fest verklebt werden. Wie man den Belag an schwierigen Stellen befestigt, steht auf S. 200–201.

PVC-Beläge gibt es in vielen Mustern, Farben und Strukturen, mit denen man z.B. einen Flur oder einen Hauseingang dekorieren kann.

Nützliche Hinweise

Wenn ein Raum nicht allzu stark beansprucht wird, sollten Sie beidseitiges Klebeband anstelle von Kleber verwenden, weil man den Belag so später besser entfernen kann.

1 Entrollen Sie die PVC-Bahn und achten Sie darauf, daß das Muster richtig liegt. Bürsten Sie das PVC mit einem Besen an den Boden, um Luftblasen zu entfernen. Fegen Sie von der Mitte zu den Rändern hin. Schneiden Sie das PVC mit dem Teppichmesser oder einer Schere grob zu und lassen Sie an den Rändern 5 cm überstehen.

2 An einer äußeren Ecke ziehen Sie den Belag zurück und legen eine schützende Unterlage, z.B. eine Hartfaserplatte, unter. Schneiden Sie die Kante der Bahn mit einem Teppichmesser ein. Fangen Sie damit 5 cm von der Ecke entfernt an. Wenden Sie den Schnitt leicht zu der Seite hin, die später abgeschnitten wird.

3 An einer inneren Ecke ziehen Sie ein „V“ und schneiden den Belag zur Mitte hin ein. Lassen Sie die beiden Laschen überlappen (s. kleines Bild), und schneiden Sie dann an der Ecke entlang. Entfernen Sie die abgeschnittenen Stellen und drücken Sie die Enden fest.

4 Zum Auftragen von Kleber schlagen Sie die Bahn zur Hälfte zurück. Beginnen Sie an der Tür. Verteilen Sie den Kleber mit einer Zahnkelle. Legen Sie die Bahn wieder an ihren Platz und bürsten Sie sie glatt. Wiederholen Sie den Vorgang auch auf der anderen Seite.

5 Um die Bahn zuzuschneiden, drücken Sie das PVC mit einem Metallineal fest in die Ecke zwischen dem Boden und der Fußleiste an. Schneiden Sie nun den Belag mit einem scharfen Teppichmesser im Winkel von 45° entlang des Lineals ab.

6 An der Türschwelle machen Sie einige senkrechte Einschnitte im groben Umriß des Türbalkens. Schneiden Sie die Form dann vorsichtig aus. Das Ende der Bahn sollte auf der Mitte der Schwelle liegen.

7 Befestigen Sie zum Schluß eine Teppichleiste an der Türschwelle. Diese gibt es in verschiedenen Ausführungen, abhängig von dem Belag im angrenzenden Raum. Sie wird am Boden festgeschraubt. Bei einem Betonboden muß man Löcher bohren und Dübel verwenden.

ZWEI BAHNEN ZUSCHNEIDEN

Wenn Sie zwei Bahnen brauchen, arbeiten Sie von beiden Seiten des Raums her zur Mitte. Bevor Sie die Ränder passend zuschneiden, legen Sie die Bahnen übereinander und legen das Muster an der Nahtstelle passend zusammen. Schneiden Sie durch die Überlappung, so daß die beiden Bahnen genau zusammenpassen.

Eine Schablone bei PVC-Böden verwenden

SIE BRAUCHEN

Gewichte
weicher Besen
Schere (bei Bedarf)
Teppichmesser
kleiner Holzblock
Bleistift
Wachsstift (bei PVC mit einer glatten Oberfläche)
Zahnkelle (bei Bedarf)

MATERIALIEN

Papier
Papierunterlage
PVC
PVC-Kleber (bei Bedarf)
Teppichleisten und Schrauben

VERWEISE

Kleinere Reparaturen an Holzböden, S. 42–43
Eine beschädigte Diele ersetzen, S. 44–45
Einen Unterboden aus Hartfaserplatten verlegen, S. 46–47
Einen Betonboden nivellieren, S. 50–51
Einen PCVC-Belag verlegen, S. 198–199

Eine Papierschablone dient als Hilfsmittel beim Zuschneiden des PVC-Belags bei einem winklig geformten Raum mit verschiedenen Hindernissen. Man nennt diese Methode auch „Anreißen“. Dabei werden das exakte Profil des Raumes und andere Formen auf das Papier übertragen. Sie können das Papier benutzen, das normalerweise als Teppichunterlage verwendet wird, oder Sie kleben beliebiges Papier zusammen.

Messen Sie den Raum aus und beachten Sie, daß das Muster von der Tür zur Raummitte verlaufen soll. Bevor Sie anfangen, reparieren Sie Schäden an Bodendielen und verlegen eine Unterlage aus Hartfaserplatten, damit der Untergrund glatt ist. Ein Betonboden muß bei Bedarf nivelliert werden.

Im Bad (und in anderen feuchten Räumen) verwendet man am besten Kleber, weil so verhindert wird, daß Wasser unter den Belag läuft.

Mit einer Schablone kann man einen PVC-Belag in einem Raum mit vielen Hindernissen einfacher verlegen.

Nützliche Hinweise

Wenn Sie die Schablone zuschneiden, sollten Sie das Papier mit schweren Gegenständen wie z.B. Büchern fixieren, sonst verschieben Sie es möglicherweise beim Zeichnen. Beschweren Sie es, bis die Schablone fertig zugeschnitten ist.

1 Schneiden Sie das Papier grob in der Form des Raumes zu und lassen Sie dabei an jedem Rand 5 cm überstehen. Wenn Sie zwei Blätter verwenden, kleben Sie diese auf Vorder- und Rückseite mit Klebeband zusammen. Machen Sie an der Naht Bleistiftmarkierungen, falls die Blätter doch einmal getrennt werden.

2 Schneiden Sie das Papier mit einem Teppichmesser oder einer Schere exakt zu, wobei Sie nun 1 cm weniger als die Raumgröße stehen lassen. Es muß nicht genau 1 cm sein, aber in jedem Fall weniger als der hölzerne Anreißblock (vgl. Schritt 3). Kleben Sie das Papier auf den Boden, damit es sich nicht verschieben kann.

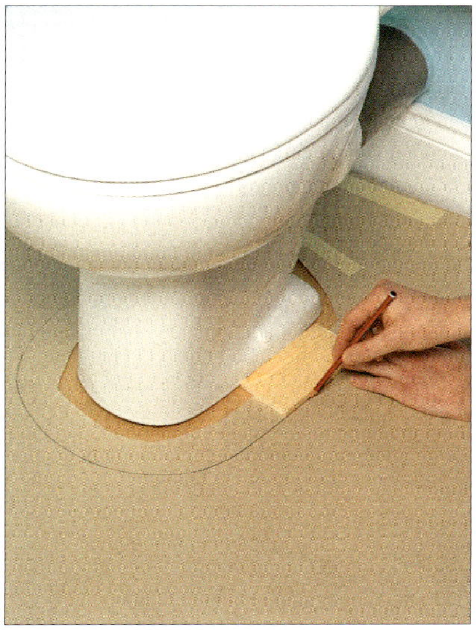

3 Von einer Ecke des Hindernisses aus drücken Sie einen 2,5 x 5 cm breiten Holzblock mit einer Seite fest dagegen und fahren auf der anderen Seite mit einem Bleistift entlang. Zeichnen Sie so eine Linie auf das Papier, während Sie den Block am Hindernis entlangschieben. Passen Sie auf, daß der Block nicht umkippt.

4 An einer Wasserleitung müssen Sie ein Rechteck zeichnen, das die Größe der Leitung hat. Verwenden Sie den Anreißblock, um den Abstand von der Vorder- und Rückseite der Leitung zu messen. Zeichnen Sie dann mit einem Zirkel einen Kreis in das Kästchen.

5 In einem größeren Raum legen Sie den PVC-Belag mit der Oberseite nach oben flach auf den Boden und kleben die Schablone mit Abdeckband auf. Nun zeichnen Sie mit dem Anreißblock eine Linie auf das PVC. Gehen Sie dabei von der Linie auf dem Papier aus. Übertragen Sie so alle Formen, auch die der Wasserleitungen.

6 Schneiden Sie das PVC zu. Um das Loch für die Leitung auszuschneiden, verwenden Sie ein kleines Stück Rohr in derselben Größe. Schärfen Sie die Innenseite des einen Rohrendes mit einer Feile, damit Sie den Abdruck sehen. Schneiden Sie von allen Löchern ausgehend Schlitze zur Wand hin.

7 Legen Sie den Belag in den Raum. Schlagen Sie die Hälfte der Bahn zurück und verteilen Sie den Kleber darauf. Nun bürsten Sie mit einem Besen eventuelle Blasen weg (vgl. S. 198–199). Wiederholen Sie den Vorgang mit der anderen Hälfte. Wenn Sie keinen Kleber verwenden, benutzen Sie an den Nahtstellen beidseitiges Klebeband.

8 An den Sockeln tragen Sie zum Schluß noch einen Wulst von Dichtungsmasse auf. Halten Sie die Pistole in einem Winkel von 45°. Die Dichtungsmasse versiegelt nicht nur die Ränder, sondern verdeckt auch grobe Schnitte.

Teppichböden mit Schaumrücken verlegen

SIE BRAUCHEN

Teppichmesser
Tacker
Maßband
Metallineal
Polstermeißel
Schraubendreher
Bügelsäge
Bohrmaschine mit Betonbohrer

MATERIALIEN

Filz- oder Papierunterlage (bei Bedarf)
Teppich mit Schaumrücken
beidseitiges Klebeband
Teppichleisten
Latexkleber

VERWEISE

Bodenbeläge entfernen, S. 40–41
Kleinere Reparaturen an Holzböden, S. 42–43
Eine beschädigte Diele ersetzen, S. 44–45
Kleinere Schäden an Betonböden, S. 48–49
Einen Betonboden nivellieren, S. 50–51
Teppichböden mit Juterücken verlegen, S. 204–205

Teppichboden mit Schaumrücken kann fast überall im Haus, außer auf Treppen verlegt werden.

Einer der Vorteile von Teppichböden mit Schaumrücken ist, daß sie sich einfach verlegen lassen: Man braucht keine Unterlage, und man muß den Belag nicht spannen. Es gibt Teppichboden in verschieden großen Rollen und in unterschiedlichen Qualitäten. Der Untergrund muß trocken, staubfrei und eben sein, bevor man den Teppich verlegt. Reparieren Sie Bodendielen (vgl. S. 42–45) und befestigen Sie Hartfaserplatten, wenn der Boden nicht eben ist. Nivellieren Sie einen Betonboden und dichten Sie ihn bei Bedarf ab (vgl. S. 48–49). Eine Filzunterlage auf Holzböden verhindert, daß der Teppichboden von den darunterliegenden Bodendielen verschmutzt wird oder daß er verrutscht. Bevor Sie anfangen, sollten Sie alle Möbel aus dem Raum entfernen und die Tür aushängen.

1 Nachdem Sie den Boden vorbereitet haben, legen Sie darauf die Filz- oder Papierunterlage, die Sie zuschneiden und antackern. Achten Sie darauf, daß die Klammern den Filz nicht zerreißen. In einem wenig beanspruchten Raum verlegen Sie die Unterlage bis zur Wand, ansonsten lassen Sie einen Rand für das Klebeband.

2 Befestigen das Klebeband an den Rändern des Raumes und lassen Sie das Schutzpapier noch daran kleben. In großen Räumen sollten Sie Klebeband anbringen, um den Teppich zu fixieren. Wenn der Raum stark beansprucht wird, kleben Sie das Band direkt auf den Boden und nicht auf die Unterlage.

3 Messen Sie den Raum aus und schneiden Sie den Teppich zu. Lassen Sie dabei 5 cm an jedem Rand überstehen. Wenn Sie mehr als eine Bahn verwenden, müssen Sie darauf achten, daß der Flor in die gleiche Richtung zeigt. Wenn der Teppichboden verlegt ist, kürzen Sie den Rand auf 2,5 cm.

4 An einer inneren Ecke machen Sie einen diagonalen Schnitt quer über die Ecke hinweg, so daß der Belag an seinen endgültigen Platz geschoben werden kann. An einer äußeren Ecke schneiden Sie den Teppich parallel zu den Seiten der Nische, aber etwas weiter außen ein.

5 Glätten Sie den Teppichboden im ganzen Raum. Entfernen Sie dann nach und nach das Schutzpapier von dem beidseitigen Klebeband und drücken Sie den Teppich fest darauf.

6 Drücken Sie den Teppichboden mit dem Messergriff in den Winkel zwischen Tür und Wand und schneiden Sie ihn entlang der Fußleiste zu. Ersetzen Sie die Klingen öfter, denn sie werden schnell stumpf. Drücken Sie lockere Fasern an den Kanten mit einem Polstermeißel fest.

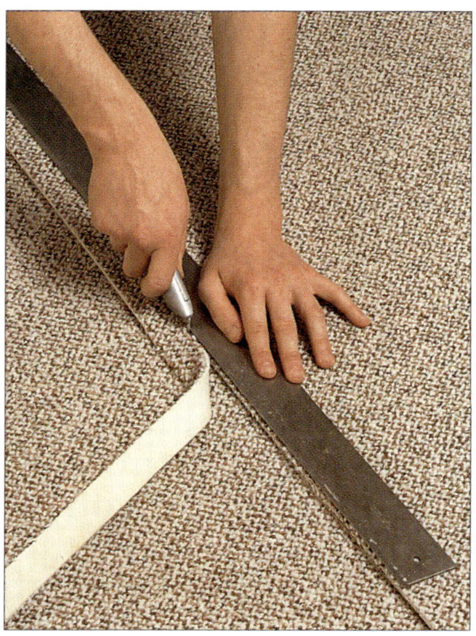

7 Wenn Sie zwei Bahnen miteinander verbinden wollen, legen Sie die Ränder übereinander und schneiden dann beide Enden durch. Drücken Sie die Kanten zusammen, heben sie dann hoch und legen Sie ein Stück beidseitiges Klebeband darunter. Tragen Sie zum Schluß Latexkleber an den Kanten auf.

Nützliche Hinweise

Schneiden Sie die Teppichleisten für alle Türschwellen mit einer Bügelsäge zu und schrauben sie dann fest, wenn Sie den Belag ordentlich darunter befestigt haben. Auf Betonböden braucht man eine Bohrmaschine mit Betonbohrer, um die Löcher für die Dübel zu bohren. Stattdessen können Sie auch Klebstoff verwenden.

Um Teppichboden an und um Leitungsrohre zu verlegen, schneiden Sie den Belag von der Teppichkante bis zur Leitung ein. Schneiden Sie den Teppichboden dann mit einem Teppichmesser ordentlich zu. Saugen Sie lose Fasern mit einem Staubsauger auf, bevor Sie die Möbel wieder hineintragen.

Teppichböden mit Juterücken verlegen

SIE BRAUCHEN

Tacker
Maßband
Fuchsschwanz
Teppichmesser
Hammer
Spannfuß
Polstermeißel
Schraubendreher
Bügelsäge
Bohrmaschine mit Betonbohrer (bei Bedarf)

MATERIALIEN

Filz- oder Papierunterlage (bei Bedarf)
Nagelleisten
Klebstoff (bei Bedarf)
Gummi- **oder** Filzunterlage
Teppichboden
beidseitiges Klebeband
Teppichsaum und Latexkleber (bei Bedarf)
Teppichleiste

VERWEISE

Kleinere Reparaturen an Holzböden, S. 42–43
Eine beschädigte Diele ersetzen, S. 44–45
Einen Unterboden aus Hartfaserplatten verlegen, S. 46–47
Teppichböden mit Schaumrücken verlegen, S. 202–203

Ein Teppich, der von einer Wand zur anderen gespannt ist, ist ein luxuriöser Bodenbelag, der bequem zum Ausspannen und für nackte Füße ist.

Ein Teppichboden mit Juterücken muß beim Verlegen gespannt werden, damit er sich später nicht wellt. Mit den richtigen Werkzeugen (z.B. einem Spannfuß) und der richtigen Technik ist das kein größeres Problem.

Sie müssen den Boden zuerst vorbereiten (vgl. S. 42–47 für einen Holzboden und S. 48–51 für einen Betonboden); verlegen Sie am besten auch eine Gummi- oder Filzunterlage unter dem Teppichboden.

Nagelleisten oder Teppichnägel

Fachleute verwenden Nagelleisten – dünne Holzleisten mit Nagelstiften –, mit denen man Teppichböden mit Juterücken fixieren kann. Sie werden an die Ränder des Raums genagelt (oder auf Betonböden festgeklebt), und der Teppich wird an ihnen eingehängt. Die Leisten sind recht teuer, liefern aber ausgezeichnete Ergebnisse.

Sie können auf Holzböden Teppichnägel verwenden, bei denen der Teppichboden untergefaltet wird und die Nägel durch beide Schichten getrieben werden. Sie sind zwar preiswert, aber sie halten nicht so gut wie die Leisten.

1 Legen Sie Nagelleisten an den Rändern des Raums aus und schneiden Sie diese mit einer Bügelsäge zu (verwenden Sie kurze Leisten an Türen und Fenstern). Dann nageln Sie die Leisten am Boden fest.

2 Auf einem Holzboden tackern Sie eine Filz- oder Papierunterlage fest. Oder Sie verlegen eine Filz- oder Gummiunterlage; bei der Sie zwischen den Bahnen beidseitiges Klebeband anbringen. Auf einem Betonboden müssen Sie das doppelseitige Klebeband für die ganze Unterlage verwenden.

3 Schneiden Sie den Teppichboden in einem großen Raum oder im Garten zu. Lassen Sie an jeder Kante 10 cm überstehen. Verlegen Sie ihn im Raum und legen Sie ihn so hin, daß das Muster paßt. Reiben Sie alle großen Falten im Teppichboden von der Mitte zu den Rändern weg.

4 Schneiden Sie den Belag sowohl an den inneren als auch den äußeren Ecken ein und schneiden Sie Aussparungen für Nischen aus (vgl. Schritt 4, S. 203). Bevor Sie den Schnitt an der inneren Ecke machen, müssen Sie etwas von dem Rand abschneiden, damit Sie den Belag richtig hinlegen können.

5 Schneiden Sie den Teppichboden an der Fußleiste entlang ab. Sie sollten einen 1 cm breiten Rand lassen und diesen Rand wieder abschneiden, wenn der Teppich gespannt ist wie in Schritt 6. Hängen Sie den Teppichboden an einer Ecke und dann an den gegenüberliegenden Seiten in die Nagelleisten ein.

6 Spannen Sie den Teppichboden zuerst mit einem Spannfuß. Hängen Sie ihn dann an den beiden übrigen Wänden in die Leisten ein und drücken Sie ihn mit einem Polstermeißel hinter die Leisten. (Oder schneiden Sie den Teppichboden zu, nachdem Sie ihn gespannt haben und drücken Sie ihn dann mit dem Meißel fest.)

7 An der Türschwelle bringen Sie eine spezielle Teppichleiste mit Nägeln an. Schrauben Sie die Leiste auf einem Holzboden fest, oder kleben bzw. dübeln sie auf einen Betonboden. Ziehen Sie den Belag über die Zähne, klopfen Sie die Oberseite der Leiste fest. Schützen Sie die Leiste beim Hämmern mit Stoff.

Nützliche Hinweise

In einem großen Raum müssen Sie evtl. zwei Teppichbahnen verlegen. Nach der traditionellen Methode werden diese zusammengenäht. Stattdessen können Sie auch Teppichsaum verwenden und eine Schicht Latexkleber darüberstreichen. Verwenden Sie auf dem Rücken und an den Kanten der beiden Bahnen besonders viel Kleber, damit der Teppich nicht ausfranst. Lassen Sie den Kleber antrocknen, bevor Sie die beiden Teppichstücke zusammendrücken. Ein Ecken- und Nahtroller ist ideal, um die Schnittstelle zusammenzudrücken. Sie können den Kleber und das Teppichband auch dazu verwenden, Schnitte zu reparieren.

Treppenläufer verlegen

SIE BRAUCHEN

Fuchsschwanz **oder** Bügelsäge
Maßband
Hammer
Teppichmesser
Tacker (bei Bedarf)
Polstermeißel
Gummihammer

MATERIALIEN

Nagelleisten
Unterlage (sie sollte solide sein)
Teppichnägel
Heftklammern

VERWEISE

Stufen und Geländer reparieren, S. 100–101
Eine Holztreppe streichen, S. 102–103
Teppichböden mit Juterücken verlegen, S. 204–205

Beim Verlegen eines Teppichbodens auf eienr Treppe arbeitet man stufenweise. Der Erfolg macht aber sicherlich die Mühe vergessen.

Sie können einen Treppenläufer so verlegen, daß er die Stufen ganz bedeckt, oder so, daß auf beiden Seiten noch die Treppe zu sehen ist. Ein reiner Treppenläufer ist einfacher zu verlegen, und läßt sich auch umlegen, um die Abnutzungserscheinungen gleichmäßig zu verteilen. Ein fester Teppich sieht besser aus, ist aber schwieriger zu verlegen. Um die benötigte Länge für gerade Treppen herauszufinden, messen Sie die Tiefe einer Trittstufe und die Höhe einer Setzstufe aus und multiplizieren sie mit der Anzahl der Stufen. Bei einer kurvigen Treppe messen Sie den tiefsten Punkt der Trittstufe aus. Runden Sie die Meterware auf den nächsten vollen Meter auf.

1 Nach den Treppenreparaturen und dem Streichen befestigen Sie Nagelleisten in dem Winkel zwischen Tritt- und Setzstufen. Verwenden Sie eine L-förmige oder zwei gerade Leisten, wobei die Nägel zur Ecke hin zeigen. Befestigen Sie die Leisten jeweils 1 cm vor der Ecke.

2 Bei einem Podest müssen Sie die Nagelleisten mit einem Fuchsschwanz zuschneiden und wie in einem Raum befestigen (vgl. S. 204–205). Bringen Sie zuerst die Nagelleisten für die ganze Treppe an, bevor Sie zum nächsten Schritt übergehen.

3 Schneiden Sie die Unterlage auf die Breite des Teppichs zu und dann in Stücke in der Breite der Trittstufen plus 2,5 cm. Legen Sie eine Bahn auf die oberste Setzstufe und lassen sie an der Stufenkante überhängen. Befestigen Sie die Bahn an der Rückseite und den Seiten.

4 Nehmen Sie den Teppichboden von dem darüberliegenden Podest und schneiden Sie ihn mit einem Teppichmesser so zu, daß er die oberste Setzstufe bedeckt. Drücken Sie den Teppichboden fest gegen die Leiste und schneiden Sie den Überhang ab (vgl. Schritt 6).

5 Legen Sie das Ende der Bahn auf die Mitte der Trittstufe. Drücken Sie das Ende auf die Nagelleiste und fixieren Sie den Läufer mit Meißel und Hammer (vgl. Schritt 6). Lassen Sie die Rolle Stufe für Stufe hinuntergleiten und befestigen Sie den Teppich an den Nagelleisten.

6 Kontrollieren Sie auf jeder Stufe, ob der Teppich noch gerade liegt. Drücken Sie den Teppich mit einem Meißel auf die Nagelleisten und befestigen Sie ihn dann, indem Sie mit einem Gummihammer auf den Meißel schlagen.

7 Am Ende jeder Treppenflucht schneiden Sie überstehenden Teppich ab. Gehen Sie dann nach oben und schneiden Sie den Überhang am oberen Ende ab. Befestigen Sie den Teppichboden so auf der Treppe, wie man einen Teppich mit Juterücken in einem Raum verlegt (vgl. S. 204–205).

Nützliche Hinweise

Zum Verschieben des Teppichbodes dürfen Sie keine Nagelleiste auf der obersten Trittstufe befestigen. Falten Sie stattdessen ein zusätzliches Stück Teppich (so tief wie die Trittstufe) um und schlagen Sie durch beide Lagen Teppichnägel. Verlegen Sie den Teppich dann wie beschrieben. Wenn der Teppich sich abnutzt, heben Sie ihn hoch und befestigen ihn wieder, wobei das zusätzliche Teppichstück nach und nach auf die letzte Setzstufe rutscht.

Auf Wendeltreppen schneiden Sie für jede Stufe ein Stück Teppich zu, das etwas zu groß ist. Befestigen Sie die Nagelleisten, bevor Sie den Teppich passend schneiden. Bei einem Läufer auf Wendeltreppen bringt man an jeder Setzstufe Falten an.

Möglichkeiten beim Fliesenlegen

Materialien

Der Vorteil bei Bodenfliesen ist, daß man Farben und Muster im mehr Variationen kombinieren kann als bei anderen Bodenbelägen. Besonders in ungünstig geschnittenen Räumen können Fliesen einfacher zu verlegen sein, weil man keine großen Bahnen handhaben muß. Das Verlegen dauert jedoch evtl. länger, weil man viele Fliesen zuschneiden und man unbedingt im voraus planen muß. Bodenfliesen teilt man in zwei Gruppen ein: weiche Fliesen, zu denen Fliesen aus Teppichboden, Kork, Linoleum, Kunststoff und PVC gehören und harte Fliesen aus Keramik, Stein oder Terrakotta. Jede Sorte dient anderen Zwecken und wird unterschiedlich verlegt.

► Ein großer Raum kann den starken Farbeffekt verkraften, der durch ein Schachbrettmuster entsteht. Diese und andere harte Fliesen sind durch ihre Haltbarkeit und ihre natürliche Schönheit gekennzeichnet. Allerdings sind sie ein wenig kalt und geräuschvoll.

◄ Stein- und Terrakottafliesen, sind haltbar und es gibt sie in vielen Formen und Größen. Sie haben eine glatte oder rauhe Oberfläche. Wenn sie maschinell gefertigt sind (dann haben sie eine gleichmäßige Form), kann man sie so einfach verlegen, wie Keramikfliesen, nur das Zuschneiden ist schwierig.

▶ PVC-Fliesen sind die beliebtesten weichen Fliesen, und es gibt sie in vielen Mustern, z.B. Ziegel- und Steinimitationen.

▼ Einfache weiße Keramikfliesen wirken interessanter, wenn man achteckige verwendet und dazwischen kleine Inlayfliesen einsetzt.

▲ Teppichfliesen sehen wie Teppichboden aus, haben aber den Vorteil, daß man einzelne Stücke austauschen kann, wenn sie beschädigt sind. Kaufen Sie deshalb zusätzliche Ersatzfliesen.

▶ Teppichfliesen werden oft im Schachbrettmuster angeordnet, aber man kann Effekte erzielen, indem man einige Fliesen in der Mitte oder in kleinere Stücke durchschneidet.

◀ Dieses Muster entstand, indem man verschiedene einfarbige Fliesen miteinander kombinierte. PVC-Fliesen sind weich und fußwarm, leise und leicht zu reinigen. Denken Sie auf jeden Fall daran, daß sie glitschig sein können, wenn sie naß werden.

▶ Keramikfliesen gehören zu den pflegeleichtesten Oberflächen, weshalb sie ideal für Badezimmer und Küchen sind. Die dunkle Farbe dieser Fliesen macht Schmutz und Fingerabdrücke nicht so leicht sichtbar.

WEICHE BODENFLIESEN VERLEGEN

SIE BRAUCHEN

Schnur mit Senklot
Metallineal
Hammer
Holzleiste und Nägel (bei Bedarf)
Bleistift
Teppichmesser
Schere (bei Bedarf)
Papierschablone **oder** Kammlehre (bei Bedarf)
Zahnkelle

MATERIALIEN

Fliesen
Kleber für flexible Fliesen

VERWEISE

Kleinere Reparaturen an Holzböden, S. 42–43
Eine beschädigte Diele ersetzen, S. 44–45
Einen Unterboden aus Hartfaserplatten verlegen, S. 46–47
Eine Betonboden nivellieren, S. 50–51
Einen PVC-Belag verlegen, S. 198–199
Eine Schablone bei PVC-Böden verwenden, S. 200–201

Eine der problemlosesten Möglichkeiten für das Verlegen eines neuen Bodenbelags ist die Verwendung weicher (flexibler) Fliesen, die einfach zu schneiden und zu handhaben sind. Alle Arten – PVC, Linoleum, Teppich, Kunststoff und Kork – werden nach der gleichen Methode verlegt. Der Unterschied besteht nur im Gebrauch des Klebers. Einige Teppichfliesen kann man an den Rändern des Raums mit Kleber verlegen, es gibt auch selbstklebende PVC- und Korkfliesen.

Die Fliesen sind relativ dünn, und die Kleberschicht ist nicht dick genug, um Unebenheiten auszugleichen, weshalb eine glatte, ebene und trockene Fläche unbedingt notwendig ist. Hartfaserplatten sind ideal zur Vorbereitung von Holzböden. Betonböden sollten ebenfalls in gutem Zustand, trocken und eben sein.

Kleber auf Lösemittelbasis trocknen schneller als solche auf Wasserbasis, sie sind aber leicht entflammbar.

Sie erzielen einen besonderen Effekt, indem Sie weiße und farbige Fliesen im Schachbrettmuster verlegen und zusätzlich Inlayfliesen verwenden.

Nützliche Hinweise

Um Fliesen diagonal zu verlegen, spannt man Schnüre von der Mitte der Wände aus als Hilfslinien. Von dieser Mitte aus legt man dann die Diagonalen fest, wie in Schritt 1 und 2 auf dieser Seite beschrieben.

1 Um die Zimmermitte zu finden, ziehen Sie von der Mitte der vier Wände Linien (vgl. S. 192) zur Mitte. Wenn der Raum nicht quadratisch ist, zieht man die Linien von den Ecken. Schlagen Sie Nägel durch die Enden einer Leiste. Setzen Sie einen Nagel auf die Linien und drücken Sie sich überschneidende Kreise auf den Boden durch.

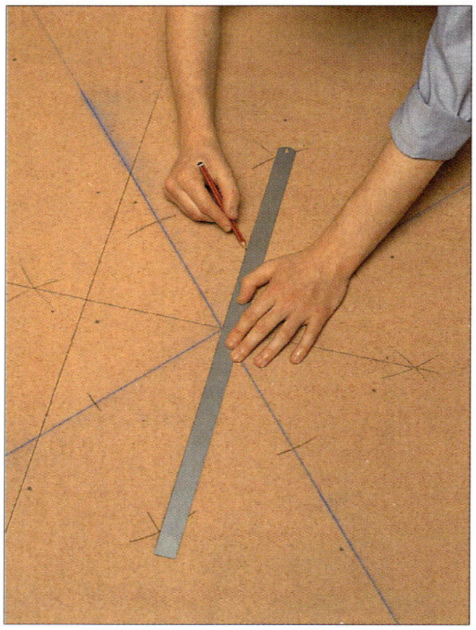

2 Die Kreise sollten zwischen den Orientierungslinien liegen. Ziehen Sie dann mit einem Metallineal eine Linie durch zwei gegenüberliegende Kreise. Verfahren Sie so bei den anderen gegenüberliegenden Kreisen. Verlängern Sie diese Linien bis zu den Rändern des Raums, sie sind die Mittellinien.

3 Verlegen Sie dann vom Mittelpunkt aus entlang der Mittellinien Fliesen, ohne sie zu befestigen. Versuchen Sie, das Zerschneiden auf ein Minimum zu reduzieren. Im Idealfall sollte keine der Randfliesen weiter als bis zur Hälfte durchgeschnitten werden.

4 Bei Bedarf verteilen Sie den Kleber auf einer Fläche von etwa 1 m^2. Beginnen Sie in einem Viertel des Raums. Bei Kunststofffliesen geben Sie den Kleber auch auf die Fliesen selbst. Bei Teppichfliesen befestigen Sie die erste mit doppelseitigem Klebeband.

5 Verteilen Sie die Fliesen auf dem Kleber. Einige Fliesen haben Pfeile auf der Rückseite, die das Muster oder die Faserrichtung anzeigen. Achten Sie darauf, daß die Fliesen dicht aneinanderliegen. Verlegen Sie die Fliesen zu den Rändern des Raums hin und fügen Sie immer wieder die Inlayfliesen ein.

6 Um eine Randfliese anzupassen, legen Sie eine vollständige Fliese genau auf die letzte ganze. Legen Sie darauf noch eine dritte Fliese, wobei eine Kante an der Wand liegen sollte. Schneiden Sie mit einem Teppichmesser entlang der gegenüberliegenden Kante, um die mittlere Fliese zuzuschneiden.

7 Um eine Eckfliese passend zu schneiden, befolgen Sie Schritt 6 für eine Seite und wiederholen dies an der anderen Wand. Wenn Sie nicht sicher sind, ob Sie das können, verwenden Sie einen Bleistift, um Schnittlinien vorzuziehen. Schneiden Sie die Fliese dann mit einem Metallineal zu.

8 Um Kurven vorzuzeichnen, können Sie auch eine Schablone verwenden (vgl. S. 200–201), aber bei komplizierten Rundungen (wie an einem Türbalken) sollten Sie eine Kammlehre verwenden (vgl. S. 195), um die Form auf die Fliese zu übertragen.

Keramikfliesen verlegen

SIE BRAUCHEN

Wickelschnur mit Lot
Fliesenkreuze
Holzleiste und Zahnkelle
Wasserwaage
Hammer und Holzblock
Filzstift **oder** Wachsstift
Fliesenschneider
Winkelschneider mit Keramikschnittklinge (bei Bedarf)
Schutzbrille und Arbeitshandschuhe
Plastikspachtel
Feuchter Schwamm **oder** Tuch

MATERIALIEN

Keramikfliesen
Fliesenkleber
Fugenmasse

VERWEISE

Kleinere Reparaturen an Holzböden, S. 42–43
Eine beschädigte Diele ersetzen, S. 44–45
Einen Unterboden aus Hartfaserplatten verlegen, S. 46–47
Einen Betonboden nivellieren, S. 50–51

Keramikfliesen sind ideal für ein Badezimmer, aber sie passen auch gut in eine Küche, einen Flur, einen Wintergarten o.ä.

Obwohl ein Boden aus Keramikfliesen kalt und geräuschempfindlich sein kann, ist er haltbar und einfach zu reinigen. Die Technik zum Verlegen von Keramikfliesen ist ähnlich wie die beim Fliesen an der Wand (vgl. S. 152–155). Bodenfliesen sind jedoch dicker und somit schwieriger zu schneiden. Außerdem fängt man hier in der Raummitte an. Ein normaler (wasserabweisender) Keramikfliesenkleber gewährt das nötige Maß an Flexibilität, wenn man einen Holzboden fliest. Auf einem Betonboden sollte man einen Kleber auf Zementbasis verwenden. In jedem Fall muß der Untergrund glatt und eben sein: Verlegen Sie dicke Hartfaser- oder Sperrholzplatten auf einem Holzboden oder nivellieren Sie einen Betonboden.

Die Mitte finden

Wenn Sie die Mitte des Raums gefunden haben (mit Hilfe von Orientierungslinien; vgl. S. 192 und S. 210), wählen Sie den Ausgangspunkt: eine einzelne Fliese, die auf dem Mittelpunkt liegt, oder zwei bzw. vier Fliesen, die in der Mitte aneinanderstoßen. Möglicherweise müssen Sie den Mittelpunkt noch einmal verschieben, um die Fliesen an besonderen Stellen, wie z.B. einem Kamin oder einem Vorsprung, richtig zu verlegen.

1 Von der Mitte ausgehend sollten Sie eine Fliesenreihe in Kreuzform trocken verlegen (Lassen Sie dabei die nötige Fuge frei). Möglicherweise müssen Sie die Mittellinien noch einmal anpassen, damit die Randfliesen gleichgroß werden.

2 Teilen Sie den Raum in zwei Hälften und nageln Sie eine Leiste entlang der Hilfslinie auf den Boden. Befestigen Sie die Nägel nur so weit, daß diese die Leiste, die später wieder entfernt wird, an ihrem Platz halten. Auf Betonböden verwendet man Mauernägel.

3 Beginnen Sie in dem Teil des Raums, der am weitesten von der Tür entfernt liegt. Verteilen Sie Kleber auf einer Fläche, die etwa einen Meter lang und etwas breiter als die Fliesen ist. Verlegen Sie die Fliesen von der Mitte der Reihe aus an der Leiste entlang und verwenden Sie Fliesenkreuze für die Fugen.

4 Kontrollieren Sie mit einer Wasserwaage, ob die Fliesen glatt liegen. Verlegen Sie alle vollständigen Fliesen in einer Hälfte des Raums. Wenn der Kleber fest ist, entfernen Sie die Leiste und fliesen die zweite Hälfte bis zur Tür. Lassen Sie den Kleber trocknen, bevor Sie die Randfliesen verlegen.

5 Markieren Sie die Randfliesen folgendermaßen: legen Sie eine vollständige Fliese genau auf die letzte vollständig verlegte Fliese, legen Sie dann eine dritte darauf (lassen Sie an der Wand eine Fuge) und ziehen Sie dann auf der mittleren Fliese eine Linie.

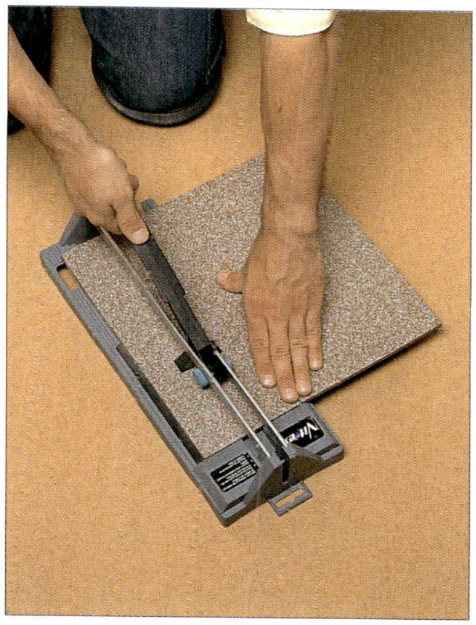

6 Ein Fliesenschneider ist das am besten geeignetste Werkzeug. Machen Sie einen Einschnitt auf der Fliese und schneiden Sie sie dann vollständig durch. Tragen Sie auf die Rückseite der Randfliesen Kleber auf, bevor Sie diese einsetzen.

7 Wenn Sie einen Bogen schneiden möchten (vgl. S. 211), klemmen Sie die Fliese an eine Arbeitsplatte, wobei der abzuschneidende Teil übersteht. Tragen Sie dabei eine Schutzbrille und Arbeitshandschuhe und verwenden Sie einen Winkelschleifer mit Keramikscheibe (kann man leihen).

8 Lassen Sie den Kleber 24 Stunden lang trocknen und verfugen Sie dann den Boden. Arbeiten Sie die Fugenmasse in die Fugen zwischen den Fliesen mit einem Kunststoffspachtel ein. Wischen Sie die Fugenmasse mit einem feuchten Schwamm oder Tuch von den Fliesen ab.

Steinfliesen verlegen

SIE BRAUCHEN

Wickelschnur mit Lot
Holzleiste und Zahnkelle
Wasserwaage
Holzhammer und Holzblock
Fliesenschneidemaschine **oder** Fliesensäge
Schutzbrille und Arbeitshandschuhe
Spachtel
Schlauch (bei Bedarf)

MATERIALIEN

Steinfliesen
6 mm-Dübel
Kleber auf Zementbasis
Fugenmasse auf Zementbasis
Silikonmasse **oder** Dichtungsmasse
Versiegelung und Bodenwachs (bei Bedarf)

VERWEISE

Kleinere Reparaturen an Holzböden, S. 42–43
Eine beschädigte Diele ersetzen, S. 44–45
Einen Unterboden aus Hartfaserplatten verlegen, S. 46–47
Eine Betonboden nivellieren, S. 50–51

Steinfliesen sind ein traditioneller und sehr beständiger Bodenbelag.

Steinfliesen zerbrechen nicht so leicht wie Keramikfliesen, aber man kann sie nicht so gut schneiden und handgefertigte (maschinell gefertigte findet man öfter) sind auch schwieriger zu verlegen, dafür aber wärmer und geräuschdämmender.

Der Untergrund muß glatt und eben sein. Ein Betonboden ist die beste Unterlage. Holzböden sollten mit Sperrholz bedeckt werden (wird genauso verlegt wie Hartfaserplatten jedoch festgeschraubt). Türen müssen möglicherweise abgeschnitten werden, damit sie passen (vgl. S. 76–77). Steinfliesen werden mit einem Kleber auf Zementbasis verlegt und mit Fugenmasse auf Zementbasis verfugt.

Steinfliesen lassen sich nicht mit einem Handfliesenschneider schneiden, deshalb sollte man eine Schneidemaschine für Steinfliesen oder eine Fliesensäge verwenden. Zuerst sollten die Fliesen jedoch gewässert werden, damit sie nicht mehr so saugfähig sind; sonst könnte der Kleber nicht richtig greifen.

Nützliche Hinweise

Um eine Fliese um ein Rohr herum zu verlegen, markiert man die exakte Stelle des Lochs auf der Fliese. Sägen Sie mit einer Keramiksäge das Loch aus und schneiden Sie die Fliese durch, so daß die beiden Hälften aneinanderpassen.

1 Wenn Sie auch Randfliesen haben, sollten Sie einen Trockenversuch mit Dübeln starten, um die Fugen und die Eckfliesen festzulegen. Verwenden Sie zum Schneiden eine Fliesensäge (vgl. Schritt 6) und beginnen Sie damit am dickeren Ende. Tragen Sie Kleber auf die Rückseite der Fliesen auf und setzen sie an ihren Platz.

2 Suchen Sie die Mitte des Raumes (vgl. S. 192, S. 210) und verlegen Sie zwei Fliesenreihen überkreuz, ohne sie zu befestigen (lassen Sie mit Hilfe von Dübeln Platz für die Fugen). Wenn Sie Fliesen schneiden müssen, ordnen Sie sie so an, daß Sie keine zu schmalen Streifen schneiden müssen.

3 Nageln Sie eine Leiste in der Mitte des Raums fest (lassen Sie die Nägel herausstehen, um sie wieder herausziehen zu können) und verteilen Sie auf einer Fläche von etwa 1 m² mit einer Zahnkelle Kleber. Der Kleber sollte mindestens 6 mm dick sein, insbesondere dann, wenn die Fliesen unterschiedlich dick sind.

4 Verlegen Sie die ersten vollständigen Fliesen entlang der Leiste und verwenden Sie 6 mm lange Dübel, um die Fugen frei zu lassen. Drücken Sie die Fliesen fest in den Kleber und kontrollieren Sie mit einer Wasserwaage, ob sie flach liegen. Verschieben Sie die Fliesen bei Bedarf.

5 Wenn die Fliesen nicht eben liegen, klopfen Sie diese mit einem Hammer und einem Holzklotz glatt. Gehen Sie bei allen vollständigen Fliesen so vor, bis der halbe Raum bedeckt ist. Entfernen Sie die Leiste in der Mitte und machen Sie mit der anderen Hälfte weiter. Warten Sie 24 Stunden, bevor Sie die Randfliesen verlegen.

6 Schneiden Sie die Randfliesen zu und setzen sie an ihren Platz. Verwenden Sie dazu eine Fliesensäge, sie hat ein wassergekühltes Diamantsägeblatt und schneidet nur gerade und L-förmige Linien. Um Bögen zu schneiden, verwenden Sie einen Winkelschleifer (vgl. S. 213).

7 Nach 24 Stunden tragen Sie Fugenmasse auf Zementbasis mit einem Plastikspachtel auf, die zu einem Teil aus Sand und einem Teil aus Zement besteht. Lassen Sie eine Dehnungsfuge zwischen den Seiten- und den Bodenfliesen (oder am Rand des Raums). Formen Sie die Masse mit einem Schlauch konkav.

8 Wischen Sie hervorquellende Fugenmasse mit einem feuchten Schwamm oder Lappen ab, bevor sie trocknet. Füllen Sie die Randfuge mit Silikonmasse. Hier kann sich der Boden nun ausdehnen und zusammenziehen. Versiegeln Sie den Boden bei Bedarf mit Bodenwachs oder Lack.

Einen Betonboden streichen

SIE BRAUCHEN

Betonboden streichen
Spachtel
Staubsauger
Eimer und Maurerkelle (bei Bedarf)
fusselfreier Stoff
Bohrmaschine mit Rühraufsatz (Quirl)
Abdeckband (bei Bedarf)
Pinsel
Farbeimer
Farbroller und Teleskopstange

Rand streichen
Maßband
Wasserwaage
Abdeckband
Pinsel

MATERIALIEN

Betonboden streichen
Stabilisierungslösung (bei Bedarf)
Mörtelmischung aus Sand und Zement (bei Bedarf)
Spiritus **oder** Fettentferner
Bodenfarbe

Rand streichen
Bodenfarbe

VERWEISE

Kleinere Schäden an Betonböden, S. 48–49
Grundlagen des Streichens, S. 114–115

Wenn man einen Betonboden nicht pflegt, kann er schnell staubig und schmutzig werden. Die Lösung ist spezielle Betonbodenfarbe, die verhindert, daß sich Staub sammelt, und durch die der Boden besser gereinigt werden kann.

Bodenfarben gibt es auf Lösemittel- und Wasserbasis, wobei erstere für stark beanspruchte Böden wie z.B. in der Garage geeignet ist und auch draußen verwendet werden kann. Die geruchsarme Version auf Wasserbasis kann innen genutzt werden und trocknet schnell. Es gibt auch spezielle Farben für Garagenböden (sie sind abriebfester als normale Bodenfarben) und für Türschwellen (mit einem Zusatz für rutschfeste Schwellen).

Einen neuen Betonboden kann man frühestens nach einem Monat streichen. Wenn ein älterer Boden staubig ist, müssen Sie ihn mit einer speziellen Stabilisierungslösung behandeln, bevor Sie ihn streichen (vgl. S. 48–49).

Bodenfarben gibt es z.B. in Blau, Grün, Grau, Schwarz und Weiß. Dunkle Farben sind für einen Werkraum oder eine Garage besser geeignet.

Wenn es nicht möglich ist, alle Möbel aus dem Raum zu räumen (z.B. in einer Garage, die gleichzeitig als Werkraum dient), streichen Sie den Raum in zwei Etappen.

1 Bevor Sie mit dem Streichen anfangen, entfernen Sie alle losen und abblätternden Bestandteile vom Boden. Wenn abblätternde Farbe auf dem Boden zurückbleibt, wird die neue Farbe nach kurzer Zeit auch blättern.

2 Sie müssen den Betonboden von Schmutz und lockeren Bestandteilen reinigen, ein Industriestaubsauger ist gut dafür geeignet. Wenn der Boden viel Staub entwickelt hat, tragen Sie am besten eine Stabilisierungslösung auf (S. 48–49).

3 Der Boden muß nicht nivelliert werden, aber möglicherweise muß man Löcher oder Risse mit einer Mörtelmischung ausbessern. Drücken Sie diese fest in die Vertiefungen und glätten Sie die Oberfläche (S. 48–49).

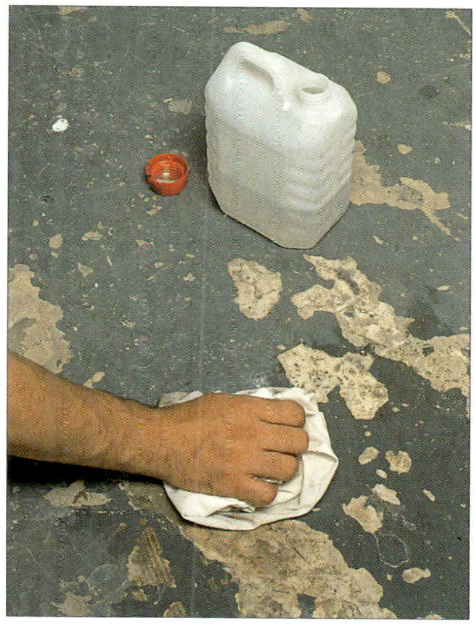

4 Der Boden muß vollkommen sauber und frei von Öl und Fett sein, damit die Farbe gut haftet. Wenn nicht alle Flecken mit Spiritus entfernt werden können, verwenden Sie einen Fleckentferner zur Bodenreinigung

5 Die erste Farbschicht können Sie zu 10% mit Wasser oder Spiritus verdünnen. Sie müssen die Farbe gründlich mischen; ein Rühraufsatz für eine Bohrmaschine ist am besten dafür geeignet. Schalten Sie den Bohrer aus, bevor Sie den Rührer aus dem Eimer heben.

6 Tragen Sie mit einem 10 cm breiten Pinsel einen Streifen Farbe um den Raum herum auf. Wenn Sie keine ruhige Hand haben, befestigen Sie Abdeckband an der Wand.

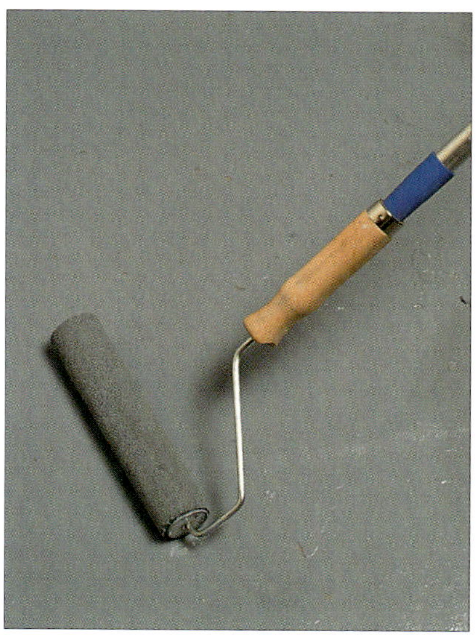

7 Die beste Technik, einen Boden zu streichen, ist, einen alten Farbroller mit Teleskopstiel zu verwenden. Beginnen Sie an der Ecke, die am weitesten von der Tür entfernt ist. Wenn die Farbe trocken ist, tragen Sie eine zweite Schicht auf.

EINEN RAND STREICHEN

Das Bodenstreichen kann man ordentlich mit einem Rand abschließen. Zeichnen Sie mit einer Wasserwaage eine Orientierungslinie. Bringen Sie entlang dieser Linie Abdeckband an, und streichen Sie bis zu dieser Höhe. Entfernen Sie das Band, wenn die Farbe trocken ist.

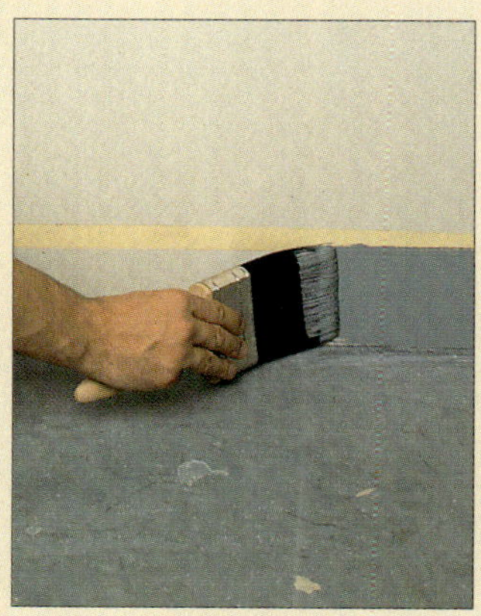

5 REGALE UND FÄCHER

LEITFADEN FÜR REGALE UND FÄCHER

MÖGLICHKEITEN FÜR REGALE

SEITEN 222–223

Regale kann man auf vielerlei Art anbringen, und es gibt geeignete Materialien für jeden Geldbeutel. Sie können Regale so planen, daß sie Ihren Bedürfnissen und Ihrem Geschmack entsprechen. Dazu kann man einfache, gekaufte Regale oder selbstgemachte Stauräume, wie z.B. individuell angepaßte Einbauregale verwenden.

EINFACHE REGALE ANBRINGEN

SACHKENNTNIS: niedrig
ZEITRAHMEN: unter 2 Stunden
SPEZIALWERKZEUGE: Wasserwaage, Bohrmaschine mit Betonbohrer
SEITEN: 224–225

Das einfachste Hängeregal besteht aus einem einzigen Brett, das von zwei Halterungen getragen wird. Das wichtigste ist, daß man sichere Halterungen anbringt, die das Regal und seine Last tragen können.

HÖHENVERSTELLBARE REGALE

SACHKENNTNIS: niedrig
ZEITRAHMEN: unter 2 Stunden
SPEZIALWERKZEUGE: Anreißwinkel, Hand- oder Motorsäge, Vorstecher, Wasserwaage, Bohrmaschine, Fuchsschwanz, Meißel
SEITEN: 226–227

Verstellbare Regale bestehen aus mehreren Brettern, die man einfach an eine andere Stelle verschieben kann. Die Halterungen werden normalerweise in Schlitze oder Führungsschienen gesetzt, die an die Wand geschraubt werden.

NISCHENREGALE

SACHKENNTNIS: niedrig bis mittel
ZEITRAHMEN: ½ Tag
SPEZIALWERKZEUGE: Anreißwinkel, Handsäge, Motorsäge, Wasserwaage, Vorstecher, Schmiege
SEITEN: 228–229

Nischen können Regale beinhalten, die so breit wie die Nische selbst sind. Sie liegen auf Leisten, die an der Wand befestigt werden. Die Regalbretter sind fest angebracht und sehen aus wie ein professionelles Einbauregal. Diese Regalart ist die stabilste, denn die Wände und weniger die Bretter tragen die Last.

LAGERMÖGLICHKEITEN

SEITEN 230–231

Ungenutzten Raum in der Wohnung in Stauraum für alltägliche Gegenstände – von der Bettwäsche über Videokassetten bis hin zu Töpfen und Pfannen – zu verwandeln, ist eine der einfachsten Renovierungsarbeiten. Die Möglichkeiten zur Gestaltung von Stauraum werden nur durch Ihre eigene Kreativität diktiert. Sie können die hier beschriebenen Techniken anwenden und sie mit Ihren eigenen Ideen kombinieren.

EINBAUSCHRÄNKE

SACHKENNTNIS: mittel bis hoch
ZEITRAHMEN: 1 bis 2 Tage
SPEZIALWERKZEUGE: Anreißwinkel, Wasserwaage, Handsäge oder Stichsäge, Bohrmaschine, Holzhammer, Spitzhammer, Kammlehre
SEITEN: 232–233

Einbauschränke können für kompliziertere Lagerhaltung verwendet werden als einfache Regale. Indem Sie an den Seitenwänden einen Holzrahmen anbringen, können Sie auch Türen befestigen und so einen verschlossenen Stauraum schaffen. Wenn Sie Glastüren anbringen, schaffen Sie eine Vitrine für Sammelobjekte.

MULTIMEDIA-REGAL

SACHKENNTNIS: hoch
ZEITRAHMEN: 2 oder mehr Tage
SPEZIALWERKZEUGE: Anreißwinkel, Hand- oder Stichsäge, Bohrmaschine mit Holzbohrer, Bohrständer oder Bohrpresse, Spitzhammer, Kammlehre, Wasserwaage, Holzhammer
SEITEN: 234–235

In vielen Häusern gibt es viele technische Geräte, von Stereoanlagen, Fernsehern, Recei-

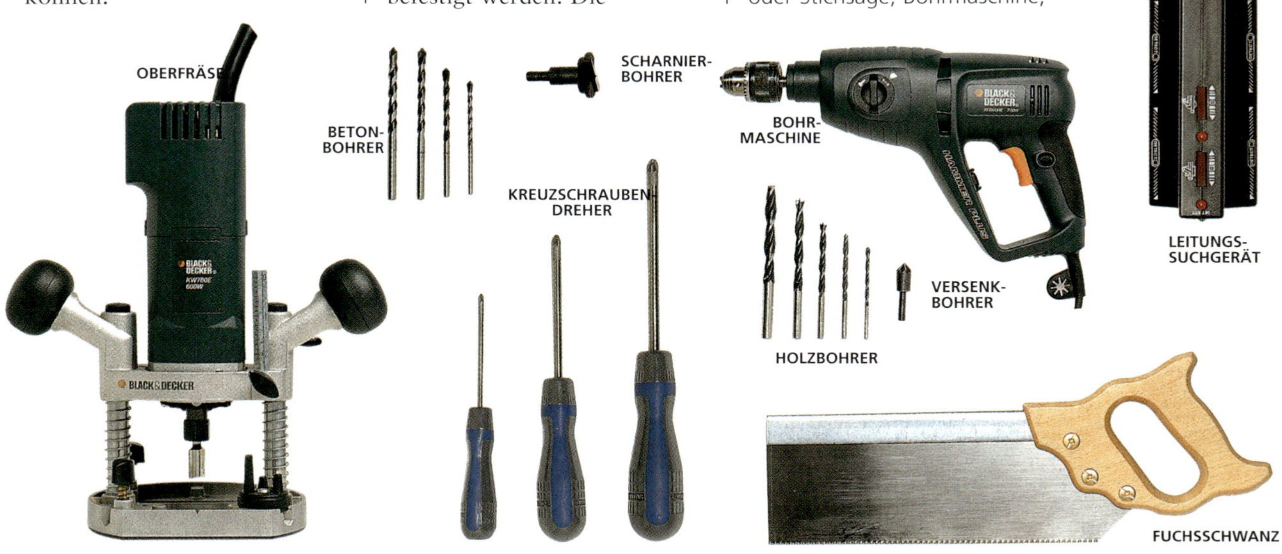

vern und Videorekordern bis hin zu Computern und Videospielkonsolen. Auch CDs, Schallplatten, Videokassetten und Disketten nehmen Platz weg. Wenn Sie den Schritt-für-Schritt-Anleitungen für einen Einbauschrank (S. 232–233) folgen, können Sie ein Multimediaregal nach Ihren eigenen Bedürfnissen bauen. Überlegen Sie sich, was zusammen aufbewahrt werden soll und messen Sie die Gegenstände aus, bevor Sie anfangen.

EINEN ARBEITSPLATZ ENTWERFEN

SACHKENNTNIS: hoch
ZEITRAHMEN: 2 oder mehr Tage
SPEZIALWERKZEUGE: Wasserwaage, Schmiege, Fuchsschwanz, Dielen- oder Stichsäge, Bohrmaschine, Oberfräse
SEITEN: 236–237

Hier erfahren Sie, wie sie einen freistehenden Schrank bauen und eine Arbeitsplatte darauf befestigen können. Verändern Sie das Design so, daß es Ihren Bedürfnissen entspricht: bauen Sie z.B. an einer Seite Beine an, oder dehnen Sie die Arbeitsplatte von Wand zu Wand aus. Lassen Sie ein Stück für die Knie frei, wenn Sie beim Arbeiten sitzen.

FÄCHER VERSCHÖNERN

SACHKENNTNIS: niedrig
ZEITRAHMEN: ½ Tag
SPEZIALWERKZEUGE: Pinsel, Bohrmaschine
SEITEN: 238–239

Wenn Sie einen Raum mit Einbauschränken und -garderoben verschönern wollen, könnten Sie durchaus in Versuchung geraten, die alten Schränke einfach herauszureißen und neue einzubauen. Wenn allerdings von der Form her mit dem Grundgerüst der alten Schränke alles in Ordnung ist, können Sie die Einheiten verschönern, indem Sie diese lediglich neu streichen oder mit dekorativen Farbeffekten versehen. Außerdem können Sie neue Beschläge wie Griffe oder Scharniere anbringen. Sie sollten beim Streichen Türen und Schubladenfronten entfernen.

SCHRANKTÜREN UND SCHUBLADENFRONTEN ERSETZEN

SACHKENNTNIS: niedrig bis mittel
ZEITRAHMEN: 1 Tag
SPEZIALWERKZEUGE: Anreißwinkel, Bohrmaschine mit Scharnierbohrer, Bohrständer, Vorstecher oder Durchschläger
SEITEN: 240–241

Eine andere Möglichkeit, wie man bestehende Einbauten in Küche, Schlaf- und Badezimmer verändern kann, ist, nur die Rahmen zu erhalten und neue Türen und Schubladenfronten anzubringen. Sie müssen alles genau ausmessen, um die Ersatzteile passend und richtig anzubringen.

EINE ARBEITSPLATTE ERSETZEN

SACHKENNTNIS: mittel bis hoch
ZEITRAHMEN: 1 bis 2 Tage
SPEZIALWERKZEUGE: Stichsäge, Bohrmaschine, Kreissäge, Oberfräse oder Laminatschneider mit Gehrungsschablone
SEITEN: 242–243

Eine Arbeitsplatte zu ersetzen, ist Bestandteil einer Küchenrenovierung. Es kann einfach sein, wenn man keine Aussparungen machen muß und die Platte gerade verläuft. Wenn allerdings Scharniere und Vorsprünge vorhanden sind, und die Arbeitsplatte über Eck geht, wird es komplizierter. Sorgfältiges Zuschneiden und der Einsatz einer Oberfräse machen es einfacher.

PLATZ IN SCHRÄNKEN RICHTIG NUTZEN

SACHKENNTNIS: niedrig
ZEITRAHMEN: ½ bis 1 Tag
SPEZIALWERKZEUGE: Bohrmaschine, Spitzhammer, Bügelsäge
SEITEN: 244–245

Stauraum im Haus ist immer begrenzt. Wenn die Grenze einmal erreicht ist, können Sie nur noch den vorhandenen Platz möglichst gut ausnutzen. Es gibt platzsparende Einbauten, mit denen auch schwer zugängliche Ecken genutzt werden können. Einige bewirken zudem eine bessere Durchlüftung von Kleidern und Bettwäsche.

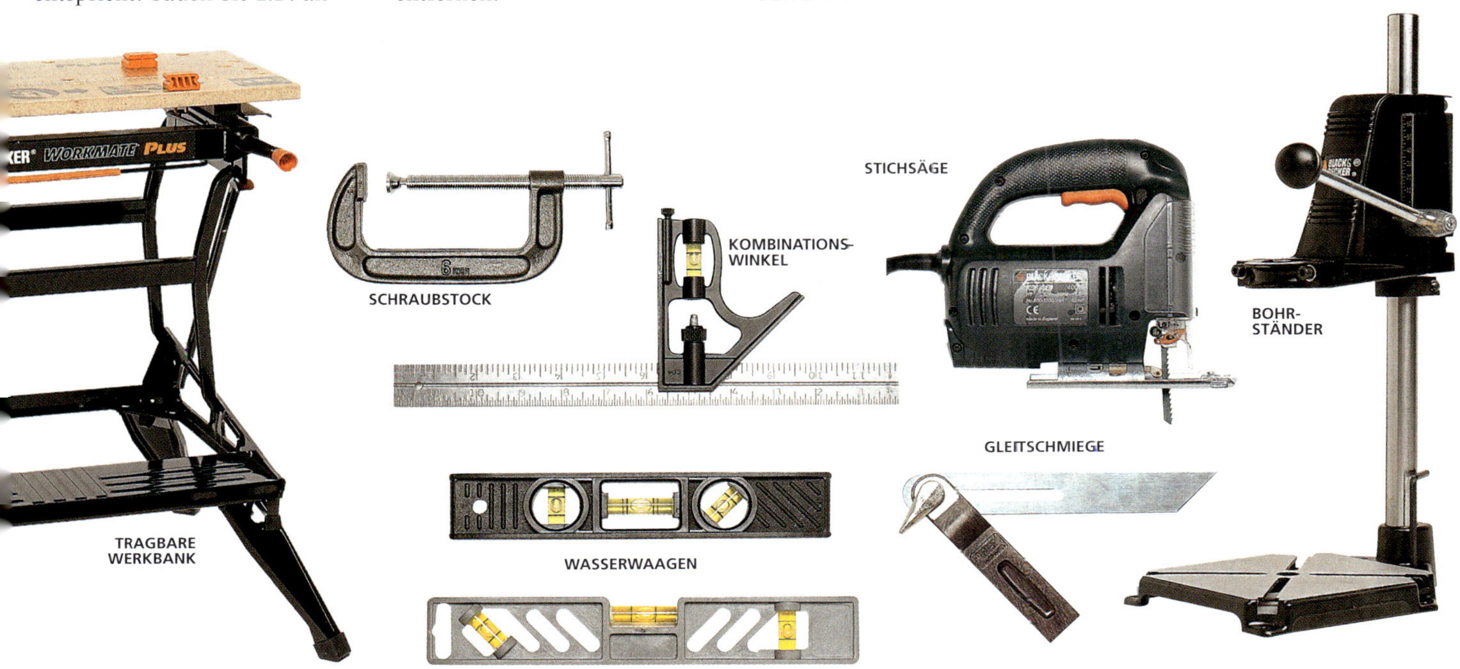

MÖGLICHKEITEN FÜR REGALE

MATERIALIEN

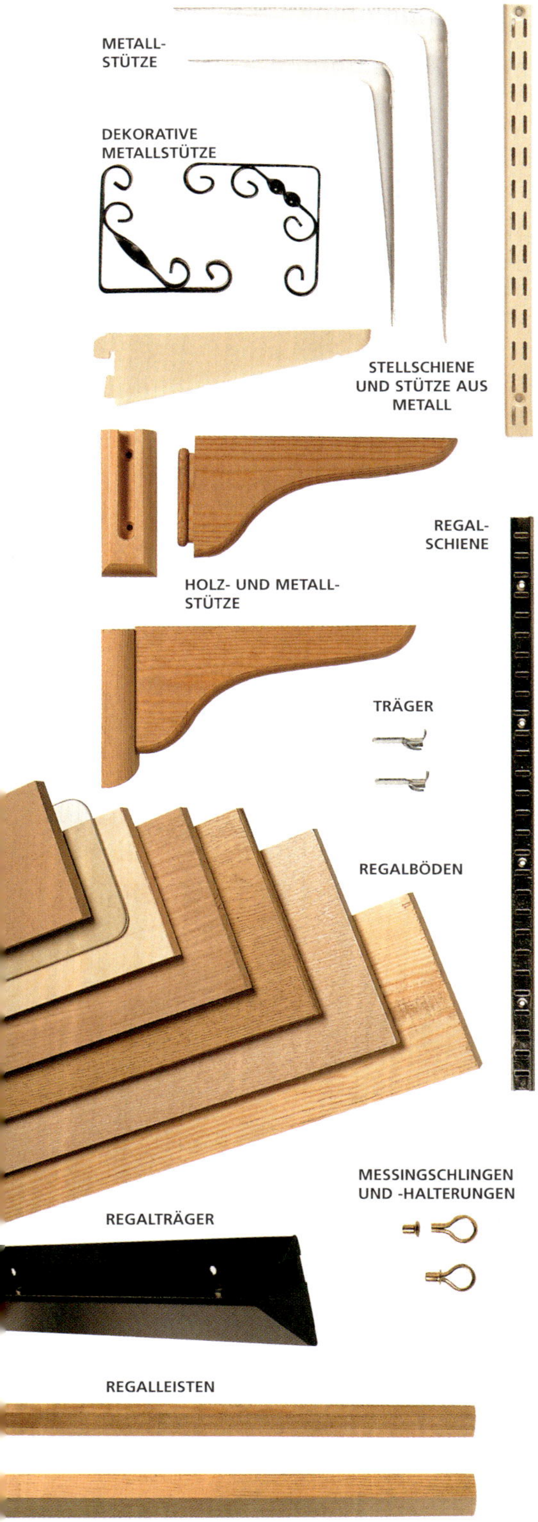

Nach dem Streichen Regale anzubringen, ist einfach. Ausstellungs- und Aufbewahrungsplätze sind in fast jedem Haus notwendig, und glücklicherweise gibt es viele Alternativen dafür. Diese reichen von offenen Wandregalen über Nischenregale bis hin zu freistehenden Einheiten. Verwenden Sie individuelle Beschichtungen und eine ausgeklügelte Beleuchtung, um den selbstgebauten oder gekauften Regalen Ihre persönliche Note zu geben.

► Hier werden die Regale durch die Farbe der Einrichtung angepaßt. Die Kombination der Regale mit den Schränkchen wirkt wie eine Einbauwand.

◄ Einbauregale nutzen den Raum optimal aus und sind einfach herzustellen. Diese beiden Einheiten werden genauso eingesetzt wie traditionelle Einbauregale, aber die Bögen sind maßgeschneidert. Da dieses Regal auf drei Seiten von Wänden gestützt wird, können Sie auch schwere Bücher darin unterbringen.

◀ Tiefe Regale sehen meistens dunkel aus. Sie können sie aber aufhellen, indem Sie keine Rückwand einbauen (solange Sie keine allzu schweren Gegenstände lagern) und indem Sie die Innenwände hell anstreichen.

▶ Hochhängende Regale sollten so schmal sein, daß man von unten noch sieht, was man darauf lagert. Sie sind für Dinge geeignet, die Sie nur selten brauchen.

◀ Fügen Sie einen Farbtupfer hinzu, indem Sie Ihre Regale in Kontrastfarben zur Wandfarbe streichen. Diese Regalböden können einfach abgerundet werden, man muß nur das richtige Material verwenden.

▶ Wenn man ein Regal beleuchtet, werden die Gegenstände darauf besonders betont, und das Licht verbreitet im ganzen Raum Stimmung. Derselbe Effekt kann erzielt werden, wenn man eine Tischlampe darauf stellt.

◀ Offene Regale können einfach nur aus zwei Stützen und einem Brett bestehen, oder sie können so aufwendig verziert sein wie dieses.

▶ Wenn Sie Stauraum hinter Glastüren einschließen, schützen Sie den Inhalt vor Staub und stellen die Gegenstände dennoch aus. Wenn man Glastüren statt Holztüren an großen Regalen verwendet, erscheinen sie dadurch luftiger.

Einfache Regale

SIE BRAUCHEN

Maßband und Bleistift
Anreißwinkel
Vorstecher
Schraubendreher
Wasserwaage
Bohrmaschine

MATERIALIEN

Regalboden
Stützen
Holzschrauben
Dübel (für Mauern) **oder** Wandhalterungen (für Gipswände)

VERWEISE

Höhenverstellbare Regale, S. 226–227
Nischenregale, S 228–229

Wenn man bei diesem Boden drei Konsolen verwendet ist dies die beste Möglichkeit, geliebte Gegenstände vor dem Herunterfallen zu schützen.

Wenn Sie nur einen einzigen Regalboden brauchen, ist es am einfachsten, ihn schlicht auf Stützen zu befestigen. Diese gibt es in vielen dekorativen Variationen und Farben. Sie werden an der Wand und an dem Regalbrett befestigt. Zwei Stützen sind alles, was man braucht, um einen Regalboden sicher anzubringen, aber bei längeren Regalen sollte man zusätzliche Stützen verwenden. Der Abstand zwischen den Stützen hängt davon ab, welches Material man für den Boden verwendet, wie dick er ist und wieviel Gewicht er tragen muß.

Der Maximalabstand bei 2 cm dikken Regalböden aus Massivholz oder den meisten handgefertigten Böden ist 80 cm bei leichten Lasten, 70 cm bei mittelschweren und 60 cm bei schweren Lasten. Bei Spanplatten verringern Sie die Abstände auf 75, 60 und 45 cm. Dies sind nur ungefähre Werte.

Bei einer Gipswand sollten Sie spezielle Halterungen verwenden, damit diese stark genug sind, um den Boden und seine Last zu tragen, es sei denn Sie befestigen die Stützen an Wandschienen (S. 227). Suchen Sie nach Drähten und Leitungen in der Wand, bevor Sie bohren (vgl. S. 228).

1 Bei langen Regalböden entscheiden Sie zuerst über die genaue Länge und den Ort der Anbringung. Messen Sie den Abstand zwischen den Stützen und markieren Sie deren Position mit einem Anreißwinkel auf dem Boden.

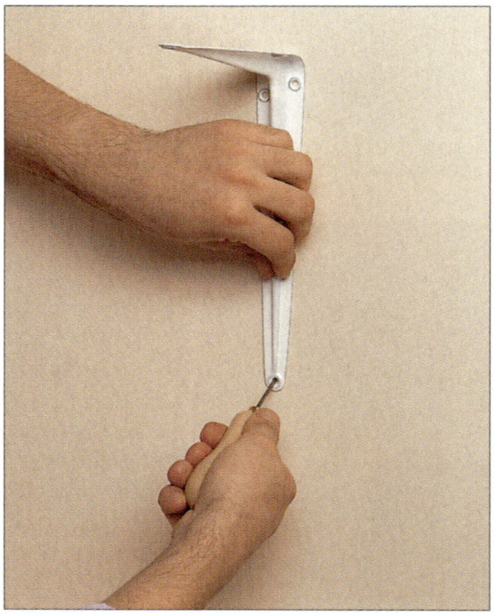

2 Halten Sie eine der äußeren Stützen an die Wand. Der längere Teil sitzt an der Wand, und der kürzere trägt den Boden. Mit einem Vorstecher markieren Sie die Stelle für die niedrigste Schraube an der Wand.

3 Bohren Sie ein Loch für die Schraube in die Wand. Bei einer gemauerten Wand (vgl. S. 227) verwenden Sie einen Dübel. Schrauben Sie die Stütze dann fest, lassen Sie die Schraube aber noch locker.

4 Prüfen Sie mit einer Wasserwaage, ob die Stütze gerade ist. Markieren Sie die anderen Bohrlöcher, drehen Sie die Stütze nach unten weg und bohren Sie die Löcher. Wenn die Stütze wieder an der richtigen Stelle sitzt, ziehen Sie die übrigen Schrauben fest.

5 Wenn die erste Stütze angebracht ist, stellen Sie den Boden hochkant darauf und legen die Wasserwaage darauf, um die Stützen auf gleicher Höhe anbringen zu können. Mit der Orientierungslinie legen Sie die zweite Stütze an und befestigen sie wie die erste.

6 Legen Sie den Boden auf die Konsolen und halten Sie sich dabei an die Orientierungslinien. Schrauben Sie den Boden von unten fest. Die Schrauben sollten so lang sein, daß sie zu zwei Dritteln in das Brett reichen.

REGAL MIT ZWEI STÜTZEN

Ein kleines Regal, das nur zwei Stützen benötigt, kann man einfacher anbringen, indem man die Stützen zuerst an den Boden schraubt, bevor man sie an der Wand befestigt. Mit einem Metallineal oder einem Stück Holz bringen Sie die Stützen gerade und fest an.

Nun halten Sie den Boden richtig herum an die Wand und richten das Regal mit einer Wasserwaage horizontal aus (wie in Schritt 5). Markieren Sie die Positionen für die Schrauben. Bohren Sie die Löcher und schrauben Sie die Stützen an die Wand.

Nützliche Hinweise

Wenn Sie ein Regal mit nur zwei Stützen aufhängen, bringen Sie diese jeweils eine Viertellänge von der Regalkante entfernt an, damit der Boden nicht durchhängt. Bei mehr als zwei Stützen bringen Sie die äußeren eine Regaltiefe vom Rand entfernt an und die anderen in gleichen Abständen dazwischen.

Sie können Vorbohrungen an dem Regalboden machen, damit die Schrauben sich besser festziehen lassen. Damit Sie das Brett nicht ganz durchbohren, sollten Sie einen Tiefenmesser verwenden oder Abdeckband um den Bohrer wickeln.

Höhenverstellbare Regale

SIE BRAUCHEN

Maßband und Bleistift
Anreißwinkel
Handsäge **oder** Fuchsschwanz
Vorstecher
Schraubendreher
Wasserwaage
Bohrmaschine

MATERIALIEN

Regalboden
Stellschiene
Konsolen
Holzschrauben
Dübel (für Mauern) **oder** Wandhalterungen (für Gipswände)

VERWEISE

Einfache Regale, S. 224–225
Nischenregale, S. 228–229

Verstellbare Regale sind ideal zum Aufbewahren von Spielsachen – man kann die Böden verschieben, wenn die Kinder größer werden.

Ein Regalsystem mit Stellschienen ist leicht anzubringen. Es besteht aus zwei oder mehr senkrechten Metallschienen und einer Reihe passender Stützen, die in die Schienen passen.

Dieses System trägt Böden aus verschiedenen Materialien. Sie können fertig gekaufte verwenden oder selbst welche anfertigen. Auch dann, wenn die Regalböden schon angebracht sind, kann man die Position der Stützen noch verändern. Drei oder mehr Schienen bieten eine größere Flexibilität, was die Länge und die Verteilung der Böden anbelangt, wodurch man den optimalen Stauraum erhält.

Der Abstand der Schienen wird so festgelegt wie bei den Stützen eines Hängeregals, d.h. durch die Art, Dicke und Belastung der Regalböden (vgl. S. 224–225). Die Regale kann man am einfachsten aufhängen, wenn die Schienen die Regalböden von der Rückwand absetzen, ansonsten kerben Sie die Rückseite der Böden ein.

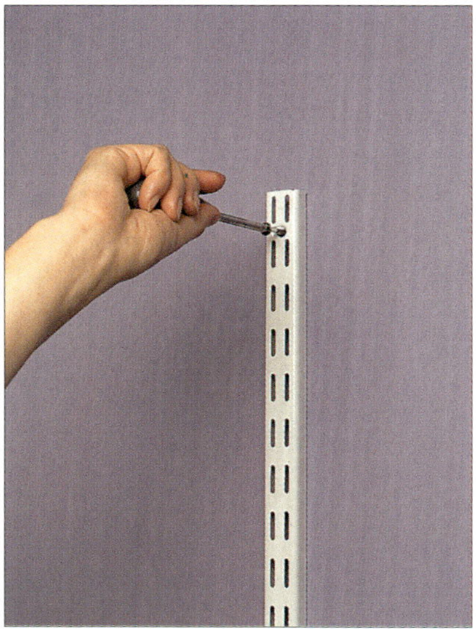

1 Wenn Sie wissen, wo Sie die Leisten anbringen möchten, halten Sie die erste Schiene an die Wand und markieren die Stelle für die oberste Schraube mit einem Vorstecher. Bohren Sie das Loch und verdübeln Sie es. Drehen Sie die Schraube nur zur Hälfte fest.

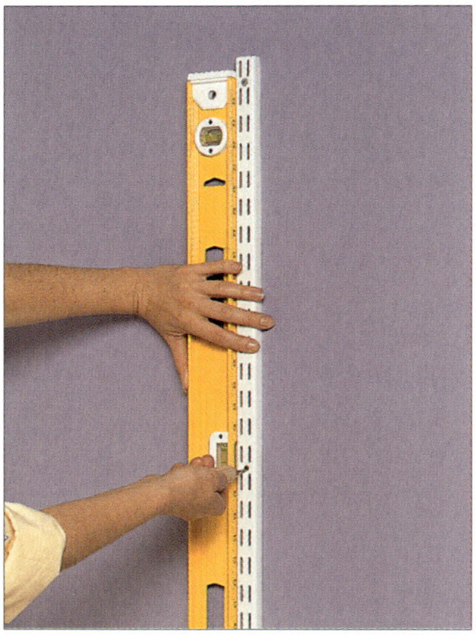

2 Prüfen Sie mit einer Wasserwaage, ob die Schiene senkrecht hängt. Markieren Sie auch die Stellen für die anderen Schrauben, schieben Sie die Schiene dann zur Seite und bohren und verdübeln Sie die Löcher. Halten Sie die Schiene dann wieder an ihren Platz und drehen Sie die Schrauben endgültig fest.

3 Jetzt setzen Sie in beide Schienen auf gleicher Höhe eine Stütze. Stellen Sie einen Regalboden senkrecht auf die Stütze in der ersten Schiene und halten Sie ihn waagerecht. Halten Sie die andere Schiene an und markieren Sie die Stelle für die erste Schraube. Wiederholen Sie dann Schritt 1 und 2.

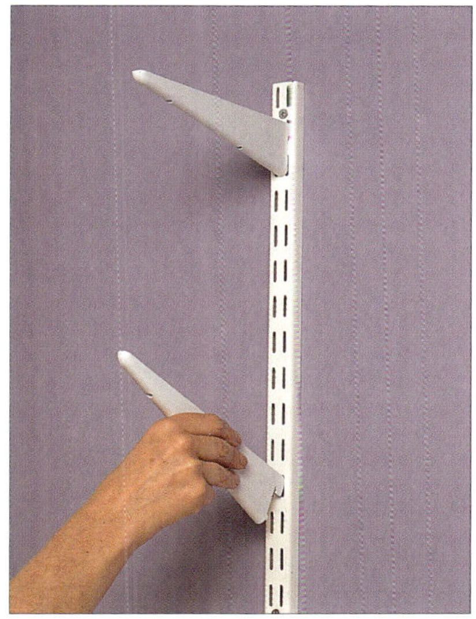

4 Setzen Sie die Stützen in die Schienen und kontrollieren Sie, ob Sie gerade sind: Zählen Sie dazu die Anzahl der Schlitze über oder unter den Stützen. Bei Bedarf schneiden Sie die Regalböden zu (vgl. S. 229). Um abgeschnittene Enden zu verdecken, können Sie Furnierstreifen daraufkleben.

5 Nachdem Sie die Böden auf die Stützen gelegt haben, sollten Sie diese mit einer Wasserwaage oder einem Senklot ausrichten.

6 Wenn die Böden sich nicht in einer Nische befinden und durch Wände festgehalten werden, muß man sie an die Stützen schrauben. Drehen Sie die Schrauben von der Unterseite des Bodens her in das Holz. Halten Sie den Boden fest. Achten Sie darauf, daß die Schrauben nur zu zwei Dritteln in das Holz dringen.

REGALBÖDEN EINKERBEN

Sägen Sie die Ränder der markierten Einkerbung mit einem Fuchsschwanz ein. Klemmen Sie das Brett in einer Werkbank fest, mit einem Stück Holz unter der Kerbe. Drücken Sie den Meißel von oben fest in das Holz und schlagen Sie dann vorsichtig mit einem Holzhammer darauf, um den Schnitt zu vertiefen. Entfernen Sie das überflüssige Holz schichtweise, indem Sie den Meißel gegen den Regalboden drücken. So splittert es nicht.

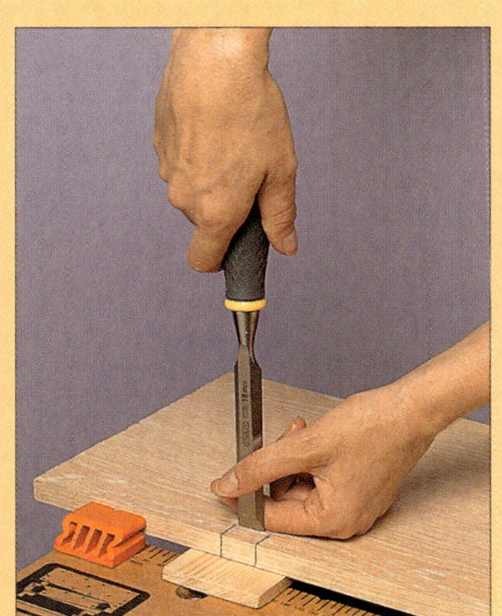

Nützliche Hinweise

Stützen und Schienen lasten schwer auf den Halterungen, weshalb die richtigen Halterungen sehr wichtig sind. An gemauerten oder verputzten Wänden muß man mindestens 4 cm lange Schrauben verwenden, die man dübelt. Bei Trennwänden mit Holzrahmen muß man die Wandbalken (vgl. S. 229), die normalerweise etwa 40 cm voneinander entfernt sind, suchen und 4 cm lange Schrauben in die Gipsplatten und die Balken drehen. Sie können Hohlraumbefestigungen wie z.B. Knebel verwenden, um die Regale nur an den Gipsplatten zu befestigen.

Nischenregale

SIE BRAUCHEN

Maßband und Bleistift
Anreißwinkel
feines Schmirgelpapier
Handsäge
Motorsäge (bei Bedarf)
kleine Wasserwaage
Standardwasserwaage
Vorstecher
Bohrmaschine
Betonbohrer (für gemauerte Wände)
Zollstock
Schmiege
Schraubendreher

MATERIALIEN

Regalböden
4 x 2,5 cm Holzleisten
Holzschrauben
Dübel

VERWEISE

Einfache Regale, S. 224–225
Höhenverstellbare Regale, S. 226–227

In vielen Räumen gibt es Nischen, die für Einbauregale oder andere Fächer geeignet sind, weil die Nischenwände insbesondere bei schweren Lasten eine perfekte Stütze bilden. Am einfachsten ist es, Holzleisten an die Seitenwände zu schrauben und die Böden daraufzulegen. Bei breiten Nischen sollte man entlang der Rückwand noch eine dritte Leiste anbringen, damit der Regalboden sich nicht durchbiegt. Wenn die Wände uneben sind, sollten sie jeden Boden individuell anpassen. Die Böden können aus Holz, Sperrholz, dickem Preßspan oder furniertem Holz sein, das man abbeizen oder streichen kann. Wenn Sie eine Leiste an der Rückwand einer Nische anbringen möchten, achten Sie darauf, ob dort eine Lampe ist. Es kann sein, daß der Kabelschacht dafür in der Rückwand liegt und eine Bohrung an der falschen Stelle könnte ihn beschädigen. Elektriker lassen solche Kabel entweder waagerecht oder senkrecht verlaufen, aber manchmal verlaufen die Schächte auch diagonal. Am besten verwenden Sie daher eine Leitungssuchgerät (vgl. Seite gegenüber), mit dem Sie vor dem Bohren den Kabelschacht finden.

Eine Leiste an der Vorderseite der Böden verdeckt die Latte an der Rückwand

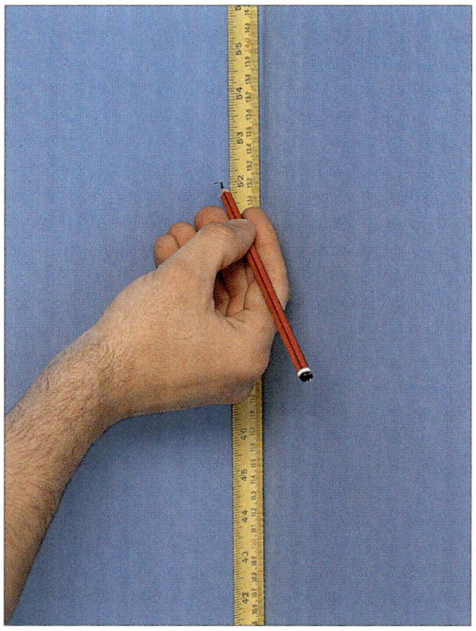

1 Entscheiden Sie zuerst, wo das Regal hin soll (suchen Sie mit einem Suchgerät nach Stützbalken, Kabeln oder Leitungen) und in welchem Abstand die Böden angebracht werden sollen. Messen Sie dann jeden Boden aus und markieren Sie die Position auf je einer Seitenwand der Nische.

2 Schneiden Sie mit einem Fuchsschwanz die Leisten zu und schmirgeln Sie die Enden glatt. Wenn Sie an der Vorderseite der Böden Latten anbringen (vgl. Schritt 7), ziehen Sie deren Breite von der der Böden ab, um die Länge der Seitenleisten herauszufinden.

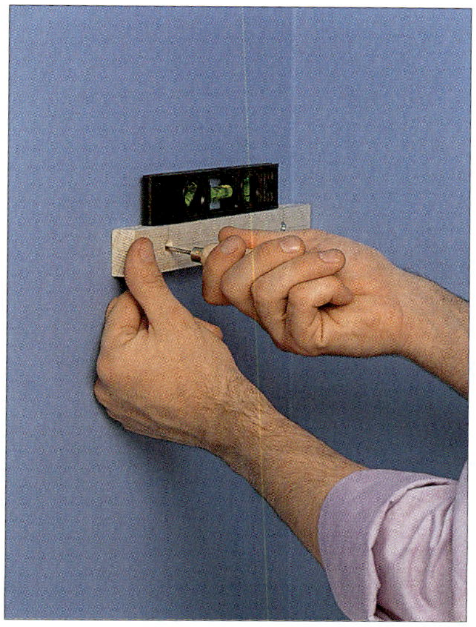

3 Bohren Sie in jede Seitenleiste zwei Löcher. Halten Sie dann eine der Leisten mit einer kleinen Wasserwaage waagerecht an. Markieren Sie die Stelle für die hintere Schraube mit einem Vorstecher, bohren Sie das Loch und verdübeln Sie es bei Bedarf (vgl. S. 227); drehen Sie die Schraube fest.

4 Wenn alle Leisten an einer Wand befestigt sind, legen Sie auf jede eine große Wasserwaage und ziehen eine waagerechte Linie an der Rückwand entlang. Verwenden Sie diese Linie als Orientierung, um die Leisten an der gegenüberliegenden Wand zu befestigen. Befolgen Sie dabei die Anweisungen in Schritt 3.

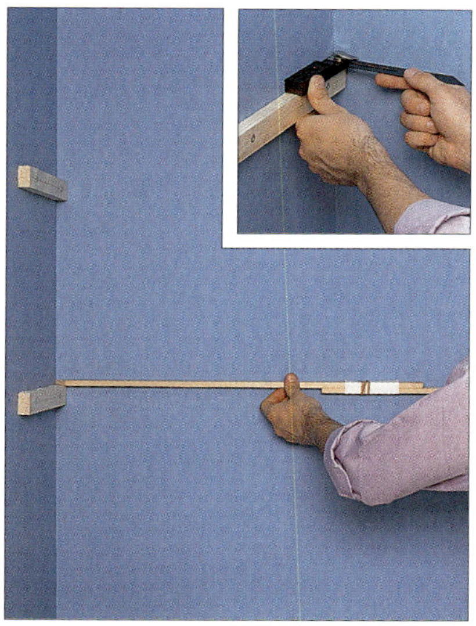

5 Messen Sie die Länge der einzelnen Regalböden mit einem Zollstock aus (dieser mißt hier genauer als ein Maßband). Dann messen Sie die Wandbreite. Messen Sie den Winkel jeder Ecke mit einer Schmiege aus.

6 Übertragen Sie die Messungen auf jedes Brett und schneiden Sie es zu. Legen Sie die Bretter vorsichtig auf die Leisten und versuchen Sie, die Wand nicht zu beschädigen. Wie man die Enden der Leisten verdeckt, s. Schritt 7.

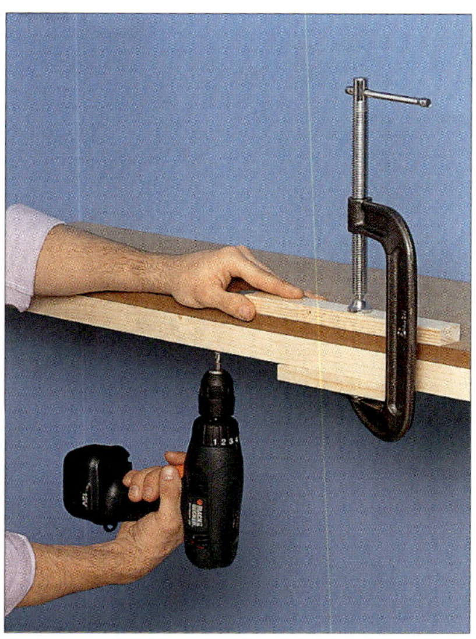

7 Schneiden Sie Leisten zu, die unter die Kante der Böden passen. Klemmen Sie diese in einem Schraubstock fest und drehen Sie Schrauben hinein, die durch die Leiste und zu etwa zwei Dritteln durch den Boden gehen. Verfüllen Sie die Risse zwischen Leiste und Boden mit Holzspachtelmasse.

Nützliche Hinweise

Die beste Möglichkeit, verdeckte Kabel, Wasserleitungen und Wandstützen zu finden, ist ein batteriebetriebenes Suchgerät. Manche finden nur Stützbalken, andere aber auch Kabel und Leitungen. Halten Sie das Gerät einfach dort gegen die Wand, wo Sie die Befestigungen anbringen wollen, und befolgen Sie die Anweisungen des Herstellers. Man kann diese Geräte auch leihen.

LAGERMÖGLICHKEITEN

MATERIALIEN

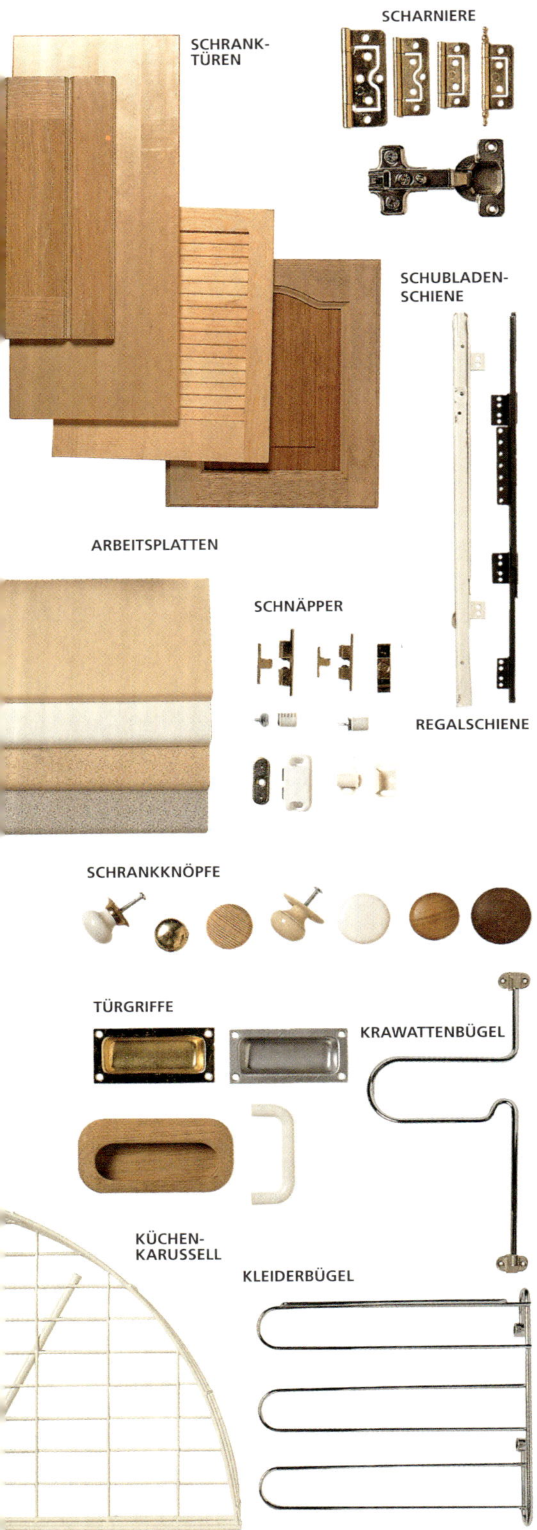

In jedem Haus scheint es mit der Zeit immer mehr Dinge zu geben, die gelagert und aufbewahrt werden müssen, aber neu gebaute Häuser sind oft kleiner als alte. Mit einer sorgfältigen Planung können den vorhandenen Platz optimal ausnutzen, wenn Sie die hier vorgestellten Techniken miteinander kombinieren.

Möglicherweise haben Sie auch ausreichend Stauraum, aber vielleicht wollen Sie einfach alles ein bißchen verändern und frischen Wind in Ihre Stauräume bringen. Das betrifft vor allem die Küche und das Schlafzimmer, die oft viele Einbaumöbel beinhalten. Sie können mit wenig Aufwand modernisiert werden.

▶ Eine Einbauküche ist eine teure Anschaffung. Wenn Ihr Geschmack sich im Lauf der Zeit verändert, geben Sie den bestehenden Einheiten einfach ein neues Aussehen. Verwenden Sie einen der zahlreichen Streicheffekte, ändern Sie die Farbe der Lackierung oder Beize, oder ersetzen Sie alte Türen und Schubladenfronten.

◀ Module sind eine Mischung aus eingebauten und freistehenden Möbeln. In den offenen Regalen können Sie Ihr Porzellan ausstellen, aber bedenken Sie aber auch, daß es dort schneller staubig wird.

◄ Lamellentüren ermöglichen eine gute Belüftung, weshalb sie besonders für Kleider- oder Wäscheschränke geeignet sind. Diese Türen wurden durch eine kräftige Farbe und den Streicheffekt zum Blickfang.

▲ Wenn man dringend Stauraum braucht, ist bisher verschenkter Platz optimal. Man kann Stauräume nämlich an fast unmöglichen Stellen schaffen.

▲ Vernünftig untergebrachte Kleidung hält länger, weshalb man einen durchlüfteten Platz dafür haben sollte, indem man Regale und Kleiderstangen kombiniert.

► Wenn man zuhause arbeitet, ist es wichtig, daß man Wohn- und Arbeitsraum voneinander trennt. Wenn Sie keinen ganzen Raum zum Büro machen können, sollten Sie sich eine Arbeitsecke einrichten.

◄ Damit Sie effektiver arbeiten können, muß der Stauraum in Ihrem Heimbüro so konzipiert sein, daß Sie an oft benötigte Dinge gut herankommen. Selten benötigte Gegenstände sollten Sie weiter oben unterbringen.

► Wenn Sie einen Platz für Unterhaltungselektronik planen, sollten Sie auch Raum für eine sich weiter vergrößernde Sammlung von CDs und Videokassetten lassen.

EINBAUSCHRÄNKE

SIE BRAUCHEN

Maßband und Bleistift
Anreißwinkel
Wasserwaage
Handsäge **oder** Stichsäge
Bohrmaschine mit Betonbohrer (bei Bedarf)
Schraubendreher
Holzhammer
Spitzhammer
Kammlehre (bei Bedarf)

MATERIALIEN

Weichholzleisten für den Rahmen
Dübel
Kleber
Holznägel
Regalböden, maßgefertigt
Holzfaserplatte für den Sockel
Türen
Griffe, Scharniere und Schnapper
Holzschrauben
Dübel (bei Bedarf)

VERWEISE

Eine Doppelfalttür einhängen, S. 90–91
Nischenregale, S. 228–229
Multimedia-Regal, S. 234–235
Platz in Schränken richtig ausnutzen, S. 244–245

Überlegen Sie zuerst, welche Art Stauraum Sie brauchen. Sie können z.B. einen Schrank für Bettwäsche oder Spielsachen bauen, oder Sie können ihn auch in einen Kleiderschrank verwandeln. Sogar unter einer Treppe läßt sich ein solcher Schrank einbauen.

Planen Sie, ob die Türen mit dem Wandvorsprung abschließen oder etwas zurücktreten bzw. hervorstehen sollen. Verwenden Sie möglichst fertige Türen und bauen Sie den Rahmen den Türmaßen entsprechend. Wenn Sie die Türen selbst machen, sollten Sie die Rahmenverbindungen dübeln und die Paneele mit Glasernadeln stützen.

Dieser Schrank schafft viel Platz in Ihrem Wohnzimmer, den Sie sogar noch vergrößern können, indem Sie ein Regal oder eine Vitrine darüber aufhängen.

BEVOR SIE ANFANGEN

Überprüfen Sie, ob die Nische rechteckig ist und ob sie wirklich senkrechte Seitenwände hat: Füllen Sie die Wände gegebenenfalls mit Packmaterial auf, damit sie wirklich gerade werden oder reißen Sie das Wandprofil an den Seitenteilen an und sägen Sie entlang der angerissenen Linie (vgl. S. 228–229).

1 Eine obere, waagerechte Leiste ist nötig, um die Rückseite der Schrankdecke zu stützen. Wenn Sie die Wand ausgemessen haben (vgl. S. 229, Schritt 5), schneiden Sie die Leiste mit einem Fuchsschwanz zu. Schrauben Sie diese dann an die Rückseite der Leiste (vgl. S. 227, Nützliche Hinweise).

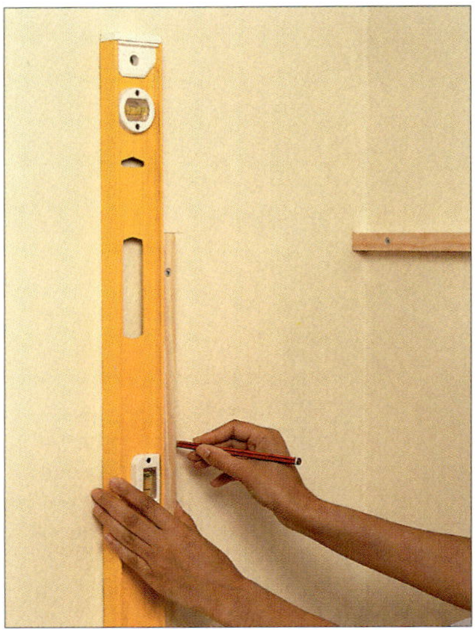

2 Zuerst markiert man die Position der senkrechten Stützen. Verwenden Sie eine Wasserwaage, um die Oberkante der senkrechten Leisten mit der waagerechten Leiste an der Rückwand auf eine Höhe zu bringen. Ziehen Sie die oberste Schraube fest und richten Sie die Leiste dann senkrecht aus.

3 Um einen gedübelten Rahmen zu bauen, sägt man die vier Holzleisten zurecht (die vertikalen Leisten sollen dabei zwischen den waagerechten liegen). Klemmen Sie jede Leiste fest, bohren Sie Löcher für die Dübel und bauen Sie den Rahmen mit Dübeln und Kleber zusammen.

4 Befestigen Sie eine Fixierleiste an den Seiten des Rahmens, damit Sie diese an der Wandleiste festschrauben können Befestigen Sie auch an der Unterseite eine Fixierleiste, um die untere Rahmenleiste zu fixieren. Schrauben Sie die senkrechten Leisten dann an der Wand fest.

5 Schneiden Sie aus der Holzfaserplatte einen Sockel zu und nageln Sie ihn an der Unterseite des Rahmens fest. Befestigen Sie die untere waagerechte Leiste wie die obere an der Wand. Bauen Sie dann Seiten- und Rückleisten für weitere Regalbretter ein (vgl. S. 228–229).

6 Schneiden Sie die Böden zu. Legen Sie den untersten Boden auf die Wandleisten und die Fixierleiste am Rahmen. Kleben Sie den obersten Boden am Rahmen und der Leiste fest oder schrauben Sie Verbindungsstücke an den Rahmen (s. kleines Bild) und den Boden.

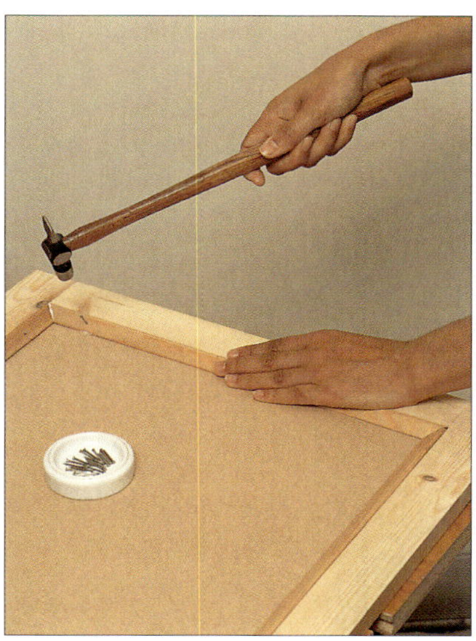

7 Wenn Sie die Schranktüren selbst bauen wollen, müssen Sie zwei gedübelte Rahmen bauen (vgl. Schritt 3). Leimen und nageln Sie dünne Holzleisten an die Innenkanten auf der Rückseite der Rahmen. Befestigen Sie Glas, Sperrholz oder Holzfaserplatten mit Glasernadeln.

8 Um eine Tür einzuhängen, schraubt man zuerst die Scharniere daran fest. Befestigen Sie die Scharniere dann am Rahmen. Bohren Sie Löcher für die Griffe, schrauben Sie diese fest und bringen Sie noch einen Schnapper an.

Multimedia-Regal

SIE BRAUCHEN

vgl. Einbauschränke, S. 232–233
Maßband
Anreißwinkel und Bleistift
Arbeitsfläche
Hand- **oder** Stichsäge
Bohrmaschine mit Fräsaufsatz
Bohrständer **oder** Bohrpresse
Schraubendreher
Spitzhammer
Kammlehre (bei Bedarf)

MATERIALIEN

vgl. Einbauschränke, S. 232–233
maßgefertigte Bretter
Schienen (bei Bedarf)
Holzschrauben
Fichtenholzleisten
Kleber
Nägel

VERWEISE

Höhenverstellbare Regale, S. 226–227
Nischenregale, S. 228–229
Einbauschränke, S. 232–233

In den meisten Häusern gibt es immer mehr Unterhaltungselektronik und andere technische Geräte, die viel Platz beanspruchen. Planen Sie die beste Lösung für Ihre Bedürfnisse, indem Sie alle Geräte auflisten und sich überlegen, wie Sie diese für gewöhnlich nutzen. Die Antworten entscheiden darüber, ob Sie alles in einem großen Schrank unterbringen, oder ob Sie mehrere kleine bauen. Es ist beispielsweise sinnvoll, Fernseher und Videorekorder zusammen mit der Stereoanlage, mit Kassetten, CDs und Schallplatten im selben Schrank unterzubringen.

Wenn Sie darüber entschieden haben, messen Sie jedes Gerät einzeln aus. Denken Sie daran, an der Rückwand genug Platz für Stromkabel, Steckerleisten und ausreichende Belüftung zu lassen. Achten Sie darauf, daß Steckdosen in der Nähe sind, sonst müssen Sie einen Elektriker bestellen, der Ihnen die Dosen umsetzt.

Die gesamte Unterhaltungselektronik paßt gut in diesen maßgeschneiderten Schrank. Im Schrank sind Böden für einen Videorekorder und einen Satellitenreceiver sowie für Video- und Musikkassetten. Kabel sind hinter den CD-Regalen versteckt.

1 Wenn Sie noch keinen Einbauschrank haben, müssen Sie jetzt einen bauen (vgl. S. 232-233), befolgen Sie dann diese Schritte, um ihn anzupassen. Bohren Sie in eine hintere Ecke ein Loch für Kabel von Geräten, die oberhalb von dem Schrank stehen. Verwenden Sie einen speziellen Aufsatz für die Bohrmaschine.

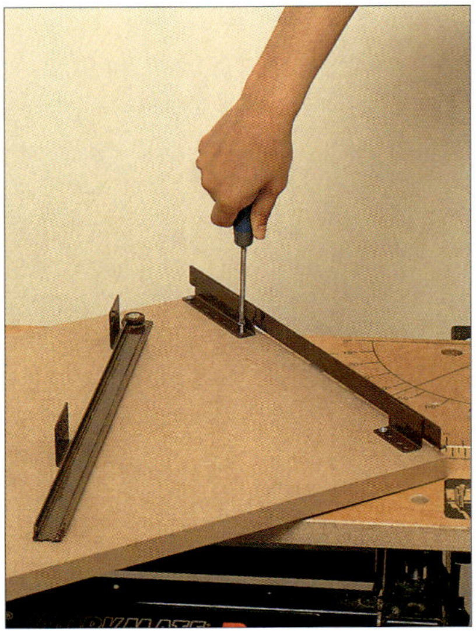

2 Mit diesen Gleitschienen kann man Geräte herausziehen, um an die Anschlüsse zu kommen. Schneiden Sie einen Regalboden zu und lassen Sie dabei Platz für die Schienen (vgl. S. 228-229). Befestigen Sie einen Teil am Boden und einen an der Wand. Achten Sie darauf, daß Sie die Teile nicht verwechseln.

3 Bauen Sie zuerst einen CD- oder Kassettenständer. Messen Sie die vier Seitenwände aus und schneiden sie zu. Markieren Sie die Stellen für zwei Lochreihen (in diese werden Träger für Zwischenböden gesteckt), die an der Vorder- und Rückseite verlaufen. Verwenden Sie dazu einen Bohrständer.

4 Setzen Sie die Seitenwände zusammen und schrauben Sie sie fest. Die Schrauben sollten so lang sein, daß Sie bis zu einem Drittel in das zweite Brett reichen. Befestigen Sie dann die Rückwand mit Nägeln und einem Hammer.

5 Nageln und leimen Sie dann an der Vorderseite Fichtenleisten fest. Wenn Sie die Säule streichen wollen, sollten Sie jetzt die Grundierung auftragen.

6 Messen Sie Böden aus und schneiden sie zu; vgl. auch S. 228–229. Wenn Elektrogeräte auf das Regal gestellt werden sollen, bohren Sie eine hintere Ecke ein Loch, das über dem im Schrank liegt (vgl. Schritt 1).

7 Befestigen Sie die Säulen versetzt auf dem Schrank, damit die Kabel durch den Schacht in der Ecke laufen können. Drehen Sie eine Schraube durch die vordere Säule, um sie zu fixieren. Stecken Sie dann die Träger in die Seitenwände und legen Sie die Böden darauf.

DIE SCHRANKTIEFE VERGRÖSSERN

Sie können die Schanktiefe vergrößern, damit auch große Gegenstände hineinpassen. Schneiden Sie ein Stück Holzfaserplatte in der gewünschten Größe zu. Befestigen Sie 2,5 cm von der Wand entfernt eine Leiste. Schieben Sie die Platte dagegen und befestigen Sie noch eine zweite Leiste.

Einen Arbeitsplatz entwerfen

SIE BRAUCHEN

Maßband und Bleistift
Wasserwaage
Schmiege
Fuchsschwanz
Bodensäge **oder** Stichsäge
Bohrmaschine mit Betonbohrer
Schraubendreher
Oberfräse
Imbusschlüssel (bei Bedarf)

MATERIALIEN

Holzfaserplatte für Schrank
Holzschrauben und Dübel
Hartholzplatte für die Rückwand
Nägel
5 x 5 cm große Holzleisten für Rahmen und Wand
Tür
Arbeitsplatte
Tischbeine (bei Bedarf)

VERWEISE

Nischenregale, S. 228–229
Einbauschränke, S. 232–233
Multimedia-Regal, S. 234–235
Schranktüren und Schubladenfronten ersetzen, S. 240–241

Dieser Arbeitsplatz ist als Heimbüro geeignet. Sie können ihn aber auch z.B. als Nähplatz, Kücheninsel oder Frühstücksplatz verwenden.

Ein Arbeitsplatz kann überall gebaut werden, wo Sie genug Platz haben. In diesem Beispiel werden verschiedene Techniken gezeigt, die Sie dann für ihren maßgefertigten Platz verwenden können. Sie können die Arbeitsplatte z.B. auch an zwei Wandleisten befestigen, vielleicht in einer Ecke. Oder Sie lassen die Leisten ganz weg und verwenden eine Kombination aus Schrank und Schubladen. Auch diese kann angepaßt werden, indem man den Schrank vergrößert und die Schubladen wegläßt oder mehrere Schubladen übereinander baut. Sie können auch ein Ende mit einer Wandleiste stützen und das andere mit Tischbeinen. Wenn Sie die Platte hoch genug anbringen, läßt sie sich auch als Frühstücksplatz verwenden.

Sie müssen sich vorher genau überlegen, wie Sie die Ecke nutzen wollen. Egal ob Sie stehen oder sitzen werden, Sie müssen darauf achten, daß der Tisch so hoch ist, daß Sie angenehm daran arbeiten können und daß genug Steckdosen in der Nähe sind. Wenn Sie fertige Türen verwenden, erleichtert dies den Zusammenbau sehr.

1 Für die Seiten schneiden Sie zwei Stücke einer Holzfaserplatte zu. Fräsen Sie mit einer Oberfräse Aussparungen für einen Schrankboden; machen Sie Einkerbungen an den Enden der Seitenteile. Lassen Sie die Oberfräse an einer Leiste entlanggleiten.

2 Für den Deckel und den Boden schneiden Sie zwei Stücke zu, die so tief wie die Schubladen und so breit wie die Türen sind. Bohren Sie drei Löcher auf der Rückseite der Randaussparungen der Seitenteile. Schrauben Sie die Teile dann zusammen.

3 Schneiden Sie ein Stück Hartholz für die Rückwand zu, und nageln Sie es fest. Für den Schrankboden schneiden Sie ein Stück Holzfaserplatte zu, das so breit und tief wie der Schrank ist. Schieben Sie es dann in die Aussparungen und schrauben Sie es fest.

4 Markieren Sie die Stellen für die Schubladenschienen im Schrank, bohren Sie Löcher für die Schrauben und befestigen Sie die Schienen. Setzen Sie die Schublade ein, um zu überprüfen, ob Sie sich öffnen und schließen läßt, nehmen sie dann wieder heraus und legen sie bis zum Schluß beiseite.

5 Schneiden Sie für den Sockel vier Holzleisten zu, die 5 cm kürzer als das Oberteil sind, und schrauben sie zusammen. Schrauben Sie den Sockel dann an den Schrankboden. Schrauben Sie Scharniere an die Tür und den Schrank (vgl. S. 241).

6 Schneiden Sie eine Leiste zu, die so breit wie die Arbeitsplatte ist, schieben Sie den Schrank an die Wand und markieren Sie die Höhe. Ziehen Sie von dieser Markierung aus eine waagerechte Linie. Bohren Sie Löcher in die Leiste und markieren Sie deren Position an der Wand. Dübeln und schrauben Sie die Leisten fest.

7 Schneiden Sie die Arbeitsplatte zu und legen Sie eine Kante auf den Schrank und die andere auf die Latte. Schrauben Sie sie mit kleinen Plastikstützen an der Leiste fest. Bohren Sie dann Löcher durch den Schrankdeckel bis in die Arbeitsplatte und schrauben Sie diese fest.

TISCHBEINE

Für eine freistehende Arbeitsplatte drehen Sie diese um und bringen dann Tischbeinhalterungen daran an. Schieben Sie die Beine auf die Halterungen und schrauben sie mit einem Imbusschlüssel fest. Drehen Sie die Platte wieder um, schrauben Sie eine Kante zur Stabilisierung an Wandleisten.

FÄCHER VERSCHÖNERN

SIE BRAUCHEN

Schraubendreher
Schleifblock und feines Schmirgelpapier
Werkbank
Pinsel **oder** Spritzpistole
Bohrmaschine (bei Bedarf)

MATERIALIEN

Farbe
Kernseife **oder** Reinigungsmittel
Schmirgelpapier
Ersatzgriffe **oder** Knöpfe

VERWEISE

Grundlagen des Streichens, S. 114–115
Pinsel verwenden, S. 116–117
Eine Spritzpistole verwenden, S. 121
Streicheffekte, S. 122–129
Schranktüren und Schubladenfronten ersetzen, S. 240–241

Früher oder später werden Sie Ihre alten Einbaumöbel leid sein, egal ob in der Küche, im Schlafzimmer oder im Wohnzimmer. Ein bißchen Farbe und neue Beschläge reichen oft aus, um sie zu modernisieren.

Wenn man Einbaumöbel modernisiert, heißt das nicht, daß man sie vollständig ersetzt, vor allem nicht, wenn sie noch gut funktionieren. Statt dessen sollten Sie die Fächer neu streichen, egal ob sie aus Plastik oder Holz sind.

Überlegen Sie sich, wie aufwendig das Streichen sein wird. Vielleicht wollen Sie sich zuerst einmal um die Türen und die Schubladenfronten kümmern, also um die Teile, die man sieht, wenn die Fächer geschlossen sind. Vielleicht möchten Sie aber auch die Innenseiten streichen, dies ist jedoch selten nötig. Auf jeden Fall sollten Sie alles, was in den Schränken gelagert ist, herausnehmen. Es ist einfacher, die Türen und Schubladenfronten zu streichen, wenn Sie auf einer Werkbank liegen, als wenn sie noch eingebaut sind. Sie können neue Farbe mit einem Pinsel oder einer Spritzpistole auftragen. Heben Sie einen kleinen Rest der Farbe in einem luftdichten Behälter auf, damit Sie damit kleinere Schäden in der Zukunft ausbessern können.

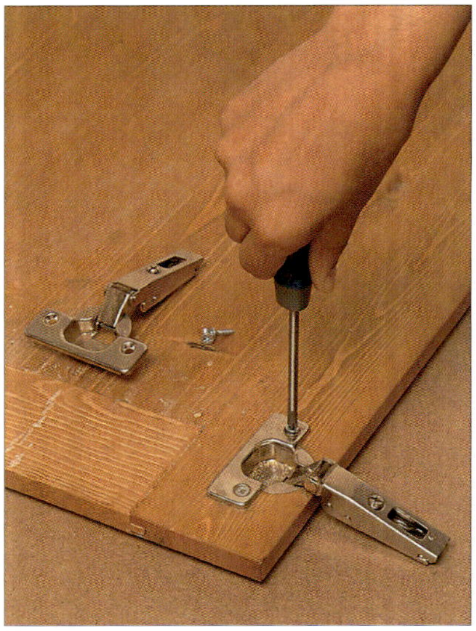

1 Hängen Sie die Türen aus und schrauben Sie dann Griffe und Knöpfe ab. Theoretisch müßte man alle Beschläge austauschen können, aber man sollte die Teile für den Notfall dennoch beschriften und aufbewahren.

2 Reinigen Sie die Oberfläche mit Kernseife oder einem kräftigen Haushaltsreiniger, um Schmutz, Fett und Fingerspuren zu entfernen. Waschen Sie die Oberfläche dann mit klarem Wasser ab und lassen Sie die Teile trocknen.

3 Schmirgeln Sie die Oberfläche mit feinem Schmirgelpapier ab, um einen Untergrund für die neue Farbe zu schaffen. Wischen Sie die Oberfläche mit einem in Spiritus getränkten Lappen oder einem Antistatiktuch ab, um den feinen Staub zu entfernen.

4 Streichen Sie die Türen. Gehen Sie dann zu den Paneelen über, anschließend zu den Rändern. Wenn der Untergrund getrocknet ist, können Sie einen dekorativen Farbeffekt auftragen. Schrauben Sie die Scharniere an und hängen Sie die Türen wieder ein (vgl S. 240–241).

5 Ziehen Sie die Schubladen ganz heraus und kippen sie dann um, damit sie sich aus den Schienen lösen. Heben Sie die Laden beim Einsetzen im gleichen Winkel wieder an, um die Schienen miteinander zu verbinden. Achten Sie darauf, daß Sie die Schubladen wieder in ihr altes Fach setzen.

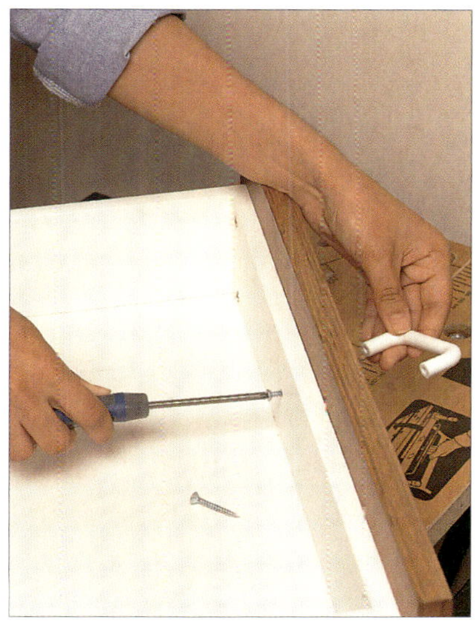

6 Schrauben Sie die Griffe oder Knöpfe ab. Wenn man die Fronten abschrauben kann, sollten Sie dies tun. Sie können so leichter gestrichen werden (die Schrauben der Griffe und Knöpfe könnten die Fronten zusammenhalten.).

7 Wenn Sie Griffe durch Knöpfe ersetzen wollen oder umgekehrt, spachteln Sie die Schraubenlöcher zu. Setzen Sie die neuen Beschläge auf die Mitte der Front, und markieren und bohren Sie die Löcher.

8 Streichen Sie die Schubladenfronten (Schubladen ohne abnehmbare Front stellen Sie aufrecht und klemmen sie fest.) Tragen Sie die Farbe und eventuell den gewünschten Farbeffekt auf und lassen Sie die Front trocknen. Bringen Sie die Fronten und Griffe wieder an den Schubladen an und schieben Sie die Laden in die Schienen.

SCHRANKTÜREN UND SCHUBLADENFRONTEN ERSETZEN

SIE BRAUCHEN

Schraubendreher
Werkbank
Maßband
Anreißwinkel
Bleistift
Bohrmaschine mit Holzbohrer und 3,5 cm breitem Scharnierbohrer (bei Bedarf)
Vorstecher **oder** Durchschläger und Hammer

MATERIALIEN

Ersatztüren und -schubladen

VERWEISE

Fächer verschönern, S. 238–239
Eine Arbeitsplatte ersetzen, S. 242–243
Platz in Schränken ausnutzen, S. 244–245

Wenn Sie Ihre Einbaumöbel nicht streichen wollen, können Sie neue Schubladenfronten und Türen anbringen. Sie kreieren so einen neuen Stil, den Sie mit Farbe allein nicht herstellen können, und diese Methode ist zudem viel preiswerter als der Kauf völlig neuer Einbauten.

Das Schrankgerüst hat keine beweglichen Teile und nutzt sich deshalb nicht so stark ab. Daher macht es nicht viel Sinn und ist zudem unwirtschaftlich, vollkommen intakte Schränke komplett auszutauschen. Moderne Küchenschränke werden in Standardgrößen hergestellt, deshalb ist es einfach, neue Türen und Schubladenfronten zu kaufen. Es gibt viele Materialien, darunter massives und furniertes Holz und mit Kunststoff beschichteten Preßspan. So können Sie auch die Farbe ihrer Einbauten aufpeppen.

Türen und Schubladenfronten werden normalerweise als Rohlinge geliefert. Sie brauchen daher in den meisten Fällen einen Scharnierbohrer, damit sie verdeckte Topfscharniere anbringen können. Schubladenfronten sind normalerweise am Gerüst festgeschraubt.

1 Nehmen Sie eine Tür ab. Bei Topfscharnieren sollten Sie die Grundplatten lösen, indem Sie die Schrau-be in der Mitte des Kreuzes lösen. Drehen Sie die Befestigungsschrauben fest, damit sie nicht abgehen, bevor die neue Tür eingehängt ist.

2 Lösen Sie die Befestigungsschrauben, mit denen das Scharnier an der Tür hängt, und lösen Sie die Scharniere aus ihren Löchern. Legen Sie die Schrauben an einen sicheren Platz und verwenden Sie dann die alte Tür als Schablone, wenn Sie die Scharnierlöcher auf der Innenseite der neuen Tür markieren.

3 Bei Topfscharnieren braucht man einen 3,5 cm breiten Scharnierbohrer, um Löcher für die Scharniere zu bohren. Verwenden Sie einen Bohrständer, um die Bohrmaschine festzuhalten und bohren Sie entsprechende Löcher. Bei anderen Scharnieren müssen Sie Vorbohrungen für die Schrauben machen.

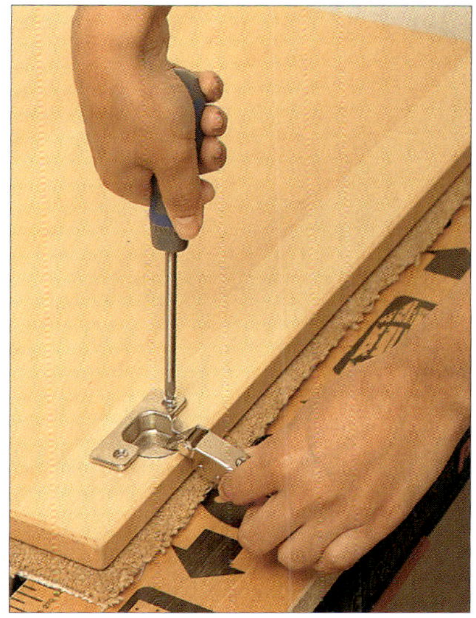

4 Befestigen Sie die alten Topfscharniere in den Löchern. Schrauben Sie diese dann auch mit den alten Befestigungsschrauben fest. So können Sie sicher sein, daß das Scharnier einwandfrei funktioniert.

5 Hängen Sie die neue Tür an ihren Platz und befestigen Sie ein Scharnier nach dem anderen. Bei Topfscharnieren müssen Sie auch noch die Stellschrauben festziehen, damit die Tür gerade hängt. Nehmen Sie weitere Anpassungen zur Ausrichtung der Türen vor, wenn diese alle eingehängt sind.

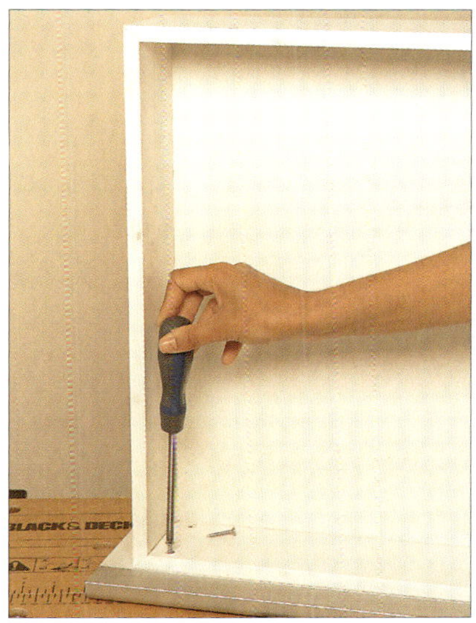

6 Um Schubladenfronten zu ersetzen, müssen Sie die Schrauben der alten Fronten lösen und weglegen. Legen Sie die neue Front mit der Vorderseite nach unten und stellen Sie den Rest der Schublade darauf.

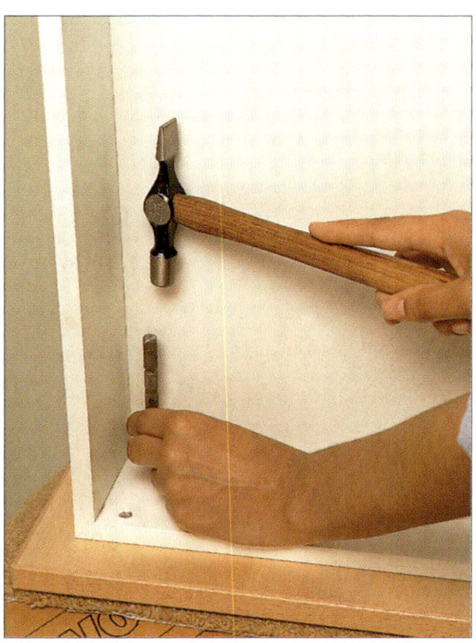

7 Schieben Sie einen Vorstecher oder einen Durchschläger in die Schraubenlöcher und markieren Sie die entsprechenden Stellen auf der Innenseite der Front. Schrauben Sie die neuen Front dann fest. Achten Sie darauf, daß sie gerade festgeschraubt ist und setzen Sie die Schublade dann wieder ein (vgl. S. 239).

Nützliche Hinweise

Zu Ihrem Einkaufszettel gehört eine Skizze Ihrer Schränke, auf der alle Türen und Schubladenfronten durchnumeriert sind. Messen Sie jede einzelne aus und schreiben Sie die Maße in die Zeichnung. Zählen Sie dann, wieviel Zubehörteile Sie brauchen.

Um die sichtbaren Teile des Schrankgerüsts zu verändern, verwenden Sie eine Furnierschicht. Schneiden Sie das Furnier (mit der Rückseite nach oben) mit einer Furniersäge zu. Tragen Sie Klebstoff auf die Rückseite auf. Kantenstreifen sind selbstklebend; bügeln Sie sie auf. Halten Sie die oberen Einheiten in hellen Farben, dann reflektieren sie Licht auf die Arbeitsplatte.

EINE ARBEITSPLATTE ERSETZEN

SIE BRAUCHEN

Eine Arbeitsplatte ersetzen
Schraubendreher
Maßband und Bleistift
Stichsäge
Bohrmaschine
Kreissäge
Kartuschenpistole

Eine Ecke abrunden
Oberfräse **oder** Laminatsäge mit Gehrungsschablone (kann ausgeliehen werden)

MATERIALIEN

Eine Arbeitsplatte ersetzen
Arbeitsplatte
Klemmen und Holzschrauben
Silikondichtungsmasse

Eine Ecke abrunden
s.o.

VERWEISE

Einbauschränke, S. 232–233
Einen Arbeitsplatz entwerfen, S. 236–237
Fächer verschönern, S. 238–239
Schranktüren und Schubladenfronten ersetzen, S. 240–241

Eine Küchenarbeitsplatte muß einiges aushalten. In schlechtem Zustand kann sie eine ansonsten schöne Küche schäbig aussehen lassen. Die beste Lösung ist der Einbau einer neuen Arbeitsplatte.

Eine Küchenarbeitsplatte muß mehr aushalten als jede andere Oberfläche im Haus. Hier werden heiße Pfannen und Schüsseln abgestellt, Gemüse und andere Lebensmittel werden kleingeschnitten, und Saucen und andere heiße Flüssigkeiten werden darauf verschüttet.

Es gibt auch andere Materialien, aber am einfachsten läßt sich eine Sperrholzplatte mit einer kratzfesten Plastikoberfläche einsetzen. Die Vorderkanten sind normalerweise abgerundet. Dabei wird das Laminat unter Hitze geformt und an die abgerundete Kante geklebt. Man kann die Platten in vielen verschiedenen Variationen kaufen. Neben dem speziellen Zuschnitt gibt es Standardgrößen zwischen 2 und 3 m. Dieselbe Technik kann im Bad oder in einem Werkraum angewendet werden.

1 Zuerst entfernen Sie die Anschlüsse von Spüle und Herd (vgl. Nützliche Hinweise), lösen Sie dazu die Klemmen. Lösen Sie auch die Schrauben, mit denen die Arbeitsplatte am Unterbau befestigt ist. Kleben Sie die Schrauben an die Innenseite des Unterbaus, um sie später direkt wiederzufinden.

2 Heben Sie die Arbeitsplatte von ihrem Unterbau (möglicherweise sind es mehrere Teile), und stellen sie auf die Seite. Entfernen Sie dann alte Reste der Dichtungsmasse, an den Stellen, wo die Platte an der Wand befestigt war.

3 Markieren Sie die Stellen, an denen Spülen oder Herdplatten eingebaut werden sollen. Legen Sie die Arbeitsplatte mit der Unterseite nach oben auf eine Werkbank, lassen Sie die Platte dort, wo ein Loch ausgesägt werden soll, überstehen.

4 Stecken Sie das Sägeblatt einer Stichsäge in eines der Löcher und beginnen Sie damit, die Aussparung auszusägen. Schneiden Sie alle vier Seiten aus.

5 Schneiden Sie die Arbeitsplatte mit einer Kreissäge zu. Legen Sie sie dazu mit der Unterseite nach oben und klemmen Sie ein Lineal als Orientierungshilfe fest. Wenn ein Ende zu sehen sein soll, schließen Sie es mit einer gebogenen Metalleiste ab, die so genau auf die abgerundeten Kanten paßt.

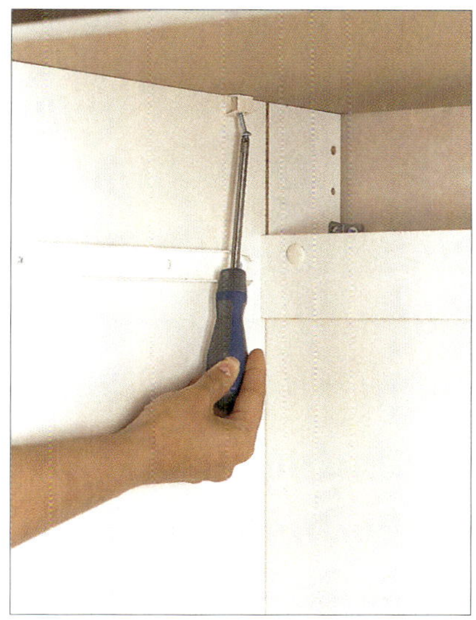

6 Legen Sie die Arbeitsplatte an ihren Platz und schrauben Sie diese am Unterbau fest. Wenn Sie mehrere Teile haben, müssen Sie diese mit einer Metalleiste abschließen, wie es im Kasten unten links beschrieben ist. Versiegeln Sie den Spalt an der Ecke zwischen Arbeitsplatte und Wand mit Silikonmasse (vgl. S. 160–161).

Ecken abrunden

Um eine Naht zwischen zwei Kanten zu verschließen, bringen Sie eine abgerundete Metalleiste an, damit der Spalt an der Kante geschlossen wird. Eine kompliziertere Methode ist das Sägen mit einer Oberfräse oder einer Laminatsäge und einer Schablone.

Nützliche Hinweise

Wenn Ihre Arbeitsplatte eine eingebaute Spüle hat, stellen Sie zuerst die Wasserversorgung ab und montieren Hähne und Abfluß ab. Bei einem Einbauherd muß die Gas- oder Stromversorgung unterbrochen werden. Sie können einen Elektroherd erst dann abklemmen, wenn Sie den Hauptschalter abgeschaltet haben. Lassen Sie einen Gasherd am besten durch einen Fachmann abklemmen.

Wenn eine mehr als 1 cm große Lücke zwischen der Wand und der Arbeitsplatte liegt, schrägen Sie die Kante vor dem Anbringen entsprechend ab. Schneiden Sie mit einer Stichsäge entlang einer Markierungslinie.

PLATZ IN SCHRÄNKEN AUSNUTZEN

SIE BRAUCHEN

Küchenkarussell einbauen
Maßband und Bleistift
Bohrmaschine
Schraubendreher
Spitzhammer

Kleiderstange anbringen
Maßband und Bleistift
Bohrmaschine
Schraubendreher
Bügelsäge

Schwenkbarer Kleiderbügel
Maßband und Bleistift
Bohrmaschine
Schraubendreher

MATERIALIEN

Platzsparende Montageteile

VERWEISE

Einbauschränke, S. 232–233
Einen Arbeitsplatz entwerfen, S. 236–237
Multimedia-Regal, S. 234–235

Ein Küchenkarussell ist die perfekte Lagermöglichkeit für Eckbereiche in der Küche. Es schwingt heraus oder dreht sich.

Selbst wenn man den Platz in einem Haus noch so gekonnt ausnutzt, gelangt man irgendwann an den Punkt, an dem man nicht noch mehr Lagermöglichkeiten einbauen kann. Dann gilt es, bestehenden Stauraum besser auszunutzen. Die Küche und das Schlafzimmer sind die Räume, in denen am meisten gelagert wird, und es gibt viele platzsparende Montageteile, damit man auch die unzugänglichsten Stellen ausnutzen kann.

In der Küche gehören zu den guten Ideen Küchenkarussells, Drahtkörbe und Drahtregale in allen Formen und Größen. Drahtkörbe passsen auch als vielseitige Ordnungshelfer in das Schlafzimmer. Sie sehen auf einen Blick, was jeder Korb enthält, und Kleider werden zudem besser durchlüftet als in Schubladen. Außerdem kann man verschieden hohe Halterungen verwenden und den Platz unter dem Bett ausnutzen.

Schauen Sie sich in Ruhe an, welche Arten platzsparender Hilfen es gibt. Gute Quellen sind Möbelhäuser und Baumärkte. Aber auch Ihre Phantasie ist gefragt.

KÜCHENKARUSSELL

1 Überlegen Sie zuerst, auf welcher Höhe Sie die einzelnen Körbe anbringen möchten. Das hängt auch von der Höhe der gelagerten Gegenstände ab. Halten Sie die Scharnierplatte an die Seitenwand des Schranks. Markieren Sie die Stellen für die Bohrlöcher und bohren Sie.

2 Schrauben Sie alle Scharnierplatten nacheinander fest.

3 Befestigen Sie den unteren Korb an der entsprechenden Platte und achten Sie darauf, daß der obere Radkranz des Korbs genau auf den oberen Kranz der Platte paßt. Stecken Sie den Splint in die Platte und klopfen Sie ihn mit einem kleinen Hammer fest.

4 Befestigen Sie eine weitere Halterung an der Tür, so wird der Korb herausgeschoben, wenn man die Tür öffnet. Ziehen Sie den Korb heraus, so daß er an die offene Tür stößt. Halten Sie die Halterung so an die Tür, daß der Haken über dem Korb liegt und markieren Sie die Löcher. Schrauben Sie die Halterung fest.

KLEIDERSTANGEN

1 Um eine Kleiderstange anzubringen, markieren Sie die Position der Halterungen an beiden Seiten des Schranks. Sie sollten in der Mitte der Seitenteile und gleich weit vom Schrankdeckel entfernt liegen. Markieren und bohren Sie die Löcher und schrauben Sie die Halterungen fest.

2 Messen Sie den Abstand zwischen den beiden Halterungen aus. Schneiden Sie eine Kleiderstange mit einer Bügelsäge auf diese Länge zu. Setzen Sie ein Ende der Kleiderstange in die Halterung und das andere Ende in die gegenüberliegende Halterung.

SCHWENKBARER KLEIDERBÜGEL

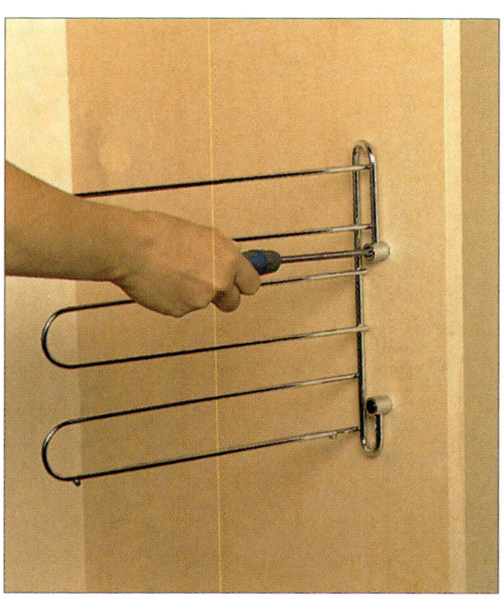

Dieser Kleiderbügel schwenkt hin und her. Dies sollten Sie bei der Montage bedenken. Markieren Sie die Stelle für die Schrauben, bohren Sie die Löcher und befestigen Sie den Bügel dann am Schrank. Es gibt ähnliche Bügel speziell für Krawatten, Gürtel oder Halstücher.

SCHRANK-SYSTEME

Es gibt Schranksysteme mit denen man den verfügbaren Platz optimal ausnutzen kann. Bei diesen fertigen Systemen gibt es bereits niedrige Stangen zum Aufhängen kurzer Kleidungsstücke und Regale und Fächer für anderes Zubehör.

GLOSSAR

ANREISSEN Mit einem spitzen Werkzeug eine Linie markieren oder die Umrisse einer Oberfläche auf ein Werkstück übertragen, damit man es an die Oberfläche anpassen kann.

BALKEN Horizontaler Holzträger, der schwere Teile wie Decken oder Böden trägt.

BALKENTRENNWAND Eine Wand, die mit einem Holzrahmen gebaut wird und normalerweise mit Gipsplatten verkleidet wird.

BEIZE Eine Flüssigkeit, welche die Farbe des Holzes verändert, es aber nicht schützt. Es gibt sie auf Wasser-, Öl- oder Lösemittelbasis.

BILDLEISTE Ein dekoratives Preßteil, das normalerweise über Kopfhöhe waagerecht an der Wand befestigt wird.

BLATTFUGE Eine Verbindung zwischen zwei Holzstücken. Im Unterschied zu Gehrungen sind die Teile gerade.

BLENDE Dekoratives Holzteil, mit dem man die Oberkante von Vorhängen oder andere Dinge wie z.B. die Schiene einer Schiebetür verdeckt.

BODENHOLZ Unterstes horizontales Brett einer Trennwand.

DECKENHOLZ Der höchste horizontale Bestandteil einer Trennwand.

DISPERSIONSFARBE wird an Wänden und Decken in Innenräumen verwendet. Sie ist auf Wasserbasis hergestellt. Es gibt sie in matt, seidenmatt oder glänzend. Sie trocknet schnell und läßt sich leicht von den Streichutensilien abwaschen. Diese Farbe ist nicht wasserfest, läßt sich also auch von den Wänden wieder abwaschen.

ENDPFOSTEN Teil des Geländers. Der breitere Pfosten am Fuß und oben an der Treppe, der den Handlauf stützt.

FALZ Stufenförmige Aussparung an der Kante eines Werkstückes. Sie wird oft als Verbindung, aber auch an Rahmen von Außentüren verwendet, damit die Tür nicht durchschwingt.

FEDER UND NUT Eine Verbindung zwischen zwei Teilen, wie z.B. Dielenbrettern und Vertäfelungen, bei der ein Stück ein hervorstehendes Ende (Feder) hat, das in einen Schlitz oder eine Nut an dem anderen Stück paßt.

FENSTERRAHMEN Der Teil des Fensters, der das Glas trägt. Normalerweise öffnet er sich nach oben, nach unten oder seitwärts, manchmal ist er auch gar nicht zu öffnen.

FEUCHTIGKEITSSPERR-FOLIE Ein undurchlässiges Material, das unter einem Betonboden verlegt wird, damit keine Feuchtigkeit durchdringt.

FEUCHTIGKEITSSPERR-SCHICHT Ein undurchlässiges Material, das an den Grundmauern verlegt wird, damit keine Feuchtigkeit vom Untergrund in Wände oder Böden eines Gebäudes eindringt.

FLOR Die Fasern, die von einem Teppichbodenrücken abstehen.

FUGENMASSE Eine wasserfeste Paste, mit der man die Zwischenräume zwischen Keramik- oder anderen Fliesen abdichtet.

FURNIER Eine dünne dekorative Holzschicht, die man zur Verschönerung auf verschiedenen Materialien befestigt.

FUßLEISTE Hölzernes Preßteil, das waagerecht an der Wand angebracht wird, wo diese auf den Boden trifft.

GEHRUNG Eine Verbindung zwischen zwei abgeschrägten Stücken, die einen Winkel (45°) bilden.

GELÄNDER Die Abgrenzung, die an offenen Treppen oder Podesten angebracht ist. Es besteht aus Geländerpfosten, Endpfosten und Handlauf.

GELÄNDERPFOSTEN Einer oder mehrere Pfosten, die den Handlauf an einer Treppe stützen.

GLANZFARBE Erzeugt eine harte, glänzende Oberfläche, wenn sie trocken ist. Sie eignet sich für Holz oder Metall innen und außen . Diese Art von Farbe muß längere Zeit trocknen und läßt sich nicht gut abwischen.

GLASERNADEL Kleine Metallteile, die eine Fensterscheibe an ihrem Platz halten.

GRUNDIERUNG Flüssiges Mittel, mit dem man ein Material wie z.B. Gips, Gipsplatten, Holz oder Metall versiegelt, bevor man eine erste Farbschicht aufträgt.

HARTHOLZ Holz, das von großblättrigen Bäumen wie z.B. Esche, Buche oder Eiche stammt.

HOLZDÜBEL Kleine, zylinderförmige, oft gerillte Holzstifte. Mit ihnen kann man Löcher verschließen oder Verbindungen zwischen zwei Holzstücken herstellen.

INS-VOLLE-BOHREN Ausdruck für das Bohren eines Loches, das einen Durchmesser von mehr als 12 mm hat.

KEHLLEISTE Dekoratives Preßteil, das an der Grenze zwischen Wänden und Decken verläuft; es wird oft verwendet, um Risse zu verdecken.

KERBE Die Rille, die beim Einsägen von Materialien entsteht.

KERBE Eine Linie, die eine Trennungslinie oder Grenze markiert.

KERNSEIFE Kräftige Alkaliseife, die man zum Reinigen von gestrichenen oder anderen Oberflächen verwendet.

KLEMMSTELLE Stelle, an der eine Tür oder ein Fensterflügel am Rahmen hängenbleibt.

KLEMMSTÜCK Dünnes Stück, z.B. aus Pappe oder Sperrholz, das man zum Füllen von Lücken zwischen zwei Materialien verwendet.

KOPFBALKEN Der höchste horizontale Teil des Fensters oder der Tür.

KRANZLEISTE Ein vorgefertigtes Preßteil, das oft als Kehlleiste verwendet wird.

LACK Eine Flüssigkeit, die man auf Holzflächen aufträgt und zu einer schützenden Oberfläche aushärtet.

LAIBUNGDie senkrechte Seite einer Tür- oder Fensteröffnung.

MATTLACK Ein nicht reflektierender Lack, den man auf Farbe oder Steinfliesen aufträgt.

MITTELBALKEN Senkrechtes Bauteil zwischen Holzpaneelen, der bei Kassettentüren oder bei Wandpaneelen verwendet wird.

MITTELPFOSTEN Vertikales Trennstück eines Fensters.

MÖRTEL Sand und kleine Steine, die mit Zement und Wasser zu Beton vermischt werden

OBERLACK Oberste Schicht einer Schutzschicht, die auf eine Oberfläche aufgetragen wird.

PRESSTEIL Eine schmale, normalerweise dekorative Leiste aus Holz oder anderem Material. Fußleisten sowie Sockel- und Bilderleisten gehören dazu.

PROFIL Die Kontur oder Umrißlinie eines Gegenstandes.

QUERHOLZ Kurzer, waagerechter Teil einer Trennwand.

RAPPORT Der Abstand, in dem ein Motiv wiederholt wird.

RIEGEL Waagerechtes Holzstück, mit dem vertikale Stücke in einem Rahmen zusammengehalten werden.

SCHABLONE Ein Stück Papier, Pappe Metall oder anderes Material, das man als Hilfsmittel zum Übertragen von Formen auf Werkstücke verwenden kann.

SCHMIRGELN Das Aufrauhen einer Oberfläche, damit Farbe oder Klebstoff besser haften.

SCHMIRGELPAPIER Ein Papier, das mit Silikonkarbonatbeschichtet ist und mit dem man Oberflächen glättet.

SCHRÄGE Zwei Flächen, die in einem Winkel von weniger als 90° aufeinandertreffen.

SCHRÄGKANTE Eine Oberfläche, die in einem kleinen Winkel – oft im Winkel von 45° – an der Ecke eines Werkstückes verläuft.

SCHRÄGNAGELN Eine Methode, mit der zwei Bestandteile aneinander befestigt werden, wie z.B. Feder-und-Nut-Bodendielen. Dabei werden Nägel in einem Winkel unter die Oberfläche des Werkstücks versenkt.

SCHRÄGPINSEL Ein Pinsel, dessen Borsten schräg abgeschnitten sind, damit man an eine Kante sorgfältig streichen kann.

SCHWELLBALKEN Der niedrigste horizontale Bestandteil eines Fenster- oder Türrahmens oder einer Trennwand.

SENKUNG Absenkung des Untergrunds.

SETZSTUFE Der vertikale Teil einer Stufe oder Treppe.

SOCKELLEISTE Ein dekoratives Preßteil, das etwa auf Taillenhöhe an der Wand angebracht wird, damit Möbel die Wand nicht beschädigen können.

STEIGGERÄTE Leitern, Plattformen, Gerüste und andere Gegenstände, mit denen man höherliegende Bereiche erreichen kann.

STOSSFUGE Stelle, an der zwei Teile Kante an Kante zusammengefügt werden.

TEPPICHMESSER Ein Messer, mit auswechselbarer Klinge (Rasierklingen).

TREPPENWANGE Eines von zwei Brettern, die von einer Etage zur anderen an einer Treppe entlanglaufen und die Tritt- und Setzstufen stützen. Wenn sie an einer Wand befestigt ist, nennt man sie innere Treppenwange; wenn sie an einer offenen Seite liegt, ist es eine äußere Treppenwange.

TRITTSTUFE Der horizontale Teil der Stufe, auf den man tritt.

TÜR-/FENSTERPFOSTEN Der vertikale Teil des Rahmens um eine Tür oder ein Fenster.

ÜBERSTAND Die oft abgerundete Kante einer Treppenstufe.

UNTERBODEN Eine Schicht, durch die ein ebener Untergrund zum Verlegen von dekorativen Bodenbelägen geschaffen wird. Gummi, Filz oder Papier verwendet man unter Teppichböden Hartfaser oder Sperrholz unter anderen Belägen.

VERSENKBOHRUNG Eine spitz zulaufende Aussparung, die im oberen Teil eines Schraubenlochs gemacht wird, damit der Schraubenkopf glatt mit der Oberfläche abschließt.

VORBOHRUNG Ein Loch, das gebohrt wird, um eine Schraube besser in der Material zu führen. Es sollte einen etwas kleineren Durchmesser als der Schraubenschaft mit seinem Gewinde haben.

WEICHHOLZ Holz, das von Koniferen, wie Zedern oder Pinien stammt. Obwohl es von Natur aus weich ist, gibt es auch härtere Sorten.

ZAPFEN Eine hervorstehendes Ende eines Holzteils, das in ein Zapfenloch paßt und so eine Verbindung bildet.

ZARGE Tür- oder Fensterrahmen

ZIERSTREIFEN Kleine, oft hölzerne Preßteile mit quadratischem Querschnitt.

NÜTZLICHE ADRESSEN

HANDWERKSKAMMERN IN DEUTSCHLAND
Handwerkskammern helfen gerne bei der Suche von zuverlässigen Handwerksbetrieben.

HANDWERKSKAMMER AACHEN
Sandkaulbach 21
52062 Aachen

HANDWERKSKAMMER ARNSBERG
Brückenplatz 1
59821 Arnsberg

HANDWERKSKAMMER FÜR SCHWABEN
Schmiedeberg 4
86152 Augsburg

HANDWERKSKAMMER FÜR OSTFRIESLAND
Straße des Handwerks 2
26603 Aurich
Telefon: 04941 / 1797-0
Telefax: 04941 / 1797-40
e-mail: info@hwk-aurich.de

HANDWERKSKAMMER OBERFRANKEN
Kerschensteinerstraße 7
95448 Bayreuth

HANDWERKSKAMMER BERLIN
Blücherstraße 68
10961 Berlin
Telefon: 030 / 25903-01
Telefax: 030 / 25903-235
e-mail: info@hwk-berlin.de

HANDWERKSKAMMER OSTWESTFALEN-LIPPE ZU BIELEFELD
Obernstraße 48
33602 Bielefeld

HANDWERKSKAMMER BRAUNSCHWEIG
Burgplatz 2 + 2a
38100 Braunschweig

HANDWERKSKAMMER BREMEN
Ansgaritorstraße 24
28195 Bremen

HANDWERKSKAMMER CHEMNITZ
Limbacher Straße 195
09116 Chemnitz
Postanschrift:
Postfach 415
09004 Chemnitz
Telefon: 0371 / 5364-0
Telefax: 0371 / 5364-222
e-mail: info@hwk-chemnitz.de

HANDWERKSKAMMER COBURG
Hinterer Floßanger 6
96450 Coburg

HANDWERKSKAMMER COTTBUS
Altmarkt 17
03046 Cottbus

HANDWERKSKAMMER DORTMUND
Reinoldistraße 7-9
44135 Dortmund
Telefon: 0231 / 5493-0
Telefax: 0231 / 5493-116
e-mail: info@hwk-do.de

HANDWERKSKAMMER DRESDEN
Wiener Straße 43
01219 Dresden

HANDWERKSKAMMER DÜSSELDORF
Georg-Schulhoff-Platz 1
40221 Düsseldorf
Telefon: 0211 / 8795-0
Telefax: 0211 / 8795-110
e-mail: info@hwk-duesseldorf.de

HANDWERKSKAMMER ERFURT
Fischmarkt 13
99084 Erfurt

HANDWERKSKAMMER FLENSBURG
Johanniskirchhof 1
24937 Flensburg

HANDWERKSKAMMER RHEIN-MAIN
Hauptgeschäftsstelle Frankfurt
Bockenheimer Landstraße 21
60325 Frankfurt/Main

HANDWERKSKAMMER RHEIN-MAIN
Nebenstelle Darmstadt
Hindenburgstraße 1
64295 Darmstadt

HANDWERKSKAMMER FRANKFURT/ODER
Bahnhofstraße 12
15230 Frankfurt/Oder

HANDWERKSKAMMER FREIBURG/BR.
Bismarckallee 6
79098 Freiburg/Br.

HANDWERKSKAMMER FÜR OSTTHÜRINGEN
Handwerksstraße 5
07545 Gera

HANDWERKSKAMMER HALLE/SAALE
Graefestraße 24
06110 Halle/Saale

HANDWERKSKAMMER HAMBURG
Holstenwall 12
20355 Hamburg
Postadresse:
Postfach 30 24 70
20308 Hamburg
Telefon: 35905-1
Telefax: 35905-208
Internet: http://www.hwk-hamburg.de
e-mail: info@hwk-hamburg.de

HANDWERKSKAMMER HAMBURG
Zweigstelle Bergedorf
Hude 4
21029 Hamburg
Telefon: 7242212
Telefax: 7219296
e-mail: bergedorfinfo@hwk-hamburg.de

HANDWERKSKAMMER HAMBURG
Buxtehuder Str. 76
21073 Hamburg
Telefon: 35905-801
Telefax: 35905-858
e-mail: harburginfo@hwk-hamburg.de

HANDWERKSKAMMER HANNOVER
Berliner Allee 17
30175 Hannover

HANDWERKSKAMMER HEILBRONN
Allee 76
74072 Heilbronn

HANDWERKSKAMMER HILDESHEIM
Braunschweiger Straße 53
31134 Hildesheim

HANDWERKSKAMMER DER PFALZ
Am Altenhof 15
67655 Kaiserslautern

HANDWERKSKAMMER KARLSRUHE
Ettlinger Straße 12
76137 Karlsruhe

HANDWERKSKAMMER KASSEL
Scheidemannplatz 2
34117 Kassel

HANDWERKSKAMMER KOBLENZ
Friedrich-Ebert-Ring 33
56068 Koblenz

HANDWERKSKAMMER ZU KÖLN
Heumarkt 12
50667 Köln

HANDWERKSKAMMER KONSTANZ
Webersteig 3
78462 Konstanz

HANDWERKSKAMMER LEIPZIG
Dresdner Straße 11-13
04103 Leipzig

HANDWERKSKAMMER LÜBECK
Breite Straße 10-12
23552 Lübeck

HANDWERKSKAMMER MAGDEBURG
Humboldtstraße 16
39112 Magdeburg

HANDWERKSKAMMER RHEINHESSEN

Göttelmannstr. 1
55130 Mainz

Handwerkskammer Mannheim
B 1, 1-2
68159 Mannheim

Handwerkskammer für München und Oberbayern
Max-Joseph-Straße 4
80333 München

Handwerkskammer Münster
Bismarckallee 1
48151 Münster

Handwerkskammer Ost-mecklenburg-Vorpommern
Hauptverwaltungssitz Neubrandenburg
Friedrich-Engelsring-Ring 11
17033 Neubrandenburg

Handwerkskammer Ost-mecklenburg-Vorpommern
Hauptverwaltungssitz Rostock
Schwaaner Landstraße 8
18055 Rostock

Handwerkskammer für Mittelfranken
Sulzbacher Straße 11-15
90489 Nürnberg

Handwerkskammer Oldenburg
Theaterwall 32
26122 Oldenburg

Handwerkskammer Osnabrück-Emsland
Bramscher Straße 134-136
49088 Osnabrück

Handwerkskammer Niederbayern-Oberpfalz
Hauptverwaltungssitz Passau
Nikolastraße 10
94032 Passau

Handwerkskammer Niederbayern-Oberpfalz
Hauptverwaltungssitz Regensburg
Ditthornstraße 10
93055 Regensburg

Handwerkskammer Potsdam
Charlottenstraße 34-36
14467 Potsdam

Handwerkskammer Reutlingen
Hindenburgstraße 58
72762 Reutlingen

Handwerkskammer des Saarlandes
Hohenzollernstraße 47-49
66117 Saarbrücken

Handwerkskammer Schwerin
Friedensstraße 4 A
19053 Schwerin

Handwerkskammer Region Stuttgart
Heilbronner Straße 43
70191 Stuttgart

Handwerkskammer Südthüringen
Rosa-Luxemburg-Straße 9
98527 Suhl

Handwerkskammer Trier
Loebstraße 18
54292 Trier

Handwerkskammer Ulm
Olgastraße 72
89073 Ulm

Handwerkskammer für Unterfranken
Bahnhofstraße 63
65185 Wiesbaden

Handwerkskammer Würzburg
Rennweger Ring 3
97070 Würzburg

Zentralverbände und Bundesverbände einzelner Handwerkszweige. Hier lassen sich Informationen erfragen. Oftmals helfen die Verbände mit Broschüren und Listen.

Akademie des Handwerks Hamburg
Holstenwall 12
20355 Hamburg
Telefon: 35905-244
Telefax: 35905-333
e-mail: ahhinfo@hwk-hamburg.de

Zentrum für Energie-, Wasser- und Umwelttechnik (ZEWU)
Buxtehuder Straße 76
21073 Hamburg
Telefon: 35905-1
Telefax: 35905-858
e-mail: zewuinfo@hwk-hamburg.de

Haus der Handwerksförderung
Ardeystraße 93-95
44139 Dortmund
Telefon: 0231 / 9110-0
Telefax: 0231 / 9110-103
e-mail: hdh@hwk-do.de

Deutscher Handwerkskammertag (DHKT)
Johanniterstraße 1
53113 Bonn
Postadresse:
Postfach 120270
53044 Bonn
Telefon: 0228 / 545-0
Telefax: 0228 / 545-205

Bundesvereinigung der Fachverbände des Deutschen Handwerks (BFH)
Johanniterstraße 1
53113 Bonn

Zentralverband des Deutschen Baugewerbes e.V.
Kronenstraße 55-58
10117 Berlin

Zentralverband des Deutschen Dachdeckerhandwerks
Zentralverband Dach-, Wand- und Abdichtungstechnik
Fritz-Reuterstraße 1
50968 Köln

Zentralverband des Deutschen Elektrohandwerks
Lilienthallee 4
60487 Frankfurt/Main

Zentralverband Sanitär Heizung Klima (BIV)
Rathausallee 6
53757 Sankt Augustin

Bundesverband Rolladen und Sonnenschutz e.V.
Hopmannstraße 2
53177 Bonn

Zentralverband Parkett- und Fußbodentechnik
Meckenheimer Allee 71
53115 Bonn

Zentralverband des Raumausstatterhandwerks
BIV für das Raumausstatter- und Sattlerhandwerk
Burgstraße 81
53117 Bonn

Hauptverband Farbe, Gestaltung, Bautenschutz
Vilbeler Landstraße 255
60388 Frankfurt/Main

Bundesinnungsverband des Glaserhandwerks
An der Glasfachschule 6
65589 Hademar

Bundesverband des holz- und kunststoffverarbeitenden Handwerks
BIV des Tischlerhandwerks
Abraham-Lincoln-Straße 32
65189 Wiesbaden

Deutsches Handwerksinstitut e.V.
Geschäftsstelle
Johanniterstraße 1
53113 Bonn
Telefon: 0228 / 545-264
Telefax: 0228 / 545-205
e-mail: dhi@zdh.de

REGISTER

Fettgedruckte Zahlen verweisen auf Hauptreferenzen, *kursive* Zahlen beziehen sich auf Angaben in Kästen oder Bildunterschriften.

T

DANKSAGUNG

Fotos
Alle Fotos mit Ausnahme der unten genannten stammen von John Freeman.

Seite **8** Robert Harding Picture Library/Ben Wright unten rechts, Peter Willis unten links; **9** Houses & Interiors oben; **10-11** Houses & Interiors; **12** Peter Willis; **13** abgedruckt mit freundlicher Genehmigung des Building Research Establishment Ltd; **110** Robert Harding Picture Library/Dominic Blackmore mitte und unten links; Tony Stone Images/Oliver Benn unten rechts; **111** Robert Harding Picture Library/Homes and Gardens oben und unten links; Camera Press oben rechts und mitte, Robert Harding Picture Library/Bill Reavell unten rechts; **112** Camera Press Mitte; Elizabeth Whiting Assoc. unten; **113** Abode oben links und Mitte; Elizabeth Whiting Assoc. oben links und unten; **130** Houses & Interiors Mitte, Camera Press unten; **131** Camera Press oben und Mitte, Robert Harding Picture Library/Homes an d Ideas unten links, Robert Harding Picture Library/Ideal Home unten rechts; **150** Camera Press Mitte, Robert Harding Picture Library/Christopher Sykes unten; **151** Houses & Interiors oben und unten rechts; Robert Harding Picture Library/Nick Carter Mite, Camera Press unten links; **162** Robert Harding Picture Library/Country Homes and Interiors Mitte, Houses & Interiors unten; **163** Camera Press oben und Mitte links, Robert Harding Picture Library/Jonathan Pilkington oben rechts, Abode Mitte rechts; Robert Harding Picture Library/James Merrel unten links, Robert Harding Picture Library/Dominic Blackmore unten rechts; **178** Camera Press Mitte, Robert Harding Picture Library/Mark Luscombe-Whyte unten; **179** Camera Press oben links und Mitte, Elizabeth Whiting Assoc oben rechts, Robert Harding Picture Library/Tom Leighton unten links, International Interiors/Paul Ryan unten rechts; **196** Robert Harding Picture Library/Simon Upton Mitte, Houses & Interiors unten; **197** Robert Harding Picture Library/Tim Beddow Mitte rechts; **208** Camera Press Mitte, Robert Harding Picture Library/Tim Beddow Mitte rechts, 208 Camera Press Mitte, Robert Harding Picture Library/Flavio Galozzi unten; **209** Robert Harding Picture Library/Dominic Blackmore oben links, Elizabeth Whiting Assoc oben rechts und unten links. Camera Press Mitte links und unten rechts. Robert Harding Picture Library/Brian Harrison Mitte rechts; **222** Robert Harding Picture Library/Trevor Richards Mitte, Robert Harding Picture Library/Ken Kirkwood unten; **223** Robert Harding Picture Library/Bill Reavell oben links, Robert Harding Picture Library/James Merrell oben rechts, Robert Harding Picture Library/Christopher Drake Mitte links, Robert Harding Picture Library/Polly Wreford Mitte rechts, Ariadne unten links, Robert Harding Picture Library/Jan Baldwin unten rechts; **230** Camera Press; **231** Robert Harding Picture Library/Dominic Blackmore oben links, Camera Press oben, Mitte und unten.

Illustrationen
Alle Illustrationen stammen von Amzie Viladot Lorente

Danksagung
Die Herausgeber bedanken sich bei folgenden Personen und Unternehmen für ihre Unterstützung bei der Zusammenstellung dieses Buches: Abru Henderson Ltd, für Leitern; Black & Decker Ltd, für Elektrowerkzeuge; Colefax and Fowler, für Zierborten; Cottage Flooring, für Teppichboden und Bodenbelag; Daniel Platt Ltd, für Steinfliesen; Farrow & Ball, für Farben; Fired Earth, für Boden- und Wandfliesen; Forbo Nairn Ltd, für Vinylbeläge; GET plc (Rapitest), für Leistungssuchgeräte; HSS Hire, für geliehene Ausrüstung; Ideal Standard Ltd, für Badezimmereinrichtung und Mischbatterie; Junckers Ltd, für Holzbodenbelag; LASSCo London Architectural Salvage & Supply Co Ltd, für gußeisernen Kamin; LASSCo Flooring, für Dielen und Bodenbelag; Sheen Interiors, für Wandverkleidungen; Stanley Tools, für Handwerkzeuge; The Tool Shop, für Handwerkzeuge; Vitrex Ltd, für Flieswerkzeuge, Zubehör und Schutzkleidung; John Wilman Ltd (Coloroll), für Wandverkleidungen und Zierborten; Woodfit Ltd, für Lagermöglichkeiten und Schiebetüren; Bob Cleveland, Barry Edwards and Martyn Judd, für Studioassistenz und Simon Garrett, John McKeever und Jill Streeten für die leihweise Überlassung ihrer Häuser.